Potsdamer Geographische Forschungen

Band 21

Elke Hochmuth

Sanierungs- und Konsolidierungspolitik in Sachsen-Anhalt und
Brandenburg: Zur Konzeptionierung und Durchführung eines
unbeachteten Politikfeldes in Ostdeutschland aus
regionalwissenschaftlicher Perspektive

Universität Potsdam 2002

Die Deutsche Bibliothek - CIP-Einheitsaufnahme

Hochmuth, Elke:
Sanierungs- und Konsolidierungspolitik in Sachsen-Anhalt und
Brandenburg : zur Konzeptionierung und Durchführung eines
unbeachteten Politikfeldes in Ostdeutschland aus regionalwissen-
schaftlicher Perspektive / Elke Hochmuth. Universität Potsdam.
[Hrsg.: Hartmut Asche ...]. - Potsdam : Univ.-Bibliothek, Publ.-Stelle,
2002
  (Potsdamer geographische Forschungen ; Bd. 21)
  ISBN 3-935024-46-0

© Universität Potsdam, 2002

Herausgeber:	Hartmut Asche, Axel Bronstert, Wilfried Heller und Beate Jessel
Schriftleitung:	Waltraud Lindner
Druck:	AVZ der Universität Potsdam und Druckhaus Schmergow
Vertrieb:	Universitätsbibliothek Publikationsstelle Postfach 60 15 53 14415 Potsdam Fon +49 (0) 331 977 4517 Fax +49 (0) 331 977 4625 e-mail: publikationen@info.ub.uni-potsdam.de

ISBN   3-935024-46-0
ISSN   0940-9688

Dieses Manuskript ist urheberrechtlich geschützt. Es darf ohne
vorherige Genehmigung der Autoren nicht vervielfältigt werden.

INHALTSVERZEICHNIS

VORWORT _____ 11

1 EINLEITUNG _____ 12

   1.1 **Untersuchungsgegenstand, Problemstellung und Forschungsstand** _____ 13

   1.2 **Methodik und Aufbau** _____ 19

2 THEORETISCHE GRUNDLEGUNG _____ 26

   2.1 **Begriffliche Präzisierungen** _____ 26
      2.1.1 Sanierungs- und Konsolidierungspolitik _____ 26
      2.1.2 Sanierung versus Konsolidierung _____ 28
      2.1.3 Krise _____ 29
      2.1.4 Liquiditätskrise _____ 30
      2.1.5 Krisenunternehmen im Gegensatz zu Wachstumsunternehmen mit Liquiditätsengpässen _____ 32

   2.2 **Zur Policy-Forschung – übergeordneter Bezugsrahmen** _____ 35

   2.3 **Erkenntnisse der Implementationsforschung** _____ 42
      2.3.1 Die unterschiedlichen Programmtypen und Instrumentarien ___ 45
      2.3.2 Merkmale der Akteure und ihres Verhaltens sowie daraus resultierende steuerungstheoretische Implikationen ___ 51
      2.3.3 Zur Problematik von Mehrebenensystemen _____ 64

3 RAHMENBEDINGUNGEN DER SANIERUNGS- UND KONSOLIDIERUNGSPOLITIK FÜR DIE OSTDEUTSCHEN BUNDESLÄNDER ___ 68

   3.1 **Die Ebene der Europäischen Union** _____ 68
      3.1.1 Instrumente: Der beihilferechtliche Rahmen – Leitlinien für Unternehmen in Schwierigkeiten ___ 68
      3.1.2 Akteure _____ 74

   3.2 **Die Bundesebene** _____ 76
      3.2.1 Instrumentenpalette der Sanierungs- und Konsolidierungspolitik 76
         3.2.1.1 Die Konsolidierungsfonds I und II _____ 76
         3.2.1.2 Konsolidierungsfonds III - Der gbb-Konsolidierungs- und Wachstumsfonds Ost (KWFO) _____ 80
         3.2.1.3 Der Beteiligungsfonds Ost _____ 83
         3.2.1.4 Bürgschaften _____ 86
         3.2.1.5 Sonstige Unterstützungen _____ 88
      3.2.2 Akteure _____ 93

   3.3 **Erste Befunde** _____ 99

4 DIE SANIERUNGS- UND KONSOLIDIERUNGSPOLITIK AUF LANDESEBENE: DAS BEISPIEL SACHSEN-ANHALT   104

4.1 Die Wirtschaftsstruktur in Sachsen-Anhalt   104
    4.1.1 Wirtschaftsstrukturelle Entwicklung   104
    4.1.2 Wirtschaftsstrukturelle Unterschiede innerhalb des Landes   113

4.2 Gestaltung und Entwicklung der Sanierungs- und Konsolidierungspolitik   120
    4.2.1 Instrumentenpalette   121
        4.2.1.1 IMPULS 2000   121
        4.2.1.2 Ausfallbürgschaften der Bürgschaftsbank und Landesbürgschaften   129
        4.2.1.3 Auffanggesellschaften   131
    4.2.2 Akteure   132
        4.2.2.1 Das Wirtschaftsministerium   133
        4.2.2.2 Die Prognos GmbH   138
        4.2.2.3 Die GSA-Grundstücksfonds Sachsen-Anhalt GmbH   139
        4.2.2.4 Das Landesförderinstitut   141
        4.2.2.5 Die Bürgschaftsbank Sachsen-Anhalt   142
        4.2.2.6 Die Mittelständische Beteiligungsgesellschaft und die Wagnisbeteiligungsgesellschaft Sachsen-Anhalt mbH   142
        4.2.2.7 Die PwC Deutsche Revision   143
    4.2.3 Förderergebnisse der Sanierungs- und Konsolidierungspolitik   144

4.3 Verfahrensschritte und Strukturmerkmale der Sanierungs- und Konsolidierungspolitik   160

5 DIE SANIERUNGS- UND KONSOLIDIERUNGSPOLITIK AUF LANDESEBENE: DAS BEISPIEL BRANDENBURG   176

5.1 Die Wirtschaftsstruktur in Brandenburg   176
    5.1.1 Wirtschaftsstrukturelle Entwicklung   176
    5.1.2 Wirtschaftsstrukturelle Unterschiede innerhalb des Landes   181

5.2 Gestaltung und Entwicklung der Sanierungs- und Konsolidierungspolitik   192
    5.2.1 Instrumentenpalette   193
        5.2.1.1 Konsolidierungsfonds zur Sicherung mittelständischer Unternehmen (KONSI)   193
        5.2.1.2 Programm zur Liquiditätssicherung für kleine und mittlere Betriebe (LISI)   196
        5.2.1.3 Projekt zur Förderung des Aufbaus und der Festigung kleiner und mittlerer Unternehmen im Land Brandenburg (Beratungsprojekt über RKW)   197
        5.2.1.4 Beratungen über den Senior-Experten-Service   199
        5.2.1.5 DUO-Programm   199
        5.2.1.6 Bürgschaften der Bürgschaftsbank Brandenburg   200

5.2.1.7 Sonstige Maßnahmen _____ 201
5.2.2 Akteure _____ 202
    5.2.2.1 Das Wirtschaftsministerium _____ 202
    5.2.2.2 InvestitionsBank des Landes Brandenburg _____ 204
    5.2.2.3 Das Rationalisierungs- und Innovationszentrum der Deutschen Wirtschaft e.V. - Landesgruppe Brandenburg (RKW Brandenburg) _____ 205
    5.2.2.4 Bürgschaftsbank Brandenburg GmbH _____ 206
    5.2.2.5 Sonstige an der Sanierungs- und Konsolidierungspolitik beteiligte Institutionen _____ 206
5.2.3 Förderergebnisse der Sanierungs- und Konsolidierungspolitik _ 208

5.3 Verfahrensschritte und Strukturmerkmale der Sanierungs- und Konsolidierungspolitik _____ 228

6 SCHLUSSBETRACHTUNG: RESÜMEE _____ 241

LITERATURVERZEICHNIS _____ 250
ABKÜRZUNGSVERZEICHNIS _____ 263
ANHANG _____ 265
BEISPIELE FÜR GESPRÄCHSLEITFÄDEN _____ 299

ABBILDUNGSVERZEICHNIS

Kapitel 1
Abb. 1-1:	Aufbau der Dissertation _____ 25

Kapitel 2
Abb. 2-1:	Krisenstadien und Sanierungsmaßnahmen _____ 30
Abb. 2-2:	Phasen des Policy-Zyklus _____ 36
Abb. 2-3:	Merkmale verschiedener Programmtypen und Vollzugsprobleme _____ 46

Kapitel 4
Abb. 4-1:	Bruttowertschöpfung nach Wirtschaftsbereichen in Prozent in Sachsen-Anhalt (2000 in Preisen von 1995) _____ 105
Abb. 4-4:	Betriebe des "Verarbeitenden Gewerbes" sowie Bergbau und in der Gewinnung von Steinen und Erden in Sachsen-Anhalt (September 1993 - 1999) _____ 108
Abb. 4-5:	Betriebe des "Verarbeitenden Gewerbes" sowie Bergbau und in der Gewinnung von Steinen und Erden in Ostdeutschland (1995 und 1999) _____ 109
Abb. 4-8:	Arbeitslosenquote in Sachsen-Anhalt im Vegleich zu West- und Ostdeutschland (Jahresdurchschnitt 2000) _____ 111
Abb. 4-10:	Insolvenzhäufigkeiten nach Wirtschaftsbereichen in Gesamtdeutschland (1994 - 1998) _____ 112
Abb. 4-11:	Erwerbstätigenstruktur in Sachsen-Anhalt (1999) _____ 114
Abb. 4-12:	Anzahl der Betriebe im Verarbeitenden Gewerbe, Bergbau, Gewinnung von Steine und Erden in Sachsen-Anhalt (2000) _____ 115
Abb. 4-13:	Arbeitslosenquoten in Sachsen-Anhalt (Jahresdurchschnitt 2000) _____ 117
Abb. 4-14:	Anzahl der insolventen Unternehmen in Sachsen-Anhalt (2000) _____ 119
Abb. 4-17:	Fördervolumina, Anzahl der bewilligten Anträge und Anzahl der geförderten Arbeitsplätze von IMPULS 2000 in Sachsen-Anhalt (1997 - 2000) _____ 149
Abb. 4-18:	Fördervolumen und Anteil der Förderart von IMPULS 2000 in Sachsen-Anhalt (1997 - 2000) _____ 150
Abb. 4-19:	Anzahl der geförderten Arbeitsplätze und Fördervolumina der Bürgschaften in Sachsen-Anhalt (1997 - 2000) _____ 152
Abb. 4-20:	Fördervolumen der Bürgschaften sowie Anteil verschiedener Wirtschaftszweige am Gesamtfördervolumen in Sachsen-Anhalt (1997 - 2000) _____ 154
Abb. 4-21:	Projekte im Treuhandauftrag des Landes Sachsen-Anhalt erworbenen Betriebsstätten durch die Grundstücksfonds Sachsen-Anhalt GmbH (1998 - 2000) _____ 156
Abb. 4-24:	Gegenüberstellung von Arbeitslosenquote 2000 und Fördervolumen des Programms IMPULS 2000 in Sachsen-Anhalt zwischen 1997 und 2000 _____ 160

Kapitel 5

Abb. 5-1:	Bruttowertschöpfung nach Wirtschaftsbereichen in Prozent in Brandenburg (2000 in Preisen des Jahres 1995)	177
Abb. 5-3:	Betriebe des Verarbeitenden Gewerbes, sowie im Bergbau und in der Gewinnung von Steinen und Erden in Brandenburg (September 1993 - 2000)	179
Abb. 5-5:	Arbeitslosenquoten in Brandenburg im Vergleich zu West- und Ostdeutschland (2000)	181
Abb. 5-6:	Betriebsgrößenstruktur in Brandenburg (September 2000)	183
Abb. 5-7:	Beschäftigte in allen Betrieben und Anteil des Umsatzes aller Betriebe am Gesamtumsatz in Brandenburg (2000)	185
Abb. 5-8:	Erwerbstätigenstruktur in Brandenburg (Mai 2000)	187
Abb. 5-9:	Arbeitslosenquoten in Brandenburg (Jahresdurchschnitt 2000)	189
Abb. 5-10:	Anzahl der insolventen Unternehmen in Brandenburg (zwischen 1998 und 2000)	191
Abb. 5-13:	Fördervolumina von Liquiditätssicherungsfonds und Konsolidierungsfonds und Anzahl der bewilligten Anträge in Brandenburg (1997 - 2000)	213
Abb. 5-14:	Fördervolumina von Liquiditätssicherungsfonds und Konsolidierungsfonds sowie Anteil der einzelnen Wirtschaftszweige am Gesamtfördervolumen in Brandenburg (1997 - 2000)	215
Abb. 5-15:	Anzahl der geförderten Arbeitsplätze im Rahmen vom Liquiditätssicherungsfonds und vom Konsolidierungsfonds in Brandenburg (1997 - 2000)	216
Abb. 5-17:	Fördervolumen der Bürgschaften und Anteil einzelner Wirtschaftszweige am Gesamtfördervolumen in Brandenburg (1997 bis 2000)	219
Abb. 5-18:	Anzahl der geförderten Arbeitsplätze und Fördervolumina der Bürgschaften in Brandenburg (1997 bis 2000)	221
Abb. 5-19:	Durchgeführte Beratungen des Senior-Experten-Service in Brandenburg (1997 bis 2000)	223
Abb 5-22:	Gegenüberstellung von Arbeitslosenquote 2000 und Fördervolumen der Programme Liquiditätssicherungsfonds und Konsolidierungsfonds von 1997 bis 2000	227

TABELLENVERZEICHNIS

Kapitel 4

Tab. 4-2	Veränderung der realen Bruttowertschöpfung nach Wirtschaftsbereichen, Veränderungen gegenüber Vorjahr in Prozent in Sachsen-Anhalt (in Preisen von 1995)	106
Tab. 4-3:	Veränderung der realen Bruttowertschöpfung nach Wirtschaftsbereichen, Veränderungen gegenüber Vorjahr in Prozent in den neuen Bundesländern (in Preisen von 1995)	107
Tab. 4-6:	Entwicklung der Erwerbstätigen nach Wirtschaftsbereichen in Sachsen-Anhalt (in Tausend, 1991 - 2000)	110
Tab. 4-7:	Entwicklung der Erwerbstätigen in den neuen Bundesländern (in Tausend, 1991 - 2000)	110
Tab. 4-9:	Insolvenzentwicklung der Unternehmen (1995 - 2000)	112

Tab. 4-15:	Förderergebnisse von IMPULS 2000 in Sachsen-Anhalt (in Mio. DM, 1995 - 2000)	146
Tab. 4-16:	Angaben über IMPULS 2000 in Sachsen-Anhalt (1997 - 2000)	147
Tab. 4-22:	Beratungen im Rahmen von IMPULS 2000 in Sachsen-Anhalt (1996 - 1999)	157
Tab. 4-23:	Beratungen im Rahmen von IMPULS 2000 (1998)	157

Kapitel 5

Tab. 5-2:	Veränderung der realen Bruttowertschöpfung nach Wirtschaftsbereichen, Veränderungen gegenüber Vorjahr in Prozent in Brandenburg (in Preisen von 1995)	177
Tab. 5-4:	Entwicklung der Erwerbstätigen nach Wirtschaftsbereichen in Brandenburg (in Tausend, Jahresdurchschnitt 1991 - 2000)	180
Tab. 5-11:	Anzahl der bewilligten Anträge, Fördervolumina und gesicherte Arbeitsplätze der beiden Konsolidierungsprogramme Liqiditätssicherungsfonds und Konsolidierungsfonds in Brandenburg (in Mio. DM, 1997 - 2000)	209
Tab. 5-12:	Anzahl der bewilligten Anträge, Kreditvolumen insgesamt, Anzahl der gesicherten Arbeitsplätze und durchschnittliche Darlehens-summe pro Arbeitsplatz von Liquiditätssicherungsfonds und Konsolidierungsfonds in Brandenburg (1997 - 2000)	211
Tab. 5-16:	Fördervolumen und Anzahl der vergebenen Bürgschaften über die Bürgschaftsbank Brandenburg (1998 und 2000)	218
Tab. 5-20:	Beteiligungen der Mittelständischen Beteiligungs- gesellschaft in Brandenburg (1993 - 1997)	224
Tab. 5-21:	Beteiligungen der Mittelständischen Beteiligungs- gesellschaft in Brandenburg (1998 - 2000)	225

ANHANG

Tab. A1:	Erwerbstätige nach Wirtschaftsbereichen und Verwaltungsbezirken in Sachsen-Anhalt (1999)	266
Tab. A2:	Erwerbstätige nach kreisfreien Städten und Landkreisen in Sachsen-Anhalt (1995 - 1999)	267
Tab. A3:	Betriebe und Umsätze des Verarbeitenden Gewerbes, Bergbau und der Gewinnung von Steinen und Erden nach Verwaltungsbezirken in Sachsen-Anhalt (2000)	268
Tab. A4:	Unternehmensinsolvenzen nach Verwaltungsbezirken in Sachsen-Anhalt (2000 und 2001)	269
Tab. A5:	Fördervolumen, Anzahl der Bewilligungen und geförderte Arbeitsplätze bei IMPULS 2000 in Sachsen-Anhalt (1997 - 2000)	270
Tab. A6:	Fördervolumen und Anteile der Förderart von IMPULS 2000 in Sachsen-Anhalt (1997 - 2000)	273
Tab. A7:	Anzahl der bewilligten Anträge, Fördersummen und geförderte Arbeitsplätze der Bürgschaften von der Bürgschaftsbank Sachsen-Anhalt (1997 - 2000)	274
Tab. A8:	Übersicht über die im Treuhandauftrag des Landes Sachsen-Anhalt von der GSA Grundstücksfonds Sachsen-Anhalt GmbH erworbenen Betriebsstätten (1998 - 2000)	279

Tab. A9:	Betriebe und Beschäftigtengrößenklassen nach Verwaltungsbezirken in Brandenburg (September 2000)	280
Tab. A10:	Betriebe und Umsätze nach Verwaltungsbezirken in Brandenburg (2000)	281
Tab. A11:	Erwerbstätige nach Wirtschaftsbereichen und Verwaltungsbezirken in Brandenburg (Mai 2000)	282
Tab. A12:	Unternehmensinsolvenzen nach Verwaltungsregionen in Brandenburg (2000)	283
Tab. A13:	Unternehmensinsolvenzen nach Verwaltungsbezirken in Brandenburg (1998 - 2000)	284
Tab. A14:	Förderungen im Rahmen des Liquiditätssicherungsprogramms und des Konsolidierungsfonds in Brandenburg (1997 - 2000)	285
Tab. A15:	(Ausgewählte) Branchenzuordnung zu Dienstleistungsarten und Verarbeitendem Gewerbe entsprechend der Systematik der Klassifikation der Wirtschaftszweige Ausgabe 1993 (WZ 93) vom Statistischen Bundesamt (zur Erläuterung der Tabelle A14 und den Abbildungen in den Kapiteln 4.2.3 und 5.2.3)	291
Tab. A16:	Anzahl der Anträge und Fördervolumen des Liquiditätssicherungsprogramms und des Konsolidierungsfonds in Brandenburg (1997 - 2000)	292
Tab. A17:	Genehmigungen der Bürgschaftsbank in Tausend DM in Brandenburg (1997 - 2000)	293
Tab. A18:	Einsatzorte von Senior-Experten-Service in Brandenburg (1997 - 1999)	297
Tab. A19:	Einsatzorte, Art der Beratungen und Branchenzugehörigkeit des beratenen Unternehmens der Projekte vom Senior-Experten-Service in Brandenburg (2000)	298

VORWORT

Ziel der (staatlichen) Sanierungs- und Konsolidierungspolitik in den neuen Bundesländern ist es, durch finanzielle Unterstützung und durch Beratung Unternehmen, die in große finanzielle Schwierigkeiten geraten sind, zu helfen, damit Unternehmenszusammenbrüche und Betriebsschließungen vermieden werden können. Dadurch soll die in der zweiten Hälfte der 90er Jahre zunehmende Zahl von Zusammenbrüchen und Schließungen reduziert werden. Das dafür eingesetzte Geld stammt aus einem Konsolidierungsfonds des Bundes für die neuen Bundesländer. Dieser Fonds wird aus Bundesgeldern gespeist. Die dem einzelnen Bundesland gewährten Gelder müssen in der Regel für jedes Vorhaben durch Finanzmittel des Landes ergänzt werden (in der Regel mit mindestens 50% der vom Bund gewährten Summe).

Die Dissertation befasst sich mit einer bestimmten Phase dieser Sanierungs- und Konsolidierungspolitik, nämlich mit ihrer Implementation auf Landesebene. Unter Implementation wird die Durchführung und Umsetzung von Maßnahmen, die aus dem o. g. Fonds finanziert werden, verstanden. Diese Maßnahmen werden gelenkt und gestaltet durch bestimmte Regeln, die an die Nutzung des Fonds gebunden sind. Es gibt dabei jedoch einen Spielraum, der von den einzelnen Bundesländern individuell und eigenständig ausgestaltet werden kann. Die Bundesländer können für diese Sanierungs- und Konsolidierungspolitik auch nichtstaatliche Akteure beteiligen. Durch die Zusammenarbeit von staatlichen und nicht-staatlichen Akteuren können möglicherweise die Erfolgschancen verbessert werden. Die dieser Zusammenarbeit zugrunde liegende Idee ist die Annahme, dass Netzwerke zwischen staatlichen und nicht-staatlichen Akteuren die traditionelle hierarchische Steuerung der Politik, die durch die staatliche Verwaltung erfolgt, ergänzen sollen.

Es ist nun das Ziel der Dissertation, die Akteure darzustellen, die an dieser Implementation der Sanierungs- und Konsolidierungspolitik beteiligt sind, und dann den folgenden Fragen nachzugehen: Wie arbeiten die Akteure zusammen? Welche Instrumente haben sie und welche setzen sie ein? Wie erfolgreich ist die Zusammenarbeit? Kann man davon sprechen, dass die Steuerung der staatlichen Verwaltung durch Netzwerke oder netzwerkartige Strukturen in wirksamer Weise ergänzt werden?

Diese Fragen, die bisher in der Forschungsliteratur kaum beachtet wurden, verfolgt die Verf. anhand der Beispiele Sachsen-Anhalt und Brandenburg. Damit leistet die Dissertation einen wichtigen Beitrag zur Verkleinerung einer Forschungslücke. Die durch die Dissertation gewonnenen Erkenntnisse können auch für die zukünftige Sanierungs- und Konsolidierungspolitik verwendet werden, so dass sie letztlich auch für der Regionentwicklung dienen können.

Potsdam, im März 2002   Wilfried Heller

1 EINLEITUNG

1.1 Untersuchungsgegenstand, Problemstellung und Forschungsstand

Die vorliegende Arbeit beschäftigt sich mit dem Politikfeld[1] "Sanierungs- und Konsolidierungspolitik"[2], die darauf abzielt, die immer weiter ansteigende Zahl von Betriebsschließungen einzudämmen. Dabei stellt der Staat den in wirtschaftliche Bedrängnis geratenen Unternehmen überwiegend finanzielle Unterstützungen bereit.

Besonderes Augenmerk legt die Untersuchung auf die seit 1995 laufende Phase der Durchführung und Umsetzung der programmgeleiteten Hilfestellungen für Krisenunternehmen in Ostdeutschland: *der Implementation[3] auf Landesebene*. Dieser Schwerpunkt ist insbesondere deswegen gewählt worden, weil einerseits der Staat in Ostdeutschland eine spezifische - von der westdeutschen differente – Politik verfolgt, und er gleichzeitig damit eine besondere Art und Weise der Durchführung festgelegt hat. Andererseits befinden sich vor allem auf der Landesebene die wichtigsten Akteure, die diese politischen Maßnahmen in einer speziellen Form umsetzen.

Das Politikfeld der Sanierungs- und Konsolidierungspolitik ist in Ostdeutschland nicht aus reinem Selbstzweck entwickelt worden. Die von der Treuhandanstalt bis Ende 1994 zu bewältigende Aufgabe, eine wettbewerbsfähige Wirtschaft in den neuen Bundesländern aufzubauen, ist nicht befriedigend gelöst worden. Bis

---

[1] Der Begriff des Politikfeldes bezeichnet eine sachliche Zusammengehörigkeit von politischen Maßnahmen. Die Grenzen dieses Feldes werden durch institutionelle Zuständigkeiten bestimmt. Das Politikfeld umreißt mehr oder weniger genau den Gegenstandsbereich von einem Politikinhalt (bzw. von policies, vgl. Ausführungen in Kapitel 2.2). Manche Politikfelder erhalten ihren Namen von der Zielgruppe ihrer Politik, wie z.B. Ausländerpolitik, andere Politikfelder, wie z.B. die Agrarpolitik, sind nach ihrem Gegenstandsbereich benannt. *"Für die politik- und verwaltungswissenschaftliche Analyse sind sie wichtig, weil sie häufig auf die institutionellen Grenzen der Bearbeitung hinweisen, also beispielsweise Ministerien, Dezernate und Ämter identifizierbar machen, die für die Policy zuständig sind."* (WINDHOFF-HÉRITIER 1987: 22).

[2] Vgl. zur genauen Definition von "Konsolidierung" und "Sanierung" bzw. "Sanierungs- und Konsolidierungspolitik" die Ausführungen in Kapitel 2.1.

[3] Der Begriff der Implementation bzw. Implementierung kommt aus dem angelsächsischen Sprachgebrauch und kann mit Durchführung, Ausführung, Umsetzung, Einführung oder Vollzug übersetzt werden (vgl. BOHNE/HUCKE 1978). *"Die der Implementationsforschung eigentümliche Fragestellung kann darin gesehen werden, dass sie sich gegenständlich auf bestimmte Politikvorhaben (insbesondere Programme im Sinne bestimmter politischer Handlungs- und Gestaltungsabsichten und ihrer finanziellen, institutionellen usw. Instrumentierung) bezieht und deren "langen Marsch durch die Institutionen" zum Gegenstand hat. Konzeptionell geht es dabei vor allem darum, Regelhaftigkeiten im Zusammenspiel und im Zusammenhang zwischen bestimmten Merkmalen des Programms (etwa typisiert nach vorrangig verwandten Instrumenten, z.B. regulative Politik, finanzielle Anreize usw.; ...), der Implementationsstruktur (etwa der Konstellation, der an der Implementation beteiligten öffentlichen, aber auch gesellschaftlichen Akteure) und dem Adressatenfeld zu erkennen."* (NOHLEN/SCHULTZE 1987: 355) Die Phase der Implementation umfasst also Momente der Durchführung, Umsetzung bzw. des Vollzugs sowie der Gestaltung des Vollzugs. Eine Weiterentwicklung der politischen Maßnahmen, die sich aus den Erfahrungen des Vollzugs ergibt, gehört ebenfalls zur Phase der Implementation.

1994/95 konnte die ostdeutsche Wirtschaftsstruktur nicht an den westdeutschen, geschweige denn an den Standard der westlichen Industriestaaten angeglichen werden. Daher erachtete der Staat es für notwendig, auch über die Existenz der Treuhandanstalt hinaus, diverse Unterstützungsleistungen für die durch den Transformationsprozess betroffenen ostdeutschen Unternehmen anzubieten, um der Deindustrialisierung gegenzusteuern und ein selbsttragendes Wirtschaftswachstum in Ostdeutschland zu ermöglichen.

Sowohl der Bund als auch die ostdeutschen Bundesländer bieten daher seit mehreren Jahren diverse Unterstützungsmöglichkeiten zur betrieblichen Sanierung und Konsolidierung von ostdeutschen kleinen und mittleren Unternehmen[4] an. Herzstück dieser Politik ist der Konsolidierungsfonds, den der Bund Ende 1994 im Zuge des Übergangs der Treuhandanstalt in die Bundesanstalt für vereinigungsbedingte Sonderaufgaben auflegte. Damit wurde das Politikfeld der Sanierungs- und Konsolidierungspolitik in Ostdeutschland von Seiten des Bundes begründet und auf eine einheitliche konzeptionelle Basis gestellt. Der Konsolidierungsfonds eröffnete den ostdeutschen Bundesländern einen finanziellen Spielraum, durch den sie eigenständige Sanierungs- und Konsolidierungspolitiken entwickeln konnten. Auf Bundesebene sind zeitgleich noch einige andere Programme für Ostdeutschland aufgelegt worden - wie z.B. der Beteiligungsfonds Ost -, so dass seit Ende 1994 Krisenunternehmen von staatlicher Seite in vielfältiger Weise programmgeleitete Unterstützung erhalten und sich das Politikfeld seitdem weiter konstituieren und etablieren konnte.

Ein wichtiges Merkmal von Sanierungs- und Konsolidierungspolitik ist, dass die Regulierungs- bzw. Steuerungsbemühungen überwiegend von staatlicher Seite ausgehen. Mittlerweile wird aber zunehmend in Frage gestellt, ob staatliche Interventionen allein noch hinreichend sind: In der Wissenschaft werden Eingriffe in das Wirtschaftsgeschehen äußerst kontrovers und vor allem unter steuerungstheoretischen[5] Gesichtspunkten diskutiert. In der jüngeren wissenschaftlichen Debatte werden die beiden klassischen Steuerungsformen[6] "Staat bzw. Hierarchie" und "Markt" aber generell als unvollständige Alternativen verstanden (vgl. z.B. HILD 1997), die beide die bestehenden Koordinationsprobleme einer modernen Gesellschaft nicht befriedigend lösen können. Immer häufiger wird in der Debatte die Ansicht vertreten, dass durch die Anwendung

---

[4] Vgl. zur genauen Definition von kleinen und mittleren Unternehmen Kapitel 2.1.

[5] Die Steuerungstheorie widmet sich – stark verkürzt – im wesentlichen den Fragen nach den Einflussmöglichkeiten auf das politische Steuerungssystem. Jedes Steuerungssystem umfasst eine steuernde Größe, eine Steuerkette, eine Steuereinrichtung und die gesteuerte Größe. Sowohl die Zustände dieser Elemente als auch deren Störungsfaktoren versuchen die Steuerungstheoretiker zu verstehen (vgl. NOHLEN/SCHULTZE 1987: 993).

[6] Der Begriff der Steuerungsform wird synonym mit den Termini Steuerungstyp oder Steuerungsprinzip verwendet (vgl. nähere Ausführungen in Kapitel 2.2 und 2.3). In Anlehnung an WINDHOFF-HÉRITIER (1987) gibt die Beschreibung des Steuerungsprinzips Aufschluss darüber, wie und mit welcher Hilfe von Instrumenten eine politische Wirkung erzielt werden soll (vgl. zum Unterschied zwischen Instrument und Steuerungsinstrument Ausführungen in Fußnote 8). "Hierarchie" oder "Markt" gelten in der wissenschaftlichen Literatur als eine gängige Steuerungsform (vgl. z.B. VON PRITTWITZ 1994: 70ff).

der Steuerungsformen Markt und/oder Hierarchie ein systematisches Steuerungsdefizit entstünde, das ohne Alternative nur sehr eingeschränkt behoben werden könne. Die gesuchte Ergänzung zu diesen unvollständigen Steuerungsmöglichkeiten seien "Netzwerke" (vgl. grundlegend zur Diskussion über Netzwerke, MESSNER 1995). Zwar wird in den wissenschaftlichen Auseinandersetzungen generell eingeräumt, dass Netzwerke die klassischen Formen bisher noch nicht vollständig ersetzt haben. Allerdings verdränge zunehmend der moderne Steuerungstyp "Netzwerk" mit seinen wesentlichen Instrumenten "Kooperation" und "Konsens" die klassischen Formen wie "Markt" und "Hierarchie". Es wird argumentiert, dass durch die Hinzuziehung von verschiedenen Akteuren in den politischen Prozess – also von der Phase der Entstehung eines Politikfeldes bis hin zu dessen Umsetzung, Durchführung bzw. seines Vollzugs (Implementation) -, die ergriffenen politischen Maßnahmen und auch die Wirkungen erheblich verbessert werden könnten (vgl. z.B. HILD 1997).

Wie weit aber solche - durchaus nicht unumstrittenen - Erkenntnisse bereits in die Felder politischer Praxis vorgedrungen sind, ist bisher nur sehr vereinzelt untersucht worden (vgl. z.B. für das Politikfeld Umweltpolitik JÄNICKE 1999). Die vorliegende Arbeit will den Versuch unternehmen, eine erste Antwort darauf zu geben, ob der Staat in einem erst jüngst konstituierten Politikfeld mehr und mehr dazu übergegangen ist, nicht nur klassisch-hierarchische Strukturen für den Vollzug der Politik zu schaffen, sondern ob er auch andere Strukturen aufgebaut hat, die über administrative Akteure hinaus andere Personen und Institutionen – wie z.B. die Adressaten der Politik – mit in die Implementation des Politikfeldes einbeziehen.

Die dieser Arbeit übergeordnete These lautet folglich: Im Politikfeld Sanierungs- und Konsolidierungspolitik sind im Implementationsprozess nicht mehr allein die klassischen Steuerungsformen Hierarchie und Markt sowie deren typischen Strukturen zu erkennen, sondern diese traditionellen Steuerungsformen werden durch netzwerkartige Strukturen ergänzt. Diese Vermutung drängt sich aus mehreren Gründen auf: Es ist vorstellbar, dass die Durchführungsinstanzen (wie z.B. die Landeswirtschaftsministerien) in einem erst jüngst eingerichteten Politikfeld nur sehr eingeschränkt auf bewährte Implementationsmethoden zurückgreifen können. Auch die nach wie vor bestehende Umbruchsituation in Ostdeutschland spricht eher für flexible denn für eingefahrene Verfahrensroutinen. Zur Optimierung der Politik könnten daher auch andere Politikformen jenseits von Hierarchie und Markt ausprobiert werden. Zudem bitten Krisenunternehmen erfahrungsgemäß erst relativ spät um externe Hilfe. Der daraus resultierenden Dringlichkeit und dem hohen Problemdruck können nicht unbedingt allein mit klassischen Steuerungsformen und den dazugehörenden Steuerungsinstrumenten wie Geld und Macht adäquat begegnet werden. Schnelle, mehr oder weniger unbürokratische Lösungswege müssen eingeschlagen werden. Darüber hinaus sind die vollziehenden Akteure (wie z.B. die jeweiligen Vertreter der Abteilungen in den Wirtschaftsministerien oder die

Vertreter der Bürgschaftsbanken[7]) auf zusätzliche Informationen von Externen (wie z.B. Hausbanken, Gläubiger, Mitarbeiter und Mitarbeiterinnen des Krisenunternehmens, Betriebsrat des gefährdeten Unternehmens, etc.) angewiesen, um das komplexe Problem der betriebswirtschaftlichen Krise richtig einschätzen und aus dem vorhandenen Unterstützungsset die geeignete Maßnahme aussuchen und einleiten zu können. Daher liegt es nahe, andere Akteure mit tiefgreifenden Kenntnissen über das Krisenunternehmen mit in die Implementation einzubeziehen. Diese Gründe sprechen dafür, dass neben traditionellen auch moderne, wie z.B. netzwerkartige Steuerungsformen in das Verfahren integriert werden.

Ziel dieser Arbeit ist es, die Art und Weise des Zusammenspiels der an der Implementation beteiligten und zuständigen Akteure sowie deren Instrumentarium zu charakterisieren, um so Erkenntnisse über die gewählte Steuerungsform des Politikfeldes der Sanierungs- und Konsolidierungspolitik sowie ihre Wirksamkeit zu gewinnen. Aus dieser Zielsetzung resultieren folgende übergeordnete und forschungsleitende Fragenkomplexe:

- Welche Hilfen werden für die Krisenunternehmen bereitgestellt? Wie sind sie zu charakterisieren?
- Welche Akteure wirken und wie setzen sie die gewählten politischen Maßnahmen um? Weisen die durchführenden Akteure bzw. die Durchführungsinstanz(en) spezifische Kennzeichen auf? Wie sind die anderen beteiligten Akteure zu charakterisieren?
- Wie ist das Zusammenspiel der am Implementationsprozess beteiligten Akteure auf Landesebene zu charakterisieren? In welcher Beziehung stehen die Akteure zueinander? Welche Akteure wenden welche Instrumente bzw. politische Maßnahmen an?
- Dominieren eher harte Steuerungsinstrumente[8] wie Geld und Macht? Inwiefern spielen die Steuerungsinstrumente "Kooperation" und "Konsens" eine Rolle? Wird die klassische Steuerungsform "Hierarchie" erkennbar durch moderne Steuerungsformen wie Netzwerke abgelöst?

Die vorliegende Studie will somit einen Beitrag zur Politikfeldforschung unter steuerungstheoretischen Gesichtspunkten leisten, indem übergreifende Fragestellungen (z.B. Steuerungsform der Sanierungs- und Konsolidierungspolitik) mit empirischer Forschung auf Landesebene verbunden werden. Die oben

---

[7] Vgl. hierzu insbesondere die Ausführungen in Kapitel 2.1 zur Liquiditätskrise.
[8] Ich unterscheide zwischen den Begriffen "Instrument" und "Steuerungsinstrument" folgendermaßen: Als Instrument wird in der vorliegenden Arbeit in Anlehnung an SCHUBERT (1991) - ganz allgemein - das konkrete, zur Zielerreichung gewählte operative Mittel bezeichnet (vgl. ebd. 1991: 172). Der Begriff des Steuerungsinstruments umfasst im Sinne von JANN (1981) dagegen alle Möglichkeiten, das Verhalten der beteiligten Akteure so zu beeinflussen, dass die gewünschten politischen Ziele erreicht werden können (vgl. ebd.: 60 und die näheren Ausführungen zum Begriff "Steuerungsinstrument" in Kapitel 2.3.1).

dargelegten übergeordneten Fragestellungen werden für die beiden ostdeutschen Bundesländer - Sachsen-Anhalt und Brandenburg – beantwortet. Mit der ganz bewussten Konzentration auf zwei "räumliche Einheiten" hat die Arbeit eine insgesamt regionalwissenschaftliche Perspektive gewählt. Dabei nimmt sie aber nicht die traditionelle, noch sehr verbreitete regionalwissenschaftliche Sicht ein, die Regionen insbesondere als statische Räume und neutrale Standorte definiert (vgl. z.b. BOUSTEDT 1975). Vielmehr sucht diese Arbeit ihren Zugang zur Regionalwissenschaft über einen sehr weitgefassten Begriff der Region. "Region" wird hier in Anlehnung an neuere regionalwissenschaftliche Ansätze (vgl. z.b. LÄPPLE 1994) als ein sozialer Interaktionszusammenhang interpretiert, den die unterschiedlichen vorhandenen ökonomischen, sozialen und politischen Akteure und Organisationen innerhalb eines "physischen" geographischen Raumes prägen und entwickeln. Regionen werden somit von den wirtschaftlichen, sozialen und politischen Akteuren als selbst organisierte Systeme von Beziehungen mit ganz besonderen Charaktereigenschaften, wie z.b. intraregionalen Kooperationsformen, gebildet (vgl. KUJATH 1998: 14). Die vorliegende Arbeit greift diese regionalwissenschaftliche Sichtweise insofern auf, als sie neben dem Instrumentarium auch die für das Politikfeld wichtigen Akteurs- und Organisationsstrukturen untersucht. Dabei stehen insbesondere die vorhandenen Strukturen und Instrumentarien der Landesebene im Mittelpunkt des Interesses.

Landespolitik wird jedoch wesentlich durch die auf Bundes- und EU-Ebene vorgegebenen Bedingungen beeinflusst bzw. geprägt. Daher behandelt diese Dissertation zunächst die bestehenden Rahmenbedingungen, die auf den der Landesebene übergeordneten politisch-administrativen Ebenen bestehen. Hier werden neben rechtlichen Reglementierungen auch die für die Implementationsphase relevanten Instrumente und Akteure dargelegt.

Die Arbeit konzentriert sich in erster Linie auf alle von den Landesregierungen Sachsen-Anhalts und Brandenburgs aufgelegten Programme, die ein Krisenunternehmen unterstützen können. Im Fokus der Arbeit stehen die Unternehmen bzw. deren Geschäftsführungen und nicht die Arbeitnehmer, die ebenfalls durch eine Unternehmenskrise betroffen sind. Mir ist bewusst, dass das umfangreiche, in Deutschland zur Verfügung stehende arbeitsmarktpolitische Instrumentarium wesentlich zur Sanierung bzw. zur Konsolidierung eines Krisenunternehmens beitragen kann, insbesondere bei der Installierung einer Auffanggesellschaft (vgl. z.B. Kapitel 4.2.1.3). Diese arbeitsmarktpolitischen Instrumente greifen aber meist erst, wenn der Betrieb insolvent ist. Daher werden diese vielfältigen und mindestens genauso wichtigen Instrumente der Arbeitsmarkt- und Sozialpolitik (wie z.B. Kurzarbeit, Ausgleichszahlungen im Rahmen eines Sozialplans, Insolvenzgeld etc.) trotz der notwendigen und oftmals geforderten Verzahnung der verschiedenen Politikfelder sowie der Abstimmung aller beteiligten Akteure und Instrumente hier nicht berücksichtigt.[9]

---

9   Ebenso werden die Maßnahmen der "Gemeinschaftsaufgabe zur Verbesserung der regionalen Wirtschaftsstruktur" nicht in die vorliegende Studie miteinbezogen. In erster

Das Politikfeld der Sanierungs- und Konsolidierungspolitik ist von wissenschaftlicher Seite bisher wenig beachtet worden. Die Arbeit greift daher im wesentlichen auf Studien und dessen Materialien zurück, die ich gemeinsam mit meinen beiden Kolleginnen Waltraud Bruch-Krumbein und Astrid Ziegler in den Jahren 1996 bis 1999 erstellt habe.[10] Diese Arbeiten geben bisher den umfangreichsten und vollständigsten Überblick über die praktizierten Konsolidierungspolitiken und deren Maßnahmen bzw. die angewandten Instrumente in den Bundesländern. Sie beschränken sich im wesentlichen darauf, die unterschiedlichen angebotenen Programme in den neuen Bundesländern in einem einheitlichen Raster mit verschiedenen Rubriken (wie z.b. Förderzweck, -art, -höhe, -voraussetzungen etc.) darzustellen, um sie besser vergleichen zu können. Diese Programmzusammenstellungen richten sich an die Krisenunternehmen selbst und an die Gewerkschaften. Eine theoretische Einordnung fand in diesen Studien – wenn überhaupt - nur ansatzweise statt (vgl. z.b. BRUCH-KRUMBEIN/HOCHMUTH/ZIEGLER 1996a).

Daneben ist noch auf die Studie von ENGBERDING (1997) hinzuweisen. Er befasst sich insbesondere mit den bestehenden Handlungsspielräumen der Krisenunternehmen und fragt dabei, ob diese Unternehmen durch die Industriepolitik des Bundes und des jeweiligen Landes unterstützt werden. Er entwickelt in seiner Arbeit ein Modell der Sanierungsbeteiligungsgesellschaften. Mit Hilfe dieser Finanzierungseinrichtungen soll einerseits Unternehmen in Schwierigkeiten finanziell geholfen werden. Andererseits soll damit ein effizienter Kontrollmechanismus für den Sanierungsprozess installiert werden, der sicherstellt, dass die betriebliche Krise so optimal wie möglich bewältigt wird. Als Initiatoren und Geldgeber derartiger Beteiligungsgesellschaften kommen für ENGBER-DING sowohl private als auch Landes- bzw. landesnahe Institutionen in Frage (vgl. ebd. 259). Die Einrichtung von Sanierungsbeteiligungsgesellschaften betrachtet er als eine Weiterentwicklung der Industriepolitik, die bislang im Bereich der Unternehmenskrisen und deren Bewältigung wenig Hilfe biete.

Andere Studien, die das Politikfeld der Sanierungs- und Konsolidierungspolitik z.B. mit steuerungstheoretischen Gesichtspunkten verbinden, sind nach

---

Linie dienen diese Maßnahmen nicht der Unterstützung von Unternehmen in Schwierigkeiten, sondern der Förderung von Investitionsvorhaben einschließlich des Fremdenverkehrs. Gefördert werden die Einrichtung, Erweiterung, Verlagerung, Umstellung oder grundlegende Rationalisierung/Modernisierung einer Betriebsstätte sowie der Erwerb einer stillgelegten oder von Stillegung bedrohten Betriebsstätte. In diesem Rahmen werden Zuschüsse in den unterschiedlichen Fördergebieten gewährt (vgl. 28. Rahmenplan 1999).

[10] Vgl. z.B.: BRUCH-KRUMBEIN/HOCHMUTH/ZIEGLER (1996a): Sanierungsbeihilfen für Betriebe in den ostdeutschen Bundesländern. Eine Handreichung für die Praxis, Göttingen und Düsseldorf; BRUCH-KRUMBEIN/HOCHMUTH/ZIEGLER (1999a): Wege aus der Unternehmenskrise - Konsolidierungsbeihilfen in den westdeutschen Bundesländern. Marburg; HOCHMUTH/ZIEGLER (1999a): Unternehmenskrisen und Sanierung – Eine Dokumentation von betrieblichen und akteursbezogenen Informations- und Kommunikations-systemen. Göttingen und Düsseldorf; HOCHMUTH/ZIEGLER (1999c): Sanierungsbeihilfen der ostdeutschen Bundesländer – Überblick und Weiterentwicklung seit 1996. Göttingen und Düsseldorf 1999.

meinem Wissen nicht vorhanden. Aus dem daraus resultierenden Forschungsdefizit folgt, dass das Politikfeld hier grundlegend dargestellt werden muss.

1.2 Methodik und Aufbau

Die vorliegende Untersuchung ist im Rahmen der qualitativen Sozialforschung zu verorten. Im Mittelpunkt des Interesses steht die Politik-Implementation, weil für diese Phase des Politikprozesses ausreichendes Datenmaterial vorliegt.[11] Da sich die Implementationsforschung detailliert mit der Implementation bereits bestehender Politikkonzepte auseinandersetzt, bietet sie sich als spezieller theoretischer Bezugsrahmen an. Die Implementationsforschung liefert Erkenntnisse über die Merkmale der unterschiedlichen Programmtypen und der angewendeten Instrumentarien sowie über die Kennzeichen der beteiligten Akteure und legt Erkenntnisse über ihr Verhalten dar.

Die Phase der Politik-Implementation wird in zwei Schritten analysiert: Zunächst sollen die für die auf Landesebene stattfindende Implementation bedeutenden Rahmenbedingungen auf der nationalen und supranationalen Ebene aufgezeigt werden. Hauptaugenmerk ist in diesem ersten Schritt auf die rechtlichen Voraussetzungen und die spezifischen Instrumente und Akteure der Sanierungs- und Konsolidierungspolitik gelegt worden. Darauf aufbauend soll dann in einem zweiten Schritt das Zusammenspiel der Akteure und Instrumente auf Landesebene näher beleuchtet werden. Anschließend wird der gesamte Verfahrensablauf der Entscheidungsfindung – vom Erstkontakt des Krisenunternehmens mit der Durchführungsinstanz bis hin zur eigentlichen Antragsbewilligung bzw. -ablehnung - genauer untersucht. Zum einen wird darin deutlich, welche Rolle die einzelnen Akteure spielen und wie sie die zur Verfügung stehenden Instrumente einsetzen. Zum anderen wird erkennbar, ob sich prozedurale Innovationen in diesem Politikfeld identifizieren lassen. So können Aussagen über die hier gestellten steuerungstheoretischen Fragestellungen getroffen werden.

In der vorliegenden Studie wird das Politikfeld der Sanierungs- und Konsolidierungspolitik exemplarisch für die ostdeutschen Bundesländer Sachsen-Anhalt und Brandenburg untersucht. Die Auswahl der Bundesländer erfolgte im wesentlichen nach zwei Kriterien: 1. Die zu untersuchenden Bundesländer sollten über unterschiedliche wirtschaftsstrukturelle Ausgangsbedingungen vor der Wiedervereinigung verfügen. Brandenburg war und ist hauptsächlich agrarisch geprägt. Im Gegensatz dazu war Sachsen-Anhalt vor der Wiederver-

---

[11] Eine vollständige Policy-Analyse in Anlehnung an HERITIER (1993) kann nicht angewendet werden, weil aufgrund des bereits aufgezeigten Forschungsdefizits kein ausreichendes Material – wie z.B. Primär- und Sekundärliteratur - über das Politikfeld der Sanierungs- und Konsolidierungspolitik existiert. Eine vollständige Policy-Analyse beschreibt den gesamten Policy-Zyklus eines Politikfeldes (vgl. Ausführungen in Kapitel 2.2). Es werden also bspw. Aussagen darüber getroffen, welche Akteure das Problem wahrgenommen haben, welche Ursachen es dafür gab und welche Problemlösungsstrategien zur Debatte stehen.

einigung durch traditionelle Industriebranchen gekennzeichnet. Der überwiegende Teil der sachsen-anhaltinischen Erwerbsbevölkerung war in den traditionellen Wirtschaftszweigen Chemie und Maschinenbau beschäftigt. Der Grund für die Auswahl dieses Kriteriums lag in der Vermutung, dass sich aus diesen unterschiedlichen wirtschaftsstrukturellen Gegebenheiten differente Sanierungs- und Konsolidierungspolitiken ergeben könnten. 2. Das zweite Kriterium war die im Vergleich zu Sachsen und Thüringen äußerst schlechte wirtschaftliche Lage der beiden Bundesländer. Es ist denkbar, dass vor dem Hintergrund einer schlechten Wirtschaftslage die Landesregierung eine gegensteuernde und flexibel zu handhabende Sanierungs- und Konsolidierungspolitik entwickelt und umsetzt.

Neben der Verarbeitung von grundlegender wissenschaftlicher Literatur zu steuerungstheoretischen Gesichtspunkten wird außerdem auf Sekundärliteratur zu betriebswirtschaftlichen und rechtlichen Problemen zurückgegriffen, die sich im wesentlichen auf Richtlinien, Programme und Broschüren der ausgewählten Länder sowie Gesetzestexten auf Bundes- und EU-Ebene beziehen. Quantitatives, statistisches Zahlenmaterial ist insbesondere für die Darlegung der wirtschaftsstrukturellen Entwicklung der Untersuchungsländer verwendet worden. Außerdem habe ich Daten über die Förderergebnisse der Sanierungs- und Konsolidierungsprogramme auf Landesebene aus den jeweiligen Wirtschaftsberichten und Datenbanken der Landesministerien und den jeweils für die Sanierungs- und Konsolidierungsinstrumente zuständigen Institutionen (wie z.B. die Landesförderinstute) zusammengestellt, um eine Einschätzung über das Fördervolumen und die Wirkungen des Politikfeldes zu geben.

Weil sich Erkenntnisse über vorhandene Akteursstrukturen nur mittels offener leitfadenorientierter Expertengespräche gewinnen lassen, sind sie hier als Haupterhebungsinstrument gewählt worden. Derartige Interviews gelten als ein bewährtes Instrument der qualitativen Sozialforschung. Maßgebliche Aussagen über offene leitfadenorientierte Expertengespräche haben MEUSER/NAGEL (1991) getroffen, auf die ich mich im weiteren Verlauf dieser Ausführungen beziehe: So wird bspw. von ihnen als Experte derjenige bezeichnet, der *"in irgendeiner Weise Verantwortung trägt für den Entwurf, die Implementierung oder die Kontrolle einer Problemlösung* (in diesem Falle das Politikfeld der Sanierungs- und Konsolidierungspolitik, E.H.) *oder wer über einen privilegierten Zugang zu Informationen über Personengruppen oder Entscheidungsprozesse verfügt."* (ebd.: 443) Das leitfadenorientierte Experteninterview zeichnet sich darin aus, dass es sowohl dem thematisch-begrenzten Interesse des Forschers oder der Forscherin als auch dem Expertenstatus des Befragten gerecht wird. *"Die in die Entwicklung eines Leitfadens eingehende Arbeit schließt aus, dass sich der Forscher als inkompetenter Gesprächspartner darstellt. So wird verhindert, dass der Experte es früher oder später bereut, in das Gespräch eingewilligt zu haben. Die Orientierung an einem Leitfaden schließt auch aus, dass das Gespräch sich in Themen verliert, die nichts zur Sache tun, und erlaubt zugleich dem Experten, seine Sache und Sicht der Dinge zu extemporieren."* (ebd.: 448) Das leitfadenorientierte Expertengespräch gilt als das Erhebungsinstrument der qualitativen Sozialforschung, *"wenn es (...) um handlungsleitende Regeln jenseits von Verordnungen, um ungeschriebene Gesetze des ExpertInnenhandelns, um tacit knowing und Relevanzaspekte geht"* (ebd.: 449).

Alle im Rahmen dieser Arbeit befragten Experten sind Funktionsträger innerhalb eines organisatorischen oder institutionellen Kontextes. Gegenstand des Interviews ist die Informationssammlung über Zuständigkeiten, Rahmenbedingungen, Aufgaben, Tätigkeiten und die daraus entstandenen Erfahrungen und Wissensbestände des Experten über den Problembereich der Sanierungs- und Konsolidierungspolitik. Die Experten geben also für die vorliegende Studie Auskunft über ihr eigenes Handlungsfeld.[12]

Die Auswahl der Experten für die vorliegende Arbeit erfolgte folgendermaßen: Zunächst wurden die Wirtschaftsministerien der Bundesländer angeschrieben, um so einen Ansprechpartner in den zuständigen Abteilungen bzw. Referaten für das Politikfeld vermittelt zu bekommen. Außerdem wurde gleichzeitig nach den potentiellen Programmen und Richtlinien gefragt. Mit den vom Wirtschaftsministerium genannten Personen wurde ein leitfadenorientiertes Interview geführt. Alle weiteren Gesprächspartner sind im Schneeball-Prinzip ausgewählt worden. D.h. bei den geführten Gesprächen in den Wirtschaftsministerien wurde zum Abschluss des Interviews nach weiteren für die Fragestellung relevanten Gesprächspartnern und –partnerinnen gefragt usw. (vgl. auch Gesprächsleitfäden im Anhang). Darüber hinaus verfüge ich mittlerweile aufgrund meiner längeren Forschungstätigkeit in diesem Bereich über ein umfangreiches Personennetzwerk, das sich u.a. aus verschiedenen Unternehmensberatern, Banken- und Kammervertreter zusammensetzt. So entstand ein Sample von Akteuren, die in das Politikfeld involviert sind.[13] Alle Gespräche dauerten mindestens zwei Stunden. Sie wurden auf Tonband aufgenommen und anschließend transkribiert.

---

[12] Alle Experteninterviews sind auf die Generierung bereichsspezifischer Aussagen angelegt. *"Ihr Gegenstand sind Wissensbestände im Sinne von Erfahrungsregeln, die das Funktionieren von sozialen Systemen bestimmen. Adäquat sind ExpertInneninterviews für die Analyse dieser Ebene der Realität, andere Erkenntnisziele erfordern andere methodische Mittel. Insofern, als das mit ExpertInneninterviews erhobene Wissen explizit an sozialstrukturell bestimmte Handlungssysteme gebunden ist, Insider-Erfahrungen spezifischer Statusgruppen, stellt sich die Frage, wie wir kontrollieren können, ob die ExpertInnen die "Wahrheit" sagen, besonders hartnäckig (...) Wir müssen damit rechnen, dass sie uns nicht die "ganze Wahrheit" mitteilen, dass sie z.B. "beschönigende" Versionen"* (MEUSER/ NAGEL 1991: 466) darlegen. Aber bei einem Interview von einer Dauer von mehr als einer Stunde – so führen die Autoren weiter aus – sei es relativ unwahrscheinlich, dass eine gezielte und perfekte Täuschung vom Experten über die gesamte Interviewdauer durchgehalten werden könne. Unstimmigkeiten, die von dem Interviewer meist sofort bemerkt werden, seien gar nicht zu vermeiden. Grundsätzlich wird über ein "Cross Checking" die innere Logik der Informationen geprüft. Hierzu werden meist mehrere Personen aus einer Institution oder aus einem Themengebiet befragt, und die so gewonnen Informationen miteinander ver- und abgeglichen (vgl. MEUSER/NAGEL 1991: 467).

[13] Es zeigte sich, dass die Anzahl der relevanten Akteure für die vorliegende Arbeit recht überschaubar ist. Zusätzlich war von Vorteil, dass sich die maßgeblichen Akteure alle untereinander kennen und mir so Kontakte zu den weiteren Gesprächspartnern vermitteln konnten.

Die Interviews wurden als Quellen benutzt. Die Ergebnisse der Interviews wurden anschließend mit den Richtlinien der Programme verglichen. Dies fungierte in erster Linie als eine Art Gegenkontrolle, um herauszufinden, ob eventuell der praktische Umgang mit den Richtlinien ganz anders als festgeschrieben ist. Hierzu sei zusätzlich erwähnt, dass die Richtlinien der angeführten Konsolidierungs- und Sanierungsprogramme sehr detailliert aufschlüsseln, welche Voraussetzungen das Unternehmen zu leisten hat, welche Aufgaben von den Krisenunternehmen bewältigt werden sollten und welche weiteren Akteure in den Verfahrensablauf miteinbezogen werden.[14]

Für die vorliegende Arbeit wurde zum Teil auf Gesprächsprotokolle von mehreren wissenschaftlichen Projekten des Institutes für Regionalforschung e.V. an der Universität Göttingen und des Wirtschafts- und Sozialwissenschaftlichen Instituts in der Hans-Böckler-Stiftung zurückgegriffen, die ich gemeinsam mit zwei Kolleginnen, Waltraud Bruch-Krumbein und Astrid Ziegler, zwischen den Jahren 1996 und 1999 durchgeführt habe. Einen Teil der Informationen aus diesen Gesprächen haben wir in den bereits veröffentlichten Studien noch nicht verwendet; diese wurden für die vorliegende Arbeit zusätzlich ausgewertet. Es erfolgte somit eine Zweitverwertung der im Rahmen von Forschungsprojekten geführten Gespräche[15]. Darüber hinaus habe ich, um den spezifischen Fragen dieser Dissertation Rechnung zu tragen, die für den Vollzug und die Implementation verantwortlichen Experten (wie z.B. die Vertreter der Wirtschaftsministerien) nochmals im Jahr 2000 aufgesucht.[16] In diesen Gesprächen stand neben den programmatischen Veränderungen insbesondere der Verfahrensablauf sowie dessen Modifizierungen in den letzten Jahren im Mittelpunkt des Interesses. Um die Informationen abzurunden, habe ich des weiteren Vertreter von Institutionen befragt, die in den bisherigen Projekten nicht berücksichtigt wurden - wie z.B. Vertreter von Kammern.

Im Einzelnen sind in meine Dissertation die Informationen von Interviews[17] mit Vertretern folgender Institutionen eingeflossen:[18]

---

[14] Die in Fußnote 12 angesprochenen Täuschungen, die während eines Expertengesprächs vorkommen könnten, sind für die vorliegende Arbeit auszuschließen, weil die Experten mehrmals zwischen den Jahren 1996 und 2000 aufgesucht wurden.

[15] Soweit ich in dieser Arbeit Informationen verwende, die aus den bereits veröffentlichten Studien stammen, sind diese als Zitat gekennzeichnet.

[16] Die Auswertungen der Gespräche der Jahre 1996, 1999 und 2000 offenbarten nicht nur Modifizierungen in der Programmlandschaft, sondern u.a. auch Veränderungen beim Klientel der Sanierungs- und Konsolidierungspolitik (vgl. die Ausführungen in Kapitel 4.2.1. und 4.2.2 sowie 5.2.1 und 5.2.2). Darüber hinaus hat 1999 die Neuauflage der Leitlinien für Unternehmen in Schwierigkeiten seitens der EU einige gravierende Veränderungen mit sich gebracht (vgl. hierzu die Ausführungen in Kapitel 3.1, 4.2 und 5.2).

[17] Da ich meinen Gesprächspartnern und -partnerinnen in den Interviews zugesichert habe, ihre Namen nicht zu veröffentlichen und ihre Informationen zu anonymisieren, ist in dieser Arbeit keine Probandenliste zusammengestellt worden.

[18] Darüber hinaus haben meine beiden o.g. Kolleginnen und ich noch zahlreiche andere Gespräche mit verschiedenen Institutionen im Rahmen der angegebenen Projekte geführt, wie z.B. mit Vertretern der Wirtschaftsministerien der restlichen Bundesländer. Diese Ergebnisse sind zwar nicht explizit – allerdings sicherlich unterschwellig - in die vorliegen-

- Bundeswirtschaftministerium,
- Bundesfinanzministerium,
- Landeswirtschaftsministerien von Sachsen-Anhalt und Brandenburg,
- Bürgschaftsbanken,
- Deutsche Ausgleichsbank,
- Kreditanstalt für Wiederaufbau,
- Handwerkskammern in Potsdam und Magdeburg,
- Industrie- und Handelskammern in Potsdam und Magdeburg,
- Service- und Beratungszentrum Potsdam,
- Unternehmensberater,
- Gewerkschaften.[19]

Alles in allem entstand so ein Sample von 32 Gesprächen innerhalb von fünf Jahren (1996 bis 2000).[20] Die Experten werden nicht wörtlich zitiert. Die Aussagen aus den Interviews sind folgendermaßen gekennzeichnet: 1. Institution des Experten, 2. die politisch-administrativen Ebenen (und auf der Landesebene das jeweilige Land), 3. die Jahreszahl, in dem das Gespräch geführt worden ist (Bsp.: Interview Task Force, Landesebene Sachsen-Anhalt 1999).[21]

Der Aufbau der vorliegenden Arbeit gestaltet sich folgendermaßen:

Zunächst erfolgt in Kapitel 2 die Darlegung der Begriffe, die eine nähere Kennzeichnung des Politikfeldes der Sanierungs- und Konsolidierungspolitik mit einschließen (Kapitel 2.1). In Kapitel 2.2 wird ein Überblick über den übergeordneten Bezugsrahmen – und zwar den der Policy-Forschung - gegeben. Die

---

de Arbeit mit eingeflossen. Seit 1997 bin ich in verschiedene Diskussionszusammenhänge des hier interessierenden Politikfeldes eingebunden. Gemeinsam mit der IG Metall und meinen beiden o.g. Kolleginnen organisiere ich z.Zt. das Sanierungs- und Konsolidierungsnetzwerk in Ostdeutschland. Im Rahmen dieses Netzwerkes werden jährlich zwei Workshops veranstaltet, die sich aktuellen Problemen und Neuentwicklungen des Politikfeldes widmen. Der Teilnehmerkreis setzt sich aus Personen aus der Wissenschaft und der Praxis – sprich z.B. den Wirtschaftsministerien der ostdeutschen Bundesländer und Gewerkschaften – zusammen. Aus diesen Diskussionszusammenhängen habe ich als teilnehmende Beobachterin vielfältige Hintergrundinformationen erhalten, die zur besseren Einordnung und Einschätzung des Politikfeldes beigetragen haben.
Des weiteren gab es zahlreiche Diskussionen und Auseinandersetzungen im Rahmen eines Projektes zum Thema "Clusterpolitik in Ostdeutschland" (vgl. BRUCH-KRUMBEIN/HOCHMUTH 2000), deren Ergebnisse ebenfalls mit in diese Arbeit einbezogen werden konnten.

19 Traten Unklarheiten oder Unstimmigkeiten bei der Transkription der Gespräche auf, so habe ich die befragten Experten und Expertinnen diverse Male nochmals telefonisch kontaktiert.

20 Spätere Entwicklungen, die sich in den beiden Untersuchungsländern zeigten – wie bspw. die Umorganisation der Task Force in Sachsen-Anhalt -, konnten nicht mehr in diese Arbeit aufgenommen werden.

21 Einzige Ausnahmen bei der Kennzeichnung bilden zwei Interviews in Kapitel 3.1, die ich im Rahmen eines workshops geführt habe (vgl. Fußnote 18).

Erkenntnisse der Implementationsforschung bilden für diese Arbeit den spezifischen theoretischen Bezugsrahmen (Kapitel 2.3).

Kapitel 3, 4 und 5 bilden den empirischen Kern der Dissertation. Sie ähneln sich im Aufbau. Zunächst werden in allen drei Kapiteln die Instrumente und die Akteure der unterschiedlichen politisch-administrativen Ebenen näher beschrieben. Die Identifizierung sowohl des Instrumentariums als auch der beteiligten Akteure bilden die Basis für die Analyse des Politikfeldes unter steuerungstheoretischen Gesichtspunkten.

In Kapitel 3 zeigt sich, dass die Sanierungs- und Konsolidierungspolitik erheblichen rechtlichen Restriktionen durch EU-Vorgaben ausgesetzt ist. Im Mittelpunkt steht dabei die Beihilfenpolitik. Mit der Neuauflage der "Leitlinien für Unternehmen in Schwierigkeiten" gab es auch Einschnitte in die Sanierungs- und Konsolidierungspolitik der ostdeutschen Länder. Diese werden zunächst dargestellt, um so die Spielräume bzw. Restriktionen der Sanierungs- und Konsolidierungspolitik auf Bundesebene – und in den späteren Kapiteln auf Landesebene – besser einordnen zu können. Aber auch auf Bundesebene werden wesentliche Instrumente für die Konsolidierung und Sanierung von Unternehmen angeboten. So gab z.B. der Konsolidierungsfonds den "Startschuss" für eine programmgeleitete Sanierungs- und Konsolidierungspolitik auf ostdeutscher Landesebene. Erste Befunde schließen das Kapitel ab.

Kapitel 4 und 5 behandeln die programmgeleiteten Sanierungs- und Konsolidierungspolitiken der beiden ausgewählten Länder. Um einen Eindruck über die wirtschaftliche Entwicklung der Untersuchungsländer seit der Wiedervereinigung zu vermitteln, werden zunächst ausgewählte statistische Daten über die jeweiligen Bundesländer zusammengestellt (4.1. und 5.1). Anschließend werden im jeweiligen zweiten Teilkapitel (4.2 bzw. 5.2) die angewendeten Instrumente und die Akteure der Sanierungs- und Konsolidierungspolitik identifiziert und beschrieben. Informationen über die Entwicklung des Fördervolumens und der Wirkungen der Sanierungs- und Konsolidierungspolitik sowie eine Erfolgsanalyse unter Raumaspekten schließen diese Gliederungspunkte ab. Der Verfahrensablauf der praktizierten Sanierungs- und Konsolidierungspolitik und das Zusammenspiel der beteiligten Akteure wird in 4.3 bzw. 5.3 erfolgen. Anhand dieser Darlegung können darauf aufbauend Aussagen über die angewendeten Steuerungsformen und -instrumente auf Landesebene getroffen werden.

Abschließend erfolgt vor dem Hintergrund der empirischen Ergebnisse in Kapitel 6 eine Schlussbetrachtung des Politikfeldes der Sanierungs- und Konsolidierungspolitik in Ostdeutschland. Darin werden die wesentlichen Merkmale, die das hier interessierende Politikfeld kennzeichnen, resümierend dargelegt.

Abb. 1-1: Aufbau der Dissertation

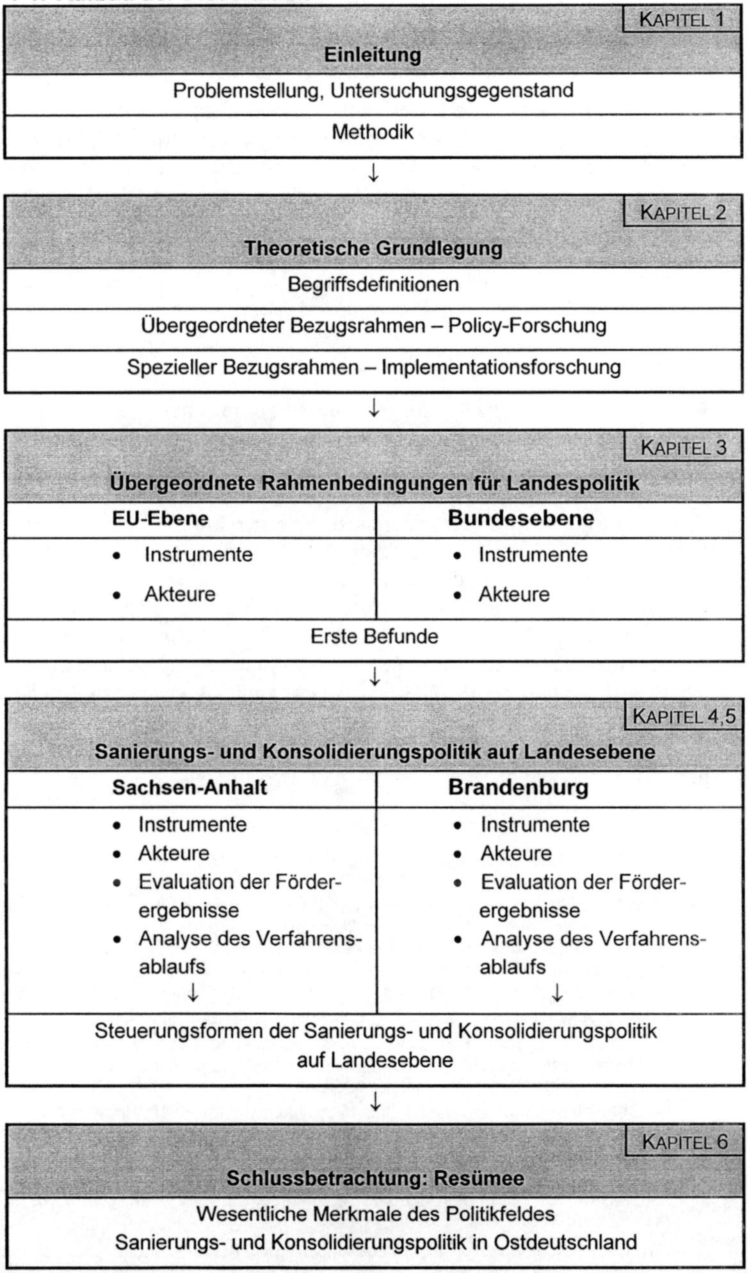

KAPITEL 1
Einleitung
Problemstellung, Untersuchungsgegenstand
Methodik

↓

KAPITEL 2
Theoretische Grundlegung
Begriffsdefinitionen
Übergeordneter Bezugsrahmen – Policy-Forschung
Spezieller Bezugsrahmen – Implementationsforschung

↓

KAPITEL 3	
Übergeordnete Rahmenbedingungen für Landespolitik	
EU-Ebene	**Bundesebene**
• Instrumente	• Instrumente
• Akteure	• Akteure
Erste Befunde	

↓

KAPITEL 4, 5	
Sanierungs- und Konsolidierungspolitik auf Landesebene	
Sachsen-Anhalt	**Brandenburg**
• Instrumente • Akteure • Evaluation der Förderergebnisse • Analyse des Verfahrensablaufs	• Instrumente • Akteure • Evaluation der Förderergebnisse • Analyse des Verfahrensablaufs
↓	↓
Steuerungsformen der Sanierungs- und Konsolidierungspolitik auf Landesebene	

↓

KAPITEL 6
Schlussbetrachtung: Resümee
Wesentliche Merkmale des Politikfeldes Sanierungs- und Konsolidierungspolitik in Ostdeutschland

2 THEORETISCHE GRUNDLEGUNG
2.1 Begriffliche Präzisierungen
2.1.1 Sanierungs- und Konsolidierungspolitik

Das Politikfeld der Sanierungs- und Konsolidierungspolitik hat das Ziel, den Bestand an Unternehmen[22] durch Vermeidung unnötiger Insolvenzen zu sichern und zu festigen. Um dies zu erreichen, wird existenzbedrohten Unternehmen ein Set von Unterstützungsleistungen bzw. Förderleistungen zur Verfügung gestellt, mit dem sie mittel- bis langfristig ihre betriebliche Leistungs- und Wettbewerbsfähigkeit wieder herstellen können. Unterstützt werden insbesondere wirtschaftlich ernsthaft, aber nicht hoffnungslos gefährdete kleine und mittlere Unternehmen[23] der gewerblichen Wirtschaft. Mit den bereitgestellten Förderungen wird insbesondere dem Eigenkapitalmangel Rechnung getragen, der als eine zentrale Ursache für betriebliche Schwierigkeiten gilt.

Sanierungs- und Konsolidierungspolitik wird von einer Vielzahl von Akteuren und Institutionen auf unterschiedlichen politisch-administrativen Ebenen konzeptioniert, betrieben und reglementiert. Die Europäische Union setzt mit ihrer Beihilfenpolitik den gesetzlichen Rahmen. Sowohl der Bund als auch die einzelnen Bundesländer müssen diese für ganz Europa geltenden Rahmengesetzgebungen bei der Ausgestaltung der Sanierungs- und Konsolidierungspolitik berücksichtigen. Auf der Bundesebene sind die wesentlichen Akteure das Bundesministerium für Wirtschaft und Technologie (BMWT) und das Bundesfinanzministerium. Insbesondere das BMWT ist verantwortlich für die Gestaltung der Bundesprogramme[24]. Für die Konzeptionierung auf Landesebene sowie für die Implementation der Politik sind in erster Linie die jeweiligen Wirtschaftsministerien zuständig. Darüber hinaus sind auf Landesebene außerdem das Finanzministerium und das jeweilige Landesförderinstitut als Akteure zu nennen.

---

[22] In dieser Arbeit werden die Begriffe Betrieb und Unternehmen synonym verwendet. Prinzipiell gibt es aber einen Unterschied zwischen diesen Begriffen, der insbesondere für amtliche Statistiken und im Bereich der Betriebswirtschaftslehre von Bedeutung ist: Als "Unternehmen" wird in der Regel die kleinste bilanzierende Einheit bezeichnet. "Betriebe" sind dagegen die örtlichen Einheiten eines Unternehmens, also Filialen, Niederlassungen, Zweigstellen u.ä. Falls ein Unternehmen aus nur einer einzigen örtlichen Einheit besteht, stimmen Betrieb und Unternehmen überein (vgl. z.B. BUTH/HERRMANNS 1998: 12f).

[23] Kleine und mittlere Unternehmen sind nach Definition der Europäischen Union Betriebe mit bis zu 250 Beschäftigten, die einen Umsatz bis zu 40 Mio. EURO oder einer Bilanzsumme von nicht mehr als 27 Mio. EURO erreichen und sich zu höchstens 25% im Besitz eines oder mehrerer größerer Unternehmen befinden.
Großbetriebe haben zwar auch die Möglichkeiten, bei einer wirtschaftlichen Krise von staatlicher Seite gefördert zu werden. Dies wird allerdings eher auf der politischen Ebene und auf überwiegend informellem Wege unter Einschaltung hochrangiger politischer Akteure austariert. Informationen über derartige Fälle sind aufgrund der hohen politischen Brisanz schwer zu bekommen, so dass Maßnahmen für Großbetriebe in diese Studie nicht mit einbezogen werden.

[24] Für Ostdeutschland sind hier insbesondere der Konsolidierungsfonds (I und II), der Konsolidierungs- und Wachstumsfonds Ost (Konsolidierungsfonds III) und ferner der Beteiligungsfonds Ost zu nennen (vgl. Ausführungen in Kapitel 3.2).

Maßnahmen zur Rettung bedrohter Unternehmen gibt es in Deutschland schon seit längerer Zeit. Es handelte sich dabei aber stets um eine einzelfallbezogene Politik, die nicht programmgestützt war. Das änderte sich erst im Zuge der komplexen ökonomischen Transformationsprozesse nach dem Ende der DDR. Die durch die Treuhandanstalt privatisierten Betriebe konnten den marktwirtschaftlichen Bedingungen nicht Stand halten und gerieten immer häufiger in wirtschaftliche Bedrängnis. Um die schwierigen Startbedingungen der ostdeutschen Wirtschaft nach der Wiedervereinigung abzumildern, legte die Bundesregierung mit Auflösung der Treuhandanstalt zum Ende des Jahres 1994 den Konsolidierungsfonds auf.[25] Damit wurde das Politikfeld in Ostdeutschland offiziell konstituiert und auf eine neue Stufe gestellt. Über die Bereitstellung von 500 Mio. DM hinaus, überließ der Bund die konkrete Ausgestaltung der Sanierungs- und Konsolidierungspolitiken den einzelnen ostdeutschen Bundesländern. Sie legten Programme auf, die die Unterstützung von Unternehmen in wirtschaftlicher Not auf breiter Basis regeln.[26] Sowohl der konkrete Adressatenkreis, die Höhe und Art der Förderung, die Voraussetzungen für die Gewährung der Hilfe sowie die Rückzahlungsmodi wurden darin festgeschrieben. Diese erstmals programmgeleiteten Politiken der neuen Bundesländer zeichneten sich darüber hinaus durch eine konzeptionelle Neuausrichtung aus: Während bisher Finanzmittel von Landesseite nur dann an Unternehmen oder Personen genehmigt und vergeben werden konnten, wenn eine private Bank die Haftung für die Finanzsumme übernahm, sind dagegen die Mittel aus dem Konsolidierungsfonds nicht zwingend an die Mithaftung einer privaten Bank gebunden. Es können also auch Unternehmen gestützt werden, die sich in Schwierigkeiten befinden und deren Hausbank das Risiko eines Kredites nicht (mehr) tragen will (vgl. detaillierte Beschreibung des Konsolidierungsfonds Kapitel 3.2).

Die Programme der neuen Bundesländer haben einige wenige grundlegende Gemeinsamkeiten: So werden alle Konsolidierungs- und Sanierungsmittel erst dann ausgezahlt, wenn das Unternehmen ein Unternehmenskonzept vorlegt, das schlüssig nachweist, wie die Probleme, die zur wirtschaftlichen Schieflage

---

[25] Staatliche Interventionen waren in Ostdeutschland aufgrund des katastrophalen Zusammenbruches der ostdeutschen Wirtschaft notwendig und wurden auch von Anhängern der reinen Marktsteuerung nicht in Frage gestellt. Auch sie sahen die ostdeutschen Probleme, die auf die frühe Durchsetzung einer Wirtschafts- und Währungsunion zurückzuführen waren. Die ostdeutsche Wirtschaft war so einer plötzlichen und immensen Konkurrenz ausgesetzt, der sie von vornherein nicht gewachsen sein konnte. Die katastrophale Entwicklung in Ostdeutschland - die sich u.a. schnell in einem äußerst niedrigen Niveau der Industrieproduktion und in einem im Vergleich zu Westdeutschland geringen Industriebesatz widerspiegelte - rief zwangsläufig Unterstützungsmaßnahmen zunächst seitens des Bundes und der Europäischen Union hervor. Die durchgeführten einzelfallbezogenen Maßnahmen wurden aber meist nicht unter dem Begriff der Sanierungs- und Konsolidierungspolitik gehandelt, sondern mit Wörtern wie Privatisierungspolitik, Restrukturierung der ostdeutschen Wirtschaft oder Transformation tituliert. Allenfalls wurden derartige Unterstützungsmaßnahmen unter dem Namen der "Industriepolitik" subsummiert (vgl. BRUCH-KRUMBEIN/HOCHMUTH 2000: 95f).

[26] Ein vergleichbarer Fonds für Westdeutschland ist von Bundesseite nicht eingerichtet worden (vgl. BRUCH-KRUMBEIN/HOCHMUTH/ZIEGLER 1999a).

geführt haben, beseitigt werden können. Andere Gemeinsamkeiten, wie z.B. der Adressatenkreis, resultieren aus den rechtlichen Reglementierungen auf der Ebene der EU und des Bundes. Insgesamt haben die Ostländer aber sehr unterschiedliche Politiken gewählt. Sie unterscheiden sich in den Förderarten und -höhen, aber auch hinsichtlich ihrer Fördervoraussetzungen. Einige Bundesländer beschränkten sich auf die Auflage von nur einem Programm, andere Länder legten dagegen mehrere Programme auf. Die Unterschiedlichkeit der Politik begründet auch, dass die Ostländer verschiedene Wege für die Implementation der Programme eingeschlagen haben. Je nach spezifischer Ausgestaltung werden in den Vollzug des Politikfeldes unterschiedliche Akteure miteinbezogen und differente Strategien gewählt, um die Politik so optimal wie möglich umzusetzen.

Bei allen noch darzustellenden Unterschieden der Ausgestaltung der Förderpolitik sehen sich die politischen Akteure in allen Bundesländern mit zwei grundsätzlichen Problemen konfrontiert: Das erste Problem betrifft die Dringlichkeit der einzuleitenden Maßnahmen. Ursachen und Schwierigkeiten, die zu einer betrieblichen Krise geführt haben, werden von dem Unternehmen bzw. von der Geschäftsführung oft erst erkannt (oder benannt), wenn es fast zu spät und die Liquidität des Unternehmens bereits erschöpft ist. Ein zweitens Problem stellt die komplexe Akteursstruktur dar. Von einer Unternehmenskrise sind eine Vielzahl von Akteuren betroffen. Neben den betriebsinternen Beteiligten, wie Belegschaft, Geschäftsführung, eventuell Betriebsrat etc. werden auch eine ganze Reihe von betriebsexternen Akteuren in die Krise des Unternehmens mit hinein gezogen. Hierzu gehören u.a. Hausbanken, Krankenkassen, Zulieferer und Abnehmer. Sind sich alle Beteiligten noch über das Ziel der Fortführung des Unternehmens einig, so existieren häufig sehr differente Vorstellungen und Interessen darüber, wie dieses Ziel zu erreichen sei.

2.1.2 Sanierung versus Konsolidierung

Die Grenzen zwischen "Sanierung eines Betriebes" und "Konsolidierung eines Betriebes" sind fließend. Eine einheitliche und genaue Definition bzw. Abgrenzung zwischen diesen beiden Begriffen gibt es sowohl auf der wissenschaftlichen, als auch auf der praktischen Seite – also von denjenigen Akteuren, die betriebliche Sanierung und Konsolidierung betreiben – nicht.[27]

Für die vorliegende Arbeit wird für Sanierung folgende Definition nach BICHLMEIER/ENGBERDING/OBERHOFER (1998) zugrunde gelegt: *"Sanierung umfaßt alle Maßnahmen, die geeignet sind, das Unternehmen aus der Krise zu führen. Dazu ist ein interner Wandlungsprozeß nötig, der alle Bereiche betrifft, wie die Kosten-, Finanz-, Organisations-, Vertriebs-, Personal- und Investitionsstruktur."* (ebd.: 66) Unter Konsolidierung wird dagegen im Allgemeinen die Festigung eines nur vorübergehend in wirtschaftliche Schwierigkeiten

---

[27] In den geführten Gesprächen wurden die Begriffe Sanierung und Konsolidierung von den Experten ebenfalls nicht trennscharf verwendet.

geratenen Unternehmens verstanden (ebd.). Eine Unternehmenskonsolidierung ist nicht so umfassend wie eine Sanierung. Bei einer Unternehmenskonsolidierung ist lediglich ein interner Wandlungsprozess notwendig, der sich auf einen oder einzelne Unternehmensbereiche bezieht. Der Terminus Konsolidierung wird in der betriebswirtschaftlichen Literatur nur dann verwendet, wenn in einem Unternehmen keine tiefgreifenden Probleme vorhanden sind und nur kurzfristig ein Liquiditätsengpass besteht (vgl. Ausführungen zu den verschiedenen unterscheidbaren Krisenstadien und speziell zur Liquiditätskrise weiter unten).

Prinzipiell kann davon ausgegangen werden, dass die Sanierung eine Betriebes tiefergehender ausfallen muss als eine Konsolidierung. Bei einem zu sanierenden Unternehmen bestehen schon längerfristig Liquiditätsschwierigkeiten, und entweder droht die Zahlungsunfähigkeit oder es sind bereits keine ausreichenden Mittel mehr vorhanden, um das laufende betriebswirtschaftliche Geschäft durchzuführen (vgl. z.B. BRUCH-KRUMBEIN/HOCHMUTH/ZIEGLER 1996a).

Da die Begriffe äußerst unscharf zu definieren sind und auch äußerst unterschiedlich verwendet werden, wird im Folgenden immer von Sanierung und Konsolidierung bzw. von Sanierungs- und Konsolidierungspolitik gesprochen.

2.1.3 Krise

Sanierungs- und Konsolidierungspolitik ist auf Unternehmen zugeschnitten, die sich in einer Krise befinden. Die Krise eines Unternehmens wird in der Betriebswirtschaftslehre nach Strategiekrise, Erfolgskrise, Liquiditätskrise und schließlich nach der Phase der Insolvenz ausdifferenziert (vgl. ENGBERDING 1997 in Anlehnung an MÜLLER 1989).[28] Die Strategiekrise ist dadurch gekennzeichnet, dass Erfolgspotentiale eines Unternehmens ernsthaft gefährdet sind. In dieser Phase hat das Unternehmen noch verhältnismäßig vielfältige Möglichkeiten, den Turnaround[29] zu schaffen. Der Betrieb kann z.B. mit Hilfe eigener Ressourcen eine neue Marktstrategie verfolgen. In der Erfolgskrise wird der finanzielle Spielraum des Unternehmens sehr eng und die Geschäftsführung muss die Verlustquellen möglichst schnell identifizieren und beseitigen. Das Unternehmen kann nach wie vor den Turnaround bewerkstelligen, hat allerdings dazu begrenztere (finanzielle) Möglichkeiten zur Verfügung. In der nachfolgenden Liquiditätskrise ist der finanzielle Spielraum bereits soweit eingeengt, dass der Betrieb ohne externe finanzielle Beiträge nicht mehr weiter

---

[28] In der betriebswirtschaftlichen Literatur werden eine Vielzahl von Krisenklassifizierungen verwendet. So unterscheidet BUTH/HERRMANNS (1998) z.B. nur drei Krisen: Und zwar die strategische Krise, die Ergebniskrise und die Liquiditätskrise (ebd: 99). Die Insolvenz wird von diesen Autoren nicht als Krisenstadium betrachtet. KRYSTEK (1989) legt eine andere Klassifizierung zugrunde: Er differenziert nach potentieller, latenter, akut beherrschbarer und akut nicht beherrschbarer Krise (ebd.: 2). In dieser Arbeit wurde die Klassifizierung von MÜLLER (1986) zugrundegelegt, weil im Untersuchungsland Sachsen-Anhalt Krisenunternehmen auch für die Phase der Insolvenz Unterstützungen angeboten werden (vgl. Ausführungen in Kapitel 4).

[29] *"Als Turnaround wird im anglo-amerikanischen Sprachgebrauch die Wende zum besseren bezeichnet."* (ENGBERDING 1997: 36)

existieren kann (vgl. ENGBERDING 1997: 37). Die Insolvenz bildet die letzte Phase einer betriebswirtschaftlichen Krise. "*In der Insolvenz hat sich schließlich der Spielraum erschöpft und die Handlungen gehen vom Konkursverwalter aus.*" (ebd.) Die Insolvenz bedeutet aber nicht zwangsläufig die völlige Liquidation bzw. Auflösung des Betriebes. Mitunter kann ein Neustart für ein Unternehmen nur über den Weg der Insolvenz gelingen. Bspw. kann ein Teil des Unternehmens über die Veräußerung des Restunternehmens an ausreichend Kapital gelangen, um einen Neuanfang finanzieren zu können. Mit Einrichtung der Insolvenzordnung zum 1.1.1999 ist zudem eine Sanierung des Unternehmens bzw. Teile des Unternehmens aus der Insolvenz heraus sogar rechtlich festgelegt worden.

Wie aus der nachstehenden Abbildung hervorgeht, ist die Abfolge der Krisenphasen festgelegt. Je weiter die krisenhafte Entwicklung fortgeschritten ist, desto geringer sind die Möglichkeiten, die betriebswirtschaftlichen Schwierigkeiten zu überwinden.

Abb. 2-1: Krisenstadien und Sanierungsmaßnahmen

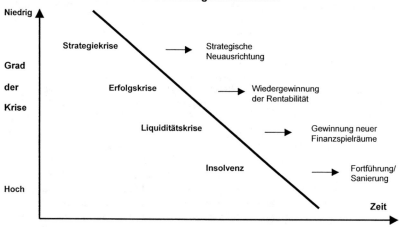

Quelle: BICHLMEIER u.a. 1998: 67

Weil die Sanierungs- und Konsolidierungspolitik in der Regel erst greift, wenn es bereits bei einem Unternehmen zu einer Liquiditätskrise gekommen ist, verwende ich den Begriff "Krise" im Folgenden ausschließlich für die Phase des Liquiditätsengpasses bzw. für die Phase kurz vor der Insolvenz.

2.1.4 Liquiditätskrise

Die Liquiditätskrise ist insofern von besonderer Bedeutung, als hier erstmals in der krisenhaften Entwicklung die Geschäftspartner eines Unternehmens direkt betroffen sind, z.B. durch Zahlungs- oder Lieferverzüge usw. Die drohende Zahlungsunfähigkeit verspüren neben sonstigen Wirtschaftseinheiten wie Zulieferer oder Abnehmer vor allem die Gläubiger, wie z.B. die Hausbank oder die Sozialversicherungen. Dementsprechend sind sie besonders daran interessiert, dass dem Unternehmen das Fortführen seiner Geschäfte ermöglicht wird. Hat der Betrieb nämlich erst einmal Insolvenzantrag gestellt, dann müssen sie in der Regel mit erheblichen Forderungseinbussen bzw. mit einem totalen Forderungsausfall rechnen.

Als die Konkursordnung bzw. die Gesamtvollstreckungsordnung[30] noch galt, konnten die Gläubiger davon ausgehen, dass sie in Abhängigkeit von der Forderungshöhe auf den Restwert des Unternehmens Zugriff hatten. Dadurch waren die Gläubiger mit besonders hohen Ansprüchen an das Konkursunternehmen im Vorteil, wurde ihnen doch generell Vorrang vor Gläubigern eingeräumt, die vom Konkursunternehmen nur einen verhältnismäßig kleinen Betrag verlangten. Mit der Insolvenzordnung ist dies geändert worden. Zum 1.1.1999 werden die Forderungen aller Gläubiger gleichberechtigt behandelt. Der Restwert des Unternehmens wird anteilsmäßig auf alle Gläubiger verteilt. Damit wurde die Position "kleiner" Gläubiger gestärkt, während die Großgläubiger nun ein höheres Risiko zu tragen haben.

Die Liquiditätskrise zwingt das Unternehmen zu grundlegenden betrieblichen Reorganisationen. Ein umfassender interner Wandlungsprozess wird nötig, um neue Finanzspielräume zu gewinnen. Nicht nur Kosten-, Finanz- und Vertriebsstruktur, sondern auch die Personal- und Investitionsstruktur des Betriebes muss grundlegend überdacht und modifiziert werden. Hierzu müssen sich die Akteure aufeinander zu bewegen, denn ein Beharren auf Standpunkten und vertraglich festgelegten Rechten führt meist nicht zur Lösung der Krise. Nur durch eine gewisse Kompromissbereitschaft aller Beteiligten kann die Insolvenz des Unternehmens abgewendet werden. Hierbei kann es zu erheblichen Verteilungskonflikten kommen, und auch eine Veränderung der inner- und überbetrieblichen Machtbeziehungen ist nicht auszuschließen. *"Der Verteilungskonflikt, wer in welchem Umfang bereit ist, auf Ansprüche zu verzichten und dadurch den "Fortführungswert" für alle zu erhöhen, ist letztlich ein politischer Aushandlungsprozess."* (BICHLMEIER u.a. 1998: 68)

Die Liquiditätskrise ist demnach durch eine äußerst komplexe Struktur von Akteuren gekennzeichnet, die sich konfliktären Verhandlungsprozessen aussetzen müssen. Wird vom Unternehmen in dieser Phase ein Sanierungs- und Konsolidierungsprogramm in Anspruch genommen, so trägt es diese Konflikte in das Antragsverfahren hinein. Dieses Problem wird bei der Analyse des Verfahrensablaufs in der Implementationsphase (Kapitel 4.3. und 5.3) wieder aufgegriffen.

---

[30] Das ostdeutsche Pedant zur Konkursordnung war bis zum 1.1.1999 die Gesamtvollstreckungsordnung. Beide sind dann zum Anfang des Jahres 1999 von der Insolvenzordnung abgelöst worden.

2.1.5 Krisenunternehmen im Gegensatz zu Wachstumsunternehmen mit Liquiditätsengpässen

Eine Abgrenzung von Krisenunternehmen[31] zu Wachstumsbetrieben mit Liquiditätsengpässen ist an dieser Stelle angebracht. Hilfsmaßnahmen für Wachstumsbetriebe, die sich kurzfristig in Liquiditätsengpässen befinden und ihr Wachstum nicht eigenständig finanzieren können, sind allerdings weniger umstritten, als Unterstützungen für Unternehmen, die bereits längerfristig "kranken".[32] Letztere weisen bereits erhebliche Liquiditätsschwierigkeiten auf. Aber die beiden hier interessierenden Begriffe sind nicht eindeutig voneinander abzugrenzen.

In Anlehnung an BUTH/HERMANNS (1998) ist das Krisenunternehmen dadurch gekennzeichnet, dass es sich schon längerfristig in einer Liquiditätskrise befindet und der Ressourcenverzehr weit fortgeschritten ist. Das heißt, dass die laufenden Kosten des betrieblichen Geschäfts nicht mehr getragen werden können. Um diese Liquiditätskrise zu überwinden, bedarf es einer umfangreichen strategischen betriebswirtschaftlichen Neuausrichtung. Zentrales Kennzeichen für ein Krisenunternehmen ist, dass im Gegensatz zu Wachstumsbetrieben mit Liquiditätsengpässen ein völlig neues Unternehmenskonzept (bzw. ein Sanierungs- und Konsolidierungskonzept) erstellt werden muss. Die in diesem Konzept festgelegen Maßnahmen legen dar, dass eine Umstrukturierung in (fast) allen betrieblichen Bereichen notwendig ist. U.U. wird hier festgelegt, auf welche Produkte sich das Unternehmen spezialisieren will, und welche Personal- und Organisationsstruktur dafür notwendig ist oder welche Eigenbeiträge der Geschäftsführung geleistet werden müssen. Mitunter kann bspw. die Konzentration auf das Kerngeschäft des Unternehmens erhebliche Belegschaftsverluste bedeuten und zudem Zuliefer- und Abnehmerstrukturen

---

[31] Gleichbedeutend mit Krisenunternehmen werden die Termini Unternehmen in Schwierigkeiten (vgl. insbesondere zur Definition von Unternehmen in Schwierigkeiten durch die EU die Ausführungen in Kapitel 3.1.1), Unternehmen oder Betrieb in wirtschaftlicher Bedrängnis, existenzbedrohter Betrieb u.ä. verwendet.

[32] Die Vergabe von finanziellen Unterstützungen an Einzelunternehmen bzw. an ganze Branchen (man denke hier nur an den Bergbau im Ruhrgebiet und Saarland) wird auch in der Fachliteratur äußerst kontrovers diskutiert. Dabei werden steuerungstheoretische Gesichtspunkte immer wieder in den Vordergrund gerückt und mit zum Teil sehr spezifisch ordnungspolitisch gefärbten Argumenten unterlegt. Insofern ist die Debatte hauptsächlich gekennzeichnet durch die Gegenüberstellung der Vor- und Nachteile von staatlicher Steuerung gegenüber der Marktsteuerung: Staatliche Interventionen in Form von materiellen und/oder immateriellen Hilfen für Unternehmen würden sich insbesondere negativ auf diejenigen Unternehmen auswirken, die keine finanziellen Hilfen bekämen. Es entstünden Wettbewerbsverzerrungen, die gerade die bisher als gesund geltenden Betriebe in wirtschaftliche Bedrängnis geraten ließen (vgl. z.B. FELS 1990, HOLZEM 1995, STEINRÖX 1994). Andere Autoren halten dagegen und argumentieren vornehmlich aus ökonomischer Sicht und unterstellen, dass die *"Einzelkapitale sich aufgrund ihrer spezifischen Strukturbedingungen nicht untereinander abstimmen können"* (HUCKE/MÜLLER/WAASEN 1980: 1) und es somit eines übergeordneten Akteurs – und zwar des Staates - bedürfe, der die unterschiedlichen Interessen bündelt und in eine Richtung lenke. Mit Hilfe des Staates können dann die ökonomischen Rationalisierungsdefizite minimalisiert werden (vgl. stellvertretend die verschiedenen Beiträge bei JÜRGENS/KRUMBEIN 1991).

verändern. Mit der Erstellung des Unternehmenskonzeptes sind also erhebliche Folgen für alle beteiligten Akteure verbunden.

Für die betriebswirtschaftlichen Schwierigkeiten sind sowohl interne als auch externe vorhersehbare und unvorhersehbare Krisenursachen[33] verantwortlich. Dabei spielen aber prinzipiell externe vorhersehbare Ursachen eine Hauptrolle. Das Management lässt in der Regel derartige Ursachen unberücksichtigt, weil es zum einen am Know-how mangelt und entsprechende Instrumente (Controlling, Finanzplanung) nicht einsetzt. Krisenunternehmen weisen häufig strategische Führungsschwächen auf, verbunden mit Schwächen im operativen Geschäft (vgl. ebd.: 97ff).

Wachstumsbetriebe mit Liquiditätsengpässen können ihre Schwierigkeiten dagegen beheben, in dem sie auf ihr bestehendes Unternehmenskonzept aufbauen und/oder dieses erweitern. Eine strategische Neuausrichtung ist bei diesen Betrieben nicht notwendig. Wachstumsbetriebe geraten in *"kritische Situationen, da häufig hohes Umsatzwachstum zu Lasten der Ergebnisqualität generiert wird. Zusätzlich erschwerend wirkt bei schnell wachsenden Unternehmen die zunehmende interne Komplexität, die das notwendige flexible Agieren verhindert."* (BUTH/HERRMANNS 1998: 98) Nach Aussagen von betriebswirtschaftlichen Studien würden Wachstumsbetriebe insbesondere in Folge von externen unkalkulierbaren Ereignissen in Liquiditätsengpässe geraten (vgl. ebd.).

Ein Wachstumsbetrieb mit Liquiditätsengpässen kann schnell zu einem Krisenunternehmen werden, wenn bspw. externe unvorhersehbare und damit nicht unbedingt beeinflussbare Krisenursachen kumulieren. Daher sind die Grenzen zwischen diesen beiden Unternehmenstypen nicht trennscharf zu ziehen: Das Krisenunternehmen hat das Problem, die laufenden Kosten des operativen Geschäftes zu finanzieren. In der Regel hat das Unternehmen das verfügbare Eigenkapital[34] bereits aufgezehrt und kann die Schulden nicht

---

[33] Betriebswirtschaftliche Studien unterscheiden zwischen externen vorhersehbaren und externen unvorhersehbaren Krisenursachen: Als vorhersehbar und daher beeinflussbar gelten z.B. Kaufverhalten, konjunkturelle Zyklen, technologischer Wandel. Eine "fähiges" Management reagiere frühzeitig auf diese Art von externen Krisenursachen. Nicht vorhersehbar seien dagegen die Akquisition von Kunden durch andere Wettbewerber (vgl. BUTH/HERRMANNS 1998: 98 oder grundlegend KRYSTEK 1987). Zu den interne Ursachen werden in der Betriebswirtschaftslehre dagegen alle im Unternehmen auszumachenden Schwachstellen gerechnet, wie z.B. schlechter technologischer Standard des Maschinenbestandes. Alle internen Krisenursachen sind letztendlich auf das Management des Unternehmens zurückzuführen (vgl. ebd.).

[34] Eigenkapital kann nach CORSTEN (1992) folgendermaßen definiert werden: *"Das vom Unternehmer oder den Gesellschafter in die Unternehmung eingebrachte Kapital, für das weder ein Anspruch auf eine feste Verzinsung noch auf Rückzahlung des Kapitalbetrages besteht. Stattdessen existieren Anspruch auf den Erfolg und auf die Teilnahme am Liquidationserlös. Das Eigenkapital hat neben einer Arbeitsfunktion nach den gesetzlichen Vorschriften darüber hinaus eine Voraushaftungsfunktion zu erfüllen, d.h. es hat Verluste zu tragen. Erst wenn das Eigenkapital aufgezehrt ist, werden Fremdkapitalgeber von Verlusten getroffen."* (ebd.: 199f.) Nach CORSTEN (1992) wird im Gegensatz dazu Fremdkapital wie folgt definiert: *"Fremdkapital wird der Unternehmung für eine bestimmte Zeit von*

begleichen. Ein Wachstumsbetrieb mit Liquiditätsengpässen kann zunächst sein Wachstum nicht finanzieren und benutzt zum Ausgleich ebenfalls sein vorhandenes Eigenkapital, was zur Folge hat, dass u.U. zum Beispiel für die Löhne keine ausreichenden Mittel mehr zur Verfügung stehen. In diesem Sinne wird es ebenfalls zu einem Krisenunternehmen. Für die Hausbank ist das Risiko einer Kreditvergabe in beiden Fällen zu hoch: Sie sieht beim Krisenunternehmen keine Chance der Tilgung für einen Kredit, und der Wachstumsbetrieb mit Liquiditätsengpässen verfügt in der Regel nicht über ausreichende Sicherheiten für einen umfangreichen Kredit. Die Grenzen zwischen einem Krisenunternehmen und einem Wachstumsbetrieb mit Liquiditätsengpässen sind somit fließend.

Aus der unklaren Abgrenzung zwischen diesen beiden Begrifflichkeiten resultiert eine Schwierigkeit der vorliegenden Arbeit: Es gibt Programme und Unterstützungsleistungen, die generell nur für Wachstumsbetriebe mit Liquiditätsengpässen aber auch solche, die sowohl für Krisenunternehmen als auch für Wachstumsbetriebe mit Liquiditätsengpässen bereitstehen. Da aber nicht eindeutig zwischen diesen und Krisenunternehmen unterschieden werden kann, können auch Programme, die in erster Linie für Wachstumsbetriebe mit mangelhaften Eigenkapital zur Verfügung stehen, auch von Krisenunternehmen genutzt werden. Dies liegt im Ermessen des zuständigen Sachbearbeiters im Wirtschaftsministerium.

In der vorliegenden Arbeit werden daher nur Sanierungs- und Konsolidierungsprogramme aufgeführt und analysiert, die zwei Kriterien erfüllen: Erstens musste der befragte Experte für Sanierungs- und Konsolidierungspolitik in den Interviews explizit erwähnen, dass die Maßnahme generell auch für Krisenunternehmen verwendet werden kann. Zum anderen sind hier nur Hilfestellungen aufgenommen worden, die zur Mittelbewilligung ein Sanierungs- und Konsolidierungskonzept (synonym verwende ich den Begriff "Unternehmenskonzept") fordern. Nur durch die Vorlage eines derartigen Konzeptes kann ein Unternehmen eine strategische Neuausrichtung darlegen, was – wie oben definiert - ein maßgebliches Indiz für ein Krisenunternehmen ist. Programme und andere Hilfsmöglichkeiten, die kein Konzept einfordern, stehen Krisenunternehmen nicht zur Verfügung.[35]

---

externen Kapitalgebern zur Verfügung gestellt und ist nach Ablauf dieser Zeitspanne zurückzuzahlen. I.d.R. wird hierfür ein fester Zins vereinbart." (ebd.: 257)

[35] Die Überlegung, nur Programme aufzunehmen und zu untersuchen, in denen die Hausbank von der Haftung freigestellt ist, wäre für die vorliegende Studie zu restriktiv gewesen. Nach diversen Gesprächen mit Vertretern der Wirtschaftsministerien hat sich nämlich gezeigt, dass nur die Landesprogramme, die im Rahmen des Konsolidierungsfonds aufgelegt worden sind, ohne Obligo der Hausbank gewährt werden können. Sowohl in Brandenburg als auch in Sachsen-Anhalt werden Krisenunternehmen aber auch mit Programmen unterstützt, in denen die Hausbank für die Fördersumme mithaftet.

2.2 Zur Policy-Forschung – übergeordneter Bezugsrahmen

Die Policy-Forschung[36] mit ihrem methodischen Ansatz der policy-Analyse[37] liefert Erklärungsansätze für die Entwicklung von Politikfeldern[38] und deren Merkmalen. Sie versucht Antworten zu geben auf Fragen zum Zusammenhang zwischen politischen Institutionen, politischen Prozessen und Politikinhalten. Im Mittelpunkt des Interesses steht dabei die Akteursperspektive.

Die deutschsprachige Policy-Forschung hat ihren Ursprung in den Vereinigten Staaten Anfang der 1950er Jahre.[39] Sie entwickelte recht bald ein eigenes von der amerikanischen Richtung unabhängiges Profil. Im Gegensatz zur amerikanischen Forschung, die sich anfänglich insbesondere mit der Politikberatung beschäftigte, hat die deutschsprachige Policy-Forschung bereits frühzeitig versucht den Gegenstand "Politik" theoretisch zu durchdringen (vgl. WINDHOFF-HÉRITIER 1987: 10f).

Im Speziellen beschäftigt sich die Policy-Forschung mit der Veränderung von Politikinhalten, indem sie eine dynamische und prozessorientierte Sicht von Politikfeldern einnimmt. Sie fragt nach den Entstehungsmomenten, nach Problemen der Durchführung und nach den Wirkungen von Politik.[40] Um diesen Aufgaben gerecht zu werden, unterteilen die Vertreter der Policy-Forschung den Entwicklungsprozess von Politikfeldern im Rahmen der policy-Analyse in

---

[36] Der deutsche Begriff "Politik" beinhaltet drei Dimensionen, die in der englischen Sprache begrifflich auseinandergehalten werden - und zwar können *politics, policy und polity* unterschieden werden: *Politics* umfasst Prozesse der politischen Konfliktaustragung und Konsensbildung; damit bezeichnet *politics* also den Kampf um Machtanteile, Einfluss und die Durchsetzung von Interessen. *Policy* bezeichnet den Politikinhalt und umfasst damit politische Problemanalysen, Programme, Entwürfe zur Gestaltung. Die dritte Dimension ist *Polity*: Polity beinhaltet das institutionelle Gefüge, also die politisch-administrativen Institutionen, innerhalb derer sich policies und politics abspielen (vgl. z.B. grundlegend WINDHOFF-HÉRITIER 1987: 17f).

[37] Die Policy-Analyse wird hier als Untersuchungskonzept und analytisches Konstrukt aufgefasst, das dazu dient, die Gesamtheit eines Politikprozesses darzustellen. Ein vollständige Policy-Analyse kann aber hier mangels wissenschaftlicher Erkenntnisse über das Politikfeld der Sanierungs- und Konsolidierungspolitik nicht geliefert werden (vgl. Ausführungen in Kapitel 1.2).

[38] Vgl. zur Definition von Politikfeld Fußnote 1.

[39] LERNER und LASSWELL gelten als Urväter der Policy-Siences-Bewegung. In ihrem 1951 veröffentlichten Buch "The Policy Sciences". Recent Development in Scope and Method" äußerten sie sich kritisch gegenüber der Aufspaltung wissenschaftlichem Denkens in verschiedene, unverbunden nebeneinander stehende Teildisziplinen. Sie forderten eher eine Zusammenarbeit aller am politischen Prozess beteiligten Disziplinen im Sinne einer verstärkten Policy-Problemorientierung (vgl. WINDHOFF-HÉRITIER 1987: 11).

[40] *"Der politische Prozess wird in erster Linie als Prozess der Problemverarbeitung durch das politische – oder präziser das politisch-administrative System, Politik in einem funktionalen Sinn als "policy-making" aufgefasst. Nach einer klassischen Formulierung geht es der Politikfeldanalyse darum, herauszufinden, "what governements do, why they do it, and what difference it makes" (...). Damit sind die zentralen Elemente angesprochen, a) das "Was" staatlicher policies, d.h. deren Inhalt (contents), b) das "Warum", die Frage nach den Gründen, Voraussetzungen und Einflussfaktoren auf staatliche policies (causes, determinates), c) das "Wozu", die Frage nach den Folgen und Wirkungen von policies (impacts, consequences)."* (NOHLEN/SCHULTZE 1987: 712)

einzelne Phasen. Insbesondere das von MAYNTZ (1980) entwickelte Modell des sogenannten Policy-Zyklus dient seither als Grundlage für die Untersuchung von Politikprozessen. Es hat sich aber im Zeitverlauf aufgrund empirischer Erkenntnisse etwas verändert.[41] Noch in den 1980er Jahren trennte MAYNTZ (ebd.) die Phasen Problemartikulation, Zieldefinition, Programmentwicklung, Implementation, und Impact (Wirkung) voneinander (vgl. ebd.: 238). Bald konnte aber festgestellt werden, dass u.a. der Phase der Problemartikulation eine Phase der Problemwahrnehmung vorgeschaltet ist, so dass das Modell weiter modifiziert wurde (vgl. von PRITTWITZ 1994: 57f bzw. aktuell MESSNER 1995: 163).

Abb. 2-2: Phasen des Policy-Zyklus

Problemwahrnehmung und -erkennung
Einschätzung der Problemrelevanz
Analyse steuerungsrelevanter Wirkungszusammenhänge
Entwicklung von Lösungsansätzen
Festlegung von Politiken
Implementierung
Evaluierung der Wirkung von Politiken
Korrekturen

Quelle: MESSNER 1995: 163

Die Einteilung des Policy-Zyklus in unterschiedliche Phasen, deren Grenzen in der Realität selbstredend fließend sind, dient als analytisches Hilfsmittel für die

---

[41] In den 1980er Jahren wurde der Policy-Ansatz kritisch hinterfragt. U.a. gründete sich die Kritik auf zwei Argumente. Als Schwäche wurden die steuerungstheoretischen Implikationen des Ansatzes ausgelegt: Zugrunde gelegt werden einerseits rational handelnde Akteure, die über stets ausreichende Ressourcen verfügen und sich in eindeutigen Ursache-Wirkungs-Zusammenhängen bewegen. Die Schematisierung des politischen Geschehens in ein eindimensionales Ablaufschema ("Fließband-Produktionsmodell"; vgl. Héritier 1993a: 11) nach eindeutig abgrenzbaren Phasen hielt der empirischen Überprüfung nicht stand. Andererseits wurde das mit den obigen Grundannahmen verbundene mechanistische Grundverständnis des Einsatzes von Steuerungsinstrumenten kritisiert und entgegengehalten, dass *"die gesellschaftlichen Zusammenhänge, in die mittels öffentlicher Maßnahmen interveniert wird, (...) sich nicht auf eindeutige Wenn-Dann-Sätze reduzieren (lassen, E.H.). Vielmehr sind sie multideterminiert und entwickeln sich häufig zirkulär."* (ebd.: 12) Da also das politische Geschehen sehr viel komplexer abläuft, gehen neuere Ansätze davon aus, dass Programmziele und Programmstrategien nicht klar und präzise formuliert werden können und vielmehr offen und flexibel gestaltet werden müssen, um sich wechselnden räumlichen und zeitlichen Umständen anpassen zu können. Diese Kritik führte zur Modifikationen des Ansatzes: U.a. wurde daher die Policy-Netzwerk-Analyse entwickelt, die sich dazu eignet, die oben kritisierte schematische Sicht der Politikgestaltung zu relativieren, *"indem sie sich auf das Zusammenwirken von privaten und staatlichen (organisatorischen) Akteuren jenseits hierarchischer, sektoraler und nationaler Gliederungen in einzelnen Politikfeldern konzentriert".* (ebd.: 16)

Durchdringung der komplexen Zusammenhänge der Entwicklung eines Politikfeldes. So lässt sich damit z.b. feststellen, in welcher Phase sich das zu untersuchende Politikfeld aktuell befindet oder welche spezifischen Merkmale es in den jeweiligen Phasen aufweist (vgl. z.B. MAYNTZ 1987 oder grundlegend SCHARPF 1991).

In der vorliegenden Arbeit wird nicht auf alle Phasen des Policy-Zyklus eingegangen. Vielmehr wird sich hier auf die Phase beschränkt, in der sich das Politikfeld der Sanierungs- und Konsolidierungspolitik derzeit befindet. Die Implementationsphase ist im wesentlichen dadurch gekennzeichnet, dass Handlungsoptionen für ein Problem ausgewählt und auch in dem beschlossenen Sinn gehandelt wird. Weil sich das Politikfeld der Sanierungs- und Konsolidierungspolitik bereits konstituiert hat und auch verschiedene politische Lösungsansätze auf Bundes- und Landesebene existieren, kann sie anhand des Modells des Policy-Zyklus in die Implementationsphase eingeordnet werden (vgl. z.B. VON PRITTWITZ 1994: 232). Die Implementationsphase bildet den Schwerpunkt meiner Analyse. Die vorangegangenen bzw. noch ausstehenden Phasen werden dagegen nur insofern berücksichtigt, als sie Hintergrundinformationen für die komplexen Zusammenhänge der Implementationsphase liefern.

Neben diesen eher methodischen Überlegungen im Rahmen der policy-Analyse beschäftigt sich die Policy-Forschung u.a. mit grundlegenden steuerungstheoretischen Fragestellungen (vgl. HÉRITIER 1993a: 10), die nicht nur einzelne Phasen, sondern die Gesamtheit des Policy-Prozesses betreffen. Steuerungstheoretische Fragestellungen, die weit über die Politikfeldforschung hinaus Bedeutung haben, beeinflussten und beeinflussen die spezifischen Diskussionen innerhalb der Policy-Forschung ganz entscheidend. Die Policy-Forschung versucht in diesem Zusammenhang die Wirkungen von Politik zu verstehen, um so ihre "impacts" (Wirkungen) zu optimieren (vgl. MAYNTZ 1987: 90). Daher geht sie verstärkt den Ursachen für die Fehlentwicklungen der Politik nach. Die Analyse von Steuerungsformen und vor allem die Ursachen von Steuerungsversagen sind zu einem wichtigen Schwerpunkt dieser Forschungsrichtung geworden.

Im Rahmen der Diskussionen um das staatliche Steuerungsversagen geht es im Kernpunkt um die Behauptung, dass "der Staat aufgrund inhärenter Schranken seines traditionellen Interventionsinstrumentariums nicht (mehr) in der Lage ist, die von ihm identifizierten ökonomischen und sozialen Probleme zu lösen" (MAYNTZ 1987: 90). Zentrale Begriffe der Diskussion sind die unterschiedlichen Steuerungstypen sowie deren Charakteristika. Grundsätzlich werden von den Autoren zwei Reintypen von Steuerung – und zwar die durch den Markt[42] und die durch Hierarchie[43] - unterschieden, deren Merkmale sowie

---

[42] Der Steuerungstyp "Markt" regelt mit Hilfe des Preismechanismus das Verhalten der Unternehmen und Konsumenten. *"Das Strukturmuster des Marktes fixiert die Koordination zwischen den Akteuren (Anbieter und Nachfrager) auf einen preis- und geldvermittelten Austausch von Leistungen. Die Integrationsleistungen erbringt der Markt als emergente*

deren Vor- und Nachteile vornehmlich unter ordnungspolitischen Gesichtspunkten diskutiert werden.⁴⁴

Anfang der 1990er Jahre erweiterten sich diese steuerungstheoretischen Diskussionen um die Fragestellung nach Alternativen zu den klassischen Steuerungsformen "Hierarchie" und "Markt". Von den Autoren (vgl. z.B. die verschiedenen Beiträge in HÉRITIER 1993) wurde u.a. konstatiert, dass eine einseitig vom Staat ausgehende hierarchische Steuerung an ihre Grenzen gestoßen sei. Eine "von oben" dekretierte Regulierung würde einer modernen Gesellschaft, die durch eine funktionale Ausdifferenzierung gekennzeichnet sei, nicht mehr gerecht und Steuerungsversagen wäre die zwangsläufige Konsequenz. Aber auch die Steuerungsform "Markt" habe gleichermaßen Schwächen

---

Funktion der "unsichtbaren Hand" (Adam Smith)." (HILD 1997: 75) Die Entscheidungen der Akteure oder auch Wirtschaftssubjekte werden allein durch den Preismechanismus bestimmt. Der Preis bzw. die Höhe des Preises informiert angeblich die beteiligten Wirtschaftssubjekte ausreichend über eventuelle Ressourcenknappheiten bzw. Unterkapazitäten oder auch Überkapazitäten, die auf den Märkten existieren. Über ihn seien außerdem Kosten und Gewinne kalkulierbar. Neben dieser Informationsfunktion greife der Preis ebenfalls als Sanktionsmittel, denn er "belohnt" marktkonformes sowie "bestraft" marktinkonformes Handeln u.a. in Form von Gewinnen bzw. Verlusten (vgl. ebd.). Der Preismechanismus löse somit auf einfache Weise Lern- und Anpassungsprozesse aus. Zwar werden ökonomische Transaktionen über den Markt reguliert, dennoch hat eine Marktsteuerung – ähnlich wie der Steuerungstypus "Hierarchie" - prinzipiell gravierende Schwächen wie z.B. Externe Effekte und unvollkommene Informationen aufzuweisen.

43 Die Organisationsstruktur von "Hierarchie" basiert auf einem Machtgefälle zwischen "Spitze" und "Basis" (HILD 1997: 78) und kennzeichnet als Steuerungsweise die staatliche Verwaltungen (Bürokratien), die ausführende Instanzen der staatlich festgelegten Politik sind. Bei der Steuerungsform der Hierarchie ist prinzipiell die übergeordnete einer untergeordneten Ebene weisungsbefugt. Zwischen diesen Ebenen besteht eine eindeutige Kompetenzverteilung und –ordnung. Die Abstimmung zwischen den beteiligten Ebenen erfolgt über Macht, in dem auf der höheren Ebene Ziele und Aufgaben formuliert werden. Diese Ziele und Aufgaben werden in Form von Regeln bzw. Richtlinien an die nachgeordnete Ebene weitergeleitet. Dadurch ist eine klare Arbeitsteilung garantiert. Voraussetzung für ein nahezu ungestörtes Funktionieren dieses Steuerungstyps ist, dass die untergeordneten Akteure regelkonform handeln. Hierarchie wird im Allgemeinen als ein relativ geschlossener Steuerungstypus bezeichnet, der aufgrund mangelnder Integration von gesellschaftlichen Akteuren Schwächen aufzuweisen hat. Darüber hinaus wird aufgrund der einseitigen Koordination von oben nach unten und der fehlenden Rückkoppelung in umgekehrter Richtung dem Steuerungstyp der Hierarchie eine geringe Lernfähigkeit beschieden (vgl. ebd. und Ausführungen weiter unten in diesem Kapitel). Hierarchieversagen bzw. Staatsversagen tritt nach SCHARPF (1993b) aus folgenden Gründen ein: Staatliches Produzentenmonopol, Fehlen harter Budgetrestriktionen, Opportunismusproblem bzw. Eigeninteressen staatlicher Akteure, unvollkommene Informationen und institutioneller Immobilismus (ebd.: 62ff).

44 Markt und Hierarchie gelten lange Zeit als klassische Reinformen politischer Steuerung (vgl. Messner 1995). In der Realität gibt es diese beiden reinen Typen nicht. Vielmehr sind Mischformen zu erkennen, die entweder das Schwergewicht auf die Steuerungsform "Markt" oder "Hierarchie" legen. Die "Haupt"steuerungsform wird dabei aber immer durch die jeweilige andere Steuerungsform ergänzt. Insbesondere in der neueren Zeit werden noch zusätzlich andere Steuerungsprinzipien diskutiert. So fügt z.B. GOTSCH (1987) neben "Hierarchie" und "Markt" die Typen der "Solidarität", "Professionalität", "Verhandlung" und "Polyarchie" hinzu. LINDBLOM (1977) differenziert nach Markt, Autorität und Überredung. Eine weitere Ergänzungsform ist die des "Netzwerkes" (vgl. u.a. MESSNER 1995 oder aktuell HELLMER U.A. 1999). Im weiteren Verlauf der Arbeit wird auf den Steuerungstyp des Netzwerkes näher eingegangen.

aufzuweisen, z.B. in Form von externen Effekten und unvollkommener Information. Daher wurde nach alternativen Regulierungsmöglichkeiten gesucht, die erreichen könnten, dass die staatliche Exekutive durchsetzungsfähiger werde. Eine Möglichkeit das zunehmende Steuerungsversagen auszugleichen, sah man in der Beteiligung von zusätzlichen nicht-staatlichen Akteuren. In den Diskussionen um Lösungsmöglichkeiten wurden folglich die Vorteile "partizipativer Aspekte" immer mehr betont (vgl. überblicksweise und unter historischem Blickwinkel insbesondere MAYNTZ 1993).[45]

Eine der gewichtigsten Erklärungsansätze für derartige übergeordnete, steuerungstheoretische Fragestellungen bietet die Netzwerkdebatte an, deren Einfluss weit über die Policy-Forschung hinausgeht. Im Kern behaupten die unterschiedlichen Autoren (vgl. überblicksweise MESSNER 1995), dass mehr und mehr moderne Steuerungsformen wie "Netzwerke"[46] die klassischen Steuerungsformen "Markt" und "Hierarchie" ersetzten.

Innerhalb des Policy-Prozesses seien daher nicht mehr vornehmlich hierarchisch-bürokratische, sondern kooperative und konsensorientierte Strukturen feststellbar. Außerdem werden nicht mehr überwiegend die klassischen "harten" Steuerungsmittel wie Macht, Recht und Geld verwendet, sondern

---

[45] In diesem Zusammenhang sind auch die Korporatismus-Theorien (vgl. z.B. WINDHOFF-HÉRITIER 1987 und HEINZE/VOELZKOW 1990) zu nennen. Der Korporatismusbegriff wird für die Bezeichnung einer Kooperation von Staat, Unternehmensorganisationen und Gewerkschaften verwendet. Er kann zusammenfassend als *"Einbindung (Inkorporierung) von organisierten Interessen in Politik und ihre Teilhabe an der Formulierung und Ausführung von politischen Entscheidungen"* (HEINZE/VOELZKOW 1990: 187) definiert werden. Im Gegensatz zur Pluralismustheorie wird von den korporatistischen Ansätzen angenommen, dass die organisierten Interessen nicht nur indirekt – durch "pressure" – auf staatliche Entscheidungen und ihren Vollzug einwirken, sondern auch direkt an der Produktion bindender Entscheidung und Ausführung beteiligt sind (vgl. überblicksweise ALEMANN/HEINZE 1981).

[46] Eine umfassende Darstellung der verschiedenen Netzwerkansätze kann in dieser Arbeit nicht geleistet werden. Für die weitere Argumentation meiner Arbeit ist die Kenntnis der verschiedenen Netzwerkansätze nur als Hintergrundwissen bedeutend. Ich lehne mich dabei an die Ausführungen von HELLMER u.a. (1999: 55f) an, die sich auf PERKMANN (1998) beziehen. Danach kann man unterscheiden zwischen:
- den formalen Netzwerkansatz (Netzwerkanalyse als Methode zur Erfassung von internen Netzwerkstrukturen, vgl. z.B. PAPPI 1993),
- den Transaktionskostenansatz der Neuen Institutionellen Ökonomie (Netzwerke als transaktionskostengünstige Organisationsform, vgl. MAHNKOPF 1994 oder SYDOW 1993 und WILLIAMSON 1975, 1981),
- die qualitative Netzwerkanalyse (Einbettung ökonomischer Transaktionen in soziale Beziehungen, "social embeddedness", vgl. GRANOVETTER 1985) und den Ansatz
- der Politikfeldforschung (Leistungsfähigkeit der Netzwerke zur Politikproduktion unter dem Gesichtspunkt der optimalen Wohlfahrtseffekte, vgl. SCHARPF 1993, 1996; MAYNTZ 1993 und MESSNER 1995).

Für die vorliegende Arbeit ist nur der letzte Ansatz von Bedeutung. Im weiteren Verlauf der Arbeit wird insbesondere auf die Merkmale der lose gekoppelten "issue –Netzwerke", die eine spezifische Form von Netzwerken im Rahmen des Ansatzes der Politikfeldforschung darstellen, näher eingegangen. "Issue-Netzwerke" sind – stark verkürzt - Zusammenkünfte von Akteuren, die sich einer bestimmten Aufgabe widmen (vgl. nähere Ausführungen und Definition von issue-Netzwerken in Kapitel 2.3.2).

alternative – vornehmlich auf Kooperation ausgerichtete - Instrumente benutzt. Die Autoren konstatieren außerdem, dass die zunehmende Anwendung von modernen Steuerungsformen wie die des Netzwerkes einen Bedeutungszuwachs von weichen gegenüber harten Instrumenten mit sich bringt. Die "moderne" Steuerungsform des Netzwerkes sei insbesondere durch weiche Instrumente wie Kooperationen, Überzeugung und Konsens bestimmt. Traditionelle Steuerungsmedien wie Geld, Recht und Macht würden demzufolge zunehmend in den Hintergrund treten. Gerade die Anwendung weicher Steuerungsformen und –medien soll aber die Durchsetzungsfähigkeit der Exekutive positiv beeinflussen (vgl. zusammenfassend HELLMER U.A. 1999: 55f).

Aktuelle Netzwerkstudien relativieren allerdings die Aussage, dass die traditionellen Steuerungsmedien mehr und mehr durch weiche Instrumente ersetzt werden würden. Sie sehen vielmehr die Steuerungsform des Netzwerkes nicht als losgelöste Alternative zu den klassischen Steuerungsformen, sondern betrachten sie als eine Ergänzung.[47] MESSNER (1995) führt in diesem Zusammenhang aus, dass sich zunehmend überlagernde Steuerungsmedien bzw. Kombinationen von Steuerungsinstrumenten identifizieren lassen, die den jeweiligen Steuerungsformen nicht eindeutig zuzuordnen sind. Mehr und mehr würden *"nicht eindeutig abzugrenzende Mischformen"* (ebd.: 164) auftreten, die sowohl weiche als auch harte Instrumente miteinander verknüpfen.

Die Diskussionen um Netzwerke als zusätzliche Steuerungsform jenseits von Markt und Hierarchie haben sich auch in der Policy-Forschung auf die Frage nach einer effektiveren politischen Steuerung ausgewirkt. Durch diese "neue Form" überwiegend kooperativer Interaktion zwischen Staat und den jeweils relevanten gesellschaftlichen Akteuren sei z.B. das latente Informationsproblem staatlicher Steuerung ansatzweise gelöst. Wenn man die Adressaten in die Politikdefinition und -formulierung miteinbezöge, könnten sie positiv für die politischen Maßnahmen motiviert werden und würden daher die ihnen eigenen Informationen weitergeben. Ein Unterlaufen der Politik werde so verringert, wenn nicht sogar vollständig eingeschränkt (vgl. MAYNTZ 1995: 149). Solche Netzwerke kämen einer "Entgrenzung von Politik", einer Aufhebung des alten Dualismus von Staat und Gesellschaft gleich und zwar in der Form, dass nunmehr Verbände und private Personen in die Politikformulierung und Ausführung miteingeschlossen werden würden (vgl. BENZ 1994: 45).

---

[47] Mit dem behaupteten zunehmenden Einsatz der modernen Steuerungsform "Netzwerk" und dem dadurch bedingten Bedeutungszuwachs von weichen Steuerungsinstrumenten geht nach Aussagen verschiedener Autoren wie KRUMBEIN (1991) oder SCHUPPERT (1989) auch eine veränderte Funktion des Staates einher. Das Aufgabenspektrum des Staates sei durch 1) Koordinations-, Organisations- und Moderationsaufgaben, 2) Vermittlungsfunktion zwischen Konfliktparteien, 3) Kontrollaufgaben, 4) Initiatoren- und Orientierungsfunktionen, 5) Korrekturfunktionen erweitert. Diese erweiterte Aufgabenpalette könne der Staat aber nur bewältigen, in dem er flexibel und lernfähig sei, und mehr und mehr seine klassisch hierarchischen Strukturen abbaut (vgl. ebd. und grundlegend FÜRST 1987: 280).

Einigkeit unter den Autoren der Policy-Forschung besteht darin, *"dass dem Staat in vielen Politikfeldern und insbesondere auch in der Wirtschaftspolitik die Definitionsmacht über das Problemfeld und relevante bzw. adäquate Problemlösungen zumindest teilweise entzogen sind. Es konnte festgestellt werden, dass sich nicht-staatliche intermediäre Institutionen wie z.B. die Verbände oder wissenschaftliche Beratungseinrichtungen in der Realität nicht mehr nur an der politischen Willensbildung beteiligen, sondern sie partizipieren vielfach im Prozess der Erkennung von Problemfeldern, der Politikformulierung und – umsetzung"* (MESSNER 1995: 153f).

Umstritten ist dagegen, ob es sich bei diesem Prozess um eine weitreichende "Deinstitutionalisierung" handelt, in dessen Folge der Staat nicht mehr zentrale Steuerungsstelle, sondern nur ein Mitspieler unter vielen ist. Viele Autoren (vgl. z.B. MAYNTZ 1993, SCHARPF 1992 und 1993b oder BENZ 1994) widersprechen m.E. zu Recht der These vom vollständigen Niedergang staatlicher Souveränitätsstrukturen. Ihre Skepsis führen sie letztendlich auf die Tatsache zurück, dass in der politischen Praxis eine bemerkenswerte Konstanz in Bezug auf die Wahrnehmung und Bewältigung von öffentlichen Aufgaben durch den Staat besteht. Trotz vielfältiger Verflechtungen mit gesellschaftlichen Akteursgruppen ist der Staat nach wie vor der Akteur, der die verbindlichen Regelsysteme und Gesetze in den verschiedenen Politikfeldern festlegt. Nach wie vor ist der Staat bspw. für die äußere und innere Sicherheit zuständig und auch die institutionellen Rahmenbedingungen des Bildungs- oder des Sozialbereiches werden vom Staat aufrechterhalten (vgl. VON PRITTWITZ 1994: 48f).

Auch MESSNER (1995) schließt sich nicht den Behauptungen eines prinzipiellen Niedergangs der staatlichen Souveränität an. Er spricht vielmehr von einem *"partiellen Souveränitätsverlust des Staates"* (ebd.: 154). Mit Hilfe der Phaseneinteilung des oben vorgestellten Policy-Zyklus stellt er differenziert fest, dass insbesondere in den ersten Zyklus-Phasen[48] nicht-staatliche Akteure eine entscheidende Rolle spielen und daher weiche Steuerungsinstrumente dominieren. In diesen Phasen trete der Staat eindeutig in den Hintergrund, und zentrale Steuerungsfunktionen übernähmen "andere" Akteure. In den ersten Phasen des Policy-Prozesses *"findet eine "weiche", prozedurale Steuerung durch Zusammenführung der strategisch wichtigen Akteure und die Organisation von Informationsfluß statt (hohe Kommunikations- und Informationsdichte). Durch diesen Kommunikationsprozeß zwischen ansonsten dezentral agierenden Organisationen werden den in dem jeweiligen Politikfeld wirkenden Fragmentierungstendenzen integrationsfördernde Initiativen (...) entgegengesetzt"* (ebd.: 319). In den späteren Phasen des Policy-Zyklus seien nach Aussagen von MESSNER (1995) dagegen nur wenige nicht-staatliche Akteure beteiligt. Er misst daher dem Staat hier eine dominante Steuerungsfunktion bei.

---

[48] Die ersten Phasen des Policy-Zyklus sind die Phase der Problemerkennung, die Phase der Einschätzung der Problemrelevanz und die Phase der Analyse steuerungsrelevanter Wirkungszusammenhänge (vgl. auch Abb. 2-2).

Was die Rolle des Staates in der hier besonders interessierenden Implementationsphase anbelangt, so sind laut MESSNER (ebd.) zwei Möglichkeiten denkbar: Entweder habe der Staat die zentrale Implementierungs- bzw. Implementationsfunktion selbst übernommen und schließe auch nur sehr wenige nicht-staatliche Akteure mit ein. Dies sei nach seinen Erfahrungen die wohl häufigere Variante. Oder der Staat habe die anstehenden Implementationsaufgaben an andere (nicht-staatliche) Akteure delegiert. Dies komme u.a. dann vor, wenn der Staat die Kontrollaufgaben nicht bewältigen könne (vgl. ebd.: 323).

Welche der beiden Varianten im Politikfeld der Sanierungs- und Konsolidierungspolitik gewählt wurde, soll in der vorliegenden Arbeit beantwortet werden. Hat der Staat die wesentliche Implementationsfunktion übernommen oder hat er diese Aufgabe einer anderen Institution übertragen? Vorstellbar ist, dass der Staat zumindest eine Rolle im Implementationsprozess des Politikfeldes übernommen hat, weil er die Instanz ist, die über Mittel und Möglichkeiten verfügt, finanzielle Hilfen an Krisenunternehmen auszureichen. Unklar bleiben darüber hinaus aber folgende Fragen: Zu klären ist z.B., in welcher Art und Weise die Implementationsfunktion wahrgenommen wird. Außerdem ist zu untersuchen: Wie und mit welchen Instrumenten wird die angestrebte Politik umgesetzt? Welches konkrete Verhalten legt die Vollzugsinstanz an den Tag, um zu der beabsichtigten Wirkung zu gelangen? Wenn der Staat die Implementationsfunktion übernommen hat, wäre es denkbar, dass der Staat die Wirkungen der Politik optimieren möchte. Dies kann er nur bewerkstelligen, indem er zusätzliche Informationen über das Krisenunternehmen einholt. Um an derartige Hinweise zu gelangen, muss er auf andere Akteure zurückgreifen, die bspw. das Unternehmen schon länger kennen oder betreuen. Daher muss außerdem im weiteren Verlauf der Arbeit hinterfragt werden, ob er bspw. auch nicht-staatliche Akteure in den Implementationsprozess einbezogen hat. Zu vermuten ist aber auch, dass die relevante Vollzugsinstanz einige Akteure aus dem Implementationsprozess ausschließt, um die Politik ohne Zeitverzögerungen umzusetzen. Es stellen sich demnach u.a. folgende Detailfragen: Wie ist die Zusammenarbeit der am Implementationsprozess beteiligten Akteure zu charakterisieren? Welche Akteure werden systematisch ein- bzw. ausgeschlossen, und welche Funktionen haben diese Akteure? Mit derartigen Fragestellungen, die zum Teil unabhängig von Politikfeldern gestellt werden, hat sich die Implementationsforschung beschäftigt. Ihre wesentlichen Erkenntnisse werden im folgenden Kapitel dargelegt.

2.3 Erkenntnisse der Implementationsforschung

Die Implementationsforschung gibt Erklärungsansätze für die Analyse bereits konzeptionierter Politikfelder in der Durchführungsphase und bietet sich daher als ein spezieller theoretischer Bezugsrahmen für die vorliegende Arbeit an. Die Implementationsforschung versucht einen genauen Einblick in komplexe

Bedingungszusammenhänge der Implementationsphase zu geben und hat sich zum Ziel gesetzt, den gesamten Implementationsprozess oder zumindest Teile des Prozesses möglichst detailliert zu beschreiben, differenziert nachzuzeichnen und zu erklären. Aus der Aufarbeitung der vorhandenen Prozessstrukturen zieht die Implementationsforschung Rückschlüsse auf die angewendeten Steuerungsformen und –instrumente im spezifisch untersuchten Politikfeld. Sie verfolgt dabei aber nicht die Produktion möglichst umfassender Verallgemeinerungen. Ihre Studien und Projekte haben vielmehr Fallstudiencharakter (vgl. MAYNTZ 1983a: 14).

Die frühe Implementationsforschung[49], die seit den 1970er Jahren als eine Teildisziplin der Policy-Forschung gilt, ging zunächst von der Annahme aus, dass die Umsetzung politischer Programme[50] als automatischer Prozess abläuft, der von den ausführenden Akteuren bzw. Institutionen nicht beeinflusst wird. Erste empirische Studien (z.B. in der Umweltpolitik, vgl. MAYNTZ 1978) konnten diese Prämisse aber schnell verwerfen und es wurde dagegen vermutet, dass die Ergebnisse des politischen-administrativen Handelns ganz wesentlich von der Art ihrer Durchführung abhängen (MAYNTZ 1980: 236). Mittlerweile geht man in der Implementationsforschung davon aus, dass verschiedene "Faktorenkomplexe" (ebd.: 23) bzw. "Einflussfaktoren" (SCHUBERT 1991: 84) die Vorgänge des Implementationsprozesses maßgebend beeinflussen:

---

[49] In der Implementationsforschung werden zwei Disziplinen unterschieden: *"Während eine präskriptiv orientierte Implementationsforschung sich bemüht, Aussagen über die im Implementationsbereich liegenden Erfolgsvoraussetzungen staatlicher Politik zu machen, bemüht sich die analytisch-deskriptiv orientierte Implementationsforschung, das Geschehende genau zu erfassen und genau zu erklären. Allerdings sollte man hier keinen falschen Gegensatz konstruieren. In der Forschung selbst stützen sich eventuelle Aussagen über die Bedingungen wirksamer Implementation in aller Regel auf die vorgängige Analyse realer Abläufe und Zusammenhänge"* (MAYNTZ 1983a: 19). D.h. die Grenzen zwischen diesen beiden Ansätzen sind nicht trennscharf zu ziehen und Ergebnisse dieser beiden Disziplinen bedingen sich in ganz erheblicher Weise gegenseitig. Folglich werden in der vorliegenden Arbeit Aussagen getroffen, die sowohl den Erkenntnissen aus der analytisch-deskriptiven als auch den Ergebnissen der präskriptiven Disziplin zuordenbar sind.

[50] Der Begriff des Programms wird in diesem Zusammenhang nicht als Einzelmaßnahme verwendet. Vielmehr wird er hier umfassender begriffen und in Anlehnung an JANN (1981) definiert. Nach ihm beinhaltet ein Programm vier Elemente: 1. eine Ausgangslage, 2. einen Lösungsteil, 3. einen Wirkungsteil und 4. einen Durchführungsteil (vgl. ebd.: 49). *"Bei diesen vier Elementen handelt es sich um input-Komponenten von Programmen. Die output-Komponenten eines Programms stellen die Wirkungen - ...- dar.(...) Politische Programme bestehen dabei keineswegs immer nur aus einem Gesetz, einer Verordnung oder einem Erlaß."* (SCHUBERT 1991: 163) Der Begriff "Programm" ist ein analytisches Konstrukt, *"deren konkrete Form einerseits je nach Erkenntnisinteresse des Forschers variieren kann. Andererseits hat der konkrete Zuschnitt, das heißt die gewählte Form eines Programms auch Auswirkungen auf dessen politische Durchführung."* (ebd.: 171) JANN (1981) trägt unterschiedliche Formen von Programmen zusammen. Nach ihm können sie u.a. als Gesetz vorliegen, konkrete Rechtsverordnungen sein, als Rahmenplan konstruiert oder auch konkret als Programm ausgewiesen sein (vgl. ebd.: 58). Wird im weiteren Verlauf der Arbeit der Begriff im so definierten umfassenden Sinne verwendet, spreche ich vom "politischen Programm". Wenn die Einzelmaßnahme, wie z.B. ein Existenzgründungsprogramm, gemeint ist, wird der Begriff "Programm" benutzt.

Das sind

1) Merkmale des gewählten Programmtyps bzw. der gewählten Instrumente,
2) Kennzeichen der Durchführungsinstanz und sonstiger beteiligter Akteure sowie deren Verhalten und die Charakteristika der Zielgruppe bzw. der Leistungs- und Normadressaten.

Diese herauskristallisierten Einflussfaktoren werden in ihrer Gesamtheit als *"Implementationssystem"* (MAYNTZ 1980: 236)[51] bezeichnet. Die Autoren weisen in ihren Ausführungen zum Implementationssystem darauf hin, dass je nach Zusammensetzung dieser Einflussfaktoren auch eine unterschiedliche "Politik" praktiziert werde. Der Aufbau des Implementationssystems könne ganz unterschiedliche Konstellationen aufweisen: Z.B. könnten die Ziele der politischen Programme sehr konkret definiert werden oder auch nur einen Rahmen vorgeben (letzteres ist z.b. bei der Gemeinschaftsaufgabe zur "Verbesserung der regionalen Wirtschaftsstruktur" [GRW] der Fall). Je nach Konkretisierungsgrad der Programminhalte haben die durchführenden Instanzen und alle am Prozess beteiligten Akteure einen mehr oder weniger großen Spielraum, in dem sie sich verhalten und handeln. Falls die Akteure über einen relativ großen Spielraum verfügen, bilden sich in der Regel unterschiedliche, z.T. individuelle Herangehensweisen und Problemlösungen heraus (vgl. MAYNTZ 1980: 23f oder SCHUBERT 1991: 84), die sich entscheidend auf die Verläufe des Implementationsprozesses auswirken. In ihrem Ermessen liegt u.a., ob überhaupt und welche anderen Akteure am Implementationsprozess beteiligt werden, ob sie über die Beteiligung z.B. tiefergehende Informationen über den Sachverhalt sammeln, und ob sie sich in ihren Entscheidungen beeinflussen lassen. Ggf. stimmen sie sich sogar mit den Adressaten oder sonstigen Akteuren der Politik ab, um die praktizierte Politik zu bewerkstelligen und zu optimieren. Wird den vollziehenden Akteuren dagegen nur ein kleiner Handlungsrahmen gewährt, so haben sie weniger Möglichkeiten, auf spezifische Probleme zur reagieren und haben z.B. nicht die Wahl, zusätzliche Akteure miteinzubeziehen. Ich gehe im weiteren Verlauf der Arbeit davon aus, dass der Staat und somit administrative Akteure eine zentrale Rolle im Politikfeld der Sanierungs- und Konsolidierungspolitik spielen. Es stellen sich daher Fragen wie bspw.: Wie werden die vorgegebenen Handlungsspielräume von den administrativen Akteuren im Politikfeld der Sanierungs- und Konsolidierungspolitik ausgenutzt? Falls sie die Handlungsrahmen in der Form nutzen, dass sie z.B. auch andere Akteure in ihre Handlungen integrieren und das Verhältnis zueinander nicht überwiegend als hierarchisch zu charakterisieren

---

[51] MAYNTZ (1980) spricht in diesem Zusammenhang auch von Implementationsstruktur. Darunter versteht sie die *"Gesamtheit der steuernd, kontrollierend oder unmittelbar durchführend mit der Implementation eines bestimmten Programms befassten administrativen Einheiten .... Die Implementationsstruktur für ein bestimmtes Programm lässt sich nur in engen Grenzen wählen; in der Regel bestehen die Behörden usw. bereits, die entsprechend dem herrschenden Muster der Zuständigkeitsverteilung mit der Durchführung betraut werden müssen. In diesem Zusammenhang ist auch an die Aufgabenverteilung im föderalen System zu denken."* (ebd.: 245)

ist, könnte dies auf Strukturen hindeuten, die sich jenseits von Hierarchie befinden.

Durch die Erkenntnis, dass die Zusammensetzung des Implementationssystems eine maßgebende Variable für die "Politik" ist, hat sich auch die Fragestellung in der Implementationsforschung gewandelt: Wurde anfangs noch hinterfragt, ob das Implementationssystem überhaupt Einfluss auf das Politikergebnis hat, so wird heute eher den Fragen nachgegangen, wie das Implementationssystem beschaffen ist und inwieweit diese Beschaffenheit die Ergebnisse der Politik beeinflusst (vgl. auch jüngst LANG u.a. 1998).

Steuerungstheoretische Schlussfolgerungen, wie sie in der vorliegenden Arbeit angestrebt werden, können nur auf Basis einer detaillierten Beschreibung des im Politikfeld der Sanierungs- und Konsolidierungspolitik erkennbaren Implementationssystems gezogen werden. Erst durch die Charakterisierung der maßgeblichen Einflussfaktoren des Implementationssystems können Aussagen darüber getroffen werden, in welchem Verhältnis die Akteure zueinander stehen und welche Strukturen (klassisch-hierarchische oder kooperative und prozedurale) für die Durchführung der Politik geschaffen wurden. Im Folgenden werden daher die theoretischen Erkenntnisse über die oben genannten Einflussfaktoren für die Phase der Implementation aufgearbeitet. Das sind zum einen die Kennzeichen der verwendeten Programme bzw. Instrumente und zum anderen die Merkmale der am Politikprozess beteiligten Akteure und ihr Verhalten bzw. ihr Verhältnis zueinander.

2.3.1 Die unterschiedlichen Programmtypen und Instrumentarien

Um die Beschaffenheit des Implementationssystems im Hinblick auf die Merkmale der Programmtypen und Instrumentarien näher zu analysieren, bietet die Forschungslandschaft eine Vielzahl von Klassifizierungen an. Sie sind zum Teil völlig uneinheitlich. So wird z.B. nach der nominellen Bezeichnung oder nach der Wirkung der policy geordnet bzw. gruppiert (vgl. überblicksweise WINDHOFF-HÉRITIER 1987: 21f). Gemein ist ihnen aber, dass sie idealtypischen Charakter haben und als analytisches Hilfsmittel dienen.

Eine gängige – aber doch recht grobe - Kategorisierung ist die Gruppierung nach unterschiedlichen Programmtypen. LOWI (1978) liefert schon früh eine derartige Typisierung. Er unterscheidet die Programmtypen *"Redistribution, Regulation, Selbstregelung und Distribution"* (ebd.: 11). Diese Typisierung geht von der Programmwirkung aus und wird zu Recht u.a. von MAYNTZ (1983a) aus zweierlei Gründen kritisiert: Einerseits würde eine derartige - allein auf die Wirkung ausgerichtete - Gruppierung die Merkmale der Programme selbst vernachlässigen. Andererseits ließen sich dadurch die Einzelmaßnahmen bzw. Instrumente nicht explizit zu den jeweiligen Typen zuordnen. MAYNTZ (ebd.) plädiert vielmehr dafür, das Steuerungsinstrument zur Begründung einer Typisierung von Politikprogrammen zu benutzen. Sie unterscheidet die Programmtypen *"regulative Politik, Anreizprogramme, Finanzhilfeprogramme oder Leistungsprogramme und persuasive Politik"* (ebd.: 12). Bei dieser

Kategorisierung *"wird bewußt zwischen Art der Einwirkung und Wirkung unterschieden; so werden auch Informations- und Überzeugungsprogramme durch die eingesetzten Strategien und nicht durch ihre Wirkungen definiert."* (MAYNTZ 1983a: 12) Anhand folgender Abbildung wird deutlich, welche spezifischen Merkmale die einzelnen unterscheidbaren Programmtypen aufzuweisen haben.

Abb. 2-3: Merkmale verschiedener Programmtypen und Vollzugsprobleme

	Regulative Programme	Anreizprogramme	Leistungsprogramme
Wirkungsweise	Direkte Verhaltensbeeinflussung; gute Umsetzbarkeit von Zielen; ruft bei Adressaten Widerstand hervor	Motiviert Adressaten positiv; wirkt indirekt; tatsächliche Wirkung oft unsicher; Möglichkeit sich zu entziehen	Motiviert Adressaten positiv; Sicherung des Angebots, aber nicht der Inanspruchnahme
Aufwand	Relativ hoher administrativer Aufwand, speziell Kontroll- und Sanktionsaufwand; hohe Befolgungskosten möglich	Relativ geringer administrativer Aufwand, hohe direkte Haushaltsbelastung	Hoher administrativer und direkter finanzieller Aufwand
Vollzugsprobleme	Tendenz zu Normverstößen; ungleiche Durchsetzung je nach Widerstandspotential der Adressaten	Unerwünschte Selektion bei Inanspruchnahme; Mitnahmeeffekte; Nutzung des Angebots ohne Verhaltensänderung (Unterlaufen)	Effizienzmängel infolge unzureichender Fähigkeit/Motivation der Vollzugsträger; Gefahr von Überinvestition oder Unterinvestition

Quelle: MAYNTZ 1982: 82

Im Politikfeld der Sanierungs- und Konsolidierungspolitik steht die finanzielle Förderung von Krisenunternehmen im Mittelpunkt. Daher kann bereits an dieser Stelle eine Zuordnung zur obigen Kategorisierung von MAYNTZ (1982) erfolgen: Im Politikfeld der Sanierungs- und Konsolidierungspolitik werden überwiegend Leistungsprogramme bzw. Finanzhilfeprogramme angeboten. Die anderen Programmtypen spielen in dem hier interessierenden Politikfeld wenn überhaupt nur eine untergeordnete Rolle. Daher wird im Folgenden auf ihre Eigenschaften nicht explizit eingegangen.

Der Programmtyp des Finanzhilfeprogramms hantiert im wesentlichen mit den Steuerungsmedien Geld und Recht. MAYNTZ (1982) stellt u.a. fest, dass die Adressaten zwar durch die Aussicht Finanzmittel zu erhalten, prinzipiell positiv motiviert seien, diesen Programmtyp in Anspruch zu nehmen. Allerdings sei für die Durchführung ein hoher administrativer und direkter finanzieller Aufwand notwendig. So müsse neben den für die Adressaten zur Verfügung gestellten Finanzmitteln auch z.B. ein administrativer Apparat aufgebaut und finanziert werden, der die Anträge prüfe und genehmige. Abgesehen von den ordnungspolitischen Bedenken, die gerade im Rahmen von Finanzhilfeprogrammen diskutiert werden, konstatiert MAYNTZ (ebd.) für diesen Programmtyp außerdem erhebliche Effizienzmängel aufgrund von "Unfähigkeit der Vollzugsträger", die z.B. aus mangelhaften Informationen über den Sachverhalt resultieren könnten. Negativ lastet HUCKE (1983) diesem Programmtyp außerdem an, dass es keinen direkten Kontroll- und Sanktionsmechanismus gäbe. Denn eine ordnungsgemäße Mittelverwendung durch die Adressaten sei nicht einwandfrei sicherzustellen. Zwar sei die Vergabe von Finanzhilfeprogrammen mit mehr oder weniger umfangreichen Voraussetzungen, Bedingungen und Auflagen verbunden, um auf diese Weise die Mittelverwendung zu regulieren. Dies würde aber die Adressaten nicht davon abhalten, dass sie die Finanzmittel zweckentfremdet einsetzen. Allerdings wäre dadurch auch völlig unklar, ob die vom Staat beabsichtigte Verhaltensänderung bei den Adressaten einträte und letztendlich das eigentliche politische Ziel erfüllt werde (vgl. BENZ 1994: 57). Lediglich ein Vorteil sei bei diesem Programmtyp zu konstatieren: Die Verantwortung für einen Misserfolg der Politik kann stärker als bspw. bei regulativer Politik und bei Anreizprogrammen auf die Adressaten abgewälzt werden (vgl. Hucke 1983: 76). Aufgrund des fehlenden Kontroll- und Sanktionsmechanismus, könne der Staat behaupten, dass die Zielgruppe die finanziellen Förderungen nicht zweckgebunden eingesetzt hätten. Und daher ein eventuelles Nichteintreten des gewünschten politischen Ziels zu Lasten des Adressaten ginge. Im Gegensatz dazu habe das Finanzhilfeprogramm für die Zielgruppe selbst in erster Linie Vorteile zu bieten: Der Adressat bekommt zusätzliche Geldmittel und erhöht damit seine Liquidität. Die Einschränkungen der Handlungsmöglichkeiten der Adressaten durch etwaige Auflagen *"werden insoweit in Kauf genommen, wie die finanziellen Vorteile die Kosten dieser Bedingungen bei Inanspruchnahme des Programms überwiegen"* (Hucke 1983: 77).

Zusammengefasst gesagt, birgt die Anwendung von Finanzhilfeprogrammen insbesondere für den Adressaten Vorteile. Dagegen ist die Bereitstellung von Finanzhilfen seitens des Staates mit verschiedenen Risiken verbunden: So muss er mit gezielten Auflagen, Voraussetzungen und Bedingungen hantieren, damit die Gelder von der Zielgruppe nicht zweckentfremdet eingesetzt werden, was auf der einen Seite enorme Kosten für die Durchführung bedeutet. Allerdings ist auf der anderen Seite ein Missbrauch nicht ganz auszuschließen, denn es mangelt insgesamt an Möglichkeiten zu kontrollieren, ob die Gelder von der Zielgruppe auch für den beantragten Zweck sowie auf gewünschte Art und Weise eingesetzt werden.[52] Trotz all dieser Nachteile ist das Finanzhilfeprogramm in der politischen Praxis eins der bedeutendsten Handlungsinstrumente (vgl. HUCKE 1983: 77f oder BRÖSSE 1996: 126f).

---

[52] Ein Beispiel für die Möglichkeit des Missbrauchs von Finanzhilfen ist die Vulkan-Werft. Der Geschäftsführer des Vulkan-Verbundes soll die von der EU-gezahlte Finanzhilfe in Millionenhöhe veruntreut haben (vgl. z.B. die taz [Die Tageszeitung] vom 13.3.2001).

Im Folgenden wird nun auf die Gruppierungen nach Steuerungsprinzipien und Steuerungsinstrumenten näher eingegangen, die im Gegensatz zur obigen Kategorisierung nach Programmtypen kleinteiliger und deswegen für den hier interessierenden Sachverhalt nähere Erkenntnisse bringen können. Es könnte vermutet werden, dass dem jeweiligen Programmtyp auch eindeutige Instrumente zuordenbar sind[53]. Zwar arbeitet der Programmtyp des Finanzhilfeprogramms klassischerweise mit dem Instrument der Subvention. Weil aber - wie bereits in Kapitel 2.2 andeutungsweise angemerkt wurde – in der politischen Praxis zunehmend Mischformen oder *"ein Mix von Instrumenten"* (SCHUBERT 1991: 172) zur Umsetzung des politischen Programms angewendet werden, gelingt eine eindeutige und klare Zuordnung der Instrumente zu den oben dargestellten Programmtypen nicht. Auch der Programmtyp "Finanzhilfeprogramm" kann durchaus mit Instrumenten kombiniert werden, die mit ihm auf den ersten Blick nicht in Verbindung gebracht werden.

Damit das gewählte politische Programm auf der Handlungsebene (Vollzugsebene) durchgesetzt werden kann, müssen konkrete Steuerungsinstrumente angewendet werden (vgl. SCHUBERT 1991: 171). Die unterschiedlichen Steuerungsinstrumente sind zunächst hinsichtlich ihrer Wirkungsweise zu charakterisieren. Üblicherweise wird zwischen direkter Steuerung und indirekter Steuerung unterschieden: Die direkte Steuerung richtet sich unmittelbar an die Adressaten und arbeitet mit einer breiten Palette von Steuerungsinstrumenten. Hier sind u.a. Steuern, Subventionen oder Ge- und Verbote sowie Auflagen zu nennen. Auch Überzeugung und Informationen zählen zu den direkten Steuerungsinstrumenten.

Die indirekte Steuerung arbeitet dagegen nicht mit direkten *"verhaltensbezogenen Steuerungsimpulsen"* (VON PRITTWITZ 1994: 75). Vielmehr versucht sie die Rahmenbedingungen der Adressaten so zu verändern, dass sie in einer gewünschten Form handeln (vgl. ebd.: 71f). Jegliche Form von Anreizprogrammen zählen u.a. zur indirekten Steuerung.

Eine andere, aktuell häufig angewendete Kategorisierung von Instrumenten, ist die der Einteilung in harte und weiche Steuerungsinstrumente (vgl. MESSNER 1995: 161), die ich der vorliegenden Arbeit zugrunde lege. Gerade vor dem Hintergrund der hier gestellten steuerungstheoretischen Fragestellungen bietet diese Gruppierung einen erheblichen Erkenntnisgewinn an. Harte Steuerungsinstrumente – wie Gesetze, Verordnungen, Steuern, Abgaben, Subventionen etc. – werden in erster Linie durch die hoheitliche Verwaltung durchgesetzt. Das jeweilige politische Ziel wird dabei mit den Instrumenten Geld und Macht bzw. Recht erreicht. Die Anwendung derartiger Steuerungsinstrumente weist auf klassisch-hierarchische Strukturen für die Politik-Implementation hin.

---

[53] Die Begriffe Programm und Instrument werden in der Literatur oftmals synonym verwendet. Programm wurde in Anlehnung an JANN (1981) in einem umfassenden Sinne verstanden. Er bezog sich sowohl auf die Ziele als auch auf die Mittel der Politik und schloss darüber hinaus auch die Dimension der Wirkung mit ein (vgl. Ausführungen in Fußnote 50). "*Als Instrument wird* (hier, E.H.) *dagegen das konkrete, zur Zielerreichung gewählte operative Mittel bezeichnet*". (SCHUBERT 1991: 172)

Unter weichen Steuerungsmedien werden dagegen jegliche Verhandlungsprozesse bzw. diskursive Verfahren zwischen Staat und Gesellschaft verstanden. Verhandlungen haben insbesondere das Ziel, einen Konsens und/oder einen Kompromiss zwischen Staat und Gesellschaft herzustellen, der eine bessere Politik-Implementation gewährleisten soll. Den weichen Steuerungsinstrumenten gemein ist, dass sie prozeduralen sowie prozessualen Charakter haben. Das Informieren und das Überzeugen von Adressaten geschieht nämlich in der Regel während oder in mehr oder weniger langwierigen Verhandlungen. Diese Eigenschaft weisen die harten Medien nicht auf, vielmehr werden die Adressaten mit Hilfe von harten Instrumenten nur punktuell beeinflusst (vgl. MESSNER 1995: 161). Zudem tragen weiche Steuerungsmechanismen dem Umstand Rechnung, *"dass die Gestaltung komplexer Strukturen mit einem hohen Grad an Intransparenz, Variabilität und Dynamik nur als kontinuierlicher Lernprozess möglich ist, um der Notwendigkeit laufender Veränderungs- und Anpassungsarbeit entsprechen zu können."* (ebd.) Wenn in einem Politikfeld nicht mehr überwiegend harte Steuerungsmedien wie Geld und Recht angewendet werden, sondern weiche Instrumente wie Überzeugung, Information und/oder Beratung, weist dies auf eine moderne kooperative und prozedurale Steuerungsform hin. Es wird nicht mehr einseitig hoheitlich gesteuert, sondern zwischen Adressat und Steuerungsinstanz existiert eine Wechsel- bzw. Austauschbeziehungen, die es beiden ermöglicht, sich aneinander anzunähern und sich ggf. aneinander anzupassen. Gegenüber der unilaterale ausgerichteten hierarchischen Steuerung könnte diese Art von "Verständigung" erhebliche Vorteile hinsichtlich einer optimalen Umsetzung des politischen Ziels mit sich bringen.

Folgende Darstellung zeigt, dass sich die vorhandenen Steuerungsinstrumente am besten auf einer Geraden mit den Grenzpunkten harter und weicher Steuerung abbilden lassen (ebd.).

Abb. 2-3: Steuerungsmedien

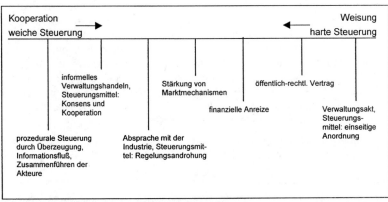

Quelle: SCHUPPERT 1989 zitiert nach MESSNER 1995: 162

Die im Politikfeld der Sanierungs- und Konsolidierungspolitik überwiegend angewendeten finanziellen Förderungen gehören bei obiger Zuordnung zu den klassischen harten Steuerungsinstrumenten. Neben Steuern, Abgaben oder Transferleistungen werden im Rahmen von Finanzhilfeprogrammen insbesondere Subventionen[54] als harte Steuerungsinstrumente angewendet. *"Subventionen im hier verwendeten Sinne sind ... Transferleistungen des Staates an Unternehmen ohne direkte Gegenleistungen, die an bestimmte Voraussetzungen oder die Erfüllung bestimmter Bedingungen gebunden sind. Die Konditionierung erfolgt hinsichtlich der verfolgten ... Ziele, die mit den Subventionen angestrebt werden. Eine Subvention soll also ein ökonomischer Anreiz für ein Verhalten sein, das im Interesse staatlicher Politik liegt."* (BRÖSSE 1996: 196)

Subventionen werden in direkter oder in indirekter Form gewährt: Direkte Subventionen sind Zahlungen des Staates an Unternehmen, an eine bestimmte Branche oder an eine Region. In diese Kategorie fallen nicht nur Zuschüsse oder Darlehen sondern auch Schuldenerlasse des Staates; d.h. der Staat verzichtet auf Rückforderungen bereits gewährter finanzieller Mittel. Wenn der Staat oder eine Gebietskörperschaft ein Unternehmen gegenüber anderen z.B. bei steuerlichen Abgaben begünstigt, so wird dagegen von indirekten Subventionen gesprochen (vgl. SIMONS 1997: 107f).

Inwieweit der Programmtyp des Finanzhilfeprogramms im hier interessierenden Politikfeld eine Rolle spielt, soll im weiteren Verlauf der Arbeit geklärt werden. Wenn für das Politikfeld der Sanierungs- und Konsolidierungspolitik der Programmtyp "Finanzhilfeprogramm" gewählt worden ist, dann könnten insbesondere Direktsubventionen eine Bedeutung haben. Denkbar ist dabei, dass Direktsubventionen mit anderen – eventuell auch - weichen Steuerungsmedien kombiniert und angewendet bzw. durchgeführt werden. Es kann vermutet werden, dass im Politikfeld der Sanierungs- und Konsolidierungspolitik Direktsubventionen nur in Verbindung mit verschiedenen Auflagen vergeben werden, um so bspw. die oben angesprochenen Vollzugsprobleme, die den Programmtyp des Finanzhilfeprogramms kennzeichnen, verhältnismäßig gering zu halten. Eine Kombination mit dem weichen Instrument der Beratung wäre daher sinnvoll. Aber auch ganz andere Mischformen von harten und weichen Steuerungsinstrumenten sind zu vermuten: So können Subventionen (hartes Steuerungsmittel) auch erst nach einem langwierigen Prozess der Aushandlung (weiches Steuerungsinstrument) zwischen Durchführungsinstanz und Adressat gewährt werden. Ob sich diese Vermutungen im Politikfeld der Sanierungs- und Konsolidierungspolitik bewahrheiten, wird anhand der Untersuchungsländer Sachsen-Anhalt und Brandenburg beantwortet.

Die oben gestellte Frage nach der Beschaffenheit des Implementationssystems kann im Hinblick auf die gewählten Instrumente im Politikfeld der Sanierungs-

---

[54] Der Begriff der Subvention wird in der Literatur völlig unterschiedlich verwendet. So werden z.B. die Begriffe der Finanzhilfen, Unterstützungen oder auch Zuweisungen synonym mit Subventionen benutzt. Im Rahmen der Europäischen Union wird anstelle von Subventionen von Beihilfen gesprochen (vgl. BRÖSSE 1996: 196 und Ausführungen weiter unten).

und Konsolidierungspolitik nun konkretisiert werden. Was gibt es für unterschiedliche Möglichkeiten, den Krisenunternehmen zu helfen? Mit welchen Instrumentarien wird ihnen geholfen? Welche Steuerungsinstrumente können neben Subventionen noch ausgemacht werden? Wie sind die Instrumente ausgestaltet? Inwiefern werden Instrumente auch ganz gezielt miteinander kombiniert? Sind Kombinationen von harten und weichen Steuerungsmitteln erkennbar? Welchen konkreten Fördergegenstand und Adressatenkreis haben sie? Unter welchen Bedingungen und mit welchen Auflagen wird die finanzielle Förderung ausgereicht? Warum sind gerade diese Auflagen ausgewählt worden? Sind auch andere Auflagen denkbar?

Ein grundlegender Fragenkomplex der Arbeit bezieht sich demnach auf die angewendeten Instrumente im Politikfeld der Sanierungs- und Konsolidierungspolitik. Weitere wesentliche Fragestellungen ergeben sich aus den folgenden theoretischen Ausführungen zu den Akteuren – insbesondere zu den Merkmalen der Durchführungsinstanz – sowie deren Verhalten.

2.3.2 Merkmale der Akteure und ihres Verhaltens sowie daraus resultierende steuerungstheoretische Implikationen

Nicht nur der gewählte Programmtyp bzw. die ausgesuchten Instrumentarien beeinflussen den Implementationsprozess, sondern er wird in ganz entscheidender Weise von den Akteuren geprägt, die an der Implementation beteiligt sind (vgl. MAYNTZ 1980: 23f).

Finanzhilfeprogramme werden in der Regel auf zentralstaatlicher Ebene von Bund und Land durch politische Entscheidungsträger oder Ministerialverwaltungen initiiert. Ihnen obliegt die konkrete Ausgestaltung hinsichtlich Fördergegenstand, Abgrenzung des Kreises der Adressaten, Auflagen sowie die Wahl der Durchführungsinstanz (vgl. HUCKE 1983: 79). Die Ministerialverwaltungen bzw. die von ihr gewählte Durchführungsinstanz kann demnach als der zentraler Akteur bezeichnet werden und ihr Verhalten bzw. das Verhalten der Akteure der Verwaltungen sind maßgeblich für die Implementationsphase.

Ministerialverwaltungen weisen generell genau wie andere Behörden einen klassischen hierarchischen Organisationsaufbau auf und setzen damit staatliche Aufgaben mit überwiegend einseitig-hoheitlichen Steuerungsstrukturen um. Kennzeichnend für Ministerialverwaltungen oder Bürokratien sind u.a. routinierte Kommunikationswege mit einem niedrigen Flexibilitätsgrad. Die Beziehungen zwischen den Mitarbeitern und Mitarbeiterinnen der Behörden sind als formal und bürokratisch zu charakterisieren. Weitere wesentliche Merkmale derartiger Organisationsformen sind, dass Entscheidungen zwar von unteren Ebenen vorbereitet, allerdings auf höherer Ebene getroffen werden. Die übergeordnete ist gegenüber der untergeordneten Ebene weisungsbefugt und zur Konfliktbewältigung werden die Methoden "administrativer Befehl" und "Kontrolle" angewendet (vgl. grundlegend SCHARPF 1992 oder VON PRITTWITZ und z. B, in Bezug auf Unternehmensstrukturen POWELL 1996). Vorteile dieses u.a. für Behörden gängigen Organisationstyps sind z.B., dass es keinen direkten Austausch zwischen den Behörden und den Adressaten des politischen Programms gäbe. Damit könne ein nahezu reibungsloser und schneller Vollzug gewährleistet werden. Zudem werde das politische Problem mit Hilfe von vorgegebenen, festen Regularien angegangen und demzufolge ergäben sich ebenfalls geringe Verzögerungen und Komplikationen im Vollzug (vgl. übergreifend SCHARPF 1992 und 1993, VON PRITTWITZ 1994). Dass diese "starren" Kennzeichen der Ministerialverwaltungen in der politischen Praxis einem Formwandel unterliegen, wird im weiteren Verlauf dieses Kapitels noch ausgeführt (vgl. weiter unten).

Der Bund hat den Landesregierungen eine aktive Rolle im Politikfeld der Sanierungs- und Konsolidierungspolitik zugesprochen. Die jeweilige Landesregierung beauftragte die Wirtschaftsministerien mit der Ausgestaltung des politischen Programms und mit der Festlegung des konkreten Steuerungsinstrumentariums. Außerdem wurde das Wirtschaftsministerium mit der Aufgabe der Durchführung und der Bewilligung der Fördermaßnahmen betraut. Damit ist das Wirtschaftsministerium der Hauptakteur der Implementationsphase. Nach Aussagen der Autoren werden bei Finanzhilfeprogrammen in der Regel aber noch andere administrative oder nicht-administrative Akteure in den Implementationsprozess miteinbezogen, weil z.B. die Vollzugsinstanz aufgrund von einer zu hohen Antragsflut ihre Aufgaben nicht schnell genug bewältigen könne. Eine weitere Ursache für die Aus- oder Verlagerung von Aufgaben des Vollzugs läge darin, dass das Wirtschaftsministerium nicht über ausreichendes Wissen verfüge, um zu einer adäquaten Lösung des politischen Problems zu kommen (vgl. VON PRITTWITZ 1994: 78f). Welche anderen Akteure das Wirtschaftsministerium mit Aufgaben des Implementationsprozesses im Politikfeld der Sanierungs- und Konsolidierungspolitik betraut hat, und welche Institutionen in den beiden Untersuchungsländern als weitere Akteure zu identifizieren sind bzw. welche Funktionen ihnen obliegen, ist neben der Darstellung des Instrumentariums ein grundlegender Fragenkomplex dieser Arbeit.

Empirische Untersuchungen der Implementationsforschung stellten nicht nur fest, dass die Festlegung, welche Akteure am Implementationsprozess beteiligt werden, Einfluss auf die Durchführung hat. Vielmehr verdeutlichten sie zudem, dass sich die Wahl des politischen Programms – und insbesondere seine inhaltlichen Vorgaben – ganz entscheidend auf das Verhalten der Schlüsselakteure des Implementationsprozesses – also der Durchführungsinstanz(en) und der Adressaten - auswirkt. Das Verhalten der Implementeure[55] bzw. speziell der Durchführungsinstanz sei durch das gewählte Programm zwar vorstrukturiert, allerdings sei es dadurch keinesfalls determiniert (vgl. SCHUBERT 1991: 170). *Das konkrete Verhalten der Implementeure ist von eigenen Wertvorstellungen und Motivationen, von personellen und technischen Komponenten,*

---

[55] Als Implementeure werden generell alle an der Implementationsphase beteiligten administrativen und eventuell nicht-administrativen Akteure begriffen. Im Gegensatz dazu bezeichnet der Begriff "Durchführungsinstanz" nur diejenigen Akteure, die direkt für den Vollzug des politischen Programms zuständig sind (vgl. u.a. WINDHOFF-HÉRITIER 1987: 86f).

darüber hinaus aber auch von solchen Handlungsspielräumen abhängig, die sich aus Kooperationsmöglichkeiten und -zwängen oder Abhängigkeiten von anderen Instanzen (oder beteiligten Institutionen, E.H.) ergeben." (ebd.)[56]

Insbesondere während des Implementationsprozesses – und zwar konkret beim Bewilligungsverfahren[57] - zeigen sich meist recht schnell ineffektive administrative Verläufe. Es offenbaren sich neben Problemlösungslücken u.a. Inkompatibilitäten der Instrumente. Insbesondere bei Finanzhilfeprogrammen könnten z.B. Diskrepanzen zwischen Subventionsniveau und Problemniveau auftreten, auf die die vollziehenden Akteure individuell und spezifisch reagierten, indem sie ihr Verhalten im Rahmen der vorgegebenen Reglementierungen veränderten und anpassten (vgl. HUCKE 1983: 89). So seien die vollziehenden Akteure von Finanzhilfeprogrammen generell mit dem Problem der Ressourcenknappheit konfrontiert. Sie würden daher im Vorlauf des eigentlichen formellen Bewilligungsverfahrens nach Mitteln und Wegen suchen, um zu gewährleisten, dass nur Unternehmen eine Förderung erhalten, die zu den angesprochenen Adressaten gehören. Des weiteren muss dem Anspruch entsprochen werden, dass durch die Förderung weitgehend die gewünschte Veränderung des Adressatenverhaltens eintritt und damit das politische Ziel erreicht werden könnte (vgl. ebd.). Die durchführenden Akteure wählten infolgedessen bestimmte Bearbeitungsroutinen bzw. *"Selektivitätsregeln bzw. -strategien"* (OFFE 1972)[58] oder *"Filtermechanismen"* (LEIBFRIED 1976). Ganz allgemein wird auch von unterschiedlichen *"Implementierungsmethoden"* (MESSNER 1995) bzw. Implementationsmethoden gesprochen.

---

[56] Die Implementationsforschung zeigte bereits in den 80er Jahren, dass der staatliche Steuerungsakteur nicht als Einzelakteur betrachtet werden kann. Vielmehr muss er nach MAYNTZ (1987) als ein komplexes mehrstufiges Akteurssystem begriffen werden, in dem die einzelnen beteiligten Ebenen einer Behörde bzw. alle beteiligten und nachgeordneten Behörden nicht nur als gleichsam neutrale Instrumente bei der Durchführung von Steuerungsmaßnahmen fungieren, *"sondern sowohl innerhalb zugestandener Handlungsspielräume wie auch in Verletzung oder Umgehung von Verfahrensnormen selber steuernd eingreifen".* (ebd.: 97)

[57] Für die weitere Argumentation ist es an dieser Stelle wichtig, den Begriff des Bewilligungsverfahrens genauer zu definieren. Ich unterscheide das formelle Bewilligungsverfahren vom vorgeschalteten informellen Verfahren. Das formelle Bewilligungsverfahren beginnt mit dem Eingang des Antrages auf finanzielle Förderung an die Durchführungsinstanz und endet mit dem Ausreichen der Gelder an die Adressaten bzw. mit der Ablehnung des Antrages. Meistens sind diesem formellen Bewilligungsverfahren noch informelle Vorverhandlungen oder Regularien mit den Adressaten oder anderen betroffenen Akteuren vorgeschaltet (vgl. Ausführungen oben). Den gesamten Prozess – also informelles und formelles Verfahren - werde ich in Anlehnung an die Begrifflichkeiten der Policy-Forschung im weiteren Verlauf der Arbeit als "Entscheidungsarena" (WINDHOFF-HÉRITIER 1987: 57) bezeichnen. Der Begriff der Arena wird in Anlehnung an BENZ (1993) verwendet: *"Als Arena sei ein institutionell abgrenzbarer Interaktionszusammenhang bezeichnet, der sich auf eine spezifische Aufgabenstellung bezieht. (...) Arenen sind nicht mit formalen Organisationen identisch, sie lassen sich durch ihre Entscheidungsfunktion bestimmen ... Die entsprechenden Arenen können durch die beteiligten Akteure und die zwischen diesen geltenden Regeln der Interaktion und Entscheidungsfindung näher charakterisiert werden."* (ebd.: 153) (vgl. auch die Ausführungen in Kapitel 4.3)

[58] HUCKE (1983: 91) spricht in diesem Zusammenhang von Selektivitätsstrategien.

Verschiedene Studien wiesen auf unterschiedliche Implementationsmethoden der vollziehenden Akteure hin, die je nach gewähltem Programmtyp variieren. Für Finanzhilfeprogramme konnten u.a. verschiedene gängige Muster herausgearbeitet werden: So erfolgt z.b. die Bearbeitung und Entscheidung eines Finanzhilfeprogramms in Abhängigkeit vom Datum des Antrageinganges. Je früher der Antrag bei der zuständigen Behörde eingeht, desto eher wird er bearbeitet. Falls es sich bspw. um Finanzhilfeprogramme mit einem begrenzten Fördervolumen handelt und der Haushaltstitel bereits ausgeschöpft ist, werden später eingegangene Anträge u.U. das Nachsehen haben. Aber auch eine andere Implementationsmethoden wird häufig angewendet. Es ist möglich, dass Förderanträge entsprechend ihres Finanzvolumen bearbeitet werden. Eine zu hohe Finanzsumme könnte bereits den Ausschluss bedeuten. Außerdem kann die beantragte Finanzhöhe ausschlaggebend dafür sein, ob sich eine untere oder eine höhere Ebene dem Antrag annimmt. In der Verwaltungspraxis ist es üblich, Anträge mit hohem Finanzvolumen mindestens auf Abteilungsebene vorzubereiten und eventuell auch zu bewilligen. Dagegen werden Anträge mit einem verhältnismäßig geringen Finanzbedarf auf Sachbearbeiterebene geprüft (vgl. MEISEL 1998: 91f)

Eine von der Verwaltung angewendete Strategie, die darauf abzielt, nur bedürftige Unternehmen mit einem Finanzhilfeprogramm zu fördern, besteht darin, "*dass sich die Vergabeinstanzen nicht darauf beschränken, rein reaktiv auf das Einreichen von Förderanträgen zu warten, sondern ihrerseits aktiv die Adressatengruppen durch Information und Beratung bei Inanspruchnahme des Programms zu mobilisieren suchen, die zu den besonderen Problemgruppen zählen. Formen von solchem "bürokratischen outreach" sind tatsächlich in verschiedenen Politikbereichen zu beobachten, in denen mittels Finanzhilfeprogrammen Veränderungen in der Problemstruktur herbeigeführt werden sollen*" (HUCKE 1983: 91f). Daher gelten Formen von "bürokratischen outreach" als Möglichkeit, die Wirksamkeit von Finanzhilfeprogrammen zu optimieren (vgl. z.B. auch MEISEL 1998).

Weitere allgemeine Erkenntnisse über Implementationsmethoden bei Finanzhilfeprogrammen sind eher rar gesät. Aussagen über Implementationsmethoden der vollziehenden Akteure oder über deren Verhalten im Politikfeld der Sanierungs- und Konsolidierungspolitik gibt es nicht. Daher werden im Folgenden empirische Ergebnisse aus anderen Politikfeldern (Umweltpolitik und Wohnungsbaupolitik) herangezogen, in denen überwiegend Finanzhilfeprogramme im Allgemeinen und im Spezifischen Subventionen angeboten werden. Diese Vorgehensweise bietet sich an, um den Blick dafür zu schärfen, welche Verhaltensweisen in der politischen Praxis überhaupt vorfindbar sind und inwieweit daraus steuerungstheoretische Implikationen abzuleiten sind.

Im Politikfeld der Umweltpolitik konnte in der politischen Praxis eine weitere Implementationsmethode der vollziehenden Instanz herausgearbeitet werden (vgl. MAYNTZ 1978).[59] Die Durchführungsinstanzen von umweltpolitischen Finanzhilfeprogrammen führen generell Vorverhandlungen mit den Adressaten durch. Derartige Gespräche erfüllen gleichzeitig mehrere Funktionen: Sie dienen einerseits zur Information der Adressaten über das zur Verfügung stehende Instrumentarium. Je mehr Programme der Zielgruppe zur Verfügung stehen, desto schwieriger ist es für die Adressaten das geeignete Programm für ihre spezifischen Probleme zu wählen. Andererseits erhält die Durchführungsinstanz einen Einblick in die zur Antragsstellung führenden Probleme und Situationen des potentiellen Antragstellers. Zudem werden prinzipiell die Einzelheiten des formellen Antragweges durchgesprochen und inhaltlich vorbereitet. So wird die Genehmigungsfähigkeit eines Vorhabens bereits vor dem eigentlichen formellen Bewilligungsverfahrens von administrativer Seite geprüft. Adressaten, die nicht den Bedingungen und/oder Auflagen des Instrumentariums entsprechen, wird nahegelegt keinen Antrag zu stellen. Ihnen wird eventuell empfohlen auf ein anderes Programm, dessen Voraussetzungen sie eher erfüllen, auszuweichen. Aus dieser Vorgehensweise resultiert u.a., dass seltener Ablehnungen erteilt werden. Die Praxis der Vorverhandlungen wird von den Durchführungsinstanzen in der Regel damit gerechtfertigt, dass dadurch weniger Konflikte und Missverständnisse seitens der Adressaten entstehen und das politische Programm effektiviert wird (vgl. ebd.: 35).

Diese Aussagen eröffnen für das hier interessierende Politikfeld verschiedene Fragenkomplexe. Wie in Kapitel 2.1 annäherungsweise bereits dargelegt wurde, kennzeichnet das Politikfeld der Sanierungs- und Konsolidierungspolitik, dass kleinen und mittleren Unternehmen seitens Bund und Länder ein ganzes Unterstützungsset zur Beseitigung ihrer betriebswirtschaftlichen Schwierigkeiten angeboten wird. Auf der einen Seite müssen die Adressaten aus einem vielfältigen Angebot ein für ihr spezifisches Problem adäquates Programm auswählen und sind daher auf Informationen z.B. seitens der Durchführungsinstanz angewiesen. Auf der anderen Seite muss das Wirtschaftsministerium als vollziehender Akteur einen Weg finden, an Informationen zu gelangen, die Einblick in die betriebswirtschaftlichen Gegebenheiten des Krisenunternehmens geben, um abschätzen zu können, ob das Krisenunternehmen überhaupt konsolidierungs- bzw. sanierungsfähig ist. Erst auf Grundlage dieser Informationen kann es entscheiden, ob und wie dem Unternehmen geholfen werden kann. Zudem können sicherlich nicht alle Krisenunternehmen unterstützt werden, weil die Finanzmittel auch in dem hier interessierenden Politikfeld begrenzt sind. Ich gehe daher davon aus, dass das jeweilige Wirtschaftsministerium eine oder mehrere der aufgezeigten Implementationsmethoden anwendet. Es stellen sich in diesem Zusammenhang konkret die Fragen: Welche Implementationsmethoden haben die Wirtschaftsministerien der Untersuchungsländer gewählt? Wenden die Durchführungsinstanzen Formen des bürokratischen outreach (im Sinne von HUCKE 1983, vgl. Ausführungen

---

[59] Die Studie von MAYNTZ (1978) über das Politikfeld der Umweltpolitik hat besonders nachhaltige Anstöße für die Implementationsforschung gegeben und gilt nach wie vor trotz ihres Alters als ein grundlegendes Werk über die Vollzugsdefizite in Politikfeldern.

weiter oben) an? Oder führen sie Vorverhandlungen durch? Kombinieren sie vielleicht unterschiedliche Implementationsmethoden oder Filtermechanismen, um das formelle Bewilligungsverfahren zu optimieren? Diesen Fragen soll im empirischen Teil der vorliegenden Arbeit nachgegangen werden.

MEISEL (1998: 91,93) lieferte im Rahmen des Politikfeld der Wohnungsbaupolitik weitere Erkenntnisse über das Verhalten der administrativen Akteure bei Finanzhilfeprogrammen. Er arbeitete sogenannte *"Anpassungsleistungen bzw. –muster"* heraus, die die vollziehenden Akteure in bestimmten Komponenten des Implementationsprozesses vollbrachten. Sie loten und nutzen mit Hilfe dieser Anpassungsleistungen ihren eigenen Gestaltungsspielraum aus. Aus den Ergebnissen seiner Studie folgerte er, dass derartige Anpassungsmuster auf einen veränderten Umgang von Administration mit den Adressaten hinweisen. MEISEL (1998) untersuchte in seiner Studie speziell den Programmtransfer der Wohnungsbaupolitik von West nach Ost im Rahmen der Wiedervereinigung. Aus der Transformation ergaben sich für Ostdeutschland spezifische Anpassungsbedarfe des für Westdeutschland konzipierten Instrumentariums, die durch ein als flexibel und innovatives zu charakterisierendes Verhalten der beteiligten administrativen Akteure ausgeglichen worden seien.[60] MEISEL (ebd.) stellt u.a. fest, dass die Aktivitäten der vollziehenden Akteure über das übliche einseitig hierarchisch-bürokratische Behördenhandeln hinausgehen. Um die spezifischen Problemlagen der Adressaten zu berücksichtigen, seien von den Vollzugsbeamten jeweils individuelle Problemlösungen gesucht worden. Er konstatiert für die Vollzugsträger *"ein adressatenorientiertes, aus der Verwaltung hinausgreifendes Handeln, das sich in Form aktiver Implementation"* (ebd.: 93) zeigt. Außerdem hätten die administrativen Akteure durch die selektive Anwendung von Auflagen und rechtlichen Vorgaben maßgeblich zur Lösung des aus der Transformation resultierenden Vollzugsdefizits der Wohnungspolitik beigetragen (ebd.).

Aus diesen Aussagen lasse sich nach Ansicht von MEISEL (ebd.) ein gewisser Formwandel für das Verhalten der Administration ableiten. Es würden die staatlichen Aufgaben anscheinend nicht mehr mit den für Behörden typischen einseitig-hoheitlichen Steuerungsstrukturen durchgesetzt und vollzogen, sondern eine staatliche Aufgabe würde mit weichen Faktoren und Instrumenten – wie z.B. mit der Einbeziehung der Adressaten und gegenseitigem Informationsaustausch - bewältigt.

---

[60] In diesem Zusammenhang arbeitet MEISEL (1998) vier verschiedene Anpassungsmuster der vollziehenden Akteure heraus: *"Erstens wurden in Reaktion auf die aufgetretenen Programmdefizite die umsetzenden Normen und Regelungsvorgaben durch den Vollzug selbst modifiziert und den tatsächlichen Problemlagen angepasst. Zum zweiten veranlasste eine veränderte Problemperzeption dazu, Programminhalte und –konditionen zu reformulieren. Drittens wurden im Verlauf der Legislaturperiode programmatische Defizite dadurch abgebaut, dass die vorhandene Palette der Förderinstrumentarien für spezifische Problemlagen erweitert wurde. Und schließlich führten kommunale Ergänzungsstrategien diese Bemühungen, wo noch nicht hinreichend, als vierte Variante anpassenden Handelns fort."* (ebd.: 93)

Zur tiefergehenden Erklärung dieses veränderten Verhaltens seitens der Administration lassen sich auch verwaltungswissenschaftliche Befunde heranziehen, die eine allgemeine Tendenz staatlichen Handelns hin zu einer "kooperativen Verwaltung" (BENZ 1994)[61] konstatieren. Aus den Erkenntnissen dieser Studien lassen sich Hinweise für die hier gestellten steuerungstheoretischen Fragestellungen ableiten. Daher werden sie im Folgenden näher ausgeführt.

"Kooperative Verwaltung" umschreibt zunächst die Tatsache, dass der Staat mehr und mehr dazu übergeht, seine Aufgaben nicht mehr ausschließlich in einseitig-hoheitlicher Tätigkeit und in hierarchischen Steuerungsstrukturen zu erfüllen. Stattdessen muss davon ausgegangen werden, dass sich neben diesen Strukturen auch kooperative Netzwerke zwischen staatlichen und nichtstaatlichen, aber auch darüber hinaus zwischen den Verwaltungseinheiten formieren. Dies ist zunächst keine neue Erkenntnis. Aber im Gegensatz zu MESSNER (1995) (vgl. Ausführungen oben in Kapitel 2.2) konstatiert BENZ (1994) nicht nur für die ersten Phasen des Policy-Prozesses eine Zusammenarbeit von staatlichen und nicht-staatlichen Akteuren. Vielmehr legt er dar, dass auch in der Phase der Implementation sowohl Adressaten als auch andere am politischen Problem Beteiligte in den Implementationsprozess integriert werden, um so zu einer adäquaten Problemlösung zu kommen (vgl. ebd: 345, 342 und 38). Die Verwaltung geht mehr und mehr dazu über, *"mit Adressaten und Betroffenen über die Anwendung von Recht zu verhandeln, Fördermaßnahmen und Leistungen in direkter Zusammenarbeit mit Begünstigten zu vergeben, und an Stelle einseitiger Appelle direkten Informationsaustausch und Konsensfindungsprozesse zu praktizieren. Erwartet wird, dass kooperative Handlungsformen eine effektivere, effizientere und flexibel an konkrete Problemsituationen und veränderliche Bedingungen angepasste Aufgabenerfüllung gewährleistet sowie die Legitimation und Akzeptanz staatlicher Entscheidungen verbessert."* (ebd. 345f)

An diese kooperativen Handlungsformen legt BENZ allerdings einen hohen Maßstab an. Kooperatives Verwaltungshandeln sieht er nur dann gegeben, wenn Interaktions- und Kommunikationsprozesse auf eine von allen Beteiligten anerkannte gemeinsame Entscheidung zielen. *"Damit sind alle die Fälle ausgeschlossen, in denen der Staat privaten Akteuren oder Organisationen zwar Beteiligungsrechte einräumt und mit ihnen im Vorfeld einer Entscheidung verhandelt, aber letztlich Entscheidungen und Vollzugshandlungen in eigener Zuständigkeit vornimmt."* (BENZ 1994: 39) Wenn die reale Verwaltungstätigkeit auf Kooperation beruht, so erhält das anschließende formelle Verwaltungsverfahren nur noch den Charakter einer förmlichen Ratifizierungsinstanz der in den Vorverhandlungen erzielten Ergebnisse. In allen anderen Fällen handelt es sich demnach weiterhin um hoheitliches Handeln.

---

[61] Weil die Aussagen von BENZ (1994) zur kooperativen Verwaltung im Rahmen der Verwaltungswissenschaften und darüber hinausgehend als maßgeblich gelten, basiert die weitere Argumentation hauptsächlich auf seinen spezifischen Erkenntnissen.

In diesem Kontext benutzt BENZ (ebd.) den Begriff der Kooperation nicht wie in den üblichen steuerungstheoretischen Ansätzen, die Kooperation entweder auf einen Konfliktregelungsmechanismus oder auf ein Steuerungsinstrument reduzieren.[62] Er begreift Kooperation umfassender, denn für ihn beinhaltet Kooperation strukturelle, prozessuale und ergebnisbezogene Aspekte (ebd.: 37).[63] Im Zusammenhang mit kooperativem Handeln ginge es weniger um Verhandlungen im Sinne einer Konfliktlösung oder eines Interessensausgleichs, sondern eher um ein Verhandeln als kommunikativer Lernprozess, aus dem neue, kreative Problemlösungen hervorgehen können.[64] Das entscheidende Motiv zur Kooperation von Verwaltungsseite sei, dass das politische Programm effektiviert werde und für die Verwaltungsbeamten praktisch lösbar erscheine (vgl. ebd. 348)[65]. BENZ (1994) spricht in diesem Sinn von verständigungsorientierten Kooperationsprozessen, in denen die Beteiligten auf einen Kompromiss orientiert und gewillt sind, gemeinsam nach einer effektiven Lösung zu suchen (ebd.).[66] Einige Faktoren würden die Kooperationsbereitschaft der Verwaltung sogar forcieren. Je komplexer die Aufgabe sei, die die Verwaltung zu bewältigen habe, desto eher würden auch andere Akteure in den Implementationsprozess mit einbezogen. Andere Faktoren, die Kooperationen

---

[62] Vgl. hier zusammenfassend und übergreifend die Ausführungen zu den unterschiedlichen Definitionen und Charakteristika von Netzwerken HELLMER u.a. 1999: 55f.

[63] *"Kooperationen stellt eine Beziehung zwischen (in der konkreten Interaktion) gleichberechtigten Akteuren dar, die in direkter Interaktion, in Verhandlungsprozessen versuchen, für gemeinsame Probleme eine Lösung zu finden, der alle Beteiligten zustimmen. Eine kooperative Verwaltung verzichtet darauf, ihre Kompetenz zur einseitigen Entscheidung und Durchsetzung von Maßnahmen auszuüben, sie verhandelt mit den Adressaten über eine Lösung, die im Falle erfolgreicher Konsensfindung von beiden Seiten freiwillig akzeptiert und vollzogen wird. Der Begriff Kooperation ist ein mehrdimensionales Konzept zu verwenden: Strukturell verweist er auf die Gleichberechtigung der Akteure im jeweiligen Verfahren, in prozessualer Hinsicht geht es um dialogische Kommunikation in Verhandlungsbeziehungen, mit Blick auf das Handlungsergebnis meint er die ungezwungene Einigung der Beteiligten."* (BENZ 1994: 345)

[64] Zum Begriff der Verhandlung als kommunikative Abstimmung des Handels zwischen mehreren Akteuren siehe grundlegend SCHIMANK 1992.

[65] BENZ legt seiner Untersuchung einen sehr anspruchsvollen idealtypischen Begriff von Kooperation zugrunde. So verwundert es nicht, dass er im Ergebnis dazu gelangt, dass die Praxis des Staatshandelns weder als hoheitlich noch als kooperativ zu beschreiben sei, sondern Mischformen dominierten (vgl. BENZ 1994,: 354). Dieses Ergebnis hat dazu beigetragen, dass in der vorliegenden Untersuchung die Annahme einer Existenz von kooperativen Strukturen im Politikfeld der Sanierungs- und Konsolidierungspolitik nur als vorläufige Hypothese verstanden wird.

[66] BENZ (1994) unterscheidet drei Arten von Verhandlungsverhalten: 1. Bei positionsbezogenen Verhandlungen beharren die Akteure prinzipiell auf ihrem Standpunkt und sind nicht kompromissbereit. Eine Einigung ist nur möglich, wenn ein Nachgeben des Akteurs auch gleichzeitig mit einer Gegenleistung kompensiert wird. Die Kooperation endet mit einem Tauschgeschäft. 2. Kompromissbereites Verhandeln konzentriert sich auf die Verminderung von Konflikten um bereits bestehende kooperative Beziehungen nicht zu gefährden. In diesem Falle wird die Kooperation mit einem Kompromiss beendet. 3. Das verständigungsorientierte Verhalten ist gekennzeichnet durch ein Interesse der Beteiligten auf eine Einigung. Sie lassen sich auf Lernprozesse ein und suchen gemeinsam nach kreativen Lösungen (vgl. ebd.: 348).

begünstigen, seien bspw. vorhandener Zeitdruck und krisenhafte Situationen (vgl. ebd. 347).

Speziell in Bezug auf Direktsubventionen an Unternehmen spricht BENZ (ebd.) von einer beobachtbaren Zunahme von "kooperativen Formen"[67]. Ähnlich wie die oben aufgeführten Autoren weist er darauf hin, dass gerade die Vergabe von Subventionen an Unternehmen zunehmend in Zusammenarbeit mit dem Subventionsempfänger vergeben werden.[68] Darüber hinaus ginge die Verwaltung neuerdings sogar dazu über, weitere betroffene Akteure in den Bewilligungsprozess miteinzubeziehen und mehr Förderungsformen anzuwenden, die auf einem wechselseitigen Informationsaustausch beruhen. Außerdem wäre bei diesem Programmtyp eine Tendenz zu beobachten, dass mehr und mehr harte Steuerungsinstrumente wie finanzielle Anreize und Auflagen zugunsten von weichen Steuerungsmedien wie Beratung, Überzeugung und Wissensvermittlung reduziert würden (vgl. ebd.: 24).

Die Argumentation von HECLO (1978) zielt in eine ähnliche Richtung, verwendet aber eine andere Begrifflichkeit. Während BENZ (1994) den Netzwerk-Begriff und seine Fallstricke (vgl. HELLMER U.A. 1999) weitgehend vermeidet, rückt ihn HECLO in einer spezifischen Weise in den Mittelpunkt: "Issue-Netzwerke" weisen auf eine Form politischer Steuerung hin, die sich jenseits von klassischen hierarchischen Strukturen befindet: "Issue-Netzwerke" sind durch informelle, offene, instabile – also eher lockere - Beziehungsgeflechte zwischen einer Vielzahl von Akteuren gekennzeichnet, die in einem Politikfeld zusammenwirken. Außerdem ist die Interaktion durch permanente Lern-, Such- und Veränderungsprozesse in dem Politikfeld bestimmt (vgl. HECLO 1978: 87f). Trotz der begrifflichen Differenz liegen die (auch für die vorliegende Untersuchung wichtige) Gemeinsamkeiten in der Absetzung von Kooperation bzw. Issue-Netzwerken von klassischen bürokratischen Handlungsformen.

Die theoretischen Konzepte und empirischen Untersuchungen vornehmlich von BENZ, aber auch von HECLO, liefern die Folie für die hier vorliegende Untersuchung. Die Ausgangsthese lautet: Für das Politikfeld der Sanierungs- und Konsolidierungspolitik ist zu vermuten, dass kooperative Formen oder Issue-Netzwerke in der "Entscheidungsarena" (vgl. zum Begriff der Entscheidungsarena Fußnote 57) im Sinne von BENZ auszumachen sind. Diese Vermutung begründet sich darin, (wie in Kapitel 2.1 dargelegt), dass vielfältige öffentliche und private Akteure mit unterschiedlichen Interessen u.a. als Gläubiger von der Liquiditätskrise eines Unternehmens betroffen sind. Aufgrund dieser komplexen Akteursstruktur dürfte das Wirtschaftsministerium als

---

[67] *"Kooperative Formen der Wirtschaftspolitik zeigen sich aber auch und inzwischen in wachsendem Maße in der "normalen" Praxis der Förderung von Unternehmen. Weist bereits das "traditionelle" Verfahren der Vergabe von Subventionen eine deutliche Tendenz zur Zusammenarbeit zwischen Subventionsempfängern und Verwaltung auf ... ."* (BENZ 1994: 24)

[68] Wenn z.B. die Mittelbewilligung als Interaktions- oder als Kooperationsprozess zwischen Vergabebehörden und Antragsteller verläuft, so hat der Adressat demzufolge einen erheblichen Einfluss auf Erfolg bzw. Misserfolg der Direktsubvention.

Durchführungsinstanz versuchen, die jeweiligen Interessen zu koordinieren, um so zu einer adäquateren Problemlösung zu gelangen.

Zur Überprüfung der empirischen Validität der Ausgangsthese dienen detaillierte Fragestellungen, die den Untersuchungen von HECLO und BENZ entnommen werden können. Im Sinne von HECLO soll danach gefragt werden, ob in der Implementationsphase des hier interessierenden Politikfeldes Issue-Netzwerke auszumachen sind. Dies wäre dann der Fall, wenn die von HECLO aufgeführten Kriterien (die Beziehungsgeflechte sollten "informell", "offen" und "instabil" sein) anzutreffen sind. Im Sinn von BENZ ist in erster Linie folgenden Fragen nachzugehen: Werden zur Überwindung von existierenden Interessenunterschieden und zum Ausgleich von Konflikten zwischen allen beteiligten Akteuren die weichen Steuerungsinstrumente "Verhandlung und Kooperation" angewendet, oder sind nach wie vor die klassischen Konfliktbewältigungsmethoden einer bürokratischen Organisation wie Kontrolle und Befehl anzutreffen? Wenn Kooperationsformen angewendet werden, stellt sich die Frage nach deren Charakteristika. Außerdem ist zu fragen, inwieweit das Wirtschaftsministerium als Durchführungsinstanz andere nicht-staatliche Akteure einbezieht. In Bezug auf das Verhalten gegenüber den Adressaten ist darüber hinaus herauszuarbeiten, ob es eine Zusammenarbeit gibt und wenn ja, wie die Zusammenarbeit der Schlüsselakteure gestaltet ist.

In den obigen Ausführungen erscheint die Verwendung von "Kooperation" zunächst fast als ein Allheilmittel dafür, dass das politische Programm durch die Administration optimal oder wenigstens besser gesteuert werden kann. Um "miteinander kooperieren" zu können, müssen die Akteure in Verhandlung treten. Diesem Begriff von "Verhandlungen" kommt im Kontext von Kooperation oder Issue-Netzwerken eine besondere Bedeutung zu, der im Folgenden näher nachgegangen werden soll.

Verhandlungen können nur dann zu einem Ergebnis gelangen, wenn die beteiligten Akteure des Implementationsprozesses verhandlungsbereit sind und eigene Interessen zurückzustellen bereit sind. Dies ist aber nicht zwangsläufig gewährleistet, denn Verhandlungen sind enge Grenzen gesetzt (vgl. BENZ 1994: 346f).[69]

Mit Faktoren, die Verhandlungen scheitern lassen können, hat sich u.a. SCHARPF (1993b) befasst. Er zeigt im wesentlichen zwei Probleme auf. Erstens könnten sie wegen des sogenannten "Verhandlungsdilemmas" scheitern. Zweitens können Verhandlungen auch dadurch behindert werden,

---

[69] *"Sowohl für die Verwaltung als auch für die Adressaten von Verwaltungsentscheidungen und sonstigen Verfahrensbeteiligten stellt sich die Frage nach dem Für und Wider von Kooperation nur, wenn sie den konkreten Konflikt nicht als einen Prinzipienstreit austragen. Wenn es um das Prinzip geht, existieren keine Verhandlungsspielräume. Beharren die Konfliktparteien dogmatisch auf ideologischen Standpunkten oder auf ihren Rechten, ist Kooperation kaum möglich. Nur pragmatisch orientierte Akteure stellt sich die Entscheidung zwischen unterschiedlichen Wegen, ihre Ziele zu verwirklichen."* (BENZ 1994: 346f)

dass zu viele Akteure mit dementsprechend vielfältigen Interessen eingebunden sind ("Problem der großen Zahl"):[70]

1. **Zum Verhandlungsdilemma:** Das Ziel von Verhandlungen ist, verschiedene Interessen zu koordinieren und in Form eines Tausches, eines Kompromisses oder einer kreativen Lösung zu einem Ergebnis zu gelangen. In Verhandlungen tritt nach SCHARPF (1993b) daher zunächst grundsätzlich ein Koordinationsproblem auf.[71] Einerseits sind Koordinationserfolge nur dann möglich, wenn eine kooperative und vertrauensvolle Orientierung der Akteure besteht. Andererseits wird aber während der oder den Verhandlungen um Kosten, Gewinne und/oder um Gerechtigkeit "gestritten". Während also auf der einen Seite kooperative Verhandlungsstile notwendig sind, können im Aushandlungsprozess auf der anderen Seite die Akteure strategisch handeln, Informationen zurückhalten oder manipulieren sowie mit Drohungen hantieren, damit ihre Interessen durchgesetzt werden. Kooperative Akteure, die ihre Interessen eher in den Hintergrund stellen, laufen daher Gefahr, in der Verteilungsfrage übervorteilt zu werden (ebd.: 65f).

---

[70] Natürlich beschränken sich die Schwierigkeiten bei Verhandlungen in Netzwerken nicht allein auf die beiden genannten Problemdimensionen. So ordnet z.b. MESSNER (1995) dem Organisationstyp "Netzwerk" insgesamt sieben Problemdimensionen zu: 1. Problem der großen Zahl. 2. Zeitdimension. 3. Institutionelle Konsolidierung von Netzwerken. 4. Verhandlungsdilemma. 5. Spannungsverhältnis von Konflikt und Kooperation. 6. Macht in Netzwerken. 7. Koordinationsproblem (vgl. ausführlicher MESSNER 1995: 214f oder in Anlehnung an MESSNER z.B. HELLMER U.A. (1999: 76f) und WEGENER (2000: 75f)). Netzwerkversagen kann sich in diesem Falle aus vielfältigen Schwierigkeiten ergeben. Für die hier allein zur Debatte stehenden Verhandlungen im Rahmen von issue-Netzwerken, die sich nach HECLO (1978) durch eher lose gekoppelte Beziehungsgeflechte zwischen einer Vielzahl von Akteuren auszeichnen und deren Interaktionen durch permanente Lern-, Such- und Veränderungsprozesse in dem Politikfeld bestimmt sind, reicht die von SCHARPF getroffene Unterscheidung von nur zwei Problemfeldern ("Verhandlungsdilemma" und "Problem der großen Zahl", vgl. Ausführungen im Text).

[71] SCHARPF (1993b) unterscheidet zwischen negativer und positiver Koordination: *"Inhaltlich kann man die positive Koordination als Versuch beschreiben, die Effektivität und Effizienz der Regierungspolitik insgesamt durch die Nutzung der gemeinsamen Handlungsoptionen mehrerer Abteilungen oder Ressorts zu steigern. Analytisch ist das Ziel der positiven Koordination also identisch mit der Maximierung aggregierter Wohlfahrtseffekte durch die idealisierten Modelle der hierarchischen Koordination und der Verhandlungskoordination. Im Gegensatz dazu erscheint das Anspruchsniveau der negativen Koordination begrenzter. Ihr Ziel ist die Vermeidung der Störungen, welche die ausschließlich an den eigenen Zielen orientierter Programminitiativen einer spezialisierten Einheit in den Zuständigkeitsbereichen anderer Einheiten auslösen könnten. Wohlfahrtstheoretisch formuliert sichert also die erfolgreiche Negativkoordination also die Pareto-Susperiorität neuer Politikinitiativen, während die positive Koordination das anspruchsvolle Kaldor-Optimum zu erreichen versucht."* (ebd.: 69, eigene Hervorhebung) Zum besseren Verständnis wird das Pareto-Optimum und das Kaldor-Kriterium mit MESSNERs (1995) Worten definiert: *"Das Pareto-Optimum ... definiert bekanntlich die Allokation knapper Ressourcen auf konkurrierende Verwendungsmöglichkeiten dann als effizient, wenn keine Änderungen mehr denkbar sind, die den Nutzen mindestens eines Beteiligten erhöhen würde, ohne dass irgend ein anderer deshalb schlechter gestellt werden müsste. Dieser wohlfahrttheoretische Indikator vernachlässigt bewusst Aspekte von Verteilungsgerechtigkeit und die Möglichkeit der Umverteilung von Besitzständen. ... Das Kaldor-Kriterium (bewertet, E.H.) alle Maßnahmen positiv, ... deren Nutzen für die Beteiligten groß genug sind, um daraus auch volle Entschädigung aller durch die Maßnahme Beteiligten bestreiten zu können"* (ebd.: 227).

2. **Zum Problem der großen Zahl:** Dass die Koordinationsprobleme mit der Zahl der beteiligten Akteure in den Verhandlungen zunimmt, liegt auf der Hand. Je mehr Akteure an den Verhandlungen beteiligt sind desto größer wird die Gefahr, dass die Verhandlung durch einen oder mehrere Akteure blockiert wird oder die Interessen nicht aufeinander abgestimmt werden können (ebd. 66).[72] Besonders schwierig wird es, wenn Akteure auf ihren Interessen beharren und nicht kompromissbereit sind (vgl. Ausführungen in Fußnote 66).

Insbesondere das Problem der Großen Zahl sieht MESSNER (1995) zumindest annäherungsweise entschärft, wenn zum einen eine auf gemeinsame Problemlösung ausgerichtete Handlungsorientierung der Akteure und wenn zum anderen eine Kombination aus hierarchischen und horizontalen Koordinationsformen – wie die der Verhandlungen - bestünde (ebd.: 218). Andere Autoren argumentieren in ähnlicher Weise. So können für SCHARPF (1993b) die aufgezeigten Schranken der Verhandlungskoordination vor allem dann verringert oder sogar aufgehoben werden, wenn Verhandlungen in hierarchische Strukturen eingebettet (*"Einbettung bzw. embeddedness"*, ebd.: 67) sind. *"Und da hierarchische Organisationsstrukturen in der modernen Welt allgegenwärtig sind, kann man auch mit guten Gründen vermuten, dass hierarchisch eingebettete Verhandlungen weithin verfügbar sind, um Probleme der komplexen Aufgaben-Interdependenz innerhalb formaler Organisationen zu bewältigen."* (ebd.: 71)

BENZ (1994) argumentiert ähnlich wie MESSNER (1995) oder SCHARPF (1993b) und zieht aus den Grenzen und Möglichkeiten sowie aus den oben dargelegten Ausprägungen kooperativen Verwaltungshandelns einige staats- bzw. steuerungstheoretische Schlussfolgerungen. Er stellt fest, dass in der Praxis staatliches Handeln nicht entweder als nur hierarchisch oder kooperativ zu bezeichnen sei, denn hoheitliche Strukturen seien in verschiedenster Art und Weise mit kooperativen Formen verbunden. Rechtsetzung, Rechtsdurchsetzung sowie Verhandlung können nicht als Alternativen betrachtet werden, sondern seien sich ergänzende Modi, die der (besseren) Aufgabenerfüllung eines politischen Programms dienen. Mit den aufgezeigten möglichen Implementationsmethoden oder Anpassungsleistungen reagierten die Handelnden auf die auftretenden Restriktionen und Durchführungsbedingungen von politischen Programmen. Zudem werden durch die von den politisch-administrativen Akteuren entwickelten Problemlösungsmuster spezifische Problemlagen handhabbar gemacht und mit flexiblen Verfahrensregularien umgegangen. Mit der Interaktion zwischen Adressaten und anderen Beteiligten

---

[72] Durch die steigende Anzahl von Einzelakteuren und ganzen Akteursgruppen, die sich am Politikprozess beteiligen, kann die Politikentwicklung sowie die Leistungsfähigkeit gesteigert und angetrieben werden. Gleichzeitig kann aber dadurch der Politikprozess völlig eingebremst und behindert werden (vgl. MESSNER 1995: 73f). Durch die Beteiligung unterschiedlicher Akteure potenzieren sich die Interessen, und es wird dadurch schwieriger, einen gemeinsamen Nenner zu finden. Diese steigende Komplexität in modernen Gesellschaften kann zu einer Steuerungsunfähigkeit der Politik führen (vgl. ebd.).

auf der einen Seite und der Vollzugsinstanz auf der anderen Seite findet Kooperation meist im *"Schatten"* (BENZ 1994: 354) der Hierarchie oder des Staates statt. Für eine abschließende Beurteilung sei daher vor allem das Verhältnis von kooperativen und hoheitlich-hierarchischen Handlungsformen zu untersuchen. Darüber hinaus sei in jedem Falle zu berücksichtigen, dass der Staat immer noch den Kernbestand an hoheitlich zu erfüllenden Funktionen behält: *"Er erbringt Orientierungsleistungen durch Vorgabe von Grundsätzen und Leitzielen, steuert kooperative Aufgabenerfüllung und gesellschaftliche Selbststeuerung durch Organisationsregelungen, moderiert Konsensfindungsprozesse und verfügt über die anerkannte Kompetenz, einseitig zu entscheiden und zu steuern, wenn kooperative Prozesse keine Lösung bringen."* (ebd.: 354)

Aus dem zu beobachtenden veränderten Verhalten der Administration zieht auch MAYNTZ (1993 und 1995) grundsätzliche steuerungstheoretische Implikationen: Sie argumentiert, dass sich zwar das von einer hierarchischen Beziehung zwischen Staat und Gesellschaft ausgehende Paradigma politischer Steuerung stark verändert habe, aber dass von einem vollständigen Rückzug des Staates nicht gesprochen werden könne. Vielmehr sei zu beobachten, dass der Staat neben den klassischen Staatsaufgaben zusätzlich noch Aufgaben des gesellschaftlichen Interdependenzmanagements bekommen habe. Und gerade diese Aufgaben seien ein Hinweis auf neue Regelungsformen jenseits der klassischen Steuerungsformen Hierarchie oder Markt, die sie aber keinesfalls ersetzen würden, sondern vielmehr ergänzen. Daher spricht MAYNTZ (1993) eher von einem *"Formwandel staatlicher Machtausübung"* (ebd.: 163), durch den sich das Spektrum der nebeneinander existierenden Regelungsformen vergrößert habe. Sie sieht - wie die oben angeführten Autoren - das entscheidende Element dieses Formwandels in der Relation des Zusammenwirkens von klassischen und neuen Regelungsformen (vgl. ebd.).

Aus den bisherigen Ausführungen lässt sich für diese Studie zunächst folgende Hypothese ableiten (die die oben aufgeführte Ausgangsthese ergänzt): Es steht zu vermuten, dass im Politikfeld der Sanierungs- und Konsolidierungspolitik zumindest einzelne Merkmale kooperativer Handlungsformen auf der Vollzugesebene des Landes feststellbar sein können. Innerhalb solcher kooperativer Strukturen können von der Administration sowohl die Adressaten der Politik als auch andere nicht-staatliche Akteure mit in die Politikimplementierung einbezogen werden. Diese Interaktionszusammenhänge weisen dann möglicherweise Merkmale eines Issue-Netzwerkes auf. Zur klären wäre dann, ob derartige Netzwerke im Politikfeld der Sanierungs- und Konsolidierungspolitik Zeichen des von BENZ so genannten kooperativen Verwaltungshandelns sind, oder/und ob sie in hierarchische Strukturen der Administration eingebettet sind, und ihnen daher eher unter- bzw. beigeordnet bleiben.

Wenn im weiteren Verlauf dieser Arbeit festgestellt werden kann, dass im Politikfeld der Sanierungs- und Konsolidierungspolitik auch kooperative Strukturen existieren, dann stellen sich u.a. folgende – die obige Hypothese konkretisierenden – Forschungsfragen: In welchem Verhältnis stehen kooperative zu hierarchischen Handlungsformen? Welche Grenzen sind den kooperativen Handlungsformen im Politikfeld der Sanierungs- und Konsolidierungspolitik gesetzt? Kann ein Verhandlungsdilemma oder das Problem der Großen Zahl dadurch ausgeglichen werden, dass kooperative Handlungsformen in hierarchische Strukturen eingebettet sind?

Bisher sind eine Vielzahl von Fragen für das hier interessierende Politikfeld aufgeworfen worden, die das Ziel haben, die Beschaffenheit des gesamten Implementationssystems des Politikfeldes der Sanierungs- und Konsolidierungspolitik näher zu spezifizieren. Es stellen sich zentrale Fragenkomplexe zu den Programmen bzw. Instrumenten, zu den unterschiedlichen Akteuren und speziell zum Verhalten der Durchführungsinstanz im Implementationsprozess.[73] Weil in der Entscheidungsarena das Zusammenspiel der Akteure auf Landesebene verdeutlicht werden kann – also: wer wann und wie in den Implementationsprozess miteinbezogen wird, und in welchem Verhältnis die beteiligten Akteure zueinander stehen - bietet es sich an, das formelle und informelle Bewilligungsverfahren des Politikfeld der Sanierungs- und Konsolidierungspolitik zu analysieren. Diese Vorgehensweise lässt dann steuerungstheoretische Schlussfolgerungen über das Verhältnis von kooperativen zu hoheitlich-hierarchischen Steuerungsformen in diesem Politikfeld zu.

2.3.3 Zur Problematik von Mehrebenensystemen

Zwar sind auf der Landesebene ganz wesentliche Akteure und Instrumente für die Implementationsphase des Politikfeldes der Sanierungs- und Konsolidierungspolitik zu identifizieren. Allerdings stellt auch die Bundesebene Krisenunternehmen verschiedene Programme zur Verfügung, die nicht immer allein über die Durchführungsinstanz auf der Landesebene ausgereicht werden. Auf der Bundesebene sind daher ebenfalls diverse Akteure auf unterschiedlichste Weise in die Implementationsphase des Politikfeldes miteinbezogen. Zudem reglementiert und beeinflusst die Europäische Union[74] als weiterer Akteur mit ihrer Beihilfenpolitik die Ausgestaltung der Programme sowohl auf Bundes- als auch auf Landesebene. Demzufolge sind am Politikfeld der Sanierungs- und Konsolidierungspolitik unterschiedliche Akteure und Instrumente auf unterschiedlichen politisch-administrativen Ebenen beteiligt.

Die spezifische Funktionsweise sowie Aussagen über die dominierende Steuerungsform eines derartigen *"Mehrebenensystems"* (vgl. z.B. SCHARPF

---

[73] Ausführungen über die Wahl der Zielgruppe und deren Auswirkungen auf die Politik erübrigen sich, weil der Adressatenkreis durch die rechtlichen Rahmengesetzgebungen auf der Ebene der EU, des Bundes und Landes vorgegeben ist (vgl. Ausführungen in Kapitel 3.1 und 3.2 bzw. Fußnote 18).

[74] Gerade im letzten Jahrzehnt des 20. Jahrhunderts hat sich mit der Europäischen Union eine supranationale Ebene staatlichen Handelns etabliert. Der Abstimmungsprozess hat sich somit auf eine weitere politisch-administrative Ebene ausgedehnt. Die Regulierung von politischen Prozessen kann sich dadurch komplexer und auch komplizierter gestalten. Einige Autoren sprechen hierbei von der Mehrebenenverflechtung (vgl. z.B. zusammenfassend GRANDE 1995: 329).

1998) ist allerdings bisher nur unzureichend erforscht worden. Erschwert wird eine generelle Einschätzung durch die erheblichen Unterschiede, die je nach untersuchten Politikfeld festzustellen sind. Immerhin gibt es einige allgemeine Theorien, die sich der Problematik des Mehrebenensystems widmen. Ein Ansatz, der wichtige Anstöße für weiterführende Fragestellungen gab, ist die maßgeblich von SCHARPF entwickelte "Theorie der Politikverflechtung".[75]

Der Begriff Politikverflechtung hat sich bereits während der 1970er Jahre als Beschreibung des kooperativen Föderalismus in der Bundesrepublik etabliert[76] und bedeutet, dass der Politikgestaltungsprozess, der Entscheidungs-, Planungs- und Implementationsvorgänge für ein Politikfeld beinhaltet, in einem komplexen Gefüge von mehreren territorialen Einheiten durchgeführt wird, deren Zuständigkeiten über unterschiedliche Ebenen und Grenzen verteilt sind.[77]

Die Theorie der Politikverflechtung widmet sich im Kern den Möglichkeiten und den Grenzen von politischer Entscheidungsfindung in einem Mehrebenensystem. Untersuchungsschwerpunkt bildet die Europäische Union, weil sich in den Politikgestaltungsprozessen der EU wesentliche Kennzeichen einer Politikverflechtung wiederfinden. So erfolgt die Aufgabenverteilung zwischen den beteiligten Einheiten nicht getrennt nach Sachgebieten (bzw. Politikfeldern), sondern nach Kompetenzarten (Gesetzgebung, Verwaltung, Rechtsprechung). Des weiteren sind die europäischen Organe für die Rechtsetzung zuständig und die politischen Aufgaben werden somit im Verbund bewältigt. Ähnlich wie in der Bundesrepublik ist eine übergeordnete einer untergeordneten Ebene des politischen Systems weisungsbefugt und daher einseitig abhängig (vgl. SCHARPF 1985: 334). Elementar in den Studien zur Problematik des Mehrebenensystems der EU ist der Begriff der *"Politikverflechtungsfalle"* (ebd.), die zwangsläufig aufgrund der in der EU auszumachenden äußerst komplexen Entscheidungsstrukturen auftreten könne. *"Die Politikverflechtungsfalle kann (...) beschrieben werden als eine zwei oder mehr Ebenen verbindende Entscheidungsstruktur, die aus ihrer institutionellen Logik heraus (...) systematische und problemunangemessene Entscheidungen erzeugt, und die zugleich unfähig ist, die institutionellen*

---

[75] Daneben sind als allgemeine Theorien noch der Intergouvernementalismus und der Mehrebenenansatz zu nennen. Beide Ansätze unterscheiden sich in ihren Annahmen erheblich. Während der Intergouvernementalismus den nationalen Regierungen die zentrale Entscheidungsfunktion in der Europäischen Union zuschreibt, rückt der Mehrebenenansatz von der Sicht des Staates als einheitlichem Akteur ab und hinterfragt die Entscheidungsmacht mit den vielschichtigen und z.T. konträren Interessen einzelner staatlicher Instanzen (vgl. zu den Unterschieden beider Ansätze aktuell HILPERT/HOLTMANN 1998).

[76] Den ersten theoretischen Ansatz zur Erklärung der Politikverflechtung liefern SCHARPF/REISSERT/SCHNABEL (1976).

[77] SCHARPF (1991) unterscheidet zunächst grundlegend zwischen der vertikalen und der horizontalen Politikverflechtung. Vertikale Politikverflechtung bezeichnet die Beziehungen zwischen den über- und untergeordneten politisch-administrativen Ebenen. Dagegen werden unter der horizontalen Politikverflechtung die Beziehungen der Akteure auf einer Ebene verstanden.

Bedingungen ihrer Entscheidungslogik zu verändern – weder in Richtung auf mehr Integration noch in Richtung auf mehr Desintegration." (Scharpf 1985: 349f)

In Deutschland wie auch in Europa lassen sich nach SCHARPF (1985) die Problemlösungsdefizite einer Politikverflechtung aus zwei institutionellen Bedingungen ableiten: Zum einen sind die Entscheidungen auf der höheren Ebene von der Zustimmung von Regierungen auf der unteren Ebene abhängig und zum anderen muss diese Zustimmung einstimmig erteilt werden. Der zweiten Bedingung rechnet SCHARPF (ebd.) dabei eine höhere Bedeutung zu. Die Einstimmigkeitsregel erscheint zunächst vorteilhaft, denn diese entspricht aus wohlfahrtstheoretischen Gesichtspunkten am ehesten dem Kriterium des Pareto-Optimums. Bei dieser Entscheidungsregel werde kein beteiligter Akteur einem fremden Willen unterworfen. Wenn das Prinzip der Einstimmigkeit allerdings auf lange Dauer angewendet werde und keine bzw. nur eine sehr kostenintensive Exit-Option eingerichtet ist, dann werden die Nachteile offensichtlich: Nicht-Einigung bedeutet mit zunehmender Regelungsdichte immer häufiger, dass frühere Beschlüsse weiter bestehen würden oder anders ausgedrückt und in den Worten von SCHARPF (ebd.) gesprochen, bedeute dies eine *"Selbstblockierung"*. Ob Handlungsfähigkeit eingebüßt wird und Nachteile eintreten, hängt von den Modalitäten der Konsensbildung ab. Die Konsensbildung – so argumentiert SCHARPF (ebd.) weiter – wird in einem Mehrebenensystem durch das "Problem der großen Zahl" und durch das "Verhandlungsdilemma" beeinflusst. Beide Probleme, die u.U. Verhandlungen scheitern lassen, sind bereits im vorangegangenen Kapitel näher erläutert worden, so dass an dieser Stelle auf eine Ausführung verzichtet werden kann.

Einige Autoren (vgl. z.B. BENZ 1994) weisen zudem – ähnlich wie bereits im vorangegangenen Kapitel dargestellt – darauf hin, dass die Grenzen der politischen Entscheidungsfindung auch in einem Mehrebenensystem dadurch bestimmt sind, ob allein kooperative Abstimmungsprozesse über die beteiligten Ebenen hinweg - auszumachen sind. Gerade Verhandlungen, an denen Akteure unterschiedlicher politisch-administrativer Ebenen und demzufolge auch vielfältige zum Teil konträre Interessen beteiligt sind, laufen Gefahr, sich selbst zu blockieren, wenn allein kooperative Verhandlungsformen angewendet werden. Wenn kooperative Abstimmungsprozesse aber in hierarchische Strukturen eingebettet seien, ließe sich das Problem der Politikverflechtungsfalle zumindestens ansatzweise reduzieren (vgl. Ausführungen oben in Kapitel 2.3.2 und BENZ 1994).

Auch andere Autoren relativieren in jüngeren Schriften (vgl. MAYNTZ 1993, SCHARPF 1991 und z.B. auch JÄNICKE 1986) die Gefahr, in eine Politikverflechtungsfalle zu gelangen. Die negativen Folgen der Einbindung staatlicher Politik in ein immer vielschichtiger werdendes System stellt u.a. MAYNTZ (1993) und SCHARPF (1991) zwar nicht prinzipiell in Frage, argumentieren aber des weiteren, dass sich dadurch auch Möglichkeiten einer Steigerung der gesellschaftlichen Koordinations- und Problemlösungskapazität durch die zunehmende Differenzierung und Verflechtung von sich überlagernden

Verhandlungssystemen (mitunter auch durch die Einbeziehung verschiedenster gesellschaftsrelevanter Akteure) (vgl. hier stellvertretend SCHARPF 1998) ergeben können. In seiner Analyse der *"Problemlösungsfähigkeit der Mehrebenenpolitik in Europa"* weist SCHARPF (1998) nach, dass diese je nach Politikfeld differiert, d.h. es werden Politikfelder identifiziert, in denen die nationale Kompetenz erhalten bleibe und andere, in denen sie durch wirkungsvolle europäische Regelungen ersetzt werde. Daneben gibt es Politikfelder, wo der Verlust der nationalen Kompetenz nicht durch Zugewinn an Kompetenz auf europäischer Ebene ausgeglichen werden konnte, so dass für diese Felder im Resultat ein Verlust an politischer Problemlösungsfähigkeit festgestellt wird (vgl. ebd.: 142).[78]

Aussagen über die Funktionsweise des Mehrebenensystems im Politikfeld der Sanierungs- und Konsolidierungspolitik existieren in keiner Weise. Daher müssen in den folgenden Kapiteln zunächst für die übergeordnete Ebene des Bundes und der supranationalen Ebene der EU, die Akteure und Instrumente identifiziert und grundlegend beschrieben werden. Es stellt sich dabei zunächst die Frage, in welcher Art und Weise die auf den übergeordneten Ebenen vorhandenen Instrumente und zuständigen Akteure die Landespolitik beeinflussen sowie in welchem Verhältnis sie zueinander stehen. Des weiteren wird hinterfragt, ob es eine Zusammenarbeit zwischen den Akteuren und beteiligten Institutionen auf den unterschiedlichen politisch-administrativen Ebenen gibt und inwieweit diese eventuelle Zusammenarbeit zu charakterisieren ist. Es soll zudem untersucht werden, ob die Zusammenarbeit hierarchische Strukturen aufweist oder ob sie anders zu charakterisieren ist. Darüber hinaus sollen die folgenden Fragen beantwortet werden: Ist im Politikfeld Sanierungs- und Konsolidierungspolitik eine Steuerungsfähigkeit über die beteiligten politisch-administrativen Ebenen hinweg gegeben? Wenn nicht: Woran liegt das? Ist eventuell eine Politikverflechtungsfalle im Sinne von SCHARPF im Politikfeld Sanierungs- und Konsolidierungspolitik zu beobachten?

---

[78] JACHTENFUCHS (1998) kritisiert im übrigen die höchst normative Vorgehensweise, die mit der Verwendung des Begriffs Problemlösungsfähigkeit einhergeht, sowohl was die Problemdefinition als auch angemessene Reaktionen auf die so definierten Probleme angeht. Die Ebenen-Betrachtung im Zusammenhang mit der Problemlösungsfähigkeit lässt den Eindruck entstehen, dass die *"gleichen Probleme sich wahlweise auf regionaler, nationaler, europäischer oder internationaler Ebene behandeln (ließen, d.V.) und man müsse nur trennscharfe Abgrenzungskriterien für die optimale Kompetenzverteilung finden."* (ebd.: 239).

3 RAHMENBEDINGUNGEN DER SANIERUNGS- UND KONSOLIDIERUNGSPOLITIK FÜR DIE OSTDEUTSCHEN BUNDESLÄNDER

Dieses Kapitel befasst sich mit den Rahmenbedingungen der Sanierungs- und Konsolidierungspolitik auf der europäischen und der Bundesebene, die die ostdeutschen Landespolitiken maßgeblich prägen bzw. geprägt haben. Auf der Ebene der Europäischen Union ist hier die Beihilfenpolitik anzuführen. Auf der Bundesebene stehen verschiedene Instrumente für Krisenunternehmen zur Verfügung. Einige davon hat der Bund explizit für die ostdeutschen Bundesländer eingerichtet, um den aus den umfassenden Transformationsprozessen resultierenden Betriebsschließungen Einhalt zu gebieten. Diese Instrumente haben die Ostländer im Rahmen ihrer Sanierungs- und Konsolidierungspolitik eingesetzt und beeinflussen damit die hier besonders interessierende Politik-Implementation.

3.1 Die Ebene der Europäischen Union

3.1.1 Instrumente: Der beihilferechtliche Rahmen – Leitlinien für Unternehmen in Schwierigkeiten

Konsolidierungs- und Sanierungspolitik konzentriert sich auf die Unterstützung einzelner gefährdeter, aber nicht aussichtsloser Unternehmen. Die Europäische Union unterstellt, dass, wenn der Staat - und eben nicht ein "marktwirtschaftlich handelnder privater Kapitalgeber" - einem Unternehmen in Schwierigkeiten Darlehen oder Bürgschaften gewährt, diese finanziellen Transfers Elemente einer staatlichen Beihilfe enthalten (vgl. Leitlinien ...1999 Nr. 16, 17)[79]. Staatliche Beihilfen sind aufgrund ihrer u.U. wettbewerbsverfälschenden Wirkungen auf den gemeinsamen Markt laut EG-Vertrag prinzipiell verboten (Artikel 87 – 89 EG-Vertrag; ex-Artikel 92 – 94 EG-Vertrag[80]). In bestimmten Ausnahmefällen lässt die Europäische Gemeinschaft jedoch Beihilfen in begrenzter Höhe zu.

---

[79] Leitlinien der Gemeinschaft für staatliche Beihilfen zur Rettung und Umstrukturierung von Unternehmen in Schwierigkeiten, Amtsblatt der Europäischen Gemeinschaft C288/1999 vom 9.10.1999. Diese Leitlinien können auf eine langjährige Tradition zurückblicken. Bereits 1979 definierte die Kommission Bedingungen unter denen Rettungsbeihilfen gewährt werden können (vgl. Achter Bericht über die Wettbewerbspolitik, Ziffer 228). Die dort formulierten Bedingungen sind auch heute noch gültig, wurden aber im Laufe der Jahre um weitere ergänzt (vgl. Leitlinien 1994 bzw. 1999, vgl. zu wichtigen neueren Entwicklung Ausführungen in diesem Kapitel). Wegen der besseren Lesbarkeit wird im weiteren Verlauf entweder von Leitlinien oder von Leitlinien für Unternehmen in Schwierigkeiten gesprochen.

[80] EG-Vertrag in der Fassung vom 2. Oktober 1997 (Vertrag von Amsterdam). Die Neufassung und Erweiterung des Vertragswerkes in Amsterdam brachte eine veränderte Zählung in der Artikelfolge mit sich.

Gesetzesgrundlage der europäischen Beihilfenpolitik sind die Artikel des Vertrages der Europäischen Gemeinschaft. Im Sinne der Schaffung eines offenen gemeinsamen Marktes sollen Wettbewerbsverzerrungen durch "staatliche Beihilfen gleich welcher Art", die der Begünstigung bestimmter Unternehmen oder Produktionszweige dienen und den "Handel zwischen den Mitgliedstaaten beeinträchtigen", ausgeschlossen werden (Artikel 87 Abs. 1 EG-Vertrag). In Verbindung mit den konkretisierenden Leitlinien für Unternehmen in Schwierigkeiten ist damit ein recht umfassender Zugriff auf alle nicht rein privaten Unterstützungsmaßnahmen umschrieben:

- Neben den von den Mitgliedstaaten direkt gewährten Beihilfen sind auch solche, die aus staatlichen Mitteln, aber von verschiedensten Organisationen und Institutionen (Gebietskörperschaften, öffentliche Einrichtungen etc.) verteilten Subventionen betroffen.

- Die Bezeichnung "gleich welcher Art" weist darauf hin, dass nicht nur nicht rückzahlbare Zuschüsse gemeint sind, sondern auch Vergünstigungen in der Kapitalakquisition, Steuer- und Abgabenbefreiungen, Darlehensbürgschaften, wie auch immer geartete staatliche Beteiligungen an Unternehmen, die Lieferung von Waren und Dienstleistungen zu Vorzugsbedingungen etc.

- Neben der einzelbetrieblichen Subvention ist auch diejenige, die auf eine Branche oder einen Sektor abzielt, genehmigen zu lassen.

Insbesondere die Bundesrepublik Deutschland hatte damit bereits im EWG-Vertrag von 1957 ihre ordnungspolitischen Vorstellungen durchgesetzt und auf die Aufnahme dieser strikten Regelungen in den Vertrag bestanden (vgl. van Scherpenberg 1996: 351). Es war auch die Bundesrepublik Deutschland, die in der Folgezeit auf die Einhaltung dieser Regelungen bestanden hat (vgl. Interview mit Selz im Rahmen einer Veranstaltung der IG-Metall Büro Berlin und Vortrag Kruse, beide Bundesfinanzministerium). Dies ist vor allem vor dem Hintergrund der Situation Deutschlands nach dem Beitritt der ehemaligen DDR bemerkenswert, weil der Zusammenbruch der ostdeutschen Wirtschaft Anlass für Beihilfen an Einzelunternehmen in bisher nicht gekanntem Ausmaß bot. Wenn also die deutsche Beihilfenpolitik zu Unverständnis von Seiten der europäischen Nachbarn führte, so könnte das auch in dieser ehedem strikten Haltung gegen staatliche Subventionierung begründet liegen.

Generell sind lediglich Maßnahmen zulässig, die als mit den Anforderungen eines gemeinsamen Marktes vereinbar angesehen werden und im Artikel 87 Abs. 2 und 3 EG-Vertrag festgehalten sind. Als Rechtsgrundlage für die Förderung der ostdeutschen Bundesländer nach der Wiedervereinigung Anfang der 90er Jahre versuchte die Bundesrepublik Deutschland die Ausnahmeregelungen nach Artikel 87 Abs. 2 Nr. c) EG-Vertrag zu nutzen. Dieser Absatz zielt direkt auf die Sondersituation der deutschen Teilung:

"Mit dem gemeinsamen Markt vereinbar sind: ...

c) Beihilfen für die Wirtschaft bestimmter, durch die Teilung Deutschlands betroffener Gebiete der Bundesrepublik Deutschland, soweit sie zum Ausgleich der durch die Teilung verursachten wirtschaftlichen Nachteile erforderlich sind." (Artikel 87 Abs. 2 Nr. c EG-Vertrag)

Mit dem Argument, die wirtschaftlichen Probleme Deutschlands in den 90er Jahren seien nicht teilungs-, sondern vereinigungsbedingt, lehnte es die Kommission allerdings ab, diesen Artikel als Rechtsgrundlage gelten zu lassen. Es wurde offenbar befürchtet, die Bundesrepublik könnte mit Hilfe dieses Absatzes den faktischen Sonderstatus in Ostdeutschland zeitlich unbegrenzt fortschreiben (vgl. ausführlicher Bruch-Krumbein/Hochmuth 2000).

Weitere Ausnahmetatbestände formuliert Artikel 87 Abs. 3:

"Als mit dem gemeinsamen Markt vereinbar können angesehen werden:

a) Beihilfen zur Förderung der wirtschaftlichen Entwicklung von Gebieten, in denen die Lebenshaltung außergewöhnlich niedrig ist oder eine erhebliche Unterbeschäftigung herrscht;

b) Beihilfen zur Förderung wichtiger Vorhaben von gemeinsamen europäischem Interesse oder zur Behebung einer beträchtlichen Störung im Wirtschaftsleben eine Mitgliedstaats;

c) Beihilfen zur Förderung der Entwicklung gewisser Wirtschaftszweige oder Wirtschaftsgebiete, soweit sie die Handelsbedingungen nicht in einer Weise verändern, die dem gemeinsamen Interesse zuwiderläuft" (Artikel 87 Abs. 3 Nr. a), b), c) EG-Vertrag).

Mit dieser Festlegung einiger Ausnahmetatbestände hat sich die EU einen Spielraum geschaffen, den sie nach eigenem Ermessen ausnutzen kann. Sie kann demnach durchaus Beilhilfen bzw. Hilfestellungen an Krisenunternehmen bzw. an ganze Wirtschaftszweige in überwiegend benachteiligten Regionen gewähren. Außerdem kann sie Projekte, die sie als für bedeutsam für die europäische Gemeinschaft einschätzt, genehmigen und unterstützen.

Die Komplexität der Materie und die Zunahme der nationalstaatlichen Unterstützung gefährdeter Unternehmen veranlasste die Kommission, für diesen Bereich die "Leitlinien der Gemeinschaft für staatliche Beihilfen zur Rettung und Umstrukturierung von Unternehmen in Schwierigkeiten" zu erstellen, die 1994 in Kraft traten. Hierin und auch in der wesentlich überarbeiteten Fassung vom Oktober 1999 wird ausdrücklich vermerkt, dass für derartige Beihilfen lediglich Buchstabe c) des oben zitierten Artikels 87 Absatz 3 als Rechtsgrundlage anerkannt ist (vgl. Leitlinien 1999: Nr. 19). Darüber hinaus werden in den Leitlinien allgemeine Grundsätze aufgestellt, die eine Gewährung von Beihilfen prinzipiell rechtfertigen können. Neben sozial- und regionalpolitisch motivierten Maßnahmen sind Beihilfen im Sinne der Erhaltung einer wettbewerbsfähigen Marktstruktur, z.B. wenn es darum geht, die Entstehung einer Monopol- oder einer engen Oligopolsituation durch das Verschwinden von Unternehmen zu verhindern, ebenso zu rechtfertigen wie Beihilfen, die darauf abzielen, den Mittelstand zu stärken (vgl. ebd. Nr. 3). Kleinen und mittleren Unternehmen[81] werden besondere Bedürfnisse auf der einen und eine besondere volkswirtschaftliche Bedeutung auf der anderen Seite zugesprochen (vgl. hierzu ausführlich den Gemeinschaftsrahmen für staatliche Beihilfen an kleine und mittlere Unternehmen 1992). Bei den kleinen und mittleren Unternehmen lässt man Beihilfen in einem definierten Rahmen zu, weil ihnen bestimmte strukturelle Nachteile gegenüber Großbetrieben bescheinigt werden, und weil sie als besonders innovativ und bedeutsam für die Schaffung von Arbeitsplätzen sowie zur Offenhaltung des Marktes betrachtet werden. Außerdem gelten Beihilfen für kleine und mittlere Betriebe im Allgemeinen als den gemeinsamen Markt weniger beeinflussend als Beihilfen für Großunternehmen (vgl. ebd. Nr. 55). Die Mitgliedstaaten können deshalb Regelungen (Programme) für Rettungs- und Umstrukturierungsbeihilfen an kleine und mittlere Unternehmen bei der Kommission genehmigen lassen. Diese Regelungen müssen sicherstellen, dass die wichtigsten - weiter unten noch zu erläuternden - Bedingungen erfüllt werden, zudem muss ein Höchstbetrag der Beihilfen festgeschrieben sein, dessen Obergrenze die EU-Kommission selbst bei 10 Mio. EURO angesetzt hat. Die im Rahmen dieser Beihilferegelungen geplanten Beihilfen werden dann nicht mehr einzeln geprüft. Beihilfen für größere Betriebe sowie für Betriebe in den sogenannten sensiblen Branchen[82] bedürfen grundsätzlich der Einzelfallnotifizierung (d.h. der Meldung) bei der EU-Kommission und deren Genehmigung.

Darüber hinaus sind Beihilfen bis zu einer Höhe von 100.000 EURO innerhalb eines Zeitraums von drei Jahren zulässig, weil sie allein von der Größenordnung her keine tiefgreifenden Veränderungen in der Marktstruktur bewirken können. Dies ist in der de-minimis-Regel[83] festgehalten.

Trotz dieser Festlegungen gab es bis zur Neufassung des Leitfadens im Jahre 1999 diverse Rechtsunsicherheiten in der Beurteilung konkreter Fälle.[84] Eine

---

[81] Kleine und mittlere Unternehmen sind nach Definition der Europäischen Union Betriebe mit bis zu 250 Beschäftigten, die einen Umsatz bis zu 40 Mio. EURO oder einer Bilanzsumme von nicht mehr als 27 Mio. EURO erreichen und sich zu höchstens 25% im Besitz eines oder mehrerer größerer Unternehmen befinden.

[82] Hierbei handelt es sich u.a. um Werften, Kraftfahrzeug, Landwirtschaft.

[83] Diese Geringfügigkeitsklausel besteht bereits seit 1985 und wurde zuletzt 1996 insoweit verschärft, als dass der kumulierte Betrag aller dem Unternehmen innerhalb von 3 Jahren gewährten Beihilfen den Betrag von 100.000 EURO nicht überschreiten darf (vgl. Mitteilung der Kommission über die "de-minimis"-Beihilfen vom 6.3.1996, Amtsblatt der Europäischen Gemeinschaft, C68: 10).

[84] Diese Unsicherheiten wurden vermutlich insbesondere in Bezug auf ostdeutsche Unternehmen nicht prinzipiell als störend empfunden; immerhin eröffneten sie für die konkrete Beihilfepolitik Spielräume. Unklarheiten wurden im Einzelfall diskutiert und je nach Konstellation über den Ermessensspielraum der Kommission und insbesondere des Wettbewerbs-Kommissars Entscheidungen im Interesse des Mitgliedstaates herbeigeführt werden. Die Einschränkung auf die ostdeutschen Betriebe ist hier ganz bewußt

Schlüsselrolle spielten dabei die definitorischen Unklarheiten in Bezug auf den Begriff "Unternehmen in Schwierigkeiten". Während der 1994er Leitfaden noch einen sehr unpräzisen und weiten Begriff dieser Unternehmen beinhaltete (vgl. zur Diskussion BRUCH-KRUMBEIN/HOCHMUTH/ZIEGLER 1999a), liegt nunmehr mit dem überarbeiteten Leitfaden eine Präzisierung vor, die sich stark am deutschen Aktien- und Gesellschaftsrecht orientiert. Maßgebliches Kriterium ist demnach die Entwicklung des zur Verfügung stehenden Kapitals. Je nach Gesellschaftsform wird die Entwicklung des gezeichneten Kapitals (Gesellschaft mit beschränkter Haftung) bzw. der in den Geschäftsbüchern ausgewiesenen Eigenmittel (Gesellschaft mit unbeschränkter Haftung) in Augenschein genommen. Sollten diese Mittel auf weniger als die Hälfte abgeschmolzen sein, und ist ein Viertel dieses Kapitals in den letzten zwölf Monaten vor Antragstellung abgebaut worden, so handelt es sich um ein "Unternehmen in Schwierigkeiten". Darüber hinaus ist ein Unternehmen - unabhängig von der Rechtsform - dann in Schwierigkeiten, wenn die innerstaatlichen Voraussetzungen für die Eröffnung eines Insolvenzverfahrens gegeben sind (vgl. Leitlinien 1999: Nr. 5). Neben diesen begrifflichen Klarstellungen werden die für Ostdeutschland in den letzten Jahren faktisch geltenden Sonderregelungen durch enge zeitliche Befristungen zurückgeführt (s. unten).

Ein "Unternehmen in Schwierigkeiten" nach EU-Definition kann grundsätzlich mit zwei unterschiedlichen Arten von Beihilfen unterstützt werden, den Rettungs- und den Umstrukturierungsbeihilfen. Die Kommission unterscheidet hier klar getrennte Phasen: Die **Rettungsbeihilfe** ist zeitlich begrenzt auf höchstens sechs Monate und zielt darauf ab, die Weiterführung eines Unternehmens für die Dauer der Erstellung eines Umstrukturierungs- oder Liquidationsplanes und/oder für die Dauer der den vorliegenden Plan betreffenden Entscheidungsfindung zu gewährleisten (ebd.: Nr. 10). Dieses Instrument soll in der Regel über Darlehen und Bürgschaften umgesetzt werden. Die Gewährung einer Rettungsbeihilfe zieht nicht automatisch die Gewährung einer Umstrukturierungsbeihilfe nach sich. Die **Umstrukturierungsbeihilfe** hingegen zielt auf der Grundlage eines tragfähigen Planes auf die Wiederherstellung der Rentabilität des Unternehmens. Betriebliche Umstrukturierung und finanzielle Umstrukturierung müssen dabei Hand in Hand gehen. Eingesetzt werden können hier Kapitalzuführung, Schuldenerlass, Darlehen, Steuervergünstigung, Ermäßigung von Sozialbeiträgen oder Darlehensbürgschaft (ebd.: Nr. 14).

Neu gegründete Unternehmen können diesen Leitlinien entsprechend nicht in den Genuß von Rettungs- und oder Umstrukturierungsbeihilfen kommen; in

---

geschehen, denn die Interessenlage der ostdeutschen Bundesländer ist aufgrund der massiven wirtschaftlichen Probleme nicht gleichzusetzen mit der der westdeutschen: In einer Untersuchung zur Konsolidierungs- und Sanierungspolitik der westdeutschen Bundesländer wurde die begründete Vermutung geäußert, dass diese die EU-Beihilfenpolitik mitunter als Alibi bzw. Schutzschild vor unerwünschten Begehrlichkeiten nutzen (vgl. BRUCH-KRUMBEIN/HOCHMUTH/ZIEGLER 1999a).

diesem Zusammenhang wurde eine der oben angesprochenen Ausnahmen für Unternehmen, die bis Ende Dezember 1999 *"von der Bundesanstalt für vereinigungsbedingte Sonderaufgaben im Rahmen ihres Privatisierungsauftrags abgewickelt werden oder aus einer Vermögensübernahme hervorgegangen sind sowie ähnliche Fälle in den neuen Bundesländern"* (Leitlinien ... 1999: Nr. 7)[85] formuliert. Da die Frist mittlerweile bereits abgelaufen ist, kann diese Sonderregelung nicht mehr wirksam werden.

Die Nummern 23 bis 27 der Leitlinie von 1999 skizzieren die Voraussetzungen für die Genehmigung von Rettungshilfen. Hier wird u.a. festgelegt, dass

- die zu vergebenden Kredite marktüblichen Zinssätzen unterworfen sein müssen,

- akute soziale Gründe vorliegen müssen und keine gravierenden Ausstrahlungen in andere Mitgliedstaaten zu erwarten sind,

- die Höhe auf das für die Weiterführung des Unternehmens für den bewilligten Zeitraum notwendige Maß begrenzt ist und

- wiederholte Rettungsbeihilfen, die das "unvermeidliche Ende hinausschieben" (Nr. 25) ausgeschlossen sind.

Angesichts der Tatsache, dass Umstrukturierungsbeihilfen als den gemeinsamen Markt gefährdender betrachtet werden, sind die Bedingungen für die Genehmigung von Umstrukturierungshilfen für Unternehmen in Schwierigkeiten deutlich schärfer formuliert und mit höheren Auflagen versehen (Nr. 29 bis 48). Zu den wichtigsten Forderungen gehören:

- Wiederherstellung der langfristigen Rentabilität: In einem tragfähigen Umstrukturierungsplan muss realistisch und nachvollziehbar dargelegt werden, wie dieses Ziel erreicht werden soll;

- Vermeidung unzumutbarer Wettbewerbsverfälschungen: Während der Dauer des Umstrukturierungsplans darf es nicht zu einer Kapazitätsaufstockung kommen; bei Überkapazitäten auf dem bewussten Marktsegment, kann die Kommission Kapazitätsabbau verlangen;

- Begrenzen der Beihilfen auf das notwendige Mindestmaß: Die Beihilfeempfänger müssen einen bedeutenden Beitrag zur Realisierung des Umstrukturierungsplans beisteuern;

- Vollständige Umsetzung des Umstrukturierungsplans: Die Nichteinhaltung des Plans wertet die Kommission als missbräuchliche Verwendung der Mittel. Änderungen müssen angezeigt und genehmigt werden;

- Kontrolle und Jahresbericht: Transparenz und Nachvollziehbarkeit müssen gewährleistet sein;

---

[85] Diese Möglichkeit wurde insbesondere in Sachsen-Anhalt exzessiv genutzt (vgl. Kapitel 4).

- Grundsatz der einmaligen Beihilfe (one time – last time): Umstrukturierungshilfen dürfen nur einmalig gewährt werden.

Wie oben bereits erläutert werden Beihilfen an kleine und mittlere Unternehmen anders gewertet als solche an Großunternehmen. Insoweit werden an die erläuterten Bedingungen bei der Unterstützung von kleinen und mittleren Unternehmen niedrigere Maßstäbe angelegt, der Grundsatz der einmaligen Beihilfe gilt jedoch in vollem Umfange auch für Unternehmen dieser Größenklasse.

Für die Beilhilfenpolitik in Ostdeutschland ist der "Grundsatz der einmaligen Beihilfe" (one time – last time, vgl. Nr. 48) von besonderer Bedeutung, denn bisher war es möglich bei ostdeutschen Unternehmen von dieser Regel abzuweichen. Auch diese Sonderregelung sollte mit den neuen Leitlinien gänzlich abgebaut werden. Wie in allen anderen Mitgliedstaaten auch, müssen ggf. Angaben zu zurückliegenden Förderungen gemacht werden. Wenn eine solche geförderte Umstrukturierungsmaßnahme bzw. die Einstellung der Durchführung des Plans weniger als zehn Jahre zurückliegt, ist mit der Gewährung einer neuerlichen Beihilfe von Seiten der EU nur "unter außergewöhnlichen Umständen" zu rechnen. Die Kommission kam der Bundesrepublik Deutschland insoweit entgegen, dass nochmals eine Sonderregelung verfasst wurde, die besagt, dass Beihilfen nicht berücksichtigt werden, die "vor dem 1.1.1996 Unternehmen der früheren Deutschen Demokratischen Republik gewährt wurden und die die Kommission als vereinbar mit dem Gemeinsamen Markt erachtet hat. Außerdem findet dieser Absatz keine Anwendung auf Beihilfen an solche Unternehmen, die vor dem 31.12.2000 notifiziert wurden." (ebd.: dort in Fußnote/Absatz 25)

Zusammenfassend kann festgehalten werden, dass der faktische Sonderstatus, der ostdeutschen Unternehmen im Rahmen der Beihilfepolitik der Kommission zuerkannt wurde, mit der Neuauflage der Leitlinien inhaltlich auf zwei Bereiche begrenzt und zeitlich eng befristet wurde. Die Frist für Umstrukturierungsbeihilfen für Neugründungen aus Altbeständen heraus ist bereits Anfang 2000 abgelaufen. Bis Ende 2000 ging es für die ostdeutschen Bundesländer darum, die Frist zu nutzen, um eine zweite oder auch dritte Umstrukturierungsbeihilfe für ein nach 1995 bereits gefördertes Unternehmen in Schwierigkeiten durchsetzen. Seit 2001 gilt für Ostdeutschland aber nur noch eine einzige Vergünstigung: Es werden in Bezug auf den Grundsatz der einmaligen Beihilfe nicht die letzten zehn Jahre überprüft, sondern die Jahre ab 1996.

3.1.2 Akteure

Die Kontrolle der nationalstaatlichen Maßnahmen, die sogenannte Beihilfenkontrolle, obliegt nach Artikel 88 EG-Vertrag der Kommission der Europäischen Union. Sie ist demnach auf europäischer Ebene der maßgebliche Akteur im Bereich Konsolidierungs- und Sanierungspolitik und hat direkten Zugriff auf die Politik von Bund und Bundesländern. D.h. sowohl Programme als auch

Einzelmaßnahmen bedürfen der Zustimmung der Kommission; widerrechtlich gewährte Beihilfen können zurückgefordert und durch den Europäischen Gerichtshof ggf. eingeklagt werden.

Die Politik der Kommission war gerade in den ersten Jahren nach dem Beitritt der neuen Länder im Hinblick auf die Förderung von dort ansässigen "Unternehmen in Schwierigkeiten" als überaus wohlwollend zu bezeichnen (vgl. diverse Aussagen verschiedener Vertreter und Vertreterinnen des Bundeswirtschafts- und des Bundesfinanzministeriums und die Hinweise bei NÄGELE 1996 und BRUCH-KRUMBEIN/HOCHMUTH 2000). Dieses Wohlwollen drückte sich in der extensiven Nutzung des in Artikel 88 EG-Vertrag eingeräumten Ermessensspielraums aus. Für die konkrete Beihilfenpolitik in Ostdeutschland waren hier insbesondere zwei Sonderregelungen von Bedeutung: zum einen die Möglichkeit, ein und dasselbe Unternehmen mehrfach durch Beihilfen vor dem Aus zu retten und zum anderen die Chance, gesunde Kerne aus der Insolvenz heraus in neue Gesellschaften zu überführen und diese mit Konsolidierungsmitteln zu fördern. Über die Jahre konnte diese Politik aber nur durch Zugeständnisse an die anderen im Ministerrat vertretenen Regierungen weiterverfolgt werden und steht seit einigen Jahren grundsätzlich auf dem Prüfstand. Die restriktivere Haltung der EU-Kommission zeigt sich zum einen in der verstärkten Überprüfung bereits getätigter Beihilfen insbesondere in Bezug auf die Umsetzung der damit verbundenen Auflagen. Neben den kritischen Blicken aus anderen Mitgliedstaaten der Union dürften Skandale, wie der um die fehlgeleiteten Beihilfen im Vulkan-Verbund, zu dieser verschärften Kontrolle beigetragen haben (vgl. z.B. Die Welt vom 19.10.1998 und vom 2.9.1998 oder aktuell die taz [Die Tageszeitung] vom 13.3 2001). Zum anderen zeigen sich Vorbehalte gegen eine Fortschreibung der bisherigen Förderpraktiken in der Neufassung der oben bereits zitierten "Leitlinien der Gemeinschaft für staatliche Beihilfen zur Rettung und Umstrukturierung von Unternehmen in Schwierigkeiten", die der Gewährung von Rettungs- und Umstrukturierungsbeihilfen nun auch für Unternehmen in den ostdeutschen Bundesländern deutliche Grenzen setzt.

3.2 Die Bundesebene[86]
3.2.1 Instrumentenpalette der Sanierungs- und Konsolidierungspolitik
3.2.1.1 Die Konsolidierungsfonds I und II

Hintergrund für die Auflage des Konsolidierungsfonds I

Der Konsolidierungsfonds ist von der Bundesregierung Ende 1994 als Reaktion auf die spezifischen Probleme in den neuen Bundesländern aufgelegt worden. Zeitgleich mit der Beendigung des Privatisierungsauftrages der Treuhandanstalt im Jahr 1994 gerieten mehr und mehr ehemalige Treuhandunternehmen in eine existenzbedrohende Situation. Die betriebswirtschaftlichen Schwierigkeiten hatten insbesondere zweierlei Gründe: Zum einen zeigte sich, dass die Treuhandunternehmen unzureichend mit Eigenmitteln ausgestattet waren. Zum anderen wurden erhebliche Managementdefizite in den geschäftsführenden Abteilungen der privatisierten und reprivatisierten Unternehmen erkennbar (vgl. Walter 1996a: 215). Bereits im Treuhandgesetz war aber festgeschrieben worden, dass die Bundesregierung über die Existenz der Treuhandanstalt hinaus, die Nachsorge der Treuhandunternehmen sicherzustellen habe (vgl. Gesetz zur Privatisierung und Reorganisation des volkseigenen Vermögens [Treuhandgesetz] vom 17.6.1990 [GBl I. S. 300]). Daher legte die Bundesregierung fest, dass dieser gesetzliche Auftrag mit Auflösung der Treuhandanstalt zum Ende des Jahres 1994 auf eine der Nachfolgeeinrichtungen - und zwar die Bundesanstalt für vereinigungsbedingte Sonderaufgaben – übergehen sollte. Um dem gesetzlichen Auftrag der Nachsorge umfassender Rechnung zu tragen, wurde von Bundesseite zusätzlich der Konsolidierungsfonds aufgelegt (der sogenannte Konsolidierungsfonds I) (vgl. Ausführungen in Kapitel 3.2.2 bzw. WALTER 1996a: 217 oder BRUCH-KRUMBEIN/HOCHMUTH/ZIEGLER 1996a: 16f).

---

[86] Zwar gibt es auf Bundesebene keine konkreten Richtlinien für Unternehmen in Schwierigkeiten, die mit den rechtlichen Rahmengesetzgebungen der EU vergleichbar sind. Allerdings wurde auf Bundesebene im Rahmen eines im Juli 1982 verabschiedeten Subventionskodex (Subventionskodex der Länder vom 7.7.1982) festgelegt, dass Subventionen generell möglichst in einem geringen Maße in das Markt- und Wettbewerbsgeschäft einzugreifen haben. Im Mai 1983 ist er durch den Subventionskodex Einzelunternehmen ergänzt worden (Subventionskodex der Einzelunternehmen vom 30.5.1983). Seit der Wiedervereinigung sind die Kodizes ohne Änderung auf die neuen Bundesländer übertragen worden und gelten seit den 1980er Jahren nach wie vor. Im Einzelnen legte der Bund im Rahmen des Subventionskodex der Länder vom 7.12.1982 fest, dass sowohl Bund als auch Länder generell ihre wirtschaftspolitischen Rahmenbedingungen so zu gestalten haben, dass die Ziele der Sozialen Marktwirtschaft verfolgt und eingehalten werden. Es wird darin außerdem festgehalten, dass Subventionen das Marktgeschehen nicht beeinflussen dürfen und außerdem sollten sie nur in seltenen Fällen gewährt und in der Regel befristet, zeitlich abnehmend gestaltet und in geeigneten Fällen mit einer Rückzahlungsverpflichtung versehen werden (vgl. Subventionskodex der Länder vom 7.7.1982). Im Mai 1983 wurde dieser Subventionskodex durch den Subventionskodex Einzelunternehmen ergänzt. Er legt Mindestanforderungen für staatliche Hilfen zur Sanierung von Einzelunternehmen in Ausnahmefällen fest. Auch hier wird nochmals betont, dass Subventionen bzw. staatliche Finanzierungshilfen an Unternehmen nur in Ausnahmefällen gewährt werden dürfen (vgl. Subventionskodex Einzelunternehmen vom 30.5.1983) (vgl. auch nähere Ausführungen zu den Kodizes BRUCH-KRUMBEIN/HOCHMUTH/ZIEGLER 1999a: 33f).

Einrichtung des Konsolidierungsfonds

Bevor es zur Auflage eines derartigen Finanzhilfeprogramms kommt, müssen nach Auskunft eines Vertreters des Bundeswirtschaftsministeriums verschiedene administrative Akteure die Auflage befürworten und Stellungnahmen an das verantwortliche Bundesministerium abgeben. Stark verkürzt soll der Diskussions- und Entscheidungsprozess über die Auflage des Konsolidierungsfonds folgendermaßen abgelaufen sein: Eine von der Bundesregierung eingesetzte Arbeitsgruppe aus parlamentarischen und administrativen Akteuren suchte nach "Möglichkeiten zur Verbesserung der Eigenkapitalsituation im industriellen Mittelstand in den neuen Bundesländern" (vgl. Bundesministerium für Wirtschaft 1994). Diese Arbeitsgruppe schlug der damaligen Bundesregierung unter Kohl ein Maßnahmepaket vor, in dem u.a. auch der Konsolidierungsfonds enthalten war. Im Bundeswirtschaftsministerium musste nun Einigkeit darüber hergestellt werden, dass der Fonds die bestehende Instrumentenpalette sinnvoll ergänzt und eine Programmlücke schließt. Vor dem Hintergrund der Situation Ostdeutschlands nach der Wiedervereinigung waren sich die administrativen Akteure des Bundeswirtschaftsministeriums über die Notwendigkeit der Auflage einig. Der vom Bundeswirtschaftsministerium entwickelte Programmentwurf sowie das potentielle Finanzvolumen wurde infolgedessen dem Bundesfinanzministerium und dem Bundeskanzleramt vorgelegt und von beiden akzeptiert, was auf eine eher geringen Einfluss des Parlaments schließen lässt. Im anschließenden parlamentarischen Abstimmungsverfahren wurde die Auflage des Konsolidierungsfonds genehmigt (Interview Bundeswirtschaftsministerium, Bundesebene 1996).

Die Aussagen dieses Gesprächspartners geben zu der Vermutung Anlass, dass weitere politische oder gesellschaftliche Akteure möglicherweise kaum oder gar nicht in die Initiierung und Gestaltung des Konsolidierungsfonds miteinbezogen wurden. Leider konnten im Rahmen der vorliegenden Arbeit keine weiteren Informationen zur *Entstehung* des Politikfeldes eingeholt werden, da hier die Implementationsphase und nicht die Entwicklungsphase des Politikfeldes im Mittelpunkt des Forschungsinteresses steht.

Rechtliche Gestaltung

Die Treuhandanstalt übertrug im Zuge ihrer Auflösung Ende 1994 den neuen Bundesländern einschließlich Berlin (Ost) im Rahmen dieses Fonds 500 Mio. DM zur Einrichtung von Konsolidierungsprogrammen[87]. Die Mittel wurden nach

---

[87] *"Diese Gelder gingen als langfristige Darlehen zunächst in den Finanzbereich der Länder über, d.h. die Länder können eigenständig über das Geld verfügen, müssen sie aber an den Bund bzw. die Treuhandnachfolgerin, die Bundesanstalt für vereinigungsbedingte Sonderaufgaben, zurückzahlen. Es wurde dabei festgelegt, dass die Rückflüsse und die in den ersten fünf Jahren bezahlten Zinsen und Beteiligungsentgelte insgesamt für 10 Jahre revolvierend eingesetzt werden können. Nach dieser Zeit sind sie von den Unternehmen entsprechend zu tilgen. Ausfälle trägt zu 80% die Bundesanstalt für vereinigungsbedingte Sonderaufgaben und zu 20% das Land."* (BRUCH-KRUMBEIN/HOCHMUTH/ZIEGLER 1996a: 17).

einem bestimmten Verteilungsschlüssel auf die fünf neuen Bundesländer und Berlin (Ost) übertragen.[88] Das jeweilige Land sollte spezielle Konsolidierungsprogramme einrichten, und damit Unternehmen mit guten Zukunftsaussichten, die aber unter einem akuten Finanzbedarf litten, unterstützen.

Die von der Treuhandanstalt übertragenen Finanzmittel dienten der Förderung sanierungsfähiger ehemaliger Treuhandunternehmen. Um die Gleichstellung aller ostdeutschen Unternehmen zu gewährleisten, verpflichteten sich die neuen Bundesländer im Gegenzug, ebenfalls Mittel für Krisenunternehmen zur Verfügung zu stellen. Sie sollten eigene Haushaltsmittel von mindestens weiteren 50% der ihnen zugewiesenen Mittel bereitstellen. Diese zusätzlichen Landesmittel sollten überwiegend Unternehmen in Anspruch nehmen, die nicht zum Portfolio der Treuhandanstalt gehörten. Insgesamt standen den Unternehmen in Schwierigkeiten in allen Ostländern auf diese Weise mindestens 750 Mio. DM zur Verfügung.

Den Ländern wurde im Rahmen des Konsolidierungsfonds I eine länderspezifische Ausgestaltung gewährt. Diesen Spielraum nutzten sie und legten z.T. sehr unterschiedliche Programme auf (vgl. zur spezifischen Ausgestaltung der Konsolidierungsprogramme in Ostdeutschland insbesondere BRUCH-KRUMBEIN/HOCHMUTH/ZIEGLER 1996a)[89] (vgl. detailliert für Sachsen-Anhalt Kapitel 4 und für Brandenburg Kapitel 5). In diesen Programmen wurde u.a. festgelegt, ob Darlehen oder stille Beteiligungen ausgereicht werden, wie das Vergabeprozedere in den jeweiligen Ländern aussieht oder welche Landesinstitution mit der Vergabe der Finanzmittel betraut ist. Bei der Vergabe von Finanzmitteln an Treuhandunternehmen musste nach Vereinbarung zwischen Treuhandanstalt und Ostländer generell die Bundesanstalt für vereinigungsbedingte Sonderaufgaben, die - wie oben dargelegt - für die Nachsorge der Treuhandunternehmen zuständig war – miteinbezogen werden.[90]

---

[88] Nach Auskunft eines Vertreters des Bundeswirtschaftsministeriums richtete sich die Vergabehöhe der Mittel nach der Einwohnerzahl bzw. der Größe des jeweiligen Landes (Interview Bundeswirtschaftsministeriums, Bundesebene 1996). Nach Angaben der Bundesanstalt für vereinigungsbedingte Sonderaufgaben sind die 500 Mio. DM auf die Länder entsprechend ihrem Anteil an mittelständischen Privatisierungen bzw. Reprivatisierungen aufgeteilt worden: Danach erhielt Berlin (Ost) 40 Mio. DM, Brandenburg 70 Mio. DM, Mecklenburg-Vorpommern 65 Mio. DM, Sachsen-Anhalt 80 Mio. DM, Sachsen 160 Mio. DM und Thüringen 85 Mio. DM (Bundesanstalt für vereinigungsbedingte Sonderaufgaben vom 30.5.1996: 1).

[89] Die im Rahmen des Konsolidierungsfonds I in den neuen Bundesländern aufgelegten Programme unterschieden sich im wesentlichen in Bezug auf die Förderarten: Sachsen wählte bspw. von Anfang an die Förderart der Beteiligung, um damit die Eigenkapitalstruktur der Krisenunternehmens zu verbessern. Die anderen Länder reichten die Finanzmittel entweder als Darlehen (z.T. auch als partiarische Darlehen: Bei partiarischen Darlehen erhält der Gläubiger keine Zinsen für den gegebenen Kredit, sondern ist mit einem gewissen Prozentsatz am Gewinn bzw. Umsatz beteiligt, der vertraglich festgelegt wurde) oder als Beteiligung aus (vgl. BRUCH-KRUMBEIN/HOCHMUTH/ZIEGLER 1996a: 17 und WALTER 1996a: 219).

[90] Zur Entscheidung und als Kontrollinstanz sind in den neuen Bundesländern Vergabeausschüsse eingerichtet worden. Mitglieder sind die Vertreter und Vertreterinnen der jeweils

Alle von den Ländern in diesem Rahmen aufgelegten Programme mussten im Vorfeld – also bevor Finanzmittel ausgereicht werden konnten – von der Europäischen Union notifiziert und genehmigt werden. Daher hatten die neuen Bundesländer einige generelle Anforderungen bei der Programmauflage schon allein durch die Vorgaben der Europäischen Union zu berücksichtigen: So konnten fast ausschließlich kleine und mittlere Unternehmen der gewerblichen Wirtschaft über den Konsolidierungsfonds gefördert werden. Außerdem wurde eine Förderhöchstgrenze von maximal 2 Mio. DM festgelegt. Eine höhere Summe kann und konnte nur gewährt werden, wenn die Europäische Union dies im Einzelfall prüfte und genehmigte. Des weiteren wurde gemäß der zu diesem Zeitpunkt geltenden Leitlinien der Europäischen Union für Unternehmen in Schwierigkeiten festgeschrieben, dass das Unternehmen sanierungsfähig zu sein habe. Diese Sanierungsfähigkeit sollte anhand eines schlüssigen Sanierungs- und Konsolidierungskonzeptes auch für Dritte nachvollziehbar sein (vgl. BRUCH-KRUMBEIN/HOCHMUTH/ZIEGLER 1996a: 18).

Das Besondere der im Rahmen vom Konsolidierungsfonds I aufgelegten Programme war und ist, dass die Mittelvergabe ohne zwingende Obligo-Übernahme der Geschäftsbanken bzw. Hausbanken des Unternehmen erfolgen konnte (vgl. Bundesanstalt für vereinigungsbedingte Sonderaufgaben 1996 vom 30.5.1996: 2). Dies bedeutet im wesentlichen, dass auch Unternehmen geholfen werden kann, die – aus Sicht der Hausbanken – über keine ausreichenden Sicherheiten für weitere Kredite verfügen. Damit erweitert sich die Adressatengruppe insofern, dass u.U. auch "erheblich sanierungsbedürftige Krisenunternehmen" in diesem Rahmen gestützt werden können.

Konsolidierungsfonds II

Bereits Ende des Jahres 1996 waren die ersten Mittel aus dem Konsolidierungsfonds I ausgeschöpft.[91] Einige Länder stockten den Fonds mit eigenen

---

zuständigen Ministerien (insbesondere Wirtschafts- und Finanzministerium) und Vertreter der entsprechenden Geschäftsbesorgerinnen (Landesförderinstitute). Die Bundesanstalt für vereinigungsbedingte Sonderaufgaben hat in den Vergabegremien der Länder Thüringen, Sachsen, und Brandenburg zwar Sitz- und Stimmrecht, aber kein Vetorecht. Nur in den Ländern Berlin (Ost), Mecklenburg-Vorpommern und Sachsen-Anhalt wurde der Bundesanstalt für vereinigungsbedingte Sonderaufgaben ein faktisches Vetorecht eingeräumt (vgl. Bundesanstalt für vereinigungsbedingte Sonderaufgaben vom 30.5.1996: 7).

[91] *"Die Nachfrage nach Mitteln aus dem Konsolidierungsfonds ist auch fast eineinhalb Jahre nach seiner Auflegung ungebrochen. Mit einem Gesamtantragsvolumen von 1,37 Mrd. DM (sic!, d.V.) ist der Konsolidierungsfonds um mehr als 170% überzeichnet. Dabei ist insbesondere in den letzten Monaten ein Anstieg der Beantragungen zu verzeichnen. Seit Jahresanfang ist das Volumen der monatlich eingehenden Neuanträge von 51 Mio. DM im Januar auf 63 Mio. DM im Februar auf 75 bzw. 74 Mio. DM im März und April angestiegen. Die Ende 1994 zur Verfügung gestellten Treuhandmittel reichen in den Ländern Berlin, Brandenburg und Sachsen bis Mitte des Jahres 1996, lediglich in Mecklenburg-Vorpommern noch bis Ende 1996. In Sachsen-Anhalt waren die Mittel schon im August 1995 voll vergeben, in Thüringen im März 1996. Hier sind zusätzlich bereits Landesgelder eingesetzt worden."* (Bundesanstalt für vereinigungsbedingte Sonderaufgaben 1996 vom 30.5.1996: 4)

Haushaltsmitteln weiter auf (Interview Bundeswirtschaftsministerium, Bundesebene 1996). Insbesondere ehemalige Treuhandunternehmen gerieten aber auch über das Jahr 1996 hinaus weiterhin in Existenznöte. Daher stellte der Bund aus dem ehemaligen Parteienvermögen der DDR nochmals mindestens 250 Mio. DM zur Fortführung des Konsolidierungsfonds I bereit. Diese Aufstokkung wurde innerministeriell auch als Konsolidierungsfonds II bezeichnet. Konzeptionell wurden die Programme im Rahmen des Konsolidierungsfonds II aber nicht verändert (vgl. HOCHMUTH/ZIEGLER 1999c: 23).

3.2.1.2 Konsolidierungsfonds III - Der gbb-Konsolidierungs- und Wachstumsfonds Ost (KWFO)

Zur Fortentwicklung der Sanierungs- und Konsolidierungspolitik auf Bundesebene wurde am 1. Juli 1999 der gbb-Konsolidierungs- und Wachstumsfonds Ost von der Bundesregierung aufgelegt. Es gab im wesentlichen zwei Gründe dafür: Zum einen reagierte die Bundesregierung damit auf die Neuauflage der Richtlinien für Unternehmen in Schwierigkeiten seitens der Europäischen Union (vgl. Kapitel 3.1). Zum anderen gab es in Ostdeutschland nach wie vor viele Unternehmen in wirtschaftlicher Bedrängnis. Die Bundesregierung erachtete es daher für notwendig, weiterhin Hilfsmöglichkeiten für derartige Unternehmen anzubieten (vgl. HOCHMUTH/ZIEGLER 1999c: 23f). Nach Aussagen der Wirtschaftsministerien in Brandenburg und Sachsen-Anhalt wurden die Ostländer in die konzeptionelle Weiterentwicklung der Konsolidierungsfonds nicht miteinbezogen (Interview Task Force Sachsen-Anhalt und Referat 31 Brandenburg, Landesebene 2000).[92]

Generell können ostdeutsche kleine und mittlere Unternehmen (nach Definition der Europäischen Union) der gewerblichen Wirtschaft aus diesem Fonds einmalig unterstützt werden, unabhängig von ihrer wirtschaftlichen Leistungsfähigkeit.

"Insgesamt stehen rechnerisch ca. 210 Mio. EURO zur Verfügung, wovon mehr als die Hälfte, nämlich ca. 125 Mio. EURO von der gbb- Beteiligungs- und Aktiengesellschaft beigesteuert wird und 85 Mio. EURO von den einzelnen Landesförderinstituten. Nicht mit einkalkuliert wurde der Anteil, der über private Kapitalgeber, wie z.B. von den privaten Beteiligungsgesellschaften, hinzu kommen könnte. Der Betrag von 210 Mio. EURO wurde analog den Konsolidierungsfonds II-Mitteln nach dem Pro-Kopf-Prinzip ermittelt und auf die einzelnen Länder verteilt. Dadurch soll garantiert werden, dass die Länder eine feste Finanzierungsgrundlage für ihre Planungen haben." (HOCHMUTH/ZIEGLER 1999c: 24)

Konzeptionell ist der gbb-Konsolidierungs- und Wachstumsfonds Ost stark angelehnt an das bereits 1998 ausgelaufene Programm "Partnerschaftskapital-

---

[92] Diese Aussagen bestätigten alle anderen Wirtschaftsministerien in den restlichen Ostländern, die ich im Rahmen meiner Forschungstätigkeit befragt habe.

variante im Eigenkapitalhilfeprogramm" der Deutschen Ausgleichsbank[93]. Aus dieser Programmvariante wurden zwei wichtige Komponenten für den gbb-Konsolidierungs- und Wachstumsfonds Ost übernommen: Einerseits wurde die Förderart der Beteiligung wegen ihres eigenkapitalähnlichen Charakters bevorzugt. Andererseits wird die Vergabe der Finanzmittel an eine Inanspruchnahme einer Beratungsleistung gekoppelt. Aufgrund der Erfahrungen sowohl mit der Partnerschaftskapitalvariante im Eigenkapitalhilfeprogramm als auch mit dem Projekt der Runden Tische (vgl. Kapitel 3.1.2.5) wurde die Deutsche Ausgleichsbank mit der Abwicklung des Konsolidierungsfonds III betraut. Der Fonds wird von der gbb-Beteiligungs-Aktiengesellschaft, eine 100%-Tochter der Deutschen Ausgleichsbank, betreut (vgl. Ausführungen in Kapitel 3.2.2).

Der gbb-Konsolidierungs- und Wachstumsfonds Ost knüpft an die beiden wichtigsten Entwicklungshemmnisse der ostdeutschen Unternehmen an: Und zwar an der unzureichenden Eigenkapitalausstattung und den immer noch vorhandenen Managementdefiziten in den Unternehmen. Der mangelhaften Eigenkapitalausstattung wird mit der Förderart Unternehmensbeteiligung begegnet. Diese Förderart bringt "fresh money" in das Unternehmen, das ähnlich wie Eigenkapital eingesetzt werden kann. Den Managementdefiziten wird dadurch begegnet, dass die finanzielle Förderung erst dann ausgereicht wird, wenn sich das Krisenunternehmen nachweislich einer Managementbera-

---

[93] Wie der Name "Partnerschaftskapitalvariante im Eigenkapitalhilfeprogramm" bereits nahe legt, war dieses Programm im Rahmen des Eigenkapitalhilfeprogramms (ein ERP-Programm) der Deutschen Ausgleichsbank eingerichtet worden. Die Partnerschaftsvariante lief Ende 1998 aus. Während im Rahmen des Eigenkapitalhilfeprogramms überwiegend Darlehen gewährt werden (vgl. auch Ausführungen in Kapitel 3.2.1.5), wurden bei der Partnerschaftskapitalvariante dagegen ausschließlich Beteiligungen eingegangen. Wesentliche Voraussetzung dieser Programmvariante war u.a. die Aufnahme eines aktiven kompetenten Beteiligungspartners in das Krisenunternehmen. Dieser Beteiligungspartner sollte sich – so die Zielsetzungen dieses Programms – zum einen mit maximal 40% des Betriebsvermögens finanziell am Unternehmen beteiligen. Zum anderen sollte er aber auch dem Management in allen betriebswirtschaftlichen Belangen beratend zur Seite stehen. Zur Vermittlung von geeigneten Partnern an die Krisenunternehmen hatte die Deutsche Ausgleichsbank eine Partnerschaftskapital-Agentur (Niederlassung Berlin) eingerichtet, die auch heute noch kostenlos Kontakte zwischen kompetenten Partnern und überwiegend ostdeutschen Unternehmen herstellt.
Die Deutsche Ausgleichsbank evaluierte 1997 die Wirkungen dieses Instrumentes: Sowohl die geförderten Unternehmen als auch die befragten Hausbanken äußerten sich nach Angaben der Deutschen Ausgleichsbank durchweg positiv gegenüber dieser Programmvariante: *"In den geförderten Unternehmen wurden bereits nach relativ kurzer Zeit erste bemerkenswerte Verbesserungen der Wettbewerbs- und Leistungsfähigkeit erzielt, die zum Teil sogar über die ursprünglichen Erwartungen hinausgehen. - Die Ost-Unternehmer sammeln ganz überwiegend sehr positive Erfahrungen mit Partnerschaften. Sie sind mit der Intensität des Know-how-Transfer sehr zufrieden und berichten von einer erheblichen Effizienzsteigerung in ihrem Unternehmen. (...) Für die beteiligten Hausbanken ist die Partnerschaftskomponente eine wichtige Hilfestellung für die Entscheidung, ein Vorhaben zu unterstützen. Alle im Rahmen der Programmevaluation befragten Hausbanken gaben an, dass die Möglichkeit, Mittel aus der Partnerschaftsvariante in Anspruch nehmen zu können, ihre Entscheidung für die Beteiligung eines Vorhabens erleichtert hat."* (Deutsche Ausgleichsbank o.J.: 11)

tung bzw. eines sogenannten Coachings[94] (vgl. HOCHMUTH/ZIEGLER 1999c: 24) unterzieht.

Im Rahmen des gbb-Konsolidierungs- und Wachstumsfonds Ost gibt es zwei Varianten:

Zum einen die "Turnaround–Finanzierung", die insbesondere Krisenunternehmen stützen soll. Die Unternehmen müssen nachweisen, dass ihre derzeit bestehenden betriebswirtschaftlichen Schwierigkeiten beseitigt werden und sie dauerhaft ihre Wettbewerbsfähigkeit wiederherstellen können. Bei dieser Variante sollen sich Land und gbb- Beteiligungs- und Aktiengesellschaft gemeinsam an einem Unternehmen beteiligen. Es ist vorgesehen, dass der gesamte Beteiligungsbetrag zu maximal 60% von der gbb- Beteiligungs- und Aktiengesellschaft und vom jeweiligen Land zu mindestens 40% finanziert wird. Der gbb-Konsolidierungs- und Wachstumsfonds Ost folgt demnach dem Prinzip der Kofinanzierung. Die Förderung von Bund ist also zwingend an die Förderung des Landes gekoppelt. Die Beteiligungshöchstsumme ist auf maximal 2,5 Mio. EURO festgesetzt. Diese Kofinanzierung soll in der Regel über die bereits im Rahmen des Konsolidierungsfonds I aufgelegten Programme der jeweiligen Länder laufen (vgl. gbb- Beteiligungs- und Aktiengesellschaft o.J: o.S).

Zum anderen gibt es die Variante der "Wachstums- und Expansionsfinanzierung". Sie dient der Aufstockung des Eigenkapitals insbesondere von Betrieben mit größeren Investitionsvorhaben (vgl. ebd.), also für die sogenannten Wachstumsbetriebe mit Liquiditätsengpässen (vgl. Kapitel 2.1.5), und ist daher für die vorliegende Arbeit nicht relevant.

Nach Aussagen verschiedener Experten auf Landesebene sind die Fördermodalitäten zwischen den Ländern und der gbb- Beteiligungs- und Aktiengesellschaft noch immer (Stand Ende 2000) nicht endgültig ausdiskutiert. Die Probleme begründen sich auf die zwingende Koppelung der Landes- an die Bundesgelder. Insbesondere ergeben sich Schwierigkeiten daraus, dass das Land einen anderen Maßstab an die Sanierungsfähigkeit der Krisenunternehmens anlegt als der Bund. Bisher ist in Brandenburg und auch in Sachsen-Anhalt noch kein Krisenunternehmen über die "Turnaround-Finanzierung" unterstützt worden (vgl. Ausführungen in Kapitel 4.2.1.1 und 5.2.1.4).

Beide für die vorliegende Arbeit befragten Vertreter der Wirtschaftsministerien in Sachsen-Anhalt und Brandenburg beklagten, dass von Landesseite bereits mehrmals versucht wurde, ein Krisenunternehmen über den Konsolidierungsfonds III zu finanzieren. Bisher seien die Unterstützungen aber immer bei der gbb- Beteiligungs- und Aktiengesellschaft gescheitert. Sie schätzte die Unternehmen als nicht sanierungsfähig ein, obwohl von Landesseite das vorgelegte Sanierungs- und Konsolidierungskonzept akzeptabel erschien und die notwendige Kofinanzierung des Landes bereitstand. Außerdem würde eine

---

[94] Falls der Betrieb einen Unternehmensberater an die Seite gestellt bekommt, der die geschäftsführenden Tätigkeiten gemeinsam mit dem Geschäftsführer bespricht und gleichzeitig auch überwacht, so spricht man von einem Coaching.

erneute detaillierte Prüfung des Sanierungs- und Konsolidierungskonzept seitens der gbb zu einer erhebliche Zeitverzögerung für die Krisenunternehmen führen. U.U. kann dem Unternehmen wegen der langen Bearbeitungszeit nicht mehr geholfen werden, weil es bereits Insolvenz anmelden musste. Darüber hinaus kritisierten beide Experten, dass die Länder prinzipiell nicht in die Konzeptionierung eines neuen Programms im Rahmen der Sanierungs- und Konsolidierungspolitik des Bundes einbezogen werden. Nach ihrer Auffassung wären derartige Blockaden, die es bei dem Konsolidierungsfonds III offensichtlich gibt, nicht möglich, wenn der Bund Programme in Abstimmung mit den Bundesländern auflege (Interview Task Force, Sachsen-Anhalt und Referat 31, Brandenburg, Landesebene 2000).[95]

Des weiteren kritisierte der Vertreter des Wirtschaftsministeriums von Brandenburg das Konzept insbesondere in Bezug auf die Variante der Wachstums- und Expansionsförderung. Nach seinen Aussagen gäbe es gerade für Wachstumsbetriebe ausreichende Möglichkeiten zusätzliches Eigenkapital auf dem privaten Kapitalmarkt zu bekommen. Die verschiedenen auf Landesebene agierenden Mittelständischen Beteiligungsgesellschaften, aber auch andere private Risikokapitalgesellschaften würden zur Unterstützung in Frage kommen. Dagegen gäbe es für Krisenunternehmen, die bspw. zu einer "low-tech-Branche" gehörten, keine Finanzierungsmöglichkeiten am privaten Kapitalmarkt. Hier sei der Bund bzw. das Land gefragt. Er plädiere dafür, dass der Konsolidierungsfonds III ausschließlich für Krisenunternehmen zur Verfügung stehen müsse (Interview, Referat 31, Landesebene Brandenburg, 2000).

3.2.1.3 Der Beteiligungsfonds Ost

Der Beteiligungsfonds-Ost ist von der Bundesregierung im Oktober 1995 aufgelegt worden. Er richtet sich in erster Linie an kleine und mittlere Betriebe in den neuen Bundesländern, die ihre notwendigen Investitionen, um langfristig wettbewerbsfähig zu bleiben, nicht eigenständig finanzieren können. In der Regel sind das Unternehmen, die kapital- und nicht arbeitsplatzintensiv produzieren, sich technologisch auf einem guten aber nicht ausreichenden Standard befinden und generell zukunftssichere Aussichten haben. Laut Aussagen des Bundeswirtschaftsministeriums werden im Rahmen des Beteiligungsfonds Ost Krisenunternehmen unterstützt (Interview Bundeswirtschaftsministerium, Bundesebene 1996).[96]

---

[95] Diese Kritik äußerten auch die anderen ostdeutschen Bundesländer auf diversen Workshops im Rahmen des Sanierungs- und Konsolidierungsnetzwerkes Ostdeutschland (vgl. Fußnote 18). Die gbb sieht nach eigenen Auskünften die doppelte Prüfung nicht als Problem, sondern eher als zusätzliche Absicherung ihrerseits. Weitere spezifische Auskünfte machte sie aber auch nach mehrmaligen Nachhaken nicht.

[96] Meist gehören die Unternehmen zu einer High-Tech-Branche (z.B. Computer- oder Softwarefirmen). Erst jüngst erschien ein Artikel im Handelsblatt, der über zunehmende Insolvenzen in der New Economy - ein neuer Zweig der High-Tech-Branche - berichtete: *"Rödl (Geschäftsführer der Wirtschaftsauskunftei Creditreform, E.H.) ist sicher, dass es 2001 zu weiteren Pleiten in der New Economy kommen wird. Fest stehe, dass Internet-*

Der Fonds ist von der Bundesregierung aus mehreren Gründen eingerichtet worden: Zum einen gab es kein Programm, das auf ostdeutsche Wachstumsbetriebe mit hohen Investitionsabsichten abzielte. Alle bisherigen von Bundesseite eingerichteten Programme, wie zum Beispiel das Eigenkapitalhilfeprogramm[97], stellten dafür zu geringe Förderhöchstsummen bereit. Zum anderen konnten auch die in jedem Bundesland existierenden Mittelständischen Beteiligungsgesellschaften keine Beteiligungen eingehen, die über dem Betrag von 2,5 Mio. DM lagen. Es sollten daher im Rahmen des Beteiligungsfonds Ost insbesondere private, finanzstarke Kapitalgeber gesucht und angesprochen werden, die sich an den oben definierten Unternehmen beteiligten. Das Interesse eine Beteiligung an ostdeutschen Betrieben[98] einzugehen, wurde von der Bundesregierung durch einen Steueranreiz[99] im Rahmen des § 7a FördG geweckt (vgl. Fördergebietsgesetz § 7a [1996]).

Der Beteiligungsfonds Ost wird von der Kreditanstalt für Wiederaufbau und der Deutschen Ausgleichsbank verwaltet. Die KfW richtete Anfang 1996 im Rahmen dieses Fonds das Programm KfW-Beteiligungsfonds Ost ein. Die DtA bietet insbesondere kleinen Unternehmen im Rahmen ihres Eigenkapitalhilfeprogramms (EKE) an, ihre Haftkapitalbasis zu vergrößern. Voraussetzung zur Gewährung der Mittel ist die Vorlage eines schlüssigen Unternehmenskonzeptes bzw. eines Sanierungs- und Konsolidierungskonzeptes, das darlegt, wie das Unternehmen die betriebswirtschaftlichen Schwierigkeiten angehen und beseitigen will.

Unternehmen mit erheblichen Finanzierungsschwierigkeiten zu rechnen hätten. Die Kapitalgeber seien misstrauisch geworden, wie die Entwicklung an der Börse zeige. Auch die Hoffnung auf Venture Capital sei trügerisch und allenfalls ein Tropfen auf den heißen Stein. "Die Pleiten von Letsbuyit.com, EM.TV und Gigabell zeigen, dass potente Geldgeber aus dem Medien- und Handelssektor sich äußerst schwer tun, ein Unternehmen, dass bereits im Insolvenzverfahren ist, wieder flott zu machen." Im Insolvenzrecht werde daher zunehmend die Frage nach dem Substanzwert solcher Internet-Unternehmen diskutiert, bspw. die Frage: "Wie viel ist eine erfolgreiche Website wert? Rödl warnte: "Virtuelle Firmen bieten virtuelle Sicherheiten." (Handelsblatt vom 8.2.2001)

97 Das ERP-Eigenkapitalhilfeprogramm zur Förderung selbständiger Existenzen dient der Gründung und der Festigung eines Unternehmens und wird von der Deutschen Ausgleichsbank angeboten (vgl. Ausführungen in Fußnote 93). Das Programm können nur Unternehmen in Anspruch nehmen, die nicht älter als drei Jahre sind. Zur Festigung des Unternehmens erhalten sie nur dann Finanzierungsmittel, wenn sie zuvor Mittel im Rahmen des Eigenkapitalhilfeprogramms für ihre Existenzgründung gewährt bekommen haben (Interview Bundeswirtschaftsministerium, Bundesebene 1996).

98 Eine Beteiligung ist von zwei zentralen Bedingungen abhängig: *"Es müssen sich zum einen Institutionen bzw. Personen finden, die an einer Beteiligung in Ostdeutschland interessiert sind. Zum anderen muss bei den ostdeutschen Unternehmen die Bereitschaft vorhanden sein, Externe über eine Beteiligung in das eigene Unternehmen zu holen. Wie die Erfahrungen in Ostdeutschland, vor allem zur letzteren Bedingung, aber zeigen, scheuen viele Unternehmer nach wie vor eine externe Beteiligung an ihren Betrieben."* (BRUCH-KRUMBEIN/HOCHMUTH/ZIEGLER 1996a: 25)

99 Der Anleger oder Beteiligungsgeber erhält einmalig 12% des gewährten Darlehensbetrages an das Unternehmen in Form einer Steuergutschrift vom Finanzamt zurück (vgl. Kreditanstalt für Wiederaufbau/Deutsche Ausgleichsbank o.J.: 7).

- Bei der KfW-Variante erhält ein Beteiligungsgeber Mittel von der Kreditanstalt für Wiederaufbau, der damit die Eigenkapitalausstattung von ostdeutschen Unternehmen erhöhen kann. Beteiligungsgeber können neben Beteiligungsgesellschaften auch private Personen oder andere Unternehmen sein; Beteiligungsnehmer sind generell kleine und mittlere Unternehmen mit einem maximalen Umsatz von 500 Mio. DM. Gefördert werden sowohl investive Maßnahmen als auch Betriebsmittel. Die Förderhöchstgrenze liegt bei max. 5 Mio. EURO (vgl. Kreditanstalt für Wiederaufbau, KfW-Beteiligungsfonds Ost 1999).

- Die Deutsche Ausgleichsbank stellt kleineren Unternehmen (Umsatz bis zu 250 Mio. DM) zusätzlich risikotragende Mittel in Form von nachrangigen Darlehen durch das Eigenkapitalergänzungsprogramm zur Verfügung. Innerhalb dieses Programms werden vornehmlich "weiche" Investitionen, wie z.B. Markterschließungskosten und Investitionen in Humankapital, gefördert (vgl. Deutsche Ausgleichsbank 1999a: 17ff).

Bei beiden Varianten hat die Hausbank des zu fördernden Unternehmens eine zentrale Rolle: Für die Förderung über die DtA-Variante muss die Hausbank zu 40% ins eigene Obligo gehen. Bei der KfW-Variante haftet die Hausbank sogar zu 100% für die Summe des Beteiligungsgebers, die durch die KfW refinanziert wird.

Insbesondere die DtA-Variante kann u.U. nach Angaben des Bundeswirtschaftsministeriums und einigen ostdeutschen Wirtschaftsministerien auch von Krisenunternehmen in Anspruch genommen werden, die eher zu den wirtschaftlich instabilen und umsatzärmeren Branchen gehören. Sie müssen aber generell die Absicht haben, zu investieren. Derartige Unternehmen können ebenfalls Markterschließungs-, Produktionsentwicklungs- oder Markteinführungskosten beantragen, falls sie dies in einem schlüssigen Sanierungs- und Konsolidierungskonzept darlegen. Aber auch in diesen Fällen muss die Hausbank Haftung für die Darlehen übernehmen. Daher greift der Beteiligungsfonds Ost nur sehr bedingt für Krisenunternehmen, die sich bereits langfristig in einer Liquiditätskrise befinden und keine Zugeständnisse von ihrer Hausbank mehr erwarten können (vgl. Ausführungen in Kapitel 2.1.4).

Bis 1998 hat der Bund im Rahmen dieses Fonds den beiden Förderinstituten 1,5 Mrd. bereitgestellt. Nach dieser Zeit stellten die KfW und die DtA weiteres Kapital zur Verfügung. Insgesamt ist bis Ende 1999 von den beiden Förderinstituten ein Zusagevolumen von 1,24 Mrd. DM zu beziffern (HOCHMUTH/ZIEGLER 1999c: 27f).[100]

Auf die Vergabe der Mittel aus dem Beteiligungsfonds Ost haben die Bundesländer keinerlei Einfluss. Eine Zusammenarbeit zwischen den Bundeskreditin-

---

[100] HOCHMUTH/ZIEGLER kommen zu dem Schluss, dass der Beteiligungsfonds gut angenommen worden ist, und die Bundesregierung ihr Ziel erreicht hat, auch private Personen und andere Unternehmen an ostdeutschen Unternehmen zu beteiligen (vgl. HOCHMUTH/ZIEGLER 1999c: 26ff).

stituten und den ostdeutschen Wirtschaftsministerien ist daher nicht erkennbar. Die Ministerien haben allerdings die Möglichkeit zu prüfen, ob das Krisenunternehmen für eine Mittelbeantragung aus dem Beteiligungsfonds Ost in Frage kommt. Erfüllt das Krisenunternehmen alle notwendigen Voraussetzungen, so kann das Wirtschaftsministerium dem Krisenunternehmen nahe legen, einen Antrag auf Förderung aus diesem Fonds zu stellen (vgl. Interview Bundeswirtschaftsministerium, Bundesebene und Ausführungen zur Länderebene Kapitel 4 und 5).

3.2.1.4 Bürgschaften

Die Bürgschaft wird in der Regel von der öffentlichen Hand[101] als Finanzhilfe bereitgestellt und zielt insbesondere auf die Beseitigung von Liquiditätsengpässen bei Unternehmen ab. In Deutschland existiert ein dreistufiges Bürgschaftssystem, das sich nach dem Kriterium der Bürgschaftshöhe aufschlüsselt:

1. Bürgschaften bis zu 1 Mio. DM vergibt die Bürgschaftsbank des jeweiligen Bundeslands, in dem das Unternehmen seinen Hauptsitz hat.
2. Bürgschaften von 1 Mio. bis 20 Mio. DM werden in Ostdeutschland von der Deutschen Ausgleichsbank übernommen. In Westdeutschland werden sie über das Land (Finanzministerium) ausgereicht.
3. Bürgschaften über 20 Mio. DM übernimmt der Bund gemeinsam mit dem zuständigen Land, in dem das Unternehmen seinen Sitz hat. Diese sogenannten Großbürgschaften werden über die C&L Deutsche Revision Düsseldorf geprüft und abgewickelt[102] (vgl. BRUCH-KRUMBEIN/ HOCHMUTH/ ZIEGLER 1999a: 43f).

Derartige Bürgschaften gehören ebenfalls zu den Instrumenten der Unterstützung von Krisenunternehmen, weil auch hier zu ihrer Gewährung ein schlüssiges Sanierungs- und Konsolidierungskonzept bzw. Unternehmenskonzept seitens des Betriebes vorzulegen ist.

Gesetzliche Rahmenbedingungen für Bürgschaften bilden der Artikel 87 des EG-Vertrages (vgl. Ausführungen in Kapitel 3.1). Bürgschaften gelten unter EU-Recht ebenfalls als Beihilfe und müssen generell von der Kommission notifiziert und genehmigt werden. Großbürgschaften sind grundsätzlich nur mit Genehmigung der Europäischen Union vom Bund/Land zu gewähren. Damit die Bundesländer nicht jede einzelne (kleinere) Bürgschaft bei der Kommission der Europäischen Union anzeigen muss, haben alle Bundesländer Richtlinien für Bürgschaften bis 20 Mio. DM ausgearbeitet. Diese wurden von der Europäischen Union genehmigt, so dass unter diese Richtlinien fallende Bürgschaften

---

[101] Privatpersonen können ebenfalls Bürgschaften eingehen. Da aber eine Privatperson nur äußerst selten für Krisenunternehmen bürgen, wird diese Form im weiteren Verlauf der Arbeit vernachlässigt.

[102] Derartige Großbürgschaften werden äußerst selten vergeben. Wie der Fall Phillip-Holzmann-Konzern zeigte, werden Großbürgschaften nur unter Einsatz von erheblichem politischen Druck übernommen.

ohne Einzelfallvorlage bei der Europäischen Union vom jeweiligen Land ausgereicht werden können. Die Bürgschaftsrichtlinien der Bundesländer sind alle ähnlich: Ein Investitionskredit kann zu maximal 80% verbürgt werden, für 20% des Kreditbetrages haftet die Hausbank. Werden Betriebsmittelkredite im Rahmen einer Bürgschaft ausgereicht, so muss die Hausbank sogar zwischen 40 und 50% ins eigene Obligo gehen (vgl. ebd.).

Eine Bürgschaft wird in der Regel dann gewährt, wenn das Unternehmen keine ausreichenden Sicherheiten für eine Kreditvergabe aufzuweisen hat. Aber ohne Sicherheit werden generell keine weiteren Kredite von Privatbanken vergeben. Es besteht daher nur die Möglichkeit, anstelle bspw. materieller Sicherheiten wie Gebäuden, Maschinen etc., die Vergabe eines weiteren Kredites mit einer Bürgschaft zu besichern. Angewendet werden in der Regel modifizierte Ausfallbürgschaften. Bei Ausfallbürgschaften muss der Gläubiger ggf. den Ausfall des Hauptschuldners durch "vergebliche Vollstreckungsmaßnahmen" nachweisen. Im Bürgschaftsvertrag wird jeweils festgelegt, wann ein Ausfall eintritt (vgl. SAUTER 1994: 407).[103]

Bürgschaften der Bürgschaftsbanken werden durch den Bund und das Land zu etwa 60% rückverbürgt (vgl. GIEBITZ 1987: 18f). Hauptadressaten der Bürgschaftsbanken für Bürgschaften sind Existenzgründer und die sogenannten Wachstumsbetriebe mit Liquiditätsengpässen (vgl. Ausführungen in Kapitel 2.1.5), also solche Betriebe, die ihr schnelles Wachstum nicht eigenständig finanzieren können. Im Zusammenhang mit den hier behandelten Unterstützungsmöglichkeiten für Krisenunternehmen ist festzuhalten, dass die finanziellen Leistungen der Bürgschaftsbanken allenfalls im Rahmen von Konsolidierungen in Anspruch genommen werden können, vor allem über Betriebsmittelkredite und Umschuldungskredite. Eine darüber hinausgehende Verbürgung von Krediten zur "Sanierung maroder Betriebe" ist dagegen ausgeschlossen. Im immateriellen Bereich wird aber durch die Erarbeitung von Sanierungs- und Konsolidierungskonzepten auch sanierungsfähiger Unternehmen geholfen (vgl. ebd.: 22f).

Landesbürgschaften werden nur dann eingesetzt, wenn die Höhe des zu verbürgenden Kredites die finanziellen Möglichkeiten der im Bundesland ansässigen Bürgschaftsbank übersteigt. Sie können auch im Sanierungsfall eingesetzt werden. Die Möglichkeit ist aber explizit in den entsprechenden Richtlinien ausgeführt. In den beiden hier behandelten Untersuchungsländern

---

[103] Genau wie ENGBERDING (1997) halte ich das Bürgschaftsinstrument für Sanierungs- und Konsolidierungszwecke wenig geeignet. Bürgschaften erhöhen zwar kurzfristig den finanziellen Spielraum, vergrößern aber gleichzeitig damit das Kreditvolumen des Krisenunternehmens. Außerdem wird zusätzlich die Fremdkapitalquote des Unternehmens erhöht und damit können sich Rückzahlungsprobleme weiter verschärfen. Des weiteren werden weder *"dominierende Krisenursachen wie Eigenkapitalmangel, Führungsschwäche oder betriebliche Schwachstellen, noch sektorale oder gesamtwirtschaftliche Ursachen (...) bei der Bürgschaftsvergabe explizit berücksichtigt."* (ebd. 1997: 237) Im Rahmen der Bürgschaftsvergabe wird zunehmend mit Auflagen wie z.B. der Managementberatung oder -coaching gearbeitet, die offensichtliche Führungsschwächen eindämmen sollen, allerdings können dadurch m.E. die vorgenannten Nachteile nicht vollständig ausgeräumt werden.

Sachsen-Anhalt und Brandenburg werden Landesbürgschaften äußerst selten für kleine und mittlere Unternehmen eingesetzt (vgl. Ausführungen Kapitel 4 und 5).[104]

Die sogenannten Großbürgschaften über 20 Mio. DM werden gemeinsam vom Bund und Land ausgereicht. Weil sie besonders selten sind und nicht für kleine und mittlere Unternehmen angewendet werden, wird hier auf weitere Ausführungen verzichtet.

3.2.1.5 Sonstige Unterstützungen

Weitere kapitalfördernde Programme[105]

Die beiden Förderinstitute des Bundes – Kreditanstalt für Wiederaufbau und Deutsche Ausgleichsbank – bieten noch eine Reihe weiterer Programme an, die sich in erster Linie an Wachstumsbetriebe mit Investitionsabsichten richten. Über sie erhält das Unternehmen (weitere) Kredite für Investitionen oder zur allgemeinen Betriebsfestigung. Das Unternehmen erhält im Rahmen dieser Programme insbesondere (weiteres) Fremdkapital, damit es einen kurzfristigen Liquiditätsengpass überbrücken kann.[106]

Zwei Programme, die über die Deutschen Ausgleichsbank ausgereicht werden, richten sich aber nicht nur an Wachstumsbetriebe, sondern können bedingt auch von Krisenunternehmen genutzt werden – es handelt sich dabei um das

---

[104] *"An die Vergabe von Bürgschaften werden diverse Bedingungen geknüpft; außerdem können sie mit Auflagen versehen werden, die bis zur Auswechslung von Managern gehen können. Die Lösung von Managementproblemen über solche Auflagen stößt allerdings spätestens bei geschäftsführenden Gesellschaften an gewisse Grenzen der Eigentums- und Verfügungsrechte (ENGBERDING 1997: 238), so dass dieser Fall "Auswechslung des Managements" in der Praxis ausgesprochen selten vorkommt. Vermutlich weil die Durchsetzungschancen höher eingeschätzt werden, greift man hier eher auf Auflagen zurück, die eine personelle Verstärkung des Managements, z.B. in kaufmännischer oder technischer Hinsicht, anmahnen."* (BRUCH-KRUMBEIN/HOCHMUTH/ZIEGLER 1999a: 45)

[105] Neben den hier angesprochenen weiteren kapitalfördernden Programmen gibt es auf Bundesebene noch ein Beratungsprogramm, das bedingt von Krisenunternehmen genutzt werden kann. Es ist das Beratungsprogramm "Förderung der Unternehmensberatung für kleine und mittlere Unternehmen". Gefördert werden können Beratungen über alle wirtschaftliche, technischen, finanziellen und organisatorischen Probleme der Unternehmensführung und der Anpassung an neue Wettbewerbsbedingungen. Laut Richtlinien wird aber nur ein maximaler Zuschuss von bereits durchgeführten Beratungen von 40% gefördert. Die restlichen 60% hat das Unternehmen in Eigenleistung zu erbringen. Weil Krisenunternehmen generell bereits unter Liquiditätsschwierigkeiten leiden, werden sie sich finanziell wohl kaum noch zusätzlich mit Beratungsleistungen belasten. Daher ist auch dieses Programm nur bedingt von Krisenunternehmen zu nutzen (vgl. Richtlinie des Bundeswirtschaftsministeriums für Wirtschaft und Technologie für kleine und mittlere Unternehmen vom 26. Juni 1997: 8745).

[106] Die einzelnen Programme können und sollen hier im Detail nicht aufgeschlüsselt werden. Es sei an dieser Stelle auf die umfangreiche Programmsammlung von HOCHMUTH/ZIEGLER (1999c) verwiesen. HOCHMUTH/ZIEGLER unterscheiden in ihrer Studie nicht zwischen Wachstumsbetrieben und Krisenunternehmen, so dass sie in ihre Programmsammlung alle Programme, die sich an Unternehmen mit Liquiditätsengpässen richten, aufgenommen haben (vgl. insbesondere Ausführungen in Kapitel 2.1).

"Eigenkapitalergänzungsprogramm (EKE) des Bundesministeriums für Wirtschaft und Technologie zur Förderung selbständiger Existenzen in den neuen Bundesländern und Berlin (Ost)"[107] und das "ERP-Eigenkapitalhilfeprogramm zur Förderung selbständiger Existenzen (EKH-Programm)".[108]

Für die Inanspruchnahme beider Programme ist die Vorlage eines Unternehmenskonzeptes zwingend vorgeschrieben, in dem ein Krisenunternehmen darlegen kann, dass es im Rahmen der angestrebten betrieblichen Umstrukturierung oder Umorganisation u.a. Investitionen tätigen möchte.[109] In derartigen Fällen kann es sowohl über das Eigenkapitalergänzungsprogramm als auch über das Eigenkapitalhilfeprogramm der Deutschen Ausgleichsbank Unterstützung bekommen. Des weiteren ist es eine notwendige Bedingung – wie bei allen sonstigen Programmen der beiden Bundeskreditinstitute -, dass die Hausbank das Unternehmenskonzept finanziell mitträgt. Dies bedeutet aber u.U. für einige Krisenunternehmen wiederum ein Ausschlusskriterium für die Nutzung dieser Programme (vgl. Ausführungen in Kapitel 1).[110]

In beiden Programmen werden Darlehen – also Fremdkapital – zu marktüblichen Zinssätzen ausgereicht. Die Darlehenshöhe des EKE-Programms ist auf 2,5 Mio. EURO begrenzt. Dagegen können über das EKH-Programm nur maximal 500.000 EURO ausgereicht werden. Beide Programme gewähren ihr Darlehen für maximal 20 Jahre (vgl. Deutsche Ausgleichsbank 1999a: 17f).

Das Projekt "Runde Tische" der Deutschen Ausgleichsbank (DtA)

Mitte der 1990er Jahre kamen immer mehr ostdeutsche Unternehmen in Schwierigkeiten, die über das Existenzgründungsprogramm der Deutschen Ausgleichsbank gefördert worden waren. Die Rückführung der Kreditlinien an die DtA waren somit zunehmend gefährdet. Gründe für die Schwierigkeiten der Unternehmen lagen einerseits in einer mangelhaften Eigenkapitalausstattung und andererseits hatten die Unternehmen zunehmend Probleme mit den (noch ungewohnten) marktwirtschaftlichen Gegebenheiten. Daher erachtete es die Deutsche Ausgleichsbank für notwendig, ein Programm zu schaffen, das Unternehmen nicht nur rein finanziell für die Zeit nach der Firmengründung

---

[107] Das Programm richtet sich ausschließlich an ostdeutsche Unternehmen.

[108] Antragsberechtigt sind im Rahmen dieses Programmes nur Betriebe, die bereits ihrer Existenzgründung über die Deutsche Ausgleichsbank gefördert bekommen haben und nicht älter als 4 Jahre sind.

[109] Für alle anderen Programme der KfW wird die Vorlage eines Unternehmenskonzeptes nicht verlangt. Sie kommen demnach für die hier interessierenden Krisenunternehmen nicht in Frage (vgl. Ausführungen Kapitel 1.2).

[110] In den Richtlinien für das EKE-Programm heißt es: *"Die Hausbank muss sich zu mindestens 40% an der Finanzierung der Maßnahme über ein langfristiges, nachrangig besichertes Darlehen im eigenen Obligo und zu angemessenen Konditionen beteiligen."* (Deutsche Ausgleichsbank 1999a:17f)

unterstützen kann. Sie initiierte das Projekt des "Runden Tisches"[111], das von der Idee geleitet ist, alle Geschäftspartner des Unternehmens an einen Tisch zu holen, damit gemeinsam ein Lösungskonzept für das Krisenunternehmen erarbeitet werden kann. Der Name "Runder Tisch" ist Sinnbild für eine gemeinsame Rettungsaktion, bei der Kammern, Banken und nicht zuletzt das betroffene Unternehmen als gleichrangige Partner nach möglichen Lösungswegen suchen. Für jedes Unternehmen wird ein für das Krisenunternehmen spezifischer Runder Tisch eingerichtet. Das Projekt setzt dabei auf das "Wiederherstellen der Kommunikation" der beteiligten Partner und somit in erster Linie auf "weiche Instrumente". Vielfach ist nämlich festgestellt worden, dass sich die Fronten z.b. zwischen Hausbank und Unternehmen so verfestigt haben, dass sie nicht mehr miteinander reden können. Mit Hilfe des "Leiters" des Runden Tisches wird hier versucht, moderierend auf den weiteren Prozess Einfluss zu nehmen (vgl. HOCHMUTH/ZIEGLER 1999a: 14). Zwei wesentliche Voraussetzungen müssen aber erfüllt werden, um ein Fall für den Runden Tisch zu werden: Erstens muss das Unternehmen zu den Klein- und Mittelbetrieben nach Definition der Europäischen Union gehören und zum zweiten muss die Hausbank signalisieren, dass sie noch gewillt ist, das Unternehmen weiter zu stützen, indem sie ihre Kreditlinien für die nächste Zeit aufrecht erhält.

Das Projekt des Runden Tisches setzt insgesamt auf weiche Eingriffsmöglichkeiten – und zwar auf die Herstellung von Konsens zwischen den beteiligten Akteuren (vgl. ebd.).

Weil die Deutsche Ausgleichsbank nicht über eine regionale Untergliederung verfügt, arbeitet sie innerhalb des Projektes "Runder Tisch" mit den regionalen Kammern zusammen. Die Industrie- und Handelskammern sind für Unternehmen des industriell-gewerblichen Bereich zuständig. Handwerksbetriebe können über ihre Handwerkskammer einen Runden Tisch für ihr Unternehmen initiiert bekommen (vgl. Deutsche Ausgleichsbank 1997: 3f und HOCHMUTH/ZIEGLER 1999a: 12f).[112]

Bevor ein Runder Tisch für das Krisenunternehmen von der zuständigen Kammer eingerichtet wird, beauftragt die Kammer einen Berater, eine erste Betriebsanalyse in dem existenzbedrohten Unternehmen durchzuführen. Dieser Berater ist selbst entweder bei der Kammer angestellt oder ein der Kammer bekannter externer Unternehmensberater, der über Referenzen im Bereich von

---

[111] Der "Runde Tisch" ist die dritte Stufe des Beratungskonzeptes der Deutschen Ausgleichsbank. Die beiden ersten Stufen richten sich an Existenzgründer und -gründerinnen. Stufe vier bildet die Beratungsagentur der Deutschen Ausgleichsbank. Hier werden den Unternehmen geeignete Berater für jegliche betriebswirtschaftliche Probleme vermittelt (vgl. Deutsche Ausgleichsbank 1997: 3 und HOCHMUTH/ZIEGLER 1999a: 12f).

[112] Darüber hinaus haben auch Freiberufler und Freiberuflerinnen in Mecklenburg-Vorpommern seit Anfang 1999 die Möglichkeit sich an einen Runden Tisch zu wenden. Die DtA initiierte gemeinsam mit der Steuerberaterkammer in Rostock einen Runden Tisch für diese Berufsgruppe.

Unternehmenssanierungen bzw. –konsolidierungen verfügt.[113] Innerhalb von maximal 10 Tagen wird der Betrieb in allen Bereichen (Produktion, Einkauf etc.) intensiv von dem Berater geprüft. Ergibt dieser betriebswirtschaftliche Erstcheck, dass das Unternehmen nicht völlig überschuldet ist und es eine Chance gibt, das Unternehmen zu retten, z.b. indem einige Unternehmensbereiche ausgebaut, andere dagegen abgebaut bzw. aufgelöst werden, wird für das Unternehmen ein Runder Tisch mit allen beteiligten Partnern (wie z.b. Gläubiger, Hausbank, Finanzamt, Krankenkassen, Zulieferer oder Abnehmer etc.) eingerichtet. Der Leiter des Runden Tisches ist in der Regel die Person, die bereits den Erstcheck im Unternehmen durchgeführt hat. Innerhalb von mehreren Treffen wird dann mit den Beteiligten ein Lösungskonzept für die Krise des Unternehmens festgelegt, das meist für das Unternehmen in einen Maßnahmenkatalog mündet. Dabei werden alle Möglichkeiten ausgelotet, die für das Unternehmen noch existieren. Es wird z.b. eruiert, welche Förderprogramme von Bund und Land für die spezifischen Probleme des Unternehmens in Frage kommen, oder welcher Beratung sich das Management zu unterziehen hat, und wie Defizite, wie z.b. zu hohe Lagerbestände, behoben werden können. Die Dauer der Betreuung des Krisenunternehmens am Runden Tisch ist völlig unterschiedlich und hängt von der spezifischen Problemlage ab. Die Betreuung am Runden Tisch sowie der Erstcheck sind für das Unternehmen kostenlos (vgl. ebd. und Interview, Handwerkskammer Potsdam, Regionsebene 2000).

Der erste Runde Tisch wurde 1995 in Leipzig gegründet. Nach positiven Erfahrungen mit diesem Projekt und dem steigenden Bedarf in anderen Regionen, Unternehmen in existenzbedrohenden Situationen zu helfen, wurde von der Deutschen Ausgleichsbank in 23 ostdeutschen Kammerbezirken das Projekt "Runde Tische" eingerichtet. Aufgrund des Erfolges wurde Mitte der 90er Jahre dieses Instrument auch auf Westdeutschland übertragen.[114]

Nach Angaben von Vertretern unterschiedlicher Kammern liegt die konkrete Ausgestaltung der "Runden Tische" im jeweiligen Ermessensspielraum der Kammer. Nach Auskunft der Handwerkskammer Potsdam werden bspw. die zu erarbeitenden Sanierungs- und Konsolidierungskonzepte, die für spätere Programmanträge notwendig sind, im Rahmen des Runden Tisches der Handwerkskammer Potsdam gemeinsam mit allen anwesenden Partnern diskutiert und vor allem über das Projekt – sprich die Deutsche Ausgleichsbank – finanziert (Interview, Handwerkskammer Potsdam, 2000). Im Bezirk der Industrie- und Handelskammer Potsdam wird dagegen die Erstellung der

---

[113] Fast alle Institutionen, die mit externen Beratern zusammenarbeiten, sind in den letzten Jahren dazu übergegangen, sogenannte Beraterpools aufzubauen. Diese Datenbanken speichern alle persönlichen Kennziffern der Berater bzw. der Beraterin. Außerdem werden die Qualifikationen sowie die bereits durchgeführten Tätigkeiten im Rahmen der jeweiligen Institution darin gesammelt und eventuell sogar anhand einiger Kriterien bewertet.

[114] In Westdeutschland ist das Projekt des Runden Tisches bis Ende 1999 in folgenden Kammerbezirken installiert worden: Kassel, Heilbronn, Hamburg, Siegen, Ulm, Saarbrücken, Osnabrück, Augsburg und Mannheim (Interview, Deutsche Ausgleichsbank, 1999).

Sanierungs- und Konsolidierungskonzepte im Rahmen des Runden Tisches nicht getragen (Interview, Industrie- und Handelskammer Potsdam, 2000). Auch der Erstcheck wird in den einzelnen Kammern etwas unterschiedlich angegangen. So erklärte der Potsdamer Handwerkskammervertreter, dass er sich prinzipiell zunächst die Jahresabschlüsse der letzten drei Jahre und die vom Steuerberater zu erarbeitenden monatlichen Betriebswirtschaftlichen Auswertungen anschaue und mit Hilfe eines Software-Programms analysiere.[115] Damit könne man – bevor ein Besuch im Unternehmen anberaumt wird – bereits betriebswirtschaftliche Schwierigkeiten erkennen und erste Maßnahmen einleiten. Derartige schnelle Hilfestellungen seien notwendig, um für die Dauer der Treffen am Runden Tisch, Zeit zu gewinnen (Interview, Handwerkskammer Potsdam, 2000).[116]

Beide befragten Akteure der Kammern und auch der zuständige Vertreter der Runden Tische in der Deutschen Ausgleichsbank hoben während der Expertengespräche positiv hervor, dass sich in Ostdeutschland im Rahmen dieses Projektes in den jeweiligen Kammerbezirken die nach der Wiedervereinigung noch nicht vorhandenen aber notwendigen Personennetzwerke schnell hätten bilden können. Mittlerweile könne nunmehr in Krisenfällen schnell darauf zurückgegriffen werden. Außerdem säßen in der Regel immer die gleichen Akteure der beteiligten Institutionen wie Finanzamt, Krankenkassen etc. an einem Tisch, so dass über die Jahre ein Vertrauensverhältnis untereinander geschaffen werden konnte, das so manch einen Krisenfall schneller und besser bewältigen half (Interview, Industrie- und Handelskammer Potsdam, 2000 und Interview Deutsche Ausgleichsbank, 1998).

Bis Ende 2000 stellt die Deutsche Ausgleichsbank jährlich pro ostdeutschen Kammerbezirk für das Projekt "Runder Tisch" ca. 200.000 DM zur Verfügung. Nach neueren Aussagen der Deutschen Ausgleichsbank wird das Gesamtfinanzvolumen im Jahr 2001 für dieses Projekt beibehalten, will es aber auf diverse Bezirke in Westdeutschland ausweiten. Somit wird das Finanzvolumen der einzelnen Kammerbezirke erheblich eingeschränkt (vgl. ebd.).

---

[115] An dieser Stelle sei auf neuere computergestützte Verfahren zur Krisenfrüherkennung verwiesen: *"Jüngste Neuentwicklungen bei den Analyse-Programmen ermöglichen vereinzelten (Groß-)Banken eine vielversprechende Cashflow-Analyse unter Berücksichtigung prognostischer Elemente. Ein derartiges computergestütztes System erweitert die bisherige statische – weil auf Bestandszahlen basierende – Bilanzanalyse um zahlungsstromorientierte Daten. Darüber hinaus bietet dieses Programm die Möglichkeit, auf der Basis bereits gespeicherter Bilanzdaten anhand prognostizierter Cashflows und darauf aufbauenden Kennziffern die zukünftige Zahlungsfähigkeit des analysierten Unternehmens abzubilden, insbesondere seine Fähigkeit, das Fremdkapital zu bedienen. Dies wird möglich durch eine geeignete Definition und Strukturierung von Cashflow-Ziffern in einer Weise, dass die verschiedenen betrieblichen Funktionen: Produktion, Investition (Mittelverwendung) und Finanzierung (Mittelherkunft) deutlich gegeneinander abgegrenzt sind."* (BUTH/HERMANNS 1998: 17)

[116] Außerdem gab der Vertreter der Handwerkskammer an, dass sich die acht Berater der Potsdamer Handwerkskammer zu 40% mit Krisenmanagement befassen. Damit wird auch deutlich, dass in Ostdeutschland nach wie vor viele Unternehmen in Schwierigkeiten geraten (vgl. Interview, Handwerkskammer Potsdam, 2000).

3.2.2 Akteure

Zunächst ist auf der Akteursebene das *Bundesministerium für Wirtschaft und Technologie (BMWT)* zu nennen. Es legt den konzeptionellen Rahmen der Bundesregierung für die Sanierungs- und Konsolidierungspolitik fest.[117] Die Bundesregierung beeinflusste dieses Politikfeld in Ostdeutschland maßgeblich, in dem sie 1995 beim Übergang von Treuhandanstalt[118] zur Bundesanstalt für vereinigungsbedingte Sonderaufgaben den Konsolidierungsfonds I einrichtete (vgl. Kapitel 3.2.1.1).

Zwischen dem 1.1.1995 und dem 31.12.1999 war die *Bundesanstalt für vereinigungsbedingte Sonderaufgaben* eine von drei Treuhandnachfolgeeinrichtungen und beschäftigte sich insbesondere mit der Nachsorge der privatisierten bzw. reprivatisierten Treuhandunternehmen. Ihre Hauptaufgabe war das Vertragsmanagement – kurz die Überwachung – der rund 33.000 aus der Unternehmensprivatisierung hervorgegangenen Verträge der Treuhandanstalt. Sie sollte sicherstellen, dass die Rechte und Pflichten von beiden Vertragsparteien erfüllt und gleichzeitig ein Beitrag zur wirtschaftlichen Entwicklung in den neuen Bundesländern geleistet werde. Es kamen Aufgaben der Restitution und Entschädigungsleistungen, der Klärung von Eigentumsfragen und der Vermögenszuordnung sowie der Kommunalisierung hinzu. Außerdem erstellte sie Auffanglösungen für gescheiterte Privatisierungen (vgl. Bundesanstalt für vereinigungsbedingte Sonderaufgaben 1996).

Die Bundesanstalt für vereinigungsbedingte Sonderaufgaben war gemeinsam mit den ostdeutschen Ländern für den Konsolidierungsfonds I und II zuständig (vgl. Kapitel 3.2.1.1) und hatte in den zur Ausreichung der Konsolidierungsmittel auf Landesebene eingerichteten Vergabegremien Sitz- bzw. Stimmrecht. Ausfälle trug sie bei Treuhandunternehmen zu 80%. Die restlichen 20% wurden vom jeweiligen Land übernommen (vgl. Bundesanstalt für vereinigungsbedingte Sonderaufgaben 1996). 1999 stellte die Bundesanstalt für vereinigungsbedingte Sonderaufgaben ihr operatives Geschäft ein[119]. Offiziell ist sie damit aufgelöst worden.

---

[117] Sowohl die Bundes- als auch die Landesministerien sind die Zentren sanierungs- und konsolidierungspolitischer Aktivitäten. Entsprechende Regierungsentscheidungen fallen ausschließlich im Plenum der Regierung. Vorbereitungen können, müssen aber nicht, im Wirtschaftskabinett stattfinden, das aus den Ministerien der Länder besteht (vgl. für die Beschreibung der industriepolitischen Akteure BRÖSSE 1996: 66).

[118] Die Treuhandanstalt hat im Rahmen ihrer Privatisierungspolitik die regionale Entwicklung Ostdeutschlands stark geprägt. Die Auswirkungen sowie die Instrumente der Treuhandanstalt sind in diversen Studien hinreichend untersucht worden (vgl. stellvertretend z.B. NÄGELE 1996). Da das Politikfeld der Sanierungs- und Konsolidierungspolitik erst nach der Schließung der Treuhandanstalt offiziell ins Leben gerufen wurde, wird sie in diesem Kapitel nicht mehr als Akteur der ostdeutschen Sanierungs- und Konsolidierungspolitik betrachtet.

[119] Seit 1999 gewährt der Bund der Bundesanstalt für vereinigungsbedingte Sonderaufgaben keine Zuweisungen mehr (vgl. Sachverständigengutachten zur Begutachtung der gesamtwirtschaftlichen Entwicklung 1999).

Die *Kreditanstalt für Wiederaufbau (KfW)* wurde 1948 als Körperschaft des öffentlichen Rechts gegründet. Ihr oblag zu diesem Zeitpunkt die Federführung für die Vergabe der Mittel aus dem Marshall-Plan für den Wiederaufbau der deutschen Wirtschaft. Heute ist die KfW ein international tätiges Bundeskreditinstitut mit einer Bilanzsumme von rund 256 Mrd. DM (vgl. Kreditanstalt für Wiederaufbau 1999), das insbesondere unter der Schirmherrschaft des Bundesfinanzministeriums steht. Ihr Kapital wird zu 80% von der Bundesrepublik Deutschland und zu 20% von den Bundesländern gehalten. Seit 1991 verfügt sie neben ihrem Hauptsitz in Bonn über eine weitere Niederlassung in Berlin einschließlich eines Beratungszentrums (ebd. und 1998).

Ihr allgemeines Aufgabenspektrum erstreckt sich von der Vergabe von Investitions- und Exportkrediten über die Gewährung von Zuschüssen und Wettbewerbshilfen bis hin zur Übernahme von Bürgschaften. Außerdem engagiert sie sich für den Aufbau von Förderinstituten in den Ländern Mittel- und Osteuropas sowie den GUS-Staaten (ebd. 12ff.).

Die Kreditanstalt für Wiederaufbau ist außerdem für die Durchführung von fünf ERP-Programmen mit den Zielen der Regional- und Innovationsförderung sowie die Verbesserung des Zugangs zu Eigenkapital verantwortlich.[120] Krisenunternehmen unterstützt sie hauptsächlich im Rahmen des KfW-Beteiligungsfonds Ost (vgl. Kapitel 3.2.1).

Darüber hinaus bietet die KfW auch eine umfassende Beratung über alle öffentlichen Finanzierungs- und Fördermöglichkeiten auf Bundes-, Landes- und EU-Ebene an, die allen Institutionen (wie z.B. Gewerkschaften), Privatpersonen oder Unternehmern kostenlos zur Verfügung steht. Seit Frühjahr 1990 existiert das Beratungszentrum in Berlin, das zunächst in den neuen Bundesländern über die vorhandenen Fördermöglichkeiten der KfW informieren sollte. In den neuen Bundesländern gibt es zahlreiche Außenstellen, die alle eng mit den örtlichen und regionalen Kammern und Verbänden zusammenarbeiten. Heute bietet das Zentrum seine Beratungsleistung bundesweit an. Ergänzt wird diese kostenlose Beratungsleistung durch die kostenpflichtige Erarbeitung von Finanzierungsplänen und die Unterstützung bei der Beantragung von Fördermitteln. Insgesamt sind aber die KfW-Finanzierungsprogramme nicht an eine Beratungsleistung der KfW gebunden.

Die KfW hat von der Bundesanstalt für vereinigungsbedingte Sonderaufgaben Mitte 1999 das Vertragsmanagement für die ehemaligen Treuhand-Unternehmen übernommen. Sie hat ihre 100%ige Tochter, die Finanzierungs- und Beratungsgesellschaft (FUB) mit Sitz in Berlin, damit beauftragt.[121]

---

[120] Seit der Wiedervereinigung wurden für Vorhaben in den neuen Bundesländern bis Ende 1998 Kredite von rd. 94 Mrd. zugesagt. Die KfW unterstützt die wirtschaftliche Erneuerung in den neuen Bundesländern und Berlin (Ost) mit langfristigen Investitionskrediten, die die Fördermerkmale wie günstiger Zinssatz, lange Laufzeiten, tilgungsfreie Anlaufjahre sowie einfacher Antragsweg und rasche Abwicklung aufweisen (vgl. Kreditanstalt für Wiederaufbau 1999 und 1998).

[121] Nach eigenen Recherchen sind derzeit keine Informationen über den genauen Aufgabenzuschnitt und die Ausgestaltung des Vertragsmanagements in der FUB erhältlich. Meine

Die *Deutsche Ausgleichsbank* ist das zweite Bundeskreditinstitut und steht vor allem unter der Schirmherrschaft des Bundeswirtschaftsministeriums. Ihre Gründung geht auf das Jahr 1950 zurück. Zu diesem Zeitpunkt bot sie Hilfe zur wirtschaftlichen Eingliederung für Vertriebene und Flüchtlinge an. 1954 wurde neben dem Hauptsitz in Bonn eine weitere Niederlassung in Berlin eingerichtet. Seit 1960 betreibt sie eine intensive Förderung von Existenzgründungen, die sich mit der Grenzöffnung und Wiedervereinigung verstärkt auf die neuen Bundesländern konzentriert hat. Sie bietet zur Unterstützung dieser Zielgruppe verschiedene Programme an (vgl. Deutsche Ausgleichsbank 1999).[122] Für Unternehmen in Schwierigkeiten stellt sie im Rahmen des Eigenkapitalhilfeprogramm und des Eigenkapitalergänzungsprogramm (EKE) bedingt finanziellen Unterstützungen zur Verfügung.[123] Außerdem unterstützt die Deutsche Ausgleichsbank mit Hilfe ihres Instrumentes des "Runden Tisches" (vgl. Kapitel 3.2.1.5) insbesondere kleine und mittlere Unternehmen in Krisensituationen.

1999 gründete die DtA ihre 100%ige Tochter, die *gbb- Beteiligungs- und Aktiengesellschaft*. Der Tätigkeitsschwerpunkt der gbb ist der gbb-Konsolidierungs- und Wachstumsfonds Ost (vgl. Kapitel 3.2.1.1).

Pressemitteilungen vom Juni 2000 (vgl. Handelsblatt vom 14., 15. und 16.6.2000) und Mai 2001[124] zufolge will der Bund seine beiden Förderbanken –

Interviewpartner auf Landesebene klagten darüber, dass es bisher keine klaren Zuständigkeiten in der FUB gibt, und sie keine Ansprechpartner für ehemalige in Not geratene Treuhand-Unternehmen mehr haben. Sie seien bei Krisenfällen, die zum Portefeuille der Treuhand gehörten, mehr oder weniger auf sich allein gestellt (Interview, Referat 33, Landesebene Brandenburg, 2000 und vgl. Ausführungen in Kapitel 5.3.2.1).

[122] 1998 wurden laut Geschäftsbericht der DtA in den neuen Bundesländern mehr als 11.000 Existenzgründungen getätigt. Das Volumen der Kreditzusagen in Ostdeutschland belaufe sich dabei auf 2.506 Mio. DM. In den alten Bundesländern sind 1998 mehr als 56.0000 Unternehmensgründungen zu verzeichnen und das Volumen der DtA-Kreditzusagen beträgt 6.964 Mio. DM (vgl. Deutsche Ausgleichsbank 1999: 7).

[123] Außerdem hat die Deutsche Ausgleichsbank in Kooperation mit Kammern und Landesförderinstituten zunächst in den neuen Bundesländern mit 28 DtA-Beratungszentren ein flächendeckendes Beratungsangebot für Unternehmen aufgebaut. Diese Beratungszentren informieren Existenzgründer und -gründerinnen über Finanzierungsmöglichkeiten der DtA. Im Geschäftsjahr 1998 wurden die ersten Beratungszentren auf dem Gebiet der alten Bundesländer in Bonn, Hamburg, Heilbronn, Kassel und Mainz eröffnet. Ende 1998 gab es im gesamten Bundesgebiet insgesamt 33 DtA-Beratungscentren, rund 6.000 angehende Unternehmer und Unternehmerinnen wurden dort betreut.
Ebenfalls zur beratenden Unterstützung von Unternehmen wurde 1996 die DtA-Beratungsagentur eingerichtet. Sie vermittelt Berater und Beraterinnen aus einem eigenen Beraterpool an mittelständische Betriebe. Krisenfälle, die bereits am DtA-Runden Tisch betreut wurden, können über die DtA-Beratungsagentur einen für sie geeigneten Berater vermittelt bekommen, der gemeinsam mit dem Krisenunternehmen das am Runden Tisch erstellte Lösungskonzept umsetzt (vgl. Deutsche Ausgleichsbank 1997: 7).

[124] In den Presseinformationen der KfW-Internet-Seite heißt es aktuell zum beabsichtigten Zusammenschluss der beiden Bundesförderinstitute: *"Auch hinsichtlich des Erwerbs der DtA strebt die KfW einen zügigen Abschluss der Verhandlungen mit dem Bund an. In den Gesprächen, so Reich (Sprecher des Vorstandes der KfW; E.H.), spielten neben der ökonomischen Seite der Übernahme der gemeinsam mit dem europapolitischen Rahmensetzungen sowie die spezifischen rechtlichen Bestimmungen für KfW und DtA eine Rolle. "Entscheidend ist eine eindeutige Definition der Gesamtverantwortung der KfW für den Konzern"*, sagte Reich.

Kreditanstalt für Wiederaufbau und die Deutsche Ausgleichsbank – zusammenführen. Damit will er Synergien nutzen und Ressourcen mobilisieren. Bisher bleibt aber unklar, wie und wann genau die Fusion der Förderbanken des Bundes vollzogen wird. Bereits jetzt ist aber absehbar, dass sich dadurch eine Neuordnung der Mittelstandsförderung des Bundes ergeben wird. Gleichzeitig wird entgegen bisherigen vielfältigen Überschneidungen im Tätigkeitsbereich der beiden Institute nunmehr eine klare Arbeitsteilung angestrebt: *"Die künftige KfW-Tochter Deutsche Ausgleichsbank, die selbständiges Förderinstitut im Einflussbereich des Bundeswirtschaftsministeriums bleiben soll, wird zur Gründungs- und Mittelstandsbank des Bundes ausgebaut. Entsprechende Programme beider Häuser sollen dort zusammengeführt werden. Die KfW soll sich auf andere Förderaufgaben konzentrieren, etwa Infrastruktur-, Wohnungsbau- und Exportfinanzierung. Den Vorstand ihres Verwaltungsrats übernimmt Finanz- und Wirtschaftsministerium im Wechsel."* (Handelsblatt vom 16.6.2000)[125]

Welche Auswirkungen die Zusammenführung der beiden Bundesinstitute konkret auf die Sanierungs- und Konsolidierungspolitik des Bundes bzw. der Länder haben wird, ist derzeit noch nicht abzuschätzen.

Außerdem sind im Rahmen des Politikfeldes der Sanierungs- und Konsolidierungspolitik noch die *Kammern* als Akteure insbesondere im Hinblick auf die DtA- Runden Tische zu nennen. Sie sind aus der staatlichen Verwaltungshierarchie ausgegliederte Organisationen des öffentlichen Rechts, unterstehen aber der Rechtsaufsicht des Staates, was sie *"wesentlich von den privaten Verbänden, die uneingeschränkt Interessensvertretung sein können"* (Brösse 1996:95) unterscheidet. Die allgemeinen Aufgaben der Kammern sind gesetzlich festgeschrieben. Prinzipiell haben sie die Interessen ihrer Mitglieder zu vertreten. Sie sind einerseits selbstverständlich Ausführungsorgane des Staates bei der Durchführung der ihnen übertragenen administrativen Aufgaben (Aushändigung von verschiedenen Zertifikaten im Rahmen des dualen Ausbildungssystems oder Beilegen und Überprüfung von Wettbewerbsstreitigkeiten). Andererseits haben sie vom Staat einen Selbstverwaltungsbereich übertragen bekommen, *"innerhalb dessen sie selbständig Wirtschaftspolitik*

Der Kaufpreis für die DtA werde zeitnah zum Vertragsschluss fixiert." (www.kfw.de/cgi-bin/schow.asp?pk=392)

[125] In den beiden Häusern ist die angestrebte Fusion auf ein unterschiedliches Echo gestoßen. Während die KfW die Übernahme der DtA begrüßte, äußerte sich die - gemessen an der Jahresbilanzsumme wesentlich kleinere - Deutsche Ausgleichsbank eher verhalten. Bereits letztes Jahr wurde die Fusionierung der beiden Förderbanken diskutiert. 1999 sollte aber die DtA die KfW übernehmen, was aber letztendlich vom Vorstandssprecher der KfW nicht akzeptiert wurde. Er könne sich eine Fusion – wenn überhaupt - nur unter der Obhut der KfW vorstellen. Diesem Kräfteverhältnis wurde von der Bundesregierung entsprochen (vgl. Handelsblatt vom 15. und 16.6.2000). Kritisch wird die Zusammenführung insbesondere von der Opposition gesehen. Der Verkauf der DtA sei ein weiterer Beweis für die mittelstandsfeindliche Politik der rot-grünen Koalition (vgl. Handelsblatt vom 16.6.2000).

bzw. Industriepolitik betreiben können. Unter Selbstverwaltung versteht man den einer Gruppe oder Institution vom Staat eingeräumten Freiraum für eigene kollektive Entscheidungen bei der Wahrnehmung öffentlicher Aufgaben aufgrund eigener Satzung sowie eigener Finanz- und Personalhoheit durch demokratisch gewählte Organe". (BRÖSSE 1996: 96)

Das Rationalisierungs- und Innovationszentrum der Deutschen Wirtschaft e.V. (RKW) führt im Auftrage des Bundes Beratungen und Weiterbildungen für Unternehmerinnen und Unternehmer, Fach- und Führungskräfte sowie für Existenzgründerinnen und Existenzgründer durch (vgl. Kapitel 5.2.1.3).[126] Seit 1950 bietet das RKW den Sozialpartnern eine neutrale Plattform für Fragen der Rationalisierung und Innovation. Es entstanden Landesgruppen in den elf westlichen Bundesländern. Seit Juli 1990 ist das RKW auch in den ostdeutschen Bundesländern präsent und hat beim Aufbau mittelständischer Strukturen beigetragen.

In den letzten Jahren hat das RKW seine Organisation den veränderten Strukturen angepasst und konsequent dezentralisiert. Aus den Landesgruppen wurden elf rechtlich selbständige Landesvereine, die gemeinnützig bzw. gemeinwohlorientiert bundesweit gemeinsam die Aufgaben einer Mittelstandsförderung wahrnehmen. Sie dienen als Ansprechpartner für die jeweils ansässigen mittelständischen Unternehmen. Schwerpunkte der Arbeit der Landesvereine sind Unternehmensberatungen, innerbetriebliche Weiterbildung sowie Betreuung von Arbeitsgemeinschaften. Alle RKW-Landesvereine verfügen über einen Pool von Beratern und Beraterinnen, die spezifische Branchenkenntnisse haben und für eine betriebsnahe und praxisgerechte Bearbeitung verschiedener Themen[127] zur Verfügung stehen (vgl. www.rkw.de).

Das RKW berät nicht über Sanierungshilfen etc., sondern steigt erst ein, wenn das Geld fließt und Konzepte umgesetzt werden müssen. Nach den Angaben des RKW akzeptieren die Banken mehr und mehr Unternehmen und Konzepte, die vom RKW begleitet werden.

Verschiedene ostdeutsche Länder haben eigene Beratungsprogramme aufgelegt (z.B. Thüringen, Sachsen und Sachsen-Anhalt) und das RKW mit der Umsetzung beauftragt (vgl. hierzu insbesondere die Ausführungen in Kapitel 5.2.1.3 und 5.2.1.4 für Brandenburg). Diese zusätzlichen Förderprogramme ermöglichen einen längerfristigen Einsatz von Beraterinnen und Beratern in kleinen und mittleren Betrieben, die in Schwierigkeiten geraten sind. Das RKW schließt sowohl mit dem Unternehmen als auch mit der Beraterin oder dem Berater einen Vertrag. Das hat den Vorteil, dass es keine direkte Geschäftsver-

---

[126] Folgende aufgeführte Beratungsinstitutionen stellen nicht nur Krisenunternehmen Managementberatungen bereit. Falls sie für die Landespolitik der ausgewählten Untersuchungsländer bedeutend sind, werden sie in den Kapiteln 4 und 5 näher charakterisiert:

[127] Das sind z.B. Unternehmensführung, Materialwirtschaft, Finanz- und Rechnungswesen sowie Beratungen in Bezug auf Innovationen.

bindung zwischen diesen beiden Parteien gibt; das RKW kann, wenn notwendig, vermittelnd eingreifen (ebd.).

Der *Senior-Experten-Service (SES)* ist 1983 unter der Obhut des Deutschen Industrie- und Handelstages gegründet worden und hat seine Zentrale in Bonn. 1986 wurde der SES eine gemeinnützige GmbH mit den Gesellschaftern Bundesverband der Deutschen Industrie, Carl Duisberg Förderkreis, Deutsche Industrie- und Handelstag und dem Zentralverband des deutschen Handwerks. Die deutsche Wirtschaft unterstützt den SES mit Geld- und Sachspenden (vgl. SES 1999).

Der SES fördert mit aus dem Berufsleben ausgeschiedenen Fachleuten die Ausbildung, Fortbildung und Qualifizierung von Fach- und Führungskräften im In- und Ausland. Er agiert international und betreut Betriebe, die einen Beratungsbedarf anmelden. Es kann sich bei den Leistungen um kurzfristige Beratungen, aber auch um einen längerfristigen Einsatz im Unternehmen handeln. Diese Beratungen können auch in Krisenunternehmen durchgeführt werden.

Bis 1990 agierte der SES außerhalb des Bundesgebietes. Erst seit 1990 gab es Einsätze in den neuen Bundesländern; seit 1994 werden auch in den alten Bundesländern SES-Experten und –Expertinnen eingesetzt. 1999 ist die Einsatzverteilung folgendermaßen aufzuschlüsseln. Die SES-Experten agierten zu 52% in Entwicklungsländern, zu 48% in Europa und davon zu 21% in Deutschland (ebd.).

Die Expertinnen und Experten arbeiten ohne Honorar. Unter bestimmten Voraussetzungen können in begrenztem Umfang öffentliche (d.h. Landes- und Bundes-) Mittel projektbezogen verwendet werden, sofern der Auftraggeber nicht in der Lage ist, Reise- und beim SES anfallende Projektbearbeitungs- und Nebenkosten ganz oder teilweise zu tragen (ebd.).

Die Bundesarbeitsgemeinschaft *"Alt hilft Jung"* arbeit ähnlich wie der SES. Ihr Adressatenkreis umfasst hauptsächlich Existenzgründer und –gründerinnen. Derzeit sind bei "Alt hilft Jung" ca. 700 aktive Beraterinnen und Berater zusammengeschlossen. Sie arbeiten hauptsächlich ehrenamtlich und haben sich zum Ziel gesetzt, vornehmlich jüngeren Menschen bei Existenzgründungen und Fragen der Existenzerhaltung auf der Basis ihrer Erfahrungen beratend zur Seite zu stehen. Seit der Wiedervereinigung hat sie ihre Arbeit auf Ostdeutschland ausgeweitet.

Im allgemeinen wird von den Beratern und den Beraterinnen nur eine Aufwandsentschädigung verlangt. Fahrt- und Übernachtungskosten müssen gesondert erstattet werden. In den letzten 10 Jahren wurden insgesamt über 30.000 Beratungen durchgeführt (vgl. www.althilftjung.de).

"wir." steht für Wirtschafts-Initiativen für Deutschland e.v. und wurde 1993 von führenden Unternehmens- und Verbandsvertretern gegründet, um den Umstrukturierungsprozess in Ostdeutschland zu unterstützen. "wir." will mit eigenen Mitteln Hilfe zur Selbsthilfe für den wirtschaftlichen und gesellschaftlichen Aufbau in den neuen Bundesländern leisten. "wir." koordiniert die "Einkaufsinitiative neue Bundesländer" sowie die "Exportoffensive", die beide den Absatz ostdeutscher Produkte und Dienstleistungen auf nationalen und internationalen Märkten unterstützen. Weitere Projektbereiche sind der Knowhow Transfer, die Standortförderung, die Förderung des ostdeutschen Technologiepotentials, die Unterstützung von Hochschulen sowie die Förderung von Jugendlichen beim Einstieg in das Berufsleben (vgl. "wir." Jahresbericht 1998). Existenzbedrohten Unternehmen hilft "wir." z.B. mit der Erarbeitung und Unterstützung von Marketingkonzepten, um so den optimalen Marktzugang zu realisieren (vgl. ebd.).

Die große Zahl der hier angeführten Akteure darf nicht darüber hinweg täuschen, dass die Bundesebene für die Implementationsphase des Politikfeldes eine untergeordnete Rolle spielt. Die Bundeskreditinstitute KfW und DtA sind nur insofern in die Implementation einbezogen, als sie eingereichte Anträge prüfen und bearbeiten und ggf. Mittel über die Hausbanken an die Krisenunternehmen ausreichen (vgl. detailliert die Ausführungen in Kapitel 4.3 und 5.3). Auch die übrigen Akteure werden nicht systematisch in die Implementation involviert. Diese Institutionen sind auch insofern nicht von großer Bedeutung, als sich ihr Angebot inhaltlich stark überschneidet. Dies liegt unter anderem daran, dass sie relativ isoliert voneinander agieren und keine Absprachen etwa über inhaltlich unterschiedliche Schwerpunktsetzungen getroffen haben. Eine Ausnahme stellt allein das RKW dar, das in der Landespolitik Brandenburgs eine wichtige Rolle spielt (vgl. Kapitel 5.3).

3.3 Erste Befunde

In diesem Kapitel sollen auf Basis der bisherigen Ausführungen erste Schlussfolgerungen gezogen werden. Die folgenden Aussagen beziehen sich insbesondere auf die nationalstaatliche und überstaatliche Ebene.

Mehrebenensystem

Das Politikfeld Sanierungs- und Konsolidierungspolitik weist Merkmale eines Mehrebenensystems auf. Die EU gibt den rechtlichen Rahmen vor, unter dessen Prämissen der Bund sowie die Bundesländer ihre Politiken zu gestalten haben. In diesem Zusammenhang ist zu konstatieren, dass sich der Gesetzesrahmen für Ostdeutschland im Zuge der Neuauflage der Richtlinien für Unternehmen in Schwierigkeiten seit 1999 stark verengt hat. Bis auf eine Ausnahme (Grundsatz der einmaligen Beihilfe) sind die geltenden Sonderregelungen für Ostdeutschland aufgehoben worden. Noch kurz nach der Wiedervereinigung stand die EU den Ostländern relativ wohlwollend gegenüber. Sie nutzte den in Artikel 88 EG-Vertrag eingeräumten Ermessensspielraum meist zugunsten der neuen Bundesländer. Aber nicht zuletzt aufgrund des zunehmenden Druckes der anderen Mitgliedstaaten wurde der Sonderstatus Ostdeutschland nach und nach aufgehoben. Mittlerweile werden von der EU die eingereichten ostdeutschen Anträge auf Beihilfen genauso restriktiv geprüft wie andere Anträge aus Westdeutschland bzw. aus den anderen Mitgliedsländern.

Hinweise auf einen Austausch zwischen EU und Bund konnten derzeit nur insofern festgestellt werden, als sich die EU in der Neuauflage der Richtlinien - gerade was die den Spielraum einer staatlichen Sanierungs- und Konsolidierungspolitik empfindlich betreffende Definition von Unternehmen in Schwierigkeiten angeht -, an den Wortlaut der bundesdeutschen Gesetzgebung angeschlossen hat. Dies könnte darauf hindeuten, dass der Bund als gewichtiger Teil der Union die EU-Beihilfenpolitik möglicherweise beeinflussen kann. Weitere Erkenntnisse konnten aber in diesem Zusammenhang nicht zusammengetragen werden, so dass sich hier tiefergehende Aussagen verbieten (vgl. Ausführungen in Kapitel 1.2).

Der Bund hat nicht nur gegenüber den Bundesländern Gesetzgebungskompetenzen, die erheblich durch die EU-Rahmengesetzgebung beeinflusst werden. Er setzt für die Sanierungs- und Konsolidierungspolitik auch den konzeptionellen Rahmen, in dem die Bundesländer ihre Politiken entwickeln und umsetzen können. Darüber hinaus vergibt er im Rahmen der Sanierungs- und Konsolidierungspolitik Aufträge an die Bundesinstitute (Kreditanstalt für Wiederaufbau und Deutsche Ausgleichsbank), wie die Neugestaltung des Konsolidierungsfonds III jüngst zeigte.

Entstehung des Politikfeldes

Da es die Bundesregierung war, die 1994 den Konsolidierungsfonds auflegte, kann sie als Initiator des ostdeutschen Politikfeldes bezeichnet werden. Gleichzeitig ist mit der Auflage des Konsolidierungsfonds eine Aufwertung des gesamten Politikfeldes verbunden, weil der Konsolidierungsfonds nicht nur einen finanziellen, sondern auch einen konzeptionellen Rahmen für die ostdeutsche Sanierungs- und Konsolidierungspolitik bietet.

Instrumentenpalette und Gestaltung des Politikfeldes

Wie die bisherigen Ausführungen zeigen, konnte eine Vielzahl von Instrumenten für das hier interessierende Politikfeld identifiziert werden. Aufgrund der Zielstellung der Politik haben die meisten Instrumente im wesentlichen die Funktion, die Eigenkapital- bzw. Fremdkapitalbasis des industriellen Mittelstands zu erhöhen. Kernstück dabei ist nach wie vor der Konsolidierungsfonds.

Die Implementationsphase dieses bedeutendsten Instrumentes kann für die Bundesebene in eine Start- und eine Überarbeitungsphase eingeteilt werden:

In der Startphase wurden im Rahmen des Konsolidierungsfonds I und II überwiegend Finanzhilfen für Krisenunternehmen angeboten. Der Bund überließ den ostdeutschen Bundesländern im wesentlichen die Ausgestaltung der Politiken und die Implementation. Spezifische Auflagen – wie z.b. Vorgaben der Förderart oder Voraussetzungen - wurden mit der Vergabe der Mittel aus den Konsolidierungsfonds I und II nicht verknüpft. Interessanterweise stellte der Bund den Bundesländern sogar die Möglichkeit frei, die Hausbank bei der Vergabe der Finanzmittel aus dem Konsolidierungsfonds nicht unbedingt zu beteiligen. Dies bedeutete für die Landespolitik eine erhebliche Vereinfachung des Verfahrens (vgl. Ausführungen weiter unten zur Landespolitik).

Das Ergebnis der Überarbeitungsphase ist die Auflage des Konsolidierungsfonds III, der als eine konzeptionelle Weiterentwicklung der vorangegangenen Fonds bezeichnet werden kann. Der Bund stellte 1999 den Bundesländern abermals Finanzmittel für Krisenunternehmen zur Verfügung. Im Gegensatz zu den beiden ersten Fonds überließ der Bund diesmal die konkrete Ausgestaltung nicht den ostdeutschen Bundesländern. Vielmehr verknüpfte er die Vergabe der Fördermittel an zwei zwingende und von den Bundesländern zu berücksichtigende Auflagen: Zum einen wurde festgelegt, dass Krisenunternehmen nur dann finanziell gefördert werden können, wenn sie sich auch einer Managementberatung unterziehen. Zum anderen dürfen die Finanzmittel nur in Form von Beteiligungen ausgereicht werden.

Alle drei Konsolidierungsfonds gehören ihrem Grundsatz entsprechend zur Kategorie der Finanzhilfeprogramme. Umgesetzt wird dieses Programm überwiegend mit dem Steuerungsinstrument der Direktsubvention. Allerdings wird im Rahmen des Konsolidierungsfonds III das harte Instrument der Direktsubvention mit einem weichen Instrument "Beratung" verknüpft. Diese Konstruktion des Konsolidierungsfonds III setzt damit an beiden bedeutenden betriebswirtschaftlichen Entwicklungshemmnissen in Ostdeutschland – mangelhafte Eigenkapitalausstattung und Managementdefizite in den Unternehmen – gleichzeitig an. Weil aber der Bund die Ostländer bei der strategischen Neuausrichtung dieses insgesamt wohl grundlegendsten Instrumentes des Politikfeldes nicht miteinbezogen hat, gibt es auch nach zwei Jahren erhebliche Unstimmigkeiten bei der Implementation des Programms. Zunächst bedeutet die in den Richtlinien verankerte zusätzliche Prüfung des Sanierungs- und Konsolidierungskonzeptes seitens der gbb eine erhebliche Beschneidung eigenständiger Maßnahmen des Landes. Die zwischen Land und Bund nicht aufeinander abgestimmten Kriterien zur Prüfung, ob das Krisenunternehmen sanierungs- bzw. konsolidierungsfähig ist, führten zudem dazu, dass bisher noch kein Unternehmen über den Konsolidierungsfonds III (turn-around-Finanzierung) gestützt werden konnte. Zeitliche Verzögerungen können über die oben angesprochene doppelte Prüfung von Seiten des Landes und der gbb außerdem dazu führen, dass dem Unternehmen nicht mehr rechtzeitig die Mittel zur Verfügung stehen. Insgesamt ist zu konstatieren, dass von Bundesseite zwar Geld für Krisenunternehmen im Rahmen des Konsolidierungsfonds III zur Verfügung gestellt wurde, die Förderungen aber wegen bürokratischer Hürden nicht ausgereicht werden. Allein diese Feststellung weist darauf hin, dass kooperative Strukturen zwischen Bund und Ländern in der Implementationsphase für dieses Instrument jedenfalls nicht auszumachen sind. Die

Implementation des Konsolidierungsfonds III ist daher durch Merkmale von einer klassisch hierarchischen Steuerungsform ohne ebenenübergreifende Abstimmung gekennzeichnet. Es besteht in dieser Hinsicht nur eine einseitige Koordination von oben nach unten. Daraus resultieren erhebliche Steuerungsdefizite.

Neben diesen Instrumenten der Direktsubventionen gibt es außerdem noch einige Beratungsprogramme, die aber den eigenkapital- bzw. fremdkapitalstärkenden Direktsubventionen nur untergeordnet sind. Eine Ausnahme in der Instrumentenpalette bildet das von der Deutschen Ausgleichsbank initiierte Projekt der Runden Tische. Es zielt darauf ab, mit Hilfe von weichen Steuerungsinstrumenten (Vermittlung, Beratung, Moderation) die Ursachen für die Krise des Unternehmens aufzudecken und gegebenenfalls mit den beteiligten Partnern des Krisenunternehmens dialogorientiert Lösungswege zu ermitteln. Das Instrument der "Runden Tische" kann möglicherweise die Basis zur Bildung von Issue-Netzwerken (im Sinne von HECLO 1978) bilden und wird daher bei der Untersuchung der Landespolitik tiefergehend berücksichtigt.

Akteure und Akteurskonstellation

Vielfältige Akteure bieten Unterstützungsleistungen für Krisenunternehmen an. Eine konzeptionelle Abstimmung zwischen den Akteuren ist aber genauso wenig wie bei der Instrumentenpalette zu erkennen. Als dominierende Akteure sind im Politikfeld der Sanierungs- und Konsolidierungspolitik die Bundesregierung im Allgemeinen und im Spezifischen das Bundeswirtschaftsministerium zu identifizieren. Das Bundeswirtschaftsministerium und die beiden Bundeskreditinstitute sind für die Gestaltung des Politikfeldes maßgebend. Die anderen aufgezeigten Akteure - insbesondere die Akteure, die Managementunterstützungen anbieten, wie der SES, "wir" oder das RKW - haben keinen erkennbaren Einfluss auf die (Weiter-)Entwicklung und Gestaltung des Politikfeldes. Sie bieten lediglich im Rahmen ihrer Möglichkeiten, Hilfestellungen für Krisenunternehmen an.

Seit Einrichtung des Politikfeldes hat sich die Akteurskonstellation nicht erkennbar verändert. Allenfalls ist der Stellenwert der Bundeskreditinstitute – Kreditanstalt für Wiederaufbau und Deutsche Ausgleichsbank - im Zuge der Neuauflage des Konsolidierungsfonds in den letzten Jahren gestiegen. Die KfW hat die Aufgabe des Vertragsmanagements von der Bundesanstalt für vereinigungsbedingte Sonderaufgaben übernommen. Die DtA setzt durch ihre 100% Tochter – die gbb- Beteiligungs- und Aktiengesellschaft – den Konsolidierungsfonds III um. Damit ist ihnen für die Zukunft eine Schlüsselposition in diesem Politikfeld zugewiesen worden. Die daraus resultierenden Veränderungen bleiben aber noch abzuwarten.[128]

---

[128] Die für das Vertragsmanagement zuständige Tochter der KfW, konnte bisher keine Auskunft geben über Zielsetzungen, Aufgaben und Ansprechpartner. Über die gbb konnte noch kein Krisenunternehmen gestützt werden, da die Fördermodalitäten zwischen gbb und Ländern nicht ausdiskutiert sind.

Die Gestaltung auf der nationalen und supranationalen Ebene erfolgt letztendlich allein in einem Zusammenspiel von überwiegend administrativen Akteuren. Im Verlauf der Implementationsphase (also z.B. in der Überarbeitungsphase des Konsolidierungsfonds) ist kein Übergang zu dialogorientierten und netzwerkartigen bzw. kooperativen Strukturen zu erkennen. Außeradministrative Akteure sind nicht systematisch am Politikprozess beteiligt.

Als Fazit lässt sich festhalten, dass die aufgezeigten Instrumente und der Politikstil einem klassisch hierarchisch aufgebauten Ansatz entsprechen. Verwaltungen bzw. Bürokratien sind dabei die dominanten Handlungsträger. Der für das Politikfeld der Sanierungs- und Konsolidierungspolitik spezifische Politikansatz zielt darauf ab, über traditionelle Instrumente die Krisenunternehmen zu stützen. Ein flexibler Ansatz, der zum einen durch die Anwendung von sowohl harten als auch weichen Steuerungsinstrumenten und vor allem durch eine dialogorientierte Politikform mit einer Tendenz zu netzwerkartigen Strukturen gekennzeichnet wäre, ist bisher jedenfalls nicht zu erkennen. Daher finden auf der nationalen und supranationalen Ebene *"Verhandlungen im Schatten der Hierarchie"* (BENZ 1994: 354) nicht statt.

4 DIE SANIERUNGS- UND KONSOLIDIERUNGSPOLITIK AUF LANDESEBENE: DAS BEISPIEL SACHSEN-ANHALT

4.1 Die Wirtschaftsstruktur in Sachsen-Anhalt

4.1.1 Wirtschaftsstrukturelle Entwicklung

Die besonders schlechte wirtschaftliche Situation sowie die im Vergleich zu Brandenburg unterschiedliche wirtschaftsstrukturelle Ausgangslage vor der Wiedervereinigung legten es nahe, Sachsen-Anhalt als ein Untersuchungsland zu wählen (vgl. Ausführungen in Kapitel 1.2). Gerade vor dem Hintergrund der Wirtschaftslage erscheint es dort besonders geboten, eine gegensteuernde Sanierungs- und Konsolidierungspolitik zu entwickeln und zu betreiben.

Sachsen-Anhalt ist mit einer ca. 20.500 qkm großen Fläche das achtgrößte Bundesland der Bundesrepublik. Die 1.296 Gemeinden sind in 21 Landkreisen bzw. 3 Regierungsbezirken (Magdeburg, Halle, Dessau) zusammengefasst. Magdeburg, Halle und Dessau sind kreisfreie Städte. In Sachsen-Anhalt wohnen ca. 2,7 Mio. Menschen, und die Bevölkerungsdichte wird mit durchschnittlich 132 Einwohnern pro qkm beziffert (Stand 2000). Die nördlichen Landesteile sind sehr dünn besiedelt (Bevölkerungsdichte unter 100 Einwohner/qkm), dagegen liegt die Bevölkerungsdichte in der Mitte und im Süden des Landes zwischen 200 und 400 Einwohnern pro qkm (vgl. www.sachsen-anhalt.de).

Zu DDR-Zeiten dominierten in Sachsen-Anhalt die Wirtschaftszweige Chemie und Maschinenbau. Sechs Standorte[129] des ehemaligen Schwermaschinenbaukombinates TAKRAF waren in Sachsen-Anhalt angesiedelt. Zudem gab es herausragende Chemiestandorte wie Halle (Buna) und Bitterfeld/Wolfen. Beide Chemiestandorte zählten neben Leuna zum sogenannten Chemiedreieck des mitteldeutschen Raumes, das durch einen intensiven stofflichen Verbund (z.B. Chlor, Wasserstoff, petrochemische Zwischenprodukte) und daraus resultierend durch eine starke Verknüpfung gekennzeichnet war (vgl. Wirtschaftsatlas Neue Bundesländer 1994).

Die wirtschaftliche Entwicklung in Sachsen-Anhalt ist genau wie in den anderen ostdeutschen Bundesländern nach wie vor durch den tiefgreifenden Strukturwandel im Rahmen des Transformationsprozesses gekennzeichnet. Nach der Zerstörung ganzer Wirtschaftszweige haben sich einzelne Wirtschaftssektoren erholt bzw. neu etabliert. Um die wirtschaftsstrukturelle Entwicklung des Landes näher spezifizieren zu können, werden nachstehend einige statistische Eckdaten genannt.

---

[129] Förderanlagen Calbe/Saale, Förderanlagen- und Kranbau Köthen, Förderanlagen "7. Oktober", Magdeburg – Schwermaschinenbau Magdeburg, Förderausrüstungen Aschersleben, Gießerei Frankleben Paulahof und Maschinen- und Apparatebau Landsberg (vgl. Wirtschaftsatlas Neue Bundesländer 1994).

Die Bruttowertschöpfung[130] ist ein statistischer Indikator, mit dem die Entwicklung der wirtschaftlichen Leistungsfähigkeit eines Landes angemessen skizziert werden kann. Wie aus der Abbildung 4-1 hervorgeht, ist für Sachsen-Anhalt zu konstatieren, dass die "Öffentlichen und privaten Dienstleister" mit einem Anteil von 26,7% an der gesamten Bruttowertschöpfung der dominanteste Wirtschaftsbereich sind, dicht gefolgt von "Finanzierung, Vermietung und Unternehmensdienstleister" mit 23,2%. Im Mittelfeld liegen dagegen das "Produzierende Gewerbe" und "Handel, Gastgeber und Verkehr" mit jeweils 17% sowie das Baugewerbe mit 12, 8%. Schlusslicht bildet die "Land- und Forstwirtschaft, Fischerei" mit einem Anteil von nur 3,2%. Somit ist festzuhalten, dass diese Kennziffer zu einem überwiegend Anteil vom Dienstleistungsgewerbe getragen wird.[131]

Abb. 4-1: Bruttowertschöpfung nach Wirtschaftsbereichen in Prozent in Sachsen-Anhalt (2000 in Preisen von 1995)

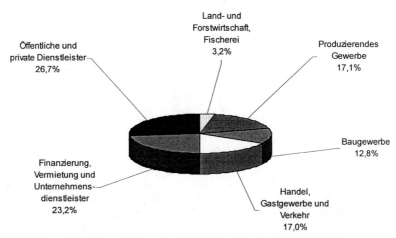

Quelle: Eigene Darstellung nach Angaben des Stat. Landesamtes Sachsen-Anhalt

---

[130] Die Bruttowertschöpfung der Wirtschaftsbereiche wird in der Regel durch Abzug der Vorleistungen von den Produktionswerten ermittelt.

[131] Das Institut für Wirtschaftsforschung in Halle macht in seiner 1997 durchgeführten Strukturanalyse u.a. auf die Komplementarität von (produktionsorientierten) Dienstleistungen und dem Verarbeitenden Gewerbe aufmerksam. Es kann davon ausgegangen werden, dass eine positive wie auch negative Veränderung der Bruttowertschöpfung im Verarbeitenden Gewerbe generell direkte Auswirkungen auf den Dienstleistungsbereich hat (vgl. IWH 1997: 27). Eine ausreichende Basis an Unternehmen des Produzierenden Gewerbes ist also eine wichtige Voraussetzung für die Dynamik des Dienstleistungssektors. Eine isolierte Konzentration auf den Auf- und Ausbau des Dienstleistungsbereichs wäre daher zu einseitig. Vielmehr müssten Maßnahmen ergriffen werden, die das Produzierende Gewerbe stützen. So könnten dadurch gleichzeitig wichtige Impulse auf den Dienstleistungsbereich übergehen.

In der Tabelle 4-2 ist die Veränderung der realen Bruttowertschöpfung je Erwerbstätigen zum Vorjahr in Prozent dargestellt. Richtet man das Augenmerk zunächst auf das "Verarbeitende Gewerbe", so wird deutlich, dass sich die Bruttowertschöpfung dieses Wirtschaftszweiges bis zum Jahr 1995 negativ entwickelt hat: Lag der Wert 1993 noch bei 25,6%, so ist er im Jahr 1995 auf eine Prozentmarke von 7,9% gefallen. Erst 1997 ist wieder ein leichter Anstieg auf 9,7% auszumachen. 1999 ist die Veränderung der Bruttowertschöpfung je Erwerbstätigen im Vergleich zum Vorjahr wieder etwas gesunken, liegt aber immer noch bei 3,7%. Dieser positive Trend setzte sich weiter fort. Im Vergleich zum Vorjahr ist der Kennwert auf 6,1% weiter angestiegen. [132]

Tab. 4-2 Veränderung der realen Bruttowertschöpfung nach Wirtschaftsbereichen, Veränderungen gegenüber Vorjahr in Prozent in Sachsen-Anhalt (in Preisen von 1995)

Wirtschaftszweig	1993	1995	1997	1999	2000
Land- u. Forstwirtschaft, Fischerei	33,0	7,5	3,9	7,0	-1,6
Produzierendes Gewerbe	18,8	5,8	3,3	4,2	4,3
Darunter: Verarbeitendes Gewerbe	25,6	7,9	9,7	3,7	6,1
Baugewerbe	16,3	-1,3	-0,9	-8,5	-10,7
Handel, Gastgewerbe und Verkehr	14,4	0,3	1,9	2,1	4,2
Finanzierung, Vermietung und Unternehmensdienstleister	13,8	10,1	8,7	4,2	3,7
Öffentliche und private Dienstleister	5,2	1,7	-0,5	-0,2	1,3
Gesamt	12,7	3,2	2,4	0,9	1,2

Quelle: Eigene Zusammenstellung nach Angaben des Statistischen Bundesamtes

Exemplarisch soll noch die Entwicklung des Wirtschaftszweiges "Baugewerbe" skizziert werden. Gerade in diesem Wirtschaftszweig sind drastische Einbussen

---

[132] Das Institut für Wirtschaftsforschung in Halle stellt für den Zeitraum 1991 bis 1995 des Weiteren eine geringe Exportorientierung des "Verarbeitenden Gewerbes" in Sachsen-Anhalt fest. Im Jahre 1995 wurden 64% der Produktion in der Region Sachsen-Anhalt, 22,9% in den neuen Bundesländern, 11,36% in den alten Bundesländern, 0,8% in der Europäischen Union, 0,6% im Osthandel und 0,38% auf anderen internationalen Märkten umgesetzt (vgl. IWH 1997: 30). Die Exportquote des "Verarbeitenden Gewerbes" in Sachsen-Anhalt betrug lediglich rund 1,8%. Die traditionelle Ostorientierung der Exporte wurde nur schrittweise durch neue Märkte in Westeuropa ersetzt. Die Exporte seien insbesondere im Jahre 1993 aufgrund des Transformationsschockes im Bergbau und im Verarbeitenden Gewerbe um rund ein Drittel zurückgegangen. Durch die Exportschwäche des "Verarbeitenden Gewerbes" in Sachsen-Anhalt sind - so die These des IWH - die Grundlagen einer "selbsttragenden" Entwicklung in Sachsen-Anhalt verringert worden (vgl. IWH 1997: 39). Inwieweit die erhebliche Veränderung der realen Bruttowertschöpfung im Verarbeitenden Gewerbe in den Jahren zwischen 1997 und 1998 auch positive Auswirkungen auf die Exportquote hat, ist leider bisher nicht hinreichend und befriedigend untersucht worden, so dass hier keine Aussagen diesbezüglich gemacht werden können.

anhand der statistischen Zahlen zu erkennen: 1993 hat das Baugewerbe noch gegenüber dem Vorjahr noch ein Wachstum von 16,3% aufzuweisen. Doch bereits 1995 lag der Wert bei –1,3%. Dieser negative Trend hat sich seitdem weiter fortgesetzt. 2000 ist für das Baugewerbe im Vergleich zu den anderen ausgewiesenen Branchen der mit Abstand schlechteste Wert mit ca. –10,7% festzustellen.

Nachstehende Tabelle 4-3 zeigt die Veränderung der realen Bruttowertschöpfung in den neuen Bundesländern. Ohne im Detail darauf einzugehen, ist folgendes festzustellen: Die Veränderung der realen Bruttowertschöpfung in Sachsen-Anhalt ist zwischen 1998 und 1999 mit insgesamt 0,9% Zuwachs (vgl. Tabelle 4-2) beziffert worden. Der Durchschnittswert für Ostdeutschland liegt dagegen bei 1,6%. Somit ist bei dieser Kennzahl eine für Sachsen-Anhalt insgesamt unterdurchschnittliche Entwicklung zu verbuchen. Die einzigen Ausnahmen bilden hier die Wirtschaftsbereiche "Verarbeitendes Gewerbe" und "Öffentliche und private Dienstleister". Sie haben eine überdurchschnittliche Entwicklung im Verhältnis zu Ostdeutschland aufzuweisen.

Tab. 4-3: Veränderung der realen Bruttowertschöpfung nach Wirtschaftsbereichen, Veränderungen gegenüber Vorjahr in Prozent in den neuen Bundesländern (in Preisen von 1995)

Wirtschaftszweig	1993	1995	1997	1999
Land- u. Forstwirtschaft, Fischerei	35,6	13,1	6,5	3,7
Prod. Gewerbe (ohne Baugewerbe)	14,6	6,4	3,9	2,7
Darunter: Verarbeitendes Gewerbe	19,5	8,5	9,3	3,3
Baugewerbe	17,2	2,6	-3,8	-4,3
Handel, Gastgewerbe u. Verkehr	13,1	2,5	0,7	2,7
Finanzierung, Vermietung und Unternehmensdienstleister	17,0	10,8	7,2	5,0
Öffentliche und private Dienstleister	3,8	2,3	-0,4	0,1
Gesamt	12,0	4,9	1,7	1,6

Quelle: Eigene Zusammenstellung nach Bundesamt für Statistik

Die nachstehende Abbildung 4-4 zeigt zunächst die Entwicklung der Betriebsgrößenstruktur des sachsen-anhaltinischen "Verarbeitenden Gewerbes" auf. Danach werden diese Werte mit den Durchschnittswerten für die neuen Bundesländer verglichen.

Abb. 4-4: Betriebe des "Verarbeitenden Gewerbes" sowie Bergbau und in der Gewinnung von Steinen und Erden in Sachsen-Anhalt (Sep. 1993 - 1999)

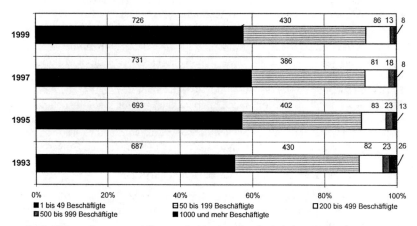

Quelle: Eigene Zusammenstellung nach Angaben des Statistischen Bundesamt, Fachserie 4, Reihe 4.1.2

Nicht verwunderlich ist die Entwicklung bei den großen Betrieben mit mehr als 1000 Beschäftigten in Sachsen-Anhalt. Gerade Großbetriebe sind durch die Treuhandpolitik kurz nach der Wende schnell zerschlagen worden. Von den 26 Betrieben mit mehr als 1000 Beschäftigten, die 1993 noch existierten, sind 1999 nur noch acht übriggeblieben. Auch die Anzahl der Betriebe mit 500 bis 999 Beschäftigten hat sich in der gleichen Zeitspanne von 23 auf 13 reduziert. In Sachsen-Anhalt dominieren – genau wie in ganz Ostdeutschland (vgl. Abbildung 4-5) - nach wie vor die Betriebe mit kleineren Belegschaftsgrößen bis maximal 199.

Abb. 4-5: Betriebe des "Verarbeitenden Gewerbes" sowie Bergbau und in der Gewinnung von Steinen und Erden in Ostdeutschland (1995 und 1999)

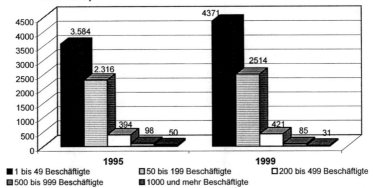

Quelle: Eigene Zusammenstellung nach Angaben des Statistischen Bundesamtes, Fachserie 4, Reihe 4.1.2

Ein Blick auf zwei Eckdaten (Entwicklung der Erwerbstätigen und Entwicklung der Arbeitslosenquote) des Arbeitsmarktes soll das Bild über Sachsen-Anhalts wirtschaftliche Situation zusätzlich schärfen. Nachstehende Tabelle 4-6 macht auf die Entwicklung der Anzahl der Erwerbstätigen in den einzelnen Wirtschaftsbereichen aufmerksam. Es wird deutlich, dass insbesondere im Produzierenden Gewerbe (ohne Baugewerbe) bzw. im Verarbeitenden Gewerbe ein drastischer Beschäftigtenrückgang zwischen 1991 und 2000 stattgefunden hat. Noch 1991 wurden in diesem Wirtschaftszweig knapp 330.000 Personen beschäftigt. Bereits 1995 waren nahezu die Hälfte der Arbeitsplätze aufgelöst worden und 2000 waren in diesem Wirtschaftszweig nur noch 144.000 ArbeitnehmerInnen erwerbstätig. Die in den vorangegangenen Ausführungen konstatierte Zunahme der realen Bruttowertschöpfung im "Verarbeitenden Gewerbe" zwischen 1999 und 2000, die sich auf eine Veränderung von 6,1% beläuft, geht somit nicht mit einem Zuwachs an Erwerbstätigen in dieser Branche einher. Alle zum Dienstleistungsgewerbe zählenden Wirtschaftszweige wie bspw. "Finanzierung, Vermietung und Unternehmensdienstleister" haben dagegen einen leichten Anstieg der Erwerbstätigen zu verbuchen, die aber die in den traditionellen Wirtschaftszweigen freigesetzten Arbeitnehmerinnen und –nehmer nicht annäherungsweise auffangen konnten. Die Entwicklung dieser Kennziffer sowie die Tendenz, dass ein Zuwachs der realen Bruttowertschöpfung nicht gleich auch einen Beschäftigtenanstieg bedeutet, entspricht der Entwicklung in Ostdeutschland (vgl. Tabelle 4-7).

Tab. 4-6: Entwicklung der Erwerbstätigen nach Wirtschaftsbereichen in Sachsen-Anhalt (in Tausend, 1991 - 2000)

Wirtschaftszweig	1991	1993	1995	1997	1999	2000
Land- u. Forstwirtschaft, Fischerei	96,1	44,9	40,1	39,7	40,1	40,1
Produzierendes Gewerbe	379,2	221,3	188,3	168,0	162,7	158,5
Darunter: Verarbeitendes Gewerbe	329,5	192,2	166,7	150,9	147,0	144,2
Baugewerbe	140,0	176,3	218,5	190,7	165,8	148,2
Handel, Gastgewerbe und Verkehr	250,4	241	246,1	243,7	250,6	250,0
Finanzierung, Vermietung und Unternehmens-dienstleister	71,7	82,5	95,1	102,7	114,0	114,9
Öffentliche und private Dienstleister	337,0	334,0	348,0	343,3	345,0	340,5

Quelle: Eigene Darstellung nach Ministerium für Wirtschaft und Technologie in Sachsen Anhalt (Hrsg.) 1998, 1999 und 2000/Statistisches Landesamt Sachsen-Anhalt

Tab. 4-7: Entwicklung der Erwerbstätigen in den neuen Bundesländern (in Tausend, 1991 - 2000)

Wirtschaftszweig	1991	1993	1995	1997	1999	2000
Land- u. Forstwirtschaft, Fischerei	495,0	251,6	239,7	223,9	220,0	213,3
Produzierendes Gewerbe (o. Baugewerbe)	1.990,4	1.118,5	1.021,0	963,6	952,0	944,5
Darunter: Verarbeitendes Gewerbe	1.750,6	973,4	904,8	870,2	870,1	869,1
Baugewerbe	696,0	883,1	1049,4	970,9	859,3	789,2
Handel, Gastgewerbe und Verkehr	1.392,6	1.306,2	1.356,2	1.366,1	1.407,5	1.392,8
Finanzierung, Vermietung und Unternehmensdienstleister	404,8	481,5	558,9	604,5	677,3	692,8
Öffentliche und private Dienstleister	1.806,0	1.754,6	1.823,0	1.796,7	1.849,2	1.841,2
Gesamt	6.785,0	5.795,5	6.048,2	5.925,8	5.965,2	5.873,8

Quelle: Bundesamt für Statistik

Die Arbeitslosenquote ist eine wichtiger Indikator zur Einschätzung der Arbeitsmarktsituation des Landes. Abbildung 4-8 zeigt, wie sich die sachsenanhaltinische Arbeitslosenquote im Verhältnis zu der Arbeitslosenquote der neuen und alten Bundesländer verhält. Insgesamt ist zu konstatieren, dass sowohl die Arbeitslosenquote von Sachsen-Anhalt als auch die Arbeitslosenquote der ostdeutschen Bundesländer weit über der von Westdeutschland liegen. 1996 und 1998 sind sie nahezu doppelt so hoch. Im Jahr 2000 liegen die ostdeutsche und die sachsen-anhaltinische Arbeitslosenquote sogar mehr als doppelt so hoch wie die der alten Bundsländer. Die sachsen-anhaltinische Arbeitslosenquote liegt im Vergleich zu dem angegebenen durchschnittlichen Wert für Ostdeutschland um mehr als 2-Prozentpunkte höher: Lag die Arbeitslosenquote 1996 in Sachsen-Anhalt noch bei 18,8%, so ist sie in den Jahren 1998 weiter auf 21,7% gestiegen. Zwischen 1998 und 2000 ist ein verschwindend geringer Rückgang von 0,3% auf 21,4% festzuhalten. Aber nach wie vor liegt Sachsen-Anhalt damit über dem ostdeutschen Durchschnitt und hat eine der höchsten Arbeitslosenquoten in der gesamten Bundesrepublik.

Abb. 4-8: Arbeitslosenquote in Sachsen-Anhalt im Vergleich zu West- und Ostdeutschland (Jahresdurchschnitt 2000)

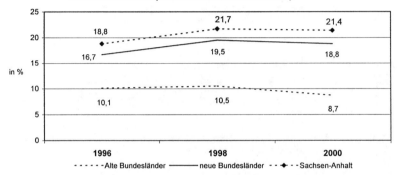

Quelle: Eigene Darstellung nach Angaben des Bundesamt für Statistik, Datenbank

Besonders interessant für die vorliegende Arbeit ist die Insolvenzentwicklung. Anhand von Tabelle 4-9 kann eine negative Entwicklung für Sachsen-Anhalt gezeigt werden. Auffällig dabei ist, dass Sachsen und Sachsen-Anhalt mehr als 50% aller Unternehmenszusammenbrüche in Ostdeutschland auf sich vereinen.

In Ostdeutschland ist der Verlauf ähnlich negativ wie in Sachsen-Anhalt: Die Werte bis einschließlich 1994 verdoppeln sich pro Jahr. 1995 wurden dagegen bereits 5.874 "Pleiten" registriert werden. 1997 und 1998 kommen dann pro Jahr nochmals mehr als 8.000 Unternehmenszusammenbrüche hinzu. In Bezug auf die Insolvenzquote –Insolvenzen bezogen auf 10.000 Unternehmen – liegt Sachsen-Anhalt an erster Stelle mit einem Wert von 261, dicht gefolgt von Sachsen mit 221 Insolvenzen auf 10.000 Unternehmen. Ein Vergleich der Insolvenzquote mit Ostdeutschland ist nicht möglich, da das Statistische Bundesamt keine Angaben seit 1995 zu dieser Kennziffer veröffentlicht hat.

Für die Insolvenzentwicklung ist insgesamt ein besonders – also überdurchschnittlich – negativer Trend für Sachsen-Anhalt zu erkennen.

Tab. 4-9: Insolvenzentwicklung der Unternehmen (1995 - 2000)[133]

Land	1995	1996	1997	1998	1999	2000
Brandenburg	1.023	1.274	1.319	1.459	1.317	1.511
Mecklenburg-Vorpommern	514	548	741	802	838	556
Sachsen	1.836	2.361	2.630	2.765	2.488	2.541
Sachsen-Anhalt	841	1.136	1.327	1.608	1.549	1.644
Thüringen	1.079	1.422	1.438	1.308	1.375	1.353
Ostdeutschland	5.874	7.419	8.126	8.615	k. A.	k. A.
Westdeutschland	15.612	18.111	19.348	19.213	k. A.	k. A.
Deutschland	21.486	25.530	27.474	27.828	k. A.	~28.000[1]
Insolvenzhäufigkeiten[134]						
Brandenburg	150	181	182	195	k. A.	k. A.
Mecklenburg-Vorpommern	113	118	157	166	k. A.	k. A.
Sachsen	148	188	210	221	k. A.	k. A.
Sachsen-Anhalt	130	177	205	242	k. A.	k. A.
Thüringen	152	203	204	182	k. A.	k. A.

[1] = geschätzte Anzahl an Unternehmensinsolvenzen.
Quelle: Statistische Landesämter der neuen Bundesländer, Bundesamt für Statistik, Hochmuth/Ziegler 1999c:13

Abb. 4-10: Insolvenzhäufigkeiten nach Wirtschaftsbereichen in Gesamtdeutschland (1994 bis 1998)

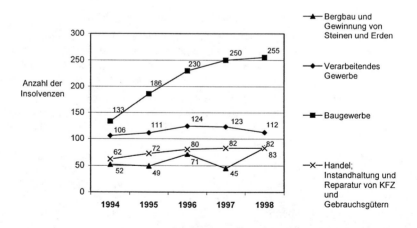

Quelle: Eigene Darstellung nach Angaben des Bundesamt für Statistik

Abb. 4-10 zeigt in welcher Branche besonders hohe Insolvenzen auftreten. Das Baugewerbe hat dabei seit 1994 eine Spitzenposition eingenommen. Zwischen

---

[133] Die Anzahl der Unternehmensinsolvenzen schließt Insolvenzen im Kleingewerbe mit ein.
[134] Insolvenzen je 10.000 umsatzsteuerpflichtige Unternehmen.

1994 und 1998 haben sich die Insolvenzhäufigkeiten in dieser Branche nahezu verdoppelt. Alle anderen aufgezeigten Wirtschaftszweige bleiben im Beobachtungszeitraum auf fast gleichem Niveau. Im Verarbeitende Gewerbe bspw. kommen 1994 106 und 1998 112 Insolvenzen auf 10.000 Unternehmen.

4.1.2 Wirtschaftsstrukturelle Unterschiede innerhalb des Landes

Die Unterschiede der Wirtschaftsstruktur innerhalb des Bundeslandes Sachsen-Anhalt lassen sich u.a. auch nach Raumgesichtspunkten an einigen statistischen Kennziffern auf Landkreisebene herausstellen.

Zunächst fällt die insgesamt niedrige Anzahl der Erwerbstätigen auf. Lediglich der Landkreis Merseburg-Querfurt und die kreisfreien Städte Magdeburg und Halle/S. weisen mehr als 65.000 Beschäftigte auf.

Außerdem wird in Abbildung 4-11 die Erwerbstätigenstruktur erkennbar: In allen Landkreisen und kreisfreien Städten sind die meisten Erwerbstätigen im Wirtschaftszweig "Sonstige Dienstleistungen" beschäftigt. Selbst in den als peripher und ländlich strukturiert geltenden Landkreisen wie bspw. Altmark-Salzwedel sind mehr als die Hälfte der Erwerbstätigen im tertiären Sektor beschäftigt. Etwa ein Drittel der Beschäftigten sind in den Landkreisen im Produzierenden Gewerbe tätig. Herausragend dabei ist der Saalkreis. Dort gehören ca. 43% aller Erwerbstätigen dem Produzierenden Gewerbe an. Wie bereits im vorangegangenen Kapitel festgestellt wurde, spielt der primäre Sektor bei den Erwerbstätigenzahlen eine verschwindend geringe Rolle. Lediglich in den Landkreisen Altmark-Salzwedel und Sangerhausen gehören ca. 8% der Erwerbstätigen der Land- und Forstwirtschaft sowie der Fischerei an (vgl. Statistiken des Landesamtes für Statistik in Sachsen-Anhalt, Jahrgang 2000 und Tabelle A1 und A2 im Anhang).

Abb. 4-11:   Erwerbstätigenstruktur in Sachsen-Anhalt (1999)

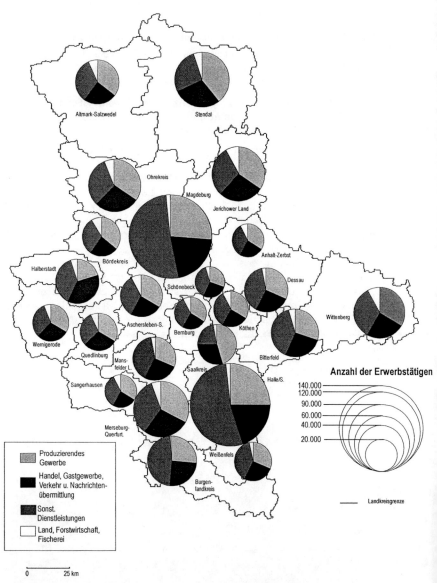

Quelle: Eigene Darstellung nach Angaben des Stat. Landesamtes in Sachsen-Anhalt

Abbildung 4-12 zeigt, dass sich die Betriebe des Verarbeitenden Gewerbes (einschließlich Bergbau und Gewinnung von Steinen und Erden) in einigen wenigen Landkreisen konzentrieren, während andere Landkreise kaum Betriebes dieses Wirtschaftszweiges aufweisen.[135] Lediglich in den Landkreisen Merseburg-Querfurt und Wittenberg sind relativ viele Unternehmen im Verarbeitenden Gewerbe zu verzeichnen (vgl. auch detaillierte Angaben in der Tabelle A3 im Anhang).

Abb. 4-12: Anzahl der Betriebe im Verarbeitenden Gewerbe, Bergbau, Gewinnung von Steine und Erden in Sachsen-Anhalt (2000)

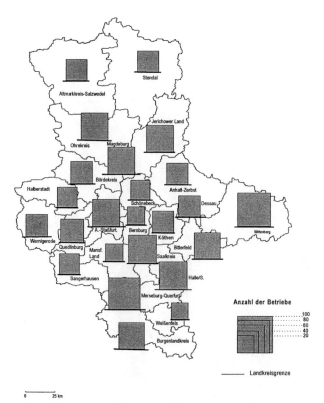

Quelle: Eigene Darstellung nach Angaben des Stat. Landesamtes in Sachsen-Anhalt

---

[135] Angaben über die Anzahl der Betriebe unabhängig vom Wirtschaftszweig werden im Stat. Landesamt Sachsen-Anhalt nicht gesammelt. Darüber hinaus stellt das Landesamt Sachsen-Anhalt weitaus weniger Kennziffern auf Landkreisebene zusammen als das Stat. Landesamt in Brandenburg (vgl. Ausführungen in Kapitel 5.1.2). Daher sind die Detailstrukturen der thematischen Karten von Sachsen-Anhalt (Kap. 4.1.1) anders als von Brandenburg (vgl. Kapitel 5.1.1).

Die Arbeitslosenquote der einzelnen Landkreise ist ein bedeutender Indikator für die Situation auf dem regionalen Arbeitsmarkt. Die sachsen-anhaltinische Landesarbeitslosenquote liegt im Jahr 2000 bei 21,4%. Abbildung 4-13 zeigt ein Ost-West-Gefälle der Arbeitslosenquoten innerhalb des Landes. Hier steht zu vermuten, dass einige Erwerbstätige die Möglichkeit nutzen, in die alten Bundesländer zur Arbeit zu pendeln. Damit entlasten sie den Arbeitsmarkt der westlichen Landkreise von Sachsen-Anhalt. Bemerkenswert ist zudem die trotz insgesamt hoher Erwerbstätigenanzahl und hoher Beschäftigtenzahlen des Verarbeitenden Gewerbes überdurchschnittlich hohe Arbeitslosenquote von 22,9% im Landkreis Merseburg-Querfurt. Die Arbeitslosenquoten der kreisfreien Städte liegen nahe dem Landesdurchschnitt bei ca. 21%.

Abb. 4-13: Arbeitslosenquote in Sachsen-Anhalt (Jahresdurchschnitt 2000)

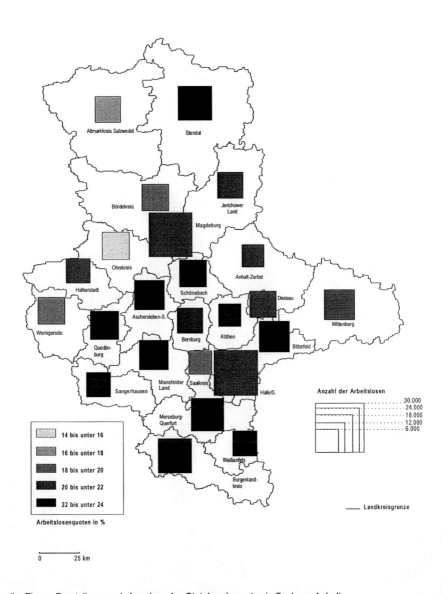

Quelle: Eigene Darstellung nach Angaben des Stat. Landesamtes in Sachsen-Anhalt

Aussagen zu den Unternehmensinsolvenzen im Jahr 2000 auf Landkreisebenen sollen das Bild über die wirtschaftsstrukturellen Unterschiede innerhalb des Landes abrunden. Zunächst fällt in Abbildung 4-14 auf, dass bei dieser Kennziffer wiederum die Landkreise, die an Westdeutschland grenzen, etwas günstiger abschneiden. Die Anzahl der Insolvenzen dieser Landkreise sind in der Regel zur zweitniedrigsten Kategorie von 31 bis 50 Insolvenzen zuordenbar. Auch der Landkreis Weißenfels hat nur wenige Unternehmensinsolvenzen im Jahr 2000 zu verzeichnen. Dies kann aber u.a. darin begründet liegen, dass Weißenfels eine sehr niedrige Betriebsdichte im Verarbeitenden Gewerbe und insgesamt geringe Erwerbstätigenzahlen aufzuweisen hat. Dagegen werden in den östlichen Landkreisen Merseburg-Querfurt, Bitterfeld und Wittenberg die meisten Unternehmensinsolvenzen angemeldet. Sowohl im Landkreis Wittenberg als auch im Landkreis Merseburg-Querfurt machten im Jahr 2000 100 Betriebe pleite. Auch in den kreisfreien Städten werden überdurchschnittlich viele Betriebe insolvent. So liegt im Jahr 2000 Magdeburg mit 203 Unternehmensinsolvenzen insgesamt an der Spitze. In Halle/S. mussten 138 Betriebe Insolvenz anmelden (vgl. Statistiken des Landesamtes für Statistik in Sachsen-Anhalt, Jahrgang 2000 und Angaben in der Tabelle A4 im Anhang).

Abb. 4-14: Anzahl der insolventen Unternehmen in Sachsen-Anhalt (2000)

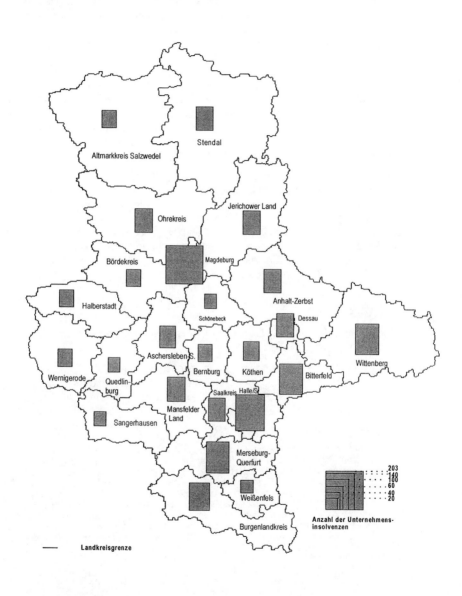

Quelle: Eigene Darstellung nach Angaben des Stat. Landesamtes in Sachsen-Anhalt

Alles in allem hat sich die gesamtwirtschaftliche Situation in Sachsen-Anhalt seit der Wiedervereinigung zwar insgesamt entspannt; sie weist aber nach wie vor gravierende Schwächen auf. Als besonders dramatisch sind die Entwicklungen der Insolvenzen und die drastischen Arbeitsplatzverluste im Produzierenden bzw. Verarbeitenden Gewerbe zu beurteilen.[136] Eine Ausnahme bildet auf Landesebene die statistische Größe "Veränderung der Bruttowertschöpfung". Hier weist Sachsen-Anhalt in einzelnen Wirtschaftszweigen im Vergleich zu Ostdeutschland eine überdurchschnittlich hohe Steigerung auf: Allerdings haben sich dadurch noch keine positiven Impulse auf den Arbeitsmarkt ergeben. Die Arbeitslosenquote in Sachsen-Anhalt liegt höher als die durchschnittliche Arbeitslosenquote in Ostdeutschland und ist somit insgesamt eine der höchsten in der Bundesrepublik.

Auf Landkreisebene ist abschließend herauszustellen, dass nur einige wenige Landkreise überwiegend industriell geprägt sind. Die meisten Erwerbstätigen sind im Dienstleistungssektor beschäftigt. Geht man davon aus, dass die Entwicklung des Dienstleistungssektors meist direkt bzw. indirekt von der Entwicklung des industriellen Bereichs abhängig ist, so wird sich insbesondere in den Landkreisen mit einer verhältnismäßig hohen Arbeitslosenquote – wie bspw. in den Landkreisen Quedlinburg oder Aschersleben-Staßfurt - auch auf lange Sicht die Situation des Arbeitsmarktes nicht entspannen können.

4.2 Gestaltung und Entwicklung der Sanierungs- und Konsolidierungspolitik

Die folgenden Ausführungen geben zunächst einen Überblick über die angewendeten Instrumente im Politikfeld der Sanierungs- und Konsolidierungspolitik. Daran anschließend werden die einzelnen Akteure, die auf diese

---

[136] An dieser Stelle soll noch eine nicht mehr ganz aktuelle Einschätzung des Institutes für Wirtschaftsforschung Halle über die wirtschaftliche Situation in Sachsen-Anhalt für den Beobachtungszeitraum von 1991 bis 1996 angeführt werden: *"Nach sechs Jahren wirtschaftlichen Um- und Aufbaus in Sachsen-Anhalt lässt sich feststellen, dass das Land die schwierige Transformationsphase von der Plan- zur Marktwirtschaft weitgehend überwunden hat. ... Mithin führte zwischen 1991 und 1995 ein Wachstum des nominalen Bruttoinlandsproduktes je Einwohner von über 50% dazu, dass die Hälfte des Wohlstandsniveaus der alten Bundesländer erreicht werden konnte. ... Negativ bleibt aber zu vermerken, dass das Wachstum zu einem erheblichen Teil aus Westdeutschland finanziert wurde, die Transferabhängigkeit folglich auch wie ein "Damoklesschwert" über der Entwicklung hängt."* (IWH 1997: 132) In der neueren Veröffentlichung von 2001 kommt das IWH zu einer ähnlich schlechten Einschätzung. Es konstatiert u.a. in Bezug auf die unternehmerische Initiative in Sachsen-Anhalt folgendes: *"Zu den gravierenden Schwächen der Wirtschaft des Landes kann eine zu geringe unternehmerische Initiative gezählt werden. Die geringe unternehmerische Initiative zeigt sich sowohl im Unternehmensbestand, der geringer als in den meisten anderen neuen Ländern ausfällt, als auch beim Bestandszuwachs im Zuge des Gründungsgeschehens. Mithin fehlt es der sachsen-anhaltinischen Wirtschaft im wesentlichen an Triebkräften für eine dynamische Wirtschaftsentwicklung."* (IWH 2001: 365)

Instrumente zurückgreifen, dargestellt. In Kapitel 4.3 wird der Verfahrensablauf in der Implementationsphase analysiert.

4.2.1 Instrumentenpalette

In Sachsen-Anhalt ist auf instrumenteller Ebene vor allem das Konsolidierungsprogramm IMPULS 2000 für die Sanierungs- und Konsolidierungspolitik bedeutend. Das Programm zählt zu den Finanzhilfeprogrammen und besteht aus drei Bausteinen: dem Konsolidierungsdarlehen, der Konsolidierungsbeteiligung (beides Direktsubventionen) und der Konsolidierungsberatung. Ergänzt wird dieses Programm u.a. über Instrumente wie Landesbürgschaften. Außerdem wendet die Landesregierung auch Auffanggesellschaften zur Konsolidierung und Sanierung von Krisenunternehmen an.

4.2.1.1 IMPULS 2000

Konsolidierungsdarlehen

Das Konsolidierungsdarlehen des IMPULS 2000-Programms ist Anfang 1995 nach der Übertragung der Mittel von der Treuhandanstalt an die jeweiligen Länder aufgelegt worden. Das Programm "Konsolidierungsdarlehen an mittelständische Unternehmen im Land Sachsen-Anhalt" ist eine Fremdkapitalförderung[137], das der Wiederherstellung der Wettbewerbsfähigkeit eines Unternehmens dient. Es soll zur Behebung struktureller betrieblicher Probleme, zur Aufbau- und Ablauforganisation sowie zur Entwicklung und Kommerzialisierung neuer Produkte verwendet werden. Zuwendungsberechtigt sind kleine und mittlere Unternehmen (nach Definition der EU) der gewerblichen Wirtschaft und Freiberufler, die einen Geschäftssitz in Sachsen-Anhalt haben. Der Förderhöchstbetrag ist derzeit 500.000 DM. In Ausnahmefällen und unter Vorbehalt der Einzelfallnotifizierung von der Europäischen Union werden auch Konsolidierungsdarlehen an Betriebe mit 250 bis 500 Beschäftigte vergeben. Dann beträgt der Höchstbetrag des Darlehens 2 Mio. DM (vgl. zu den genauen Förderbedingungen insbesondere Richtlinie über die Gewährung von Konsolidierungsdarle-

---

[137] Im Rahmen einer Eigenkapitalförderung werden dem kriselnden Unternehmen finanzielle Mittel von Dritten (wie z.B. Beteiligungskapital) bereitgestellt, die das Unternehmen wie Eigenkapitalmittel einsetzen kann. Diese Mittel haften i.d.R. wie Eigenkapital unbeschränkt und müssen bspw. Verluste mittragen (vgl. zum Unterschied zwischen Eigenkapital und Fremdkapital Fußnote 34). Der Eigenkapitalstock eines Unternehmens wird durch die Eigenkapitalförderung erhöht, so dass z.B. die Voraussetzungen für weitere Fremdfinanzierungen gegeben sind. Vorteilhaft ist auch, dass das Unternehmen i.d.R. keine Sicherheiten zu stellen hat. Außerdem ist von Vorteil, dass die Tilgungsraten für einen gewissen Zeitraum ausgesetzt werden und in Notzeiten keine Zinsen gezahlt werden müssen, die das Budget des Betriebes zusätzlich belasten. Die Kapitalgeber haben bei einer Eigenkapitalförderung Anspruch auf eine Gewinnbeteiligung.
Fremdkapital haftet grundsätzlich nicht. Bei der Fremdkapitalförderung (wie z.B. Bankkredite) wird dem Krisenunternehmen ein finanzieller Betrag zur Verfügung gestellt, der zu einer vereinbarten Zeit zurückgezahlt werden muss. Um bspw. einen Bankkredit zu erhalten muss das Unternehmen generell Sicherheiten in Höhe des Kreditbetrages bereitstellen (vgl. z.B. ENDRISS 1996: 1104f).

hen an mittelständische Unternehmen im Land Sachsen-Anhalt vom 2.2.1998 oder HOCHMUTH/ZIEGLER 1999c: Anhang).[138]

Gewährt werden hier nachrangig gesicherte Darlehen. D.h. andere Verbindlichkeiten – wie bereits über die Hausbank gewährte Kredite - sind grundsätzlich prioritär zu behandeln.[139] Wichtigste Fördervoraussetzung ist die Vorlage eines Sanierungs- und Konsolidierungskonzeptes (in den Richtlinien auch Umstrukturierungskonzept genannt), das eine dauerhafte Beseitigung der betriebswirtschaftlichen Probleme in Aussicht stellt. Neben der Darlegung des Sanierungs- und Konsolidierungskonzeptes müssen einem Antrag auf Förderung noch weitere Unterlagen beigefügt werden, die Einblicke in die wirtschaftliche Lage des Unternehmens geben. Im wesentlichen handelt es sich um Bilanzen der letzten Jahre oder Auftragsbestände etc.[140]

Sowohl das Landesförderinstitut als auch der Konsolidierungsausschuss können den Antrag auf ein Konsolidierungsdarlehen mit gewissen Auflagen versehen. Nach Auskunft des Wirtschaftsministeriums besteht die häufigste Auflage darin, dass das Krisenunternehmen sich einer Beratung bzw. eines Coachings im Rahmen des "Beratungsprogramms für kleine und mittlere

---

[138] Zum Ende des Jahres 2000 wurde das Darlehensprogramm im Rahmen von IMPULS 2000 durch die "Mittelstandsinitiative" weitestgehend abgelöst. Das Wirtschaftsministerium Sachsen-Anhalt schreibt zu dieser Neuorientierung der Mittelstandsförderung folgendes: *"Neben der Bündelung von Richtlinien bzw. Fördergegenständen zu Querschnittsprogrammen erfährt das Darlehensinstrument in der Wirtschaftsförderung eine Aufwertung. Kern der Mittelstandsinitiative ist ein Darlehensprogramm für mittelständische und technologieorientierte Unternehmen, das die Kapitalmarktangebote dort erweitert und ergänzt, wo aussichtsreiche Unternehmensentwicklungen wegen mangelnder Eigenkapitalunterlegung am finanzielle Grenzen stoßen. Mit dem Fokus auf zukunftsfähige, wachstumsorientierte Unternehmen löst sich das neue Programm bewußt von der Konsolidierungsförderung nach IMPULS 2000."* (Landesförderinstitut Sachsen-Anhalt 2000: 24) Wie bereits in Fußnote 20 erwähnt, konnten Entwicklungen nach 2000 nicht mehr in diese Arbeit aufgenommen werden.

[139] *"Die Zuwendungen werden im Rahmen der Projektförderung in Form der Festbetragsfinanzierung als hinter die übrigen Verbindlichkeiten des Unternehmens zurücktretende Darlehen bei einem Auszahlungskurs von 100% gewährt".* (Richtlinie über die Gewährung von Konsolidierungsdarlehen an mittelständische Unternehmen im Land Sachsen-Anhalt vom 2.2.1998: 502)

[140] Das Antragsverfahren gestaltet sich folgendermaßen aus: Der Antrag wird an die Hausbank gesandt, die ihn, mit einer Stellungnahme an das Landesförderinstitut weiterreicht. Das Landesförderinstitut übermittelt den Antrag weiter zur Begutachtung des Sanierungs- und Konsolidierungskonzeptes an die PwC Deutsche Revision oder an einen anderen Sachverständigen. Parallel erarbeitet das Landesförderinstitut eine eigene Stellungnahme zum Antrag und prüft des Weiteren, ob die vom Krisenunternehmen vorgelegten Unterlagen vollständig sind. Dann leitet die Hausbank den Antrag gemeinsam mit ihrer Stellungnahme und der Stellungnahme der PWC Deutsche Revision weiter an den Konsolidierungsausschuss, der den Antrag ggf. genehmigt. Stimmberechtigte Mitglieder des Konsolidierungsausschusses sind das Wirtschaftsministerium, das Finanzministerium und - im Falle eines von einem ehemaligen Treuhandunternehmen gestellten Antrages - die Bundesanstalt für vereinigungsbedingte Sonderaufgaben. Die Federführung obliegt dem Wirtschaftsministerium (vgl. Richtlinie über die Gewährung von Konsolidierungsdarlehen an mittelständische Unternehmen im Land Sachsen-Anhalt vom 2.2.1998: 503 und Ausführungen in Kapitel 4.3)

Unternehmen" unterziehen muss (Interview Task Force, Landesebene Sachsen-Anhalt 1996 und 1999).

Seit der Erstauflage 1995 ist das Darlehensprogramm in Bezug auf die Förderausrichtung und hinsichtlich seiner –zielsetzung nicht verändert worden. Von Anfang an konnte die Gewährung des Konsolidierungsdarlehens mit der Auflage versehen werden, dass sich das Krisenunternehmen einem Coaching bzw. einer Managementberatung zu unterziehen hat. Dieses Coaching kann u.a. über das Beratungsprogramm für kleine und mittlere Unternehmen finanziert werden (vgl. unten).

Dagegen hat die Landesregierung die Förderhöchstgrenze und die Laufzeit des Darlehens modifiziert: Erhielten kleine und mittlere Unternehmen mit weniger als 250 Beschäftigte bis 1997 maximal 2 Mio. DM, so können sie seit 1998 nur noch maximal 500.000 DM beantragen (vgl. Richtlinie über die Gewährung von Konsolidierungsdarlehen an mittelständische Unternehmen im Land Sachsen-Anhalt vom 24.6.1996 und vom 2.2.1998). Nur Unternehmen mit mehr als 250 Beschäftigte können auch nach 1997 ein Darlehen bis 2 Mio. DM gewährt bekommen. Überdies betrug die Laufzeit des Konsolidierungsdarlehens bis 1997 10 Jahre - unabhängig von der Größe des beantragenden Unternehmens. Seitdem gilt eine verkürzte Laufzeit: Kleine und mittlere Unternehmen bis 250 Mitarbeiter erhalten ein Darlehen mit einer maximalen Laufzeit von nur noch 5 Jahren. Die Laufzeit eines Darlehens für größere Betriebe mit mehr als 250 Beschäftige kann dagegen nach wie vor 10 Jahren betragen (Interview Task Force, Landesebene Sachsen-Anhalt 1999).[141]

Das im Rahmen von IMPULS 2000 gewährte Konsolidierungsdarlehen bietet dem antragstellenden Unternehmen den wesentlichen Vorteil, dass die Hausbank von der Darlehenshaftung befreit ist und somit nicht ins eigene Obligo gehen muss. Das Darlehen kann daher ohne die Zustimmung oder ohne einen Beitrag der Hausbank gewährt werden.[142] Das Wirtschaftsministerium

---

[141] Diese Verschärfungen seien nach Auskunft des Wirtschaftsministeriums im wesentlichen den knapper werdenden Finanzmitteln geschuldet (Interview Task Force, Landesebene Sachsen-Anhalt 1999). Nach eigener Einschätzung ist die verkürzte Förderlaufzeit aber auch ein Zeichen dafür, dass die Regierung in diesem Politikfeld unter Erfolgsdruck steht. Eine Sanierung und Konsolidierung von Unternehmen bis 250 Beschäftigte sollte innerhalb der nächsten fünf Jahre erreicht werden. Eine längere Förderung könnte u.U. darauf hinweisen, dass das Unternehmen nur "künstlich am Leben erhalten" wird. Die Regierung kann eine Förderperiode über 10 Jahre für diese Betriebsgröße wohl nicht mehr legitimieren.

[142] *"Das vorzulegende Konsolidierungskonzept soll seitens der Unternehmerin oder des Unternehmers sowie der Geschäftsbank (der sogenannten Hausbank, d.V.) eigene Beiträge zur Konsolidierung nachweisen. Ersatzweise ist eine Erklärung vorzulegen, warum solche Beiträge unmöglich bzw. für die Geschäftsbank nach banküblichen Gepflogenheiten unzumutbar sind. Die Hilfe muss auf das zur dauerhaften Wiederherstellung der Wettbewerbsfähigkeit auf die Grundlage eines bestätigten Restrukturierungsplanes erforderlichen Minimum beschränkt sein. Bei Unternehmen, die in Märkten mit strukturellen Überkapazitäten tätig sind, ist ein angemessener Kapazitätsabbau nachzuweisen."* (Richtlinie über die Gewährung von Konsolidierungsdarlehen an mittelständische Unternehmen im Land Sachsen-Anhalt vom 2.2.1998: 502)

selbst sieht die Rolle dieses Programms vor allem bei einer drohenden Insolvenz verbunden mit Zahlungsunfähigkeit (Interview Task Force, Landesebene Sachsen-Anhalt 1999 und 1996).

Konsolidierungsbeteiligung

Die "Konsolidierungsbeteiligung im Mittelstand" ist der zweite Baustein des Programms "IMPULS 2000". Sie ist im Gegensatz zum "Konsolidierungsdarlehen" eine Eigenkapitalförderung und nicht eine Fremdkapitalförderung. Die Möglichkeit, eine Konsolidierungsbeteiligung zu beantragen, wurde erst Ende 1995 von der Landesregierung Sachsen-Anhalts geschaffen. Vorher bestand für Krisenunternehmen nur die Möglichkeit, sich über Konsolidierungsdarlehen im Rahmen von IMPULS 2000 zu sanieren bzw. zu konsolidieren. Mit der Einführung der Konsolidierungsbeteiligung trug die Landesregierung der zunehmend zu Tage tretenden Eigenkapitalschwäche der ostdeutschen bzw. der sachsen-anhaltinischen Betriebe Rechnung (Interview Task Force, Landesebene Sachsen-Anhalt 1996).

Die Konsolidierungsbeteiligung zielt in erster Linie auf die Existenzsicherung von kleinen und mittleren Krisenunternehmen[143] ab. Die antragstellenden, kapitalschwachen Unternehmen haben in der Regel einen erhöhten Finanzbedarf, um auf ihrem Marktsegment wettbewerbsfähig zu bleiben. Sie benötigen zusätzlich haftendes Eigenkapital, das sie über eine stille Beteiligung[144] im Rahmen dieses Programmes erhalten können (vgl. HOCHMUTH/ZIEGLER 1999c: 66). *"Die Beteiligungen werden von Projektträgern[145] übernommen zur Herstellung/Wiederherstellung der Wettbewerbsfähigkeit mittelständischer Unternehmen innerhalb jeweils festgelegter Sanierungs- und Konsolidierungskonzepte durch Verbesserung der Eigenkapitalsituation zum Zweck der*

- *Verbreitung der Haftbasis für ein weitergehendes Engagement der Kreditwirtschaft,*

- *Finanzierung einer Konsolidierungs-/Umstrukturierungsphase."* (Richtlinie zur Förderung von Konsolidierungsbeteiligungen im Mittelstand vom 26.1.1996)

---

[143] Antragsberechtigt sind kleine und mittlere Unternehmen nach EU-Definition (vgl. Fußnote 23) der gewerblichen Wirtschaft und Freiberufler und -beruflerinnen.

[144] Wenn von dem Beteiligungsgeber keine Einflussnahme auf die Geschäftsführung ausgeübt wird, so spricht man von einer stillen Beteiligung.

[145] Projektträger können bei der Konsolidierungsbeteiligung Kreditinstitute, Beteiligungsgesellschaften (in Sachsen-Anhalt also die Mittelständische Beteiligungsgesellschaft oder die Wagnisbeteiligungsgesellschaft Sachsen-Anhalt mbH), Versicherungen und Unternehmensberatungen sein. Folgende Anforderungen bestehen an die Projektträger: Sie müssen insbesondere über eine bereits erfolgreich durchgeführte Beteiligungsverwaltung, nachweisbare fachliche Eignung und über eine finanzielle Leistungsfähigkeit verfügen (Interview Task Force 1996, vgl. auch Zeitschrift für das gesamte Kreditwesen, Sonderausgabe 1997/98 Heft 1: 179).

Außerdem unterscheidet sich die Konsolidierungsbeteiligung vom Konsolidierungsdarlehen hinsichtlich der Rückzahlungsmodalitäten: *"Das Unternehmen zahlt bei der Konsolidierungsbeteiligung nach der Laufzeit die gewährte Summe in einem zurück und muss während der Laufzeit nur die Zinsen des Beteiligungsentgeltes tragen."* (HOCHMUTH/ZIEGLER 1999c: 66) Die Projektträger erhalten ein rückzahlbares und zweckgebundenes Darlehen von mindestens 100.000 DM und maximal 2 Mio. DM mit einer Laufzeit von fünf Jahren. Unter Vorbehalt der EU-Einzelfallnotifizierung kann eine Beteiligungssumme über 2 Mio. bis maximal 5 Mio. DM gewährt werden. Dann kann die Laufzeit 10 Jahre betragen.

Grundvoraussetzung über die Gewährung einer Beteiligung ist auch hier wieder die Vorlage eines Sanierungs- und Konsolidierungskonzeptes, das die Wiederherstellung der Wettbewerbsfähigkeit nachweist (Interview Task Force, Landesebene Sachsen-Anhalt 1999 und 1996).

Das Antragsverfahren der Konsolidierungsbeteiligung ist vergleichbar mit dem Prozedere des Konsolidierungsdarlehens: Der Antrag wird über die Hausbank an das Landesförderinstitut geleitet, das sodann den Antrag an die Wagnisbeteiligungsgesellschaft Sachsen-Anhalt mbH (vgl. Kapitel 4.2.2.6) weitergibt. Diese holt eine Stellungnahme eines unabhängigen Sachverständigen oder der PwC Deutsche Revision (vgl. Kapitel 4.2.2.7) ein.

Ähnlich wie bei dem Konsolidierungsdarlehen besteht der Vorteil dieses Programms darin, dass die Hausbank des Krisenunternehmens nicht ins eigene Obligo gehen muss. Daher kann eine Beteiligung auch ohne einen Beitrag der Hausbank gewährt werden.

Im Rahmen der Konsolidierungsbeteiligung ist seit 1999 eine Aufstockung der Mittel erfolgt: Der über die gbb-Aktiengesellschaft – eine 100% Tochter der Deutschen Ausgleichsbank – abzuwickelnde und vom Bund 1999 eingerichtete Konsolidierungs- und Wachstumsfonds (vgl. Kapitel 3.2.1.2) soll in Sachsen-Anhalt an das hier dargelegte Programm "Konsolidierungsbeteiligung im Mittelstand" gekoppelt werden. D.h. die Gelder, die der Bund für die dritte Auflage des Konsolidierungsfonds für Ostdeutschland zur Verfügung gestellt hat, sollen in die Beteiligungen im Rahmen von IMPULS 2000 an kleine und mittlere Krisenunternehmen (nach Definition der Europäischen Union) einfließen. Bisher ist aber noch kein Krisenfall über den Konsolidierungs- und Wachstumsfonds genehmigt worden, da sich die sachsen-anhaltinische Landesregierung noch nicht mit der gbb-Aktiengesellschaft über die genauen Fördermodalitäten geeinigt hat. Nach Auskunft der Landesregierung ist z.B. unklar, ob sowohl die Landesregierung als auch die gbb-Aktiengesellschaft den Antrag prüfen soll oder ob nur das Land bzw. das Landesförderinstitut die Prüfung der Anträge durchführen wird (Interview Task Force, Landesebene Sachsen-Anhalt 2000 und Hochmuth/Ziegler 1999c).

Beratungsprogramm für kleine und mittlere Unternehmen

Mit Hilfe des "Beratungsprogramms für kleine und mittlere Unternehmen in Sachsen-Anhalt" sollen Managementdefizite behoben werden. Das Programm ist als ergänzendes Hilfsinstrument zu den beiden oben dargelegten Konsolidierungshilfen "Konsolidierungsdarlehen" und "Konsolidierungsbeteiligung" zu verstehen.

Schon vor der Auflage dieses Programms hat die Landesregierung gemeinsam mit dem Bund Beratungsleistung unterstützt. *"Bereits 1993 hatte das Wirtschaftsministerium mit der Bundesarbeitsgemeinschaft der Senior-Experten "Alt hilft Jung e.V." (vgl. Kapitel 3.2.2, E.H.) einen Vertrag geschlossen, der die Durchführung von Beratungen für sachsen-anhaltische Unternehmen zum Inhalt hat. Im vergangenen Jahr 1995 wurden auf dieser Grundlage 255 Beratungen durchgeführt. Zur Vorbereitung einer wichtigen Stützungsmaßnahme für kleine und mittlere Unternehmen, führte das Ministerium für Wirtschaft und Technologie mit dem Projektträger "Rationalisierungs-Kuratorium der Deutschen Wirtschaft e.V." ein Pilotvorhaben durch. Kernpunkte waren die Anfertigung einer Situationsanalyse und darauf aufbauend die Erstellung eines Maßnahmekataloges. Wurde bei der Umsetzung der Maßnahme ersichtlich, daß das Unternehmen externe Hilfe benötigte, so erfolgte dies in Form der Moderation bzw. des Coachings."* (Ministerium für Wirtschaft und Technologie in Sachsen-Anhalt (Hrsg.) 1996) Die positiven Erfahrungen mit diesem Pilotvorhaben bildeten dann die Grundlage für die Auflage des Beratungsprogramms für kleine und mittlere Unternehmen in Sachsen-Anhalt im Rahmen von IMPULS 2000. Parallel zu diesem Beratungsprogramm werden auch derzeit noch über die Bundesinitiative "Alt hilft Jung e.V." Beratungen durchgeführt. 1998 wurden in diesem Rahmen 279 Beratungsleistungen in Sachsen-Anhalt gefördert (vgl. Ministerium für Wirtschaft und Technologie in Sachsen-Anhalt (Hrsg.) 1999: 30).

Im Rahmen dieses Beratungsprogramms werden zum einen Unternehmen[146] unterstützt, die bereits einen Antrag auf Konsolidierungshilfe gestellt haben. Zum anderen können aber auch Unternehmen, die erst in Kürze einen Antrag auf Konsolidierungshilfe stellen wollen, Beratungsleistungen[147] erhalten.

---

[146] Die Zielgruppe des Beratungsprogramms sind mittelständische Unternehmen: *"Mittelständische Unternehmen sind Antragstellende mit bis zu 500 Arbeitskräften und nicht mehr als 5 Mio. ECU (entsprechend EURO, d.V.) Jahresumsatz oder nicht mehr als 25 Mio. ECU Bilanzsumme"* (vgl. Richtlinie über die Gewährung von Zuwendungen für Beratungsleistungen an mittelständische Unternehmen vom 15.1.1996: Punkt 2.4).

[147] Es gibt eine Vielzahl von Beratungsformen (vgl. z.B. TITSCHER 1997). Im Politikfeld der Sanierungs- und Konsolidierungspolitik bietet es sich an, insbesondere für den hier interessierenden Zusammenhang drei Arten voneinander zu unterscheiden: Die reine Unternehmensberatung, in der insbesondere betriebswirtschaftliche Einzelfragen erörtert werden. Sie hat in der Sanierungs- und Konsolidierungspolitik eine geringe Bedeutung. Dagegen spielt das Coaching des Managements eine sehr wichtige Rolle. Das Coaching ist dadurch gekennzeichnet, dass der sogenannte Coacher längerfristig dem Management des Krisenunternehmens zur Seite steht. Er stimmt seine Entscheidungen i.d.R. mit dem Management des Betriebes ab. Eine ähnlich wichtige Bedeutung hat auch das Interimsmanagement oder das Zeitmanagement; der Berater selbst wird Sanierungsberater

Letztere können bereits innerhalb der Antragsphase über das Beratungsprogramm gefördert werden.[148] Daher spaltet sich das gesamte Beratungsprogramm in zwei verschiedene Zielrichtungen auf, die jeweils in unterschiedliche Module aufgefächert sind:

1. Die "Fitnessberatung" zielt auf Unternehmen ab, die noch keine Konsolidierungshilfe beantragt haben. Folgende Beratungsleistungen werden angeboten:[149]
   - Situationsanalyse mit einem Förderumfang bis zu 10 Tagen,
   - Erstellung einer Unternehmenskonzeption/ Maßnahmekatalog mit einem Förderumfang bis zu 10 Tagen,
   - Moderation[150] mit einem Förderumfang bis zu 40 Tagen.

2. Die "Konsolidierungsberatung" zielt dagegen auf Unternehmen, die bereits eine Konsolidierungshilfe beantragt haben. Hier werden folgende Module angeboten:
   - Situationsanalyse mit einem Förderumfang bis zu 10 Tagen,
   - Erstellung eines Finanzierungskonzeptes/Konsolidierungskonzeptes mit einem Förderumfang bis zu 8 Tagen,
   - Moderation/Coaching[151] mit einem Förderumfang mit bis zu 40 Tagen,

---

oder Zeitmanager bzw. auch Trouble-Shooter genannt. Dieser Sanierungsberater übernimmt für einen längerfristigen Zeitraum die gesamte Verantwortung des Managements und trifft selbständig Entscheidungen. U.U. ist er auch finanziell an dem Krisenunternehmen beteiligt (vgl. KAUFMANN 1998: 316f).

[148] "Weiter sollen vor allem kleinere Unternehmen, deren Leitung vorwiegend über technischen Sachverstand verfügt, im Bedarfsfall Unterstützungen bei der Schaffung von Voraussetzungen für die Beantragung einer finanziellen Konsolidierungshilfe des Landes erhalten oder im Genehmigungsverfahren fachmännisch begleitet werden". (ebd.: Punkt 1.)

[149] Die Beratungsleistungen müssen aufeinanderfolgend von dem antragstellenden Unternehmen absolviert werden. Nur wenn eine oder zwei Beratungsleistungen vom Unternehmen bereits anderweitig durchlaufen wurden, kann direkt mit der nächsthöheren Beratungsleistung angefangen werden. "Die nächsthöhere Stufe soll jeweils erst dann verwirklicht werden, wenn sich ihre Erforderlichkeit nach einer Bewertung der Ergebnisse der vorangegangenen oder einer vergleichbaren Untersuchung herausgestellt hat. Verfügt ein Unternehmen vor Vertragsabschluß mit dem Projektträger bereits über eine Situationsanalyse, einen Maßnahmekatalog oder eine Unternehmenskonzeption, so kann mit einer Beratungsmaßnahme auf der nächsthöheren Stufe begonnen werden, wenn
   a) die fachliche Eignung der bisher eingesetzten Beraterin bzw. des bisher eingesetzten Beraters vom Projektträger positiv beurteilt worden ist und
   b) die Situationsanalyse in keinem Fall länger als drei Monate zurückliegt." (ebd.: Punkt 5.1.3)

[150] "Moderation, das heißt, eine Fachkraft bzw. eine Beraterin oder ein Berater schult eine Mitarbeiterin bzw. einen Mitarbeiter des Unternehmens durch Anleitung am Arbeitsplatz." (Richtlinie über die Gewährung von Zuwendungen für Beratungsleistungen an mittelständische Unternehmen vom 15.1.1996: Punkt 2.3)

[151] "Coaching bedeutet, eine Fachkraft bzw. eine Beraterin oder ein Berater übernimmt für einen begrenzten Zeitraum selbst die Funktionen/Aufgaben in dem Unternehmen." (Richtlinie über die Gewährung von Zuwendungen für Beratungsleistungen an mittelständische Unternehmen vom 15.1.1996: Punkt 2.2) In dieser von der Landesregierung formulierten Definition ist offen, wer für die Managemententscheidungen verantwortlich ist. Wie oben in Fußnote 167 dargelegt, differenziere ich in der vorliegenden Arbeit zwischen Coaching und

- Umfassende Beratung mit bis zu 65 Tagen (vgl. Prognos o. J., Information).

Das beantragende Unternehmen bekommt über das Beratungsprogramm zwischen 80 und 90% der anfallenden Beratungskosten erstattet. Den Rest muss es in Eigenleistung aufbringen.[152]

Als Projektträger für dieses Beratungsprogramm ist die Prognos GmbH vom Wirtschaftsministerium Sachsen-Anhalt beauftragt worden (vgl. Kapitel 4.2.2.2). Die Gesellschaft soll laut Richtlinie die Gewähr bieten für

- *"die sorgfältige Auswahl der zu beratenden Unternehmen, auch unter dem Gesichtspunkt der Erforderlichkeit der Maßnahme.*
- *die sorgfältige Auswahl der qualifizierten Beraterinnen und Berater, die auch über die Erfahrungen und Kenntnisse bezüglich der jeweils betroffenen Branche verfügen müssen.*
- *die zügige Vorbereitung und Abwicklung der Maßnahmen,*
- *die flächendeckende Umsetzung der Beratungsleistungen,*
- *die Einhaltung der haushaltsrechtlichen Grundsätze."* (Richtlinie über die Gewährung von Zuwendungen für Beratungsleistungen an mittelständische Unternehmen vom 15.1.1996: Punkt 4)

Die Prognos GmbH ist demnach sowohl für die gesamte Antragsabwicklung als auch für die Auswahl der Berater für die Unternehmen zuständig. Die Prüfung der Erforderlichkeit des Beratungsprogramms fällt unterschiedlichen Akteuren zu. Hier besteht eine komplexe Zuständigkeitsverteilung: Falls das Unternehmen keine Konsolidierungshilfe beim Wirtschaftsministerium beantragt hat, so hat die Prognos GmbH die Aufgabe zu überprüfen, ob es sinnvoll ist, dem Unternehmen über das Beratungsprogramm im Modul "Fitnessberatung" zu helfen. Hat das Unternehmen dagegen bereits einen Antrag auf ein Konsolidierungsprogramm gestellt, aber eine Bewilligung durch den Konsolidierungsausschuss steht noch aus, so prüft das Landesförderinstitut, ob eine Beratungsleistung im Modul "Fitnessberatung" zu gewähren ist. Im Ermessen des Konsolidierungsausschusses liegt es, ob eine Konsolidierungshilfe an eine Beratungs-

---

Interimsmanagement nach KAUFMANN (1998): Beim Coaching trifft das Management in Absprache mit dem Coacher die Entscheidungen. Das Management ist dabei nach wie vor für diese Entscheidungen verantwortlich. Der Interimsmanager stimmt dagegen mit dem Management seine Entscheidungen ab und trägt dafür auch die volle Verantwortung.

[152] Um einen Eindruck zu vermitteln, wie hoch derzeit eine solche Beratung kalkuliert wird, führe ich folgendes Zitat an: *"Die Unternehmen haben von den Gesamtkosten einen Eigenanteil zu tragen, dessen Höhe sich nach der Art der Beratungsleistungen richtet.*

Beratungsmodul	Eigenanteil	Gesamtkosten
Unternehmensanalyse, Maßnahmekatalog, Unternehmenskonzept, Konsolidierungskonzept, Finanzierungskonzept	10%	115,63 DM	1.344,59 DM
Coaching, Moderation, Umfassende Beratung	20%	260,85 DM	1.513,05 DM

Die Gesamtkosten pro Tagewerk betragen bei Unternehmen 1.344,59 DM bzw. 1.513,05 DM incl.; davon wird die öffentliche Zuwendung in Höhe von derzeit 1.043,40 DM pro Tagewerk in Abzug gebracht, so dass netto die genannten Eigenanteile verbleiben." (Prognos o. J.: o. S.)

leistung im Modul "Fitnessberatung" gekoppelt wird, falls bereits ein Antrag auf Konsolidierungshilfe vorliegt. Des weiteren kann nur der Konsolidierungsausschuss eine Beratungsleistung im Modul "Konsolidierungsberatung" genehmigen (vgl. Richtlinie über die Gewährung von Zuwendungen für Beratungsleistungen an mittelständische Unternehmen vom 15.1.1996: Punkt 5.2.3).

Das Beratungsprogramm ist im Frühjahr 1996 aufgelegt worden und hatte eine Laufzeit bis Ende 2000. Nach Auskunft des Wirtschaftsministeriums sollte das Beratungsprogramm aber auch über diesen Zeitraum hinaus in unveränderter Form weitergeführt werden (Interview Task Force, Landesebene 2000).[153] Seit seiner Auflage ist das Beratungsprogramm in Bezug auf seine Inhalte nicht verändert worden. Änderungen gab es bisher nur in der Höhe des vom Krisenunternehmen zu leistenden Eigenanteils (vgl. Richtlinie über die Gewährung von Zuwendungen für Beratungsleistungen an mittelständische Unternehmen vom 15.1.1996: Punkt 5.2.3).

4.2.1.2 Ausfallbürgschaften der Bürgschaftsbank und Landesbürgschaften

Im bundesrepublikanischen Fördersystem ist die Bereitstellung von Bürgschaften arbeitsteilig zwischen Bundes- und Landesebene ausgestaltet. Entsprechend der genannten Betragsgrenzen kommt der Bürgschaftsbank des Bundeslandes die größte Bedeutung für Unternehmen mit bis zu 250 Mitarbeitern und Mitarbeiterinnen zu. Unternehmen ab 250 Beschäftigte erhalten in der Regel eine Landesbürgschaft oder eine DtA-Bürgschaft (vgl. Kapitel 3.2.1.4).

Ausfallbürgschaften

Ausfallbürgschaften der Bürgschaftsbank Sachsen-Anhalt GmbH unterstehen ähnlichen Fördermodalitäten wie Landesbürgschaften (vgl. Kapitel 3.2.1.4), unterscheiden sich aber wie oben dargelegt in Bezug auf die Bürgschaftshöhe voneinander: Ausfallbürgschaften der Bürgschaftsbanken haben den Höchstbetrag von 1,5 Mio. DM. Sie übernehmen bzw. besichern einen Kreditbetrag bis zu 80% von mittleren und kleinen Unternehmen des Handwerks, der Industrie, des Handels, des Hotel- und Gaststättengewerbes, des Verkehrsgewerbes, des Gartenbaus, der übrigen Gewerbezweige sowie der Angehörigen freier Berufe in Sachsen-Anhalt. Generell werden diesen Unternehmen Ausfallbürgschaften gewährt, *"wenn ihnen bankmäßig ausreichende Sicherheiten nicht in erforderli-*

---

[153] Das Beratungsprogramm (Stand September 2001) ist nach telefonischer Auskunft von der Prognos GmbH und dem Wirtschaftsministerium Sachsen-Anhalt für das Jahr 2001 in modifizierter Form wieder aufgelegt worden. Die Landesregierung Sachsen-Anhalts hat im Jahre 2001 entschieden, als Projektträger nicht mehr die Prognos GmbH einzusetzen. Für die Vergabe des Beratungsprogramms sowie die Auswahl der Unternehmen und Berater ist nunmehr das Wirtschaftsministerium selbst zuständig. Diese neueste Entwicklung konnte in der vorliegenden Arbeit nicht mehr berücksichtigt werden (vgl. Ausführungen in Fußnote 20). Allerdings bestätigt sich auch in diesem Zusammenhang die Erkenntnis, dass einige Indizien in Sachsen-Anhalt auf eine Tendenz zu einer Hierarchisierung denn zu einer Enthierarchisierung in dem untersuchten Politikfeld hindeuten (vgl. Ausführungen in Kapitel 6).

chen Umfang zur Verfügung stehen." (Richtlinien für die Übernahme von Ausfallbürgschaften durch die Bürgschaftsbank Sachsen-Anhalt GmbH vom 1.1.1998: o. S.) Die restlichen 20% des Risikos muss ein Kreditinstitut übernehmen. Des weiteren muss der Kreditnehmer einige Voraussetzungen erfüllen: Zum einen soll er ein *"nachweislich bewährter und zuverlässiger Fachmann"* (ebd.) sein und zum anderen soll *"der Betrieb als existenz- und wettbewerbsfähig"* einzuschätzen sein (ebd.). Anträge auf eine Ausfallbürgschaft werden über ein Kreditinstitut - in der Regel über die Hausbank des Unternehmens - an die Bürgschaftsbank eingereicht. Das Kreditinstitut übersendet den Antrag an die Bürgschaftsbank Sachsen-Anhalt GmbH, *"die ihn eigenverantwortlich prüft und alsdann eine Stellungnahme einer Kammer zu dem Antrag einholt."* (ebd.) Eventuell holt sie eine zusätzliche Stellungnahme eines Wirtschaftsverbandes ein. Dass dem Antrag ein Konsolidierungs- bzw. Sanierungskonzept vom Unternehmen beizufügen ist, wird in den Richtlinien nicht explizit erwähnt, in der Praxis wird nach Auskunft des Wirtschaftsministeriums aber ein solches Konzept verlangt. Die Bürgschaftsbank genehmigt gegebenenfalls den Antrag (Interview Task Force Landesebene 1999 und 2000).

Die Hausbank muss nicht nur das Restrisiko von 20% bei Übernahme einer Bürgschaft durch die Bürgschaftsbank tragen, sondern spielt auch nach der Bewilligung eine wichtige Rolle. U.a. hat sie eine Anzeigepflicht gegenüber der Bürgschaftsbank. Sie muss der Bürgschaftsbank sofort melden, wenn z.B. das Unternehmen mit der Zahlung der Zinsen mehr als zwei Monate in Verzug ist oder andere wesentliche Kreditbedingungen vom Unternehmen verletzt werden. Außerdem hat sie der Bürgschaftsbank mitzuteilen, wenn festgestellt wird, dass das Unternehmen falsche Angaben - z.B. zu seinen Vermögensverhältnissen - gemacht hat, diese aber wesentlich zur Bewilligung der Bürgschaft beigetragen haben (vgl. Richtlinien für die Übernahme von Ausfallbürgschaften durch die Bürgschaftsbank Sachsen-Anhalt GmbH vom 1.1.1998: o. S.).

Landesbürgschaften

Landesbürgschaften sind ebenfalls Ausfallbürgschaften und sollen Maßnahmen für Unternehmen ermöglichen, die volks- und betriebswirtschaftlich förderungswürdig erscheinen und überdies betriebswirtschaftlich vertretbar sind. In der Regel kann das Unternehmen, das eine Ausfallbürgschaft beantragt, keine banküblichen Sicherheiten nachweisen, um diese Maßnahme zu verwirklichen. Das Land springt unter diesen Bedingungen ein, und sichert vor allem langfristige Investitionskredite, kurz- und mittelfristige Betriebsmittelkredite gegenüber der Geschäftsbank oder einem anderen Kreditinstitut für das Unternehmen ab. Landesbürgschaften werden als Ausfallbürgschaften übernommen. Sie sind generell auf 80% des Ausfalls zu beschränken (vgl. Bürgschaftsrichtlinien des Landes Sachsen-Anhalt vom 10.10.1995, veröffentlicht am 30.10.1996). *"In Sachsen-Anhalt werden Landesbürgschaften nur dann übernommen, wenn die Maßnahmen sonst nicht durchgeführt werden können, insbesondere weil keine ausreichenden Sicherheiten zur Verfügung stehen und andere Bürgschaften nicht erreichbar sind. Sanierungsfälle dürfen nur verbürgt werden, wenn sie einer dauerhaften und nicht nur vorübergehenden Ordnung der finanziellen und wirtschaftlichen Verhältnisse dienen. In jedem Fall ist ein schlüssiges Sanierungs- bzw. Konsolidierungskonzept vorzulegen."* (Hochmuth/Ziegler 1999c: 66)

Nach Auskunft des Wirtschaftsministeriums im Jahr 2000 wird in der Regel nur noch dann eine Bürgschaft im Rahmen von einer Betriebssanierung bzw. -konsolidierung eingesetzt, wenn kurzfristige Sicherheiten benötigt werden. Das Wirtschaftsministerium schilderte in diesem Zusammenhang ein Beispiel von einem Unternehmen, das seine Geschäftätigkeit nur mit der Realisierung eines Auslandprojektes aufrechterhalten konnte. Um diesen Auftrag zu bekommen, hat der Betrieb aber eine Ausfuhrsicherheit nachzuweisen. In diesem Fall wurde die benötigte Sicherheit über eine Landesbürgschaft abgesichert. Derartige Anträge werden mit den erforderlichen Unterlagen an die PwC Deutsche Revision eingereicht, die ihn nach Prüfung an das Finanzministerium weiterleitet. Dieses prüft und bewilligt gegebenenfalls die Bürgschaft (Interview Task Force; Landesebene 2000 und 1999).

Sowohl Ausfallbürgschaften der Bürgschaftsbank Sachsen-Anhalt GmbH als auch Landesbürgschaften sind mit anderen Förderprogrammen der Bundes- und Landesebene kombinierbar. Die Fördermodalitäten haben sich in Sachsen-Anhalt sowie in allen anderen Bundesländern im Zeitverlauf nicht verändert (vgl. z.B. Richtlinien für die Übernahme von Ausfallbürgschaften durch die Bürgschaftsbank Sachsen-Anhalt GmbH vom 1.1.1998).

4.2.1.3 Auffanggesellschaften

Das Instrument der Auffanggesellschaften ist sowohl in West- als auch in Ostdeutschland eine bewährte und in der Praxis häufig verwendete Konstruktion, um einem Krisenunternehmen zu helfen. Generell treten ein oder mehrere neue Rechtsträger neben das krisengeschüttelte Unternehmen, um im eigenen Namen und mit neuer Rechtsform[154] den gesamten Betrieb oder einige Bereiche des Unternehmens fortzuführen, wobei dann die verlustbringenden Bereiche eingestellt bzw. aufgelöst werden.

---

[154] Sowohl steuerlich als auch rechtlich unproblematisch ist die Wahl einer Gesellschaft mit beschränkter Haftung (GmbH) für die zu gründende Auffanggesellschaft. Hier muss das Stammkapital als Bareinlage aufgebracht werden. *"Im Anschluß an die Bargründung kann die Auffangpachtgesellschaft (oder Auffanggesellschaft, d.V.) Vermögen (Vorräte) von der Sanierungsgesellschaft erwerben und kommt in den Genuß der Vorsteuerabzugsberechtigung. Da gem. § 6 Abs. 1 GmbH-Gesetz nur die Hälfte des Stammkapitals durch Bareinlagen aufgebracht werden muss, ist es denkbar, den Rest durch Sacheinlagen in Form von Forderungen an das Sanierungsunternehmen aufzubringen. Das heißt, Banken, Lieferanten und Gläubiger können ihre Forderungen an das Sanierungsunternehmen in die Auffanggesellschaft als Sacheinlage einbringen. Durch diese Maßnahme könnten die erforderlichen liquiden Mittel für die GmbH-Gründung auf ein Minimum gedrückt werden, was vor allem bei kleinen Unternehmen sinnvoll sein kann."* (BAUMANN 1988: 41)

Es gibt zahlreiche Typen von Auffanggesellschaften, die aber an dieser Stelle nicht dargestellt werden sollen. Die wichtigste Form von Auffanggesellschaften für Sanierungsfälle ist die sogenannte Übernahmeauffanggesellschaft. Sie führt den Betrieb bzw. Teile des Betriebes des zu sanierenden Unternehmens im eigenen Namen und mit eigenem Interesse weiter. Nach einschlägigen Erfahrungen mit diesem Instrument wird eine Auffanggesellschaft möglichst zu einem Zeitpunkt eingerichtet, in dem das Unternehmen erst möglichst kurz illiquide ist und noch keine Insolvenz angemeldet hat. Denn je länger das Unternehmen bereits zahlungsunfähig ist, desto teurer und unbeweglicher wird das gesamte Verfahren der Insolvenz. Die Möglichkeiten, eine Auffanggesellschaft zu gründen, sind dadurch wesentlich eingeschränkter (vgl. BAUMANN 1988). *"Das Verhältnis der Vertragsparteien – Übernahmeauffanggesellschaft und Krisenunternehmen – wird durch einen Pachtvertrag mit einer Option für den späteren Erwerb des Betriebes geregelt. Die Übernahmeauffanggesellschaft kann am Ende der Sanierung von ihrem Recht Gebrauch machen und den vorher gepachteten Betrieb übernehmen."* (ebd.: 40)

In Sachsen-Anhalt werden Auffanggesellschaften häufig installiert und von der Landesregierung finanziell getragen. Insbesondere kurz nach der Einrichtung des Konsolidierungsfonds richtete die Task Force (vgl. Kapitel 4.2.2.1) mit finanzieller Beteiligung der Landesregierung eine Reihe von Auffanggesellschaften ein, um so wenigstens einen Teil der insolvenzbedrohten bzw. in Insolvenz befindlichen Betriebe zu retten.[155] Die Landesregierung misst diesem Instrument mit der Einrichtung der GSA-Grundstücksfonds Sachsen-Anhalt GmbH (vgl. Kapitel 4.2.2.3) im Rahmen des Politikfeldes der Sanierungs- und Konsolidierungspolitik nach wie vor ein erhebliches Gewicht bei.

4.2.2 Akteure

Sachsen-Anhalt legte in diesem Politikfeld nicht nur das Programmpaket IMPULS 2000 auf, sondern initiierte ein Beraterteam – die sogenannte Task Force – im Wirtschaftsministerium, das sich seit 1995 mit Krisenunternehmen beschäftigt und auf die verschiedenen zur Konsolidierung und Sanierung von Bund und Land bereitgestellten Konsolidierungs- und Sanierungshilfen zurückgreift. Außerdem gründete das Land eine Liegenschaftsgesellschaft – die GSA-Grundstücksfonds Sachsen-Anhalt GmbH -, die von Insolvenz bedrohten Unternehmen bzw. insolventen Unternehmen Unterstützungsmöglichkeiten anbietet.

Das Wirtschaftsministerium, die Prognos GmbH (Magdeburg) und die GSA-Grundstücksfonds Sachsen-Anhalt GmbH sind die wesentlichen Akteure auf Landesebene im Politikfeld Sanierungs- und Konsolidierungspolitik. Ferner sind

---

[155] *"Nach Erfahrungen der Task Force melden sich Betriebe mit finanziellen bzw. wirtschaftlichen Schwierigkeiten oftmals viel zu spät. Häufig besteht die letzte Möglichkeit, das Unternehmen bzw. Teile des Unternehmens zu retten, in der Installierung einer Auffanggesellschaft. ... Bisher hat die Task Force 45 Auffanggesellschaften erfolgreich aufbauen können."* (HOCHMUTH/ZIEGLER 1999a: 40)

das Landesförderinstitut und die Bürgschaftsbank als Akteure zu nennen.[156] Die PwC Deutsche Revision spielt ebenfalls eine Rolle in dem hier interessierenden Politikfeld.

4.2.2.1 Das Wirtschaftsministerium

Wie in allen anderen Bundesländern ist in Sachsen-Anhalt das Ministerium für Wirtschaft und Technologie verantwortlich für die Ausgestaltung der Sanierungs- und Konsolidierungspolitik des Landes. Es konzeptioniert und entwickelt die gesamten politischen Maßnahmen dieses Politikfeldes auf Grundlage des von der Europäischen Union und Bund vorgegebenen rechtlichen und programmatischen Rahmens (vgl. Kapitel 3.1 und 3.2). Das Wirtschaftsministerium hat im wesentlichen zwei Abteilungen mit Aufgaben der Sanierungs- und Konsolidierungspolitik betraut. Das ist einerseits die Task Force (Abteilung 2 "Wirtschaftspolitik", Referat 24) und andererseits die Abteilung 3 "Mittelstand, Regionalisierung, Tourismus, Forschungs- und Technologiepolitik", Referat 31 "Grundsatzfragen der Mittelstandspolitik".

Die Task Force

Kurz nachdem die Treuhandanstalt Sachsen-Anhalt die Konsolidierungsmittel übertragen hatte, wurde auf Initiative des Wirtschaftsministers die Task Force gegründet. Sie wurde als Stabsstelle im Wirtschaftsministerium eingerichtet und begann ihre Arbeit als Beraterteam für Krisenunternehmen der gewerblichen Wirtschaft mit zunächst zwei Mitarbeitern. Zwischenzeitlich waren aufgrund der Vielzahl der eingereichten Anträge auf Konsolidierungs- und Sanierungsmittel bis Ende 1996 fünf Berater bei der Task Force beschäftigt. Ende 1996 wurde sie umstrukturiert: Seitdem ist sie keine Stabsstelle mehr, sondern ist in die Abteilung 2 "Wirtschaftspolitik, Industriepolitik, Strukturfonds, Berufliche Aus- und Weiterbildung" integriert worden[157]. Sie beschäftigt derzeit vier Berater.

Die Task Force hat seit ihrer Gründung im wesentlichen zwei Aufgaben. Zum einen dient sie als erste Anlaufstelle für sachsen-anhaltinische Unternehmen des industriellen Bereiches bzw. des produzierenden Gewerbes, die sich in einer nicht mehr eigenständig zu bewältigenden Krise befinden. Handelt es sich um ein "regional bedeutsames Unternehmen" so betreut die Task Force; in allen anderen Fällen ist das Referat 31 (siehe unten) zuständig. Allen als "regional bedeutsam eingestuften Unternehmen" soll die Task Force nach einer sogenannten Schwachstellenanalyse individuell zugeschnittene, finanzielle Lösungsmöglichkeiten für ihre betriebswirtschaftlichen Probleme aufzeigen. Die Task Force ordnet nach Anfrage bzw. dem Hilferuf des notleidenden Betriebes dem Unternehmen einen Berater zu. Anhand von verschiedenen betriebswirt-

---

[156] Sowohl die Bürgschaftsbank als auch das Landesförderinstitut haben in jedem Bundesland die gleiche Funktion und die gleichen Aufgaben. Im wesentlichen sind sie für die technische Abwicklung der verschiedenen oben dargelegten Konsolidierungshilfen zuständig.

[157] Die Task Force ist im Referat 24 "Industrie I, Grundsatzfragen der Industriepolitik, Treuhandnachsorge" innerhalb der Abteilung 2 angesiedelt.

schaftlichen Kenndaten des Unternehmens (wie z.B. Gewinn- und Verlustrechnungen, Kostenrechnungen usw.) soll dieser Berater zunächst prüfen, welche Probleme und Defizite in dem Betrieb auszumachen sind und inwieweit ihnen entgegengewirkt werden kann.

In der Regel fehlen den Unternehmen aufgrund einer zu geringen Eigenkapitaldecke oder wegen Managementdefiziten Finanzmittel zur Gewährleistung ihres weiteren operativen Geschäfts. Der Berater der Task Force sucht dann nach einem geeigneten Programm bzw. nach einer sinnvollen Kombination aus verschiedenen Finanzierungsprogrammen und unterstützt den Betrieb im weiteren Zeitverlauf bei der gesamten Antragstellung. Im wesentlichen greift die Task Force dabei auf Konsolidierungshilfen im Rahmen von IMPULS 2000 und auf Landesbürgschaften zurück. Die Task Force dient als Koordinator für die verschiedenen im Rahmen der Förderanträge anzusprechenden, geldgebenden Institutionen, wie z.B. der Hausbank des notleidenden Unternehmens, der Bürgschaftsbank und/oder dem Landesförderinstitut. Der Berater vermittelt dem Krisenunternehmen auch die entsprechenden Ansprechpartner in den für die weitere Antragstellung zu kontaktierenden Institutionen (Interview Task Force, Landesebene Sachsen-Anhalt 1999). Bei einer Anfrage eines bereits insolventen Betriebes kann die Task Force u.a. auch nach neuen Investoren suchen (Interview Task Force, Landesebene Sachsen-Anhalt 1996).

Zum anderen berät die Task Force das Wirtschaftsministerium bei Krisenfällen. Anhand ihrer möglichst umfangreichen Informationen über das notleidende Unternehmen soll die Task Force für die Landesregierung das Risiko abwägen, das mit einem solchen Engagement verbunden ist (Interview Task Force, Landesebene Sachsen-Anhalt 1996). Für die Gewährung der Finanzmittel in diesem Politikfeld ist ein Bewilligungsausschuss (auch Konsolidierungsausschuss genannt) zuständig, dessen stimmberechtigte Mitglieder das Finanzministerium und das Wirtschaftsministerium sind. Die Task Force hat in diesem Gremium generell keine Entscheidungskompetenz, nimmt aber an den Ausschusssitzungen teil. Ihre Aufgabe in diesem Zusammenhang besteht darin, den Vertretern der Ministerien Hintergrundinformationen über die Krisenunternehmen zu geben. Die Vertreter der Landesregierung sollen so besser bewerten und einschätzen können, ob das antragstellende Unternehmen konsolidierungs- bzw. sanierungsfähig ist (Interview Task Force, Landesebene Sachsen-Anhalt 1999). In der Regel sollten die Berater der Task Force der Landesregierung vermitteln können, welche Chance das Unternehmen in Zukunft auf dem Marktsegment hat und ob das im Rahmen des Konsolidierungsantrages vorgelegte Sanierungskonzept tragfähig ist. Ein Berater der Task Force weist in diesem Zusammenhang aber ausdrücklich darauf hin, dass die Berater zwar Hinweise und Informationen über das Krisenunternehmen geben, konkrete Entscheidungen über die Vergabe der Konsolidierungshilfen treffen dann aber die Ministerien grundsätzlich selbst (Interview Task Force, Landesebene Sachsen-Anhalt 1999).

Alle Berater der Task Force verfügen auf der einen Seite über betriebswirtschaftliches Know-how und andererseits verfügen sie über Kenntnisse in Bezug auf die komplexen Förderregularien der gesamten im Politikfeld Sanierungs- und Konsolidierungspolitik angebotenen Programme (Interview Task Force, Landesebene Sachsen-Anhalt 1996 und 1999). Darüber hinaus müssen sie sowohl über spezifische Branchenkenntnisse als auch über ein gewisses Gespür für zukünftige Trends in einem Wirtschaftszweig verfügen.

Das Klientel der Task Force hat sich im Zeitverlauf ihrer Existenz sehr verändert. Generell betreut die Task Force überwiegend Industriebetriebe, die als "regional bedeutsam" gelten (Interview Task Force Landesebene 1999 und 2000). Im Anfangsstadium ihrer Existenz (1995) bestand dieses Klientel zu ca. 60% aus Treuhandbetrieben mit mehr als 50 Beschäftigten. Die restlichen 40% waren bedeutsame Privatunternehmen. In der Regel hatten diese Unternehmen bereits versucht, beratende und finanzielle Unterstützung über die DtA-Runden Tische (vgl. Kapitel 3.2.1.5) zu erhalten. Dort konnte ihnen aber nicht weitergeholfen werden, denn ihnen fehlte die wichtigste Voraussetzung: Um ein Fall für den DtA-Runden Tisch zu werden, muss die Hausbank gewillt sein, ihre Kreditlinien für eine weitere Zeitperiode aufrecht zu erhalten. Die Treuhandunternehmen, die keine Unterstützung über ihre Hausbank mehr erhielten, wendeten sich in der Regel an die Task Force (Interview Task Force, Landesebene Sachsen-Anhalt 1996).[158] In dieser Phase bezeichnete sich die Task Force selbst als "Intensivstation für notleidende Treuhandbetriebe" (ebd.).

Im weiteren Zeitverlauf erweiterte sich die Zielgruppe der Task Force zunehmend auf gefährdete kleine und mittlere Betriebe der gewerblichen Wirtschaft, die nicht zum Portefeuille der Treuhand gehören bzw. gehörten. Gerade in den letzten beiden Jahren (1998 und 1999) spielen Unternehmen der Treuhandanstalt im Rahmen der sachsen-anhaltinischen Sanierungs- und Konsolidierungspolitik fast keine Rolle mehr. Dagegen geraten in jüngster Zeit immer mehr neugegründete Betriebe aus der gewerblichen Wirtschaft in Schwierigkeiten und nehmen sowohl beratende Hilfe der Task Force als auch Sanierungs- und Konsolidierungshilfen in Anspruch (vgl. HOCHMUTH/ZIEGLER 1999c). Im Vergleich zu 1995 konstatiert die Task Force, dass die Anfragen von bedeutsamen Unternehmen insgesamt zurückgegangen sind (Interview Task Force, Landesebene Sachsen-Anhalt 1999 und 2000).

Gleichzeitig mit der Reduzierung der Anfragen an die Task Force auf der einen und mit den Veränderungen in Bezug auf das Klientel auf der anderen Seite haben sich nach Auskunft der Task Force auch die Ursachen, die das Unternehmen in die Notlage manövriert haben, etwas gewandelt. Zwar sind nach wie vor Managementdefizite und -fehler sowie Eigenkapitalschwäche die Hauptursachen für die betriebswirtschaftlichen Krisen. Die betriebswirtschaftlichen Fehlentwicklungen sind aber in ihrer Dimension durchweg komplexer geworden. Anfangs konnten die Berater der Task Force sehr leicht und schnell feststellen, welche Fehler zu der betriebswirtschaftlichen Krise geführt haben. Meist war der Manager bzw. der Geschäftsführer des notleidenden Unterneh-

---

[158] Das Konsolidierungsdarlehen ist das einzige Programm in Sachsen-Anhalt, bei dem die Hausbank nicht ins eigene Obligo gehen muss (vgl. Kap. 4.2.2.1).

mens mit den marktwirtschaftlichen Gegebenheiten nicht vertraut. Mittlerweile haben sich aber verschiedene Fehlentscheidungen des Managements aufsummiert und über Jahre manifestiert. Nach Auskunft der Vertreter der Task Force seien Fehlentscheidungen zum Teil erheblich von den Geschäftsführern verschleppt worden, was eine schnelle Lösung erheblich erschwere (Interview Task Force, Landesebene Sachsen-Anhalt 1999).

Weitere Veränderungen schmälern mittlerweile die Möglichkeiten der Task Force, einem Betrieb zu helfen: Die strenge EU-Reglementierung war in der Anfangsphase der Existenz der Task Force noch nicht gegeben. Prinzipiell stand die Europäische Union den Ostländern bis ca. 1995/6 in Bezug auf die Beihilfekontrolle eher wohlwollend gegenüber. Erst mit der Neuauflage der EU-Richtlinien für Unternehmen in Schwierigkeiten Anfang 1999 wird die Beihilfenkontrolle in Ostdeutschland ähnlich restriktiv wie in den alten Bundesländern und in den restlichen EU-Staaten gehandhabt (vgl. Kapitel 3.1. und Interview Task Force, Landesebene Sachsen-Anhalt 1999).

Darüber hinaus hat sich im Zeitverlauf auch die Zusammenarbeit von Task Force-Beratern und der Bundesanstalt für vereinigungsbedingte Sonderaufgaben verändert. In der Anfangszeit, in der hauptsächlich Treuhandunternehmen die Task Force um Rat ersuchten, fühlte sich die Bundesanstalt für eine Problemlösung mitverantwortlich und kooperierte intensiv mit der Task Force. Seitdem immer weniger Treuhandbetriebe existieren und seit die Kompetenz der Bundesanstalt für vereinigungsbedingte Sonderaufgaben seitens des Bundes auf ein Minimum reduziert worden ist, gibt es keinen intensiven Kontakt zwischen diesen beiden Institutionen mehr. War das anfängliche Verhältnis noch wegen des häufigen Kontaktes als kooperativ und problemorientiert zu charakterisieren, so ist es mittlerweile abgekühlt (Interview Task Force, Landesebene Sachsen-Anhalt 1996 und 1999). Die Bundesanstalt für vereinigungsbedingte Sonderaufgaben ist z.B. nicht mehr bereit, derzeit anstehende Tilgungen von gewährten Darlehen an ehemalige Treuhandunternehmen für eine gewisse Zeitspanne auszusetzen bzw. zu verlängern, obwohl das Unternehmen einen plausiblen und nachvollziehbaren Grund angibt. Sie handelt in einem derartigen Fall sehr restriktiv und beruft sich auf die Reglementierungen der Europäischen Union. Die Bundesanstalt für vereinigungsbedingte Sonderaufgaben verweist darauf, dass eine Beihilfe nur einmalig gewährt werden darf. Jegliche Verlängerung oder Stundung eines bestehenden Darlehens der Treuhandanstalt ist nach ihren Aussagen als eine neue Beihilfe zu bewerten (vgl. Kapitel 3.1 "One time, last time"- Prinzip) und somit regelwidrig (Interview Task Force, Landesebene Sachsen-Anhalt 1999). Nach Darstellung der Gesprächspartner wären ohne die guten Kontakte, die die Task Force-Berater nach langjähriger Zusammenarbeit zu einzelnen Personen der Bundesanstalt für vereinigungsbedingte Sonderaufgaben aufgebaut habe, ein derartiger Fall nicht mehr zu lösen und es würden sich keine Möglichkeiten ergeben, dem Unternehmen weiter zu helfen.[159]

Das Referat 31 "Grundsatzfragen der Mittelstandspolitik" in der Abteilung 3

Im Gegensatz zur Task Force ist das Referat 31 eher ein Ansprechpartner für kleine Krisenfirmen des Handwerks, des Handels und des Dienstleistungsbereiches. Diese Unternehmen haben in der Regel durchschnittlich 10 Beschäftigte (Interview Task Force, Landesebene Sachsen-Anhalt 1996).[160]

Ähnlich wie die Task Force berät das Referat 31 die notleidenden Betriebe dieser Sparten über Möglichkeiten, Sanierungs- und Konsolidierungsmittel zu beantragen. Die Mitarbeiter des Referates 31 führen ähnlich wie die Berater der Task Force zunächst eine Schwachstellenanalyse in den Krisenunternehmen durch, um so möglichst schnell festzustellen, welche Probleme vorliegen und wie dem Betrieb geholfen werden kann bzw. ob es überhaupt noch Möglichkeiten gibt, das existenzbedrohte Unternehmen zu unterstützen. Da das Referat 31 überwiegend nur kleinere Betriebe betreut, sind die Schwachstellenanalyse und die Erstellungen eines Förderkonzeptes bzw. die Erstellung der Förderanträge nicht derartig aufwendig und somit nicht ganz so zeitintensiv, wie es bei der Task Force der Fall ist (Interview Referat 31, Landesebene Sachsen-Anhalt 1999). Den kleinen Unternehmen kann entweder über den DtA-Runden Tisch (vgl. Kapitel 3.2.1.5) geholfen werden oder die Mitarbeiter des Ministeriums erarbeiten ein finanzielles Lösungskonzept unter Zuhilfenahme der angebotenen Konsolidierungsprogramme für die Krisenunternehmen. Es wird neben den Konsolidierungshilfen im Rahmen von IMPULS 2000 auf Ausfallbürgschaften (vgl. Kapitel 4.2.1.2) zurückgegriffen.

Das Referat 31 gibt überdies - genau wie die Berater der Task Force - im Bewilligungsausschuss Hintergrundinformationen über ein Krisenunternehmen, dessen Förderantrag genehmigt werden soll. Es ist aber nicht explizit vom Wirtschaftsministerium beauftragt worden, das Haus zu beraten, ob das Unternehmen sanierungsfähig ist oder nicht. Die beantragte Fördersumme eines kleinen Betriebes liegt generell weit unter einer beantragten Summe eines größeren - als regional bedeutsam eingestuften - Unternehmens. Daher braucht sich das Wirtschaftsministerium in diesen Fällen nicht gleichermaßen abzusichern. Ein finanzieller Ausfall dieser Größenordnung würde generell nicht so

---

[159] "Durch die langjährige intensive Arbeit der Task Force hat sich mittlerweile ein Personennetzwerk aus Insolvenzverwaltern, Gewerkschaftsvertretern und -vertreterinnen, Betriebsräten, Politikern und Politikerinnen sowie Vertretern der Bundesanstalt für vereinigungsbedingte Sonderaufgaben gebildet, auf das in akuten Fällen zurückgegriffen werden kann und manche bürokratischen Wege verkürzt." (HOCHMUTH/ZIEGLER 1999a: 49)

[160] Einschränkend muss an dieser Stelle erwähnt werden, dass die Zuständigkeit für die unterschiedlichen Zielgruppen zwischen Referat 31 und Task Force zwar formal geregelt erscheint, aber es praktisch immer wieder Kompetenzabgrenzungen gibt. So kann z.B. auch ein Handwerksbetrieb mit 18 Beschäftigten durchaus als regional bedeutsam eingeschätzt werden. Formal würde dieser Betrieb vom Referat 31 betreut, aber aufgrund seiner regionalen Bedeutung könnte er ebenfalls von der Task Force übernommen werden. Die Grenzen sind hier nicht eindeutig definiert.

hoch zu Buche schlagen, wie ein Ausfall eines Finanzvolumens, das für ein über die Task Force betreutes Industrieunternehmen zur Verfügung gestellt werden müsste (Interview Task Force, Landesebene Sachsen-Anhalt 1999).

Das betreute Klientel des Referates 31 hat sich nicht derart verändert, wie es bei der Task Force zu beobachten ist: Seit jeher betreut es überwiegend kleinere Unternehmen aus den oben angeführten Wirtschaftszweigen. Die stärkere Reglementierung der Sanierungs- und Konsolidierungspolitik durch die Europäische Union hat dagegen auch das Referat 31 verspürt (vgl. ebd.).

4.2.2.2 Die Prognos GmbH

Die Prognos GmbH ist ein Beratungsunternehmen, das bundesweit tätig ist und in den einzelnen Bundesländern über Niederlassungen verfügt. Seit 1996 existiert auch eine Einrichtung in Magdeburg. Mit dem Runderlass des Wirtschaftsministeriums des Landes Sachsen-Anhalt vom 15.1.1996 ist die Prognos GmbH Magdeburg als Projektträger für das "Beratungsprogramm für kleine und mittlere Unternehmen" im Rahmen des IMPULS 2000 beauftragt worden.[161] Als Projektträger und –organisator hat es mehrere Aufgaben für das Wirtschaftsministerium übernommen: Zunächst ist es für die gesamte finanzielle Abwicklung des Beratungsprogramms zuständig und ist überdies damit betraut, die Anträge daraufhin zu überprüfen, ob die Fördervoraussetzungen für das Programm gegeben sind (vgl. Kapitel 4.2.1.1).

Eine weitere wesentliche Aufgabe besteht darin, dem über das "Beratungsprogramm für kleine und mittlere Unternehmen" geförderten Betrieb einen für sein spezielles Problem ausgewiesenen Berater bzw. eine Beraterin zu vermitteln.[162] In diesem Zusammenhang wählt die Prognos GmbH in Abstimmung mit dem existenzbedrohten Unternehmen aus den im Rahmen des Beratungsprogramms zur Verfügung stehenden Beratungsmodulen aus. Der Projektträger legt je nach spezifischer Problemlage des Krisenunternehmens fest, welche

---

[161] Die Prognos GmbH ist vom Wirtschaftsministerium bis einschließlich 2000 als Projektträger für das Beratungsprogramm eingesetzt worden. Danach wird das Wirtschaftsministerium diese Aufgabe neu ausschreiben. Nach Auskunft des Wirtschaftsministeriums geht man davon aus, dass Prognos GmbH aufgrund der Erfahrungen, die sie mit diesem Programm in den letzten Jahren sammeln konnte, auch über das Jahr 2000 hinaus Projektträger bleiben wird (Interview Task Force Landesebene 2000).

[162] *"Der Projektträger soll die Gewähr bieten für*
- *die sorgfältige Auswahl der zu beratenden Unternehmen, auch unter dem Gesichtspunkt der Erforderlichkeit der Maßnahme,*
- *die sorgfältige Auswahl der qualifizierten Beraterinnen und Berater, die auch über die Erfahrungen und Kenntnisse bezüglich der jeweils betroffenen Branche verfügen müssen,*
- *die zügige Vorbereitung und Abwicklung der Maßnahmen,*
- *die flächendeckende Umsetzung der Beratungsleistungen,*
- *die Einhaltung der haushaltsrechtlichen Grundsätze."* (Richtlinie über die Gewährung von Zuwendungen für Beratungsleistungen an mittelständische Unternehmen vom 15.1.1996: Punkt 4)

Beratungsphasen, welche Beratungsformen und welcher Beratungsumfang für das Unternehmen gewählt werden soll (vgl. Prognos o. J. und Kapitel 4.2.1.1).

Für die Auswahl eines geeigneten Beraters kann die Prognos GmbH mittlerweile auf einen eigens aufgebauten Beraterpool zurückgreifen. Dieser Pool wird in Form einer Datenbank über verschiedene in Sachsen-Anhalt arbeitende Berater geführt. In dieser Datenbank werden Informationen über die jeweiligen Berater und Beraterinnen gespeichert: Neben der Adresse sind darin im wesentlichen Daten über Qualifikation, bisherige Tätigkeiten im Rahmen von betrieblicher Konsolidierung und Sanierung, Branchenkenntnisse, etc. gespeichert (Interview Task Force, Landesebene Sachsen-Anhalt 1996 und 1999).

Die Landesregierung wollte mit der Einrichtung des Beratungsprogramms und der gleichzeitigen Benennung von Prognos als Projektträger für dieses Programm dem zu diesem Zeitpunkt bereits bekannten Hauptgrund für Insolvenzen – den Managementdefiziten - Rechnung tragen. Von Anfang an konnte das sachsen-anhaltinische Wirtschaftsministerium die Gewährung der Konsolidierungsmittel an ein Coaching koppeln. Nach Aussagen des Wirtschaftsministeriums werden die Beratungsmodule Coaching/Moderation sowie umfassende Beratung nur durchgeführt, wenn das Landesförderinstitut bzw. der Konsolidierungsausschuss die Erforderlichkeit der Beratung festgestellt haben und ein Konsolidierungsdarlehen gewährt worden ist (vgl. Ausführungen über das Beratungsprogramm in Kapitel 4.2.2.1). Gleichzeitig kann das Wirtschaftsministerium über die Prognos GmbH den Einsatz der Konsolidierungsmittel kontrollieren. Das Wirtschaftsministerium erhielt über den Projektträger, der im engen Kontakt mit dem Coacher im Krisenunternehmen steht, Rückmeldungen, ob das Konsolidierungs- und Sanierungskonzept greift. Damit soll gewährleistet sein, dass etwaige Fehlentwicklungen in den zu konsolidierenden Unternehmen von den Beratern relativ schnell erkannt und entsprechende Gegenmaßnahmen eingeleitet werden können (Interview Task Force, Landesebene Sachsen-Anhalt 1999).

4.2.2.3 Die GSA-Grundstücksfonds Sachsen-Anhalt GmbH

Die GSA-Grundstücksfonds Sachsen-Anhalt GmbH wurde 1995 mit einem Finanzvolumen von 20 Mio. DM aus dem Konsolidierungsprogramm IMPULS 2000 auf Initiative des Wirtschaftsministeriums als Liegenschaftsgesellschaft gegründet. Sie ist eine 100% Tochter der Landesentwicklungsgesellschaft von Nordrhein-Westfalen[163] (Interview GSA-Grundstücksfonds, Landesebene

---

[163] Diese Rechtsform wurde aus einem wesentlichen Grund gewählt: So kann auch auf Fördertöpfe - wie bestimmte europäische Mittel - zurückgegriffen werden, die z.B. einer Landesgesellschaft verwehrt bleiben. Die Grundstücksfonds Sachsen-Anhalt GmbH arbeitet mit dieser Rechtskonstellation "nur" im Treuhandauftrag für das Land Sachsen-Anhalt (vgl. HOCHMUTH/ZIEGLER 1999c: 68). Nordrhein-Westfalen sammelte bereits im Rahmen der Umstrukturierung des Kohlebergbaus erhebliche Erfahrungen mit derartige Liegenschaftsgesellschaften. Sowohl Struktur als auch die Zielsetzung übernahm daher die Grundstücksfonds Sachsen-Anhalt GmbH von den westfälischen "Vorbildern".

Sachsen-Anhalt GmbH, 1999). Sie hat im wesentlichen die Aufgabe, Betriebsstätte mit Maschinen etc. und Flächen eines bereits insolventen (Insolvenzantrag ist meist schon gestellt) Krisenunternehmens zu kaufen, und damit den bestehenden Liquiditätsengpass zu überbrücken. So soll vor allem ein Zeitpuffer geschaffen werden, um mit Hilfe eines Mitarbeiters des Grundstücksfonds Sachsen-Anhalt GmbH oder eines Insolvenzverwalters nach Sanierungsmöglichkeiten für das Unternehmen in Schwierigkeiten zu suchen. Die GSA-Grundstücksfonds Sachsen-Anhalt GmbH spielt damit als letztes Glied in der Sanierungs- und Konsolidierungspolitik des Landes Sachsen-Anhalt eine wichtige Rolle. Mit ihrer Einrichtung hat die für das Politikfeld Sanierungs- und Konsolidierungspolitik verantwortliche Landesregierung das Signal gesetzt, dass es u.a. auch die Insolvenz eines Betriebes als eine – und zwar als die "härteste", aber u.U. wirkungsvollste - Form (Interview GSA-Grundstücksfonds, Landesebene Sachsen-Anhalt GmbH, 1999) der Konsolidierung und Sanierung ansieht (vgl. auch HOCHMUTH/ZIEGLER 1999c: 81).

Die GSA-Grundstücksfonds Sachsen-Anhalt GmbH arbeitet im Detail folgendermaßen: Sie kauft die gesamte Betriebsstätte eines Krisenunternehmen auf. In der Regel kann sie unter diesen Umständen die Flächen, die Gebäude und deren gesamtes Inventar zu einem relativ günstigen Preis erwerben. Nach Aussagen eines Vertreters der GSA-Grundstücksfonds Sachsen-Anhalt GmbH läge dieser Preis erheblich unter dem Marktwert. Die gesamte Betriebsstätte oder nur Teile werden dann von der GSA-Grundstücksfonds Sachsen-Anhalt GmbH an eine andere Gesellschaft zum gleichen bzw. zu einem leicht erhöhten Preis weiterverkauft. Diese "neue" Gesellschaft ist in der Regel eine Auffanggesellschaft[164], die aus dem insolventen Unternehmen hervorgegangen ist. Vertraglich wird geregelt, dass die neuen Gesellschaft den Kaufpreis erst nach 3-5 Jahren bezahlt, zwischenzeitlich aber die Betriebsstätte nutzen kann. Für die Zeit zwischen Nutzungsbeginn und endgültigen Erwerb der Betriebsstätte wird ein Stundungsentgelt in Höhe von derzeit ca. 6% des Kaufpreises pro Jahr vereinbart. Die Höhe des Stundungsentgeltes entspricht ungefähr der Höhe einer ortsüblichen Betriebsstättenpacht. Dieses Entgelt bezahlt die Auffanggesellschaft an die GSA-Grundstücksfonds Sachsen-Anhalt GmbH sowohl als Miete/Pacht für die Betriebsstätte, als auch als "Leihgebühr" bzw. als Zinsen für den für einen begrenzten Zeitraum "gestundeten" Kaufpreis. Die GSA-Grundstücksfonds Sachsen-Anhalt GmbH übernimmt damit auch Funktionen einer Bank, denn sie "verleiht" für eine begrenzte Zeit der Auffanggesellschaft das dem Kaufpreis entsprechende Kapital (ebd.).

---

[164] Vgl. hierzu insbesondere Kapitel 4.2.1.3: Ganz allgemein werden bei Auffanggesellschaften die gesunden Bereiche des bedrohten Unternehmens in eine neue Gesellschaft mit neuer Geschäftsführung und anderer Gesellschaftsform sowie anderen Gesellschaftern transferiert. Gleichzeitig wird dabei bspw. die Produktpalette reduziert oder die Produktion eines Gutes erheblich erhöht. Die verlustbringenden Bereiche des Krisenunternehmens werden dagegen eingestellt bzw. aufgelöst. Generell werden bei Gründung einer Auffanggesellschaft ein Teil der ehemaligen Belegschaft entweder arbeitslos, frühverrentet oder über arbeitsmarktpolitische Instrumente für eine begrenzte Zeit "aufgefangen".

Die Auffanggesellschaft bzw. die neu gegründete Gesellschaft arbeitet somit unter sehr günstigen Bedingungen: Einerseits muss sie relativ geringe Kosten für die Benutzung von Gebäuden und insbesondere für die Maschinen tragen. Zum anderen hat sie die Möglichkeit eine Betriebsstätte zu einem ihr frühzeitig bekannten und dadurch einkalkulierbaren Preis mit relativ günstigen Konditionen zu erwerben, nachdem sie sich am Markt etablieren und positionieren konnte. Neben dem Stundungsentgelt hat sie keine zusätzlichen Kosten, wie z.B. Zinszahlungen, die anfallen würden, wenn sie über eine Bank den Kaufpreis finanziert hätte.

Grundsätzlich schaltet sich die GSA-Grundstücksfonds Sachsen-Anhalt GmbH in die Sanierungs- und Konsolidierungspolitik des Landes erst ein, wenn sie vom Wirtschaftsministerium beauftragt wird. Sie erhält zunächst alle dem Wirtschaftsministerium zur Verfügung stehenden Informationen und Materialien über das Unternehmen - wie gescheiterter Konsolidierungsantrag und misslungenes Sanierungs- und Konsolidierungskonzept, Unternehmensbilanzen, etc. Mit Hilfe dieser Informationen gewinnt die GSA-Grundstücksfonds Sachsen-Anhalt GmbH einen ersten Eindruck über die betriebswirtschaftlichen Gegebenheiten des von Insolvenz bedrohten bzw. bereits insolventen Unternehmens. Des Weiteren erkundigt sich ein Vertreter der GSA-Grundstücksfonds Sachsen-Anhalt GmbH in der Regel vor Ort in Gesprächen mit Geschäftsführer und Mitarbeitern über das Unternehmen. Nach Aussagen der GSA-Grundstücksfonds Sachsen-Anhalt GmbH bekäme man durch eine Begehung des Betriebes einen entscheidenden Einblick über die vorherrschenden Betriebsverhältnisse und den Zustand der Maschinen, Gebäude und Flächen (ebd.).

4.2.2.4 Das Landesförderinstitut

Jedes Bundesland hat als Geschäftsbesorgerin ein Landesförderinstitut eingerichtet. Generell ist es eine Körperschaft des öffentlichen Rechts und fungiert als Dienstleister für das Land. Das Landesförderinstitut übt einerseits verschiedene Finanzdienstleistungen für das jeweilige Bundesland aus und versteht sich andererseits als Berater und Ansprechpartner in allen Förderfragen der Wohnungsbauförderung und der Wirtschaftsförderung allgemein. *"Das Landesförderinstitut Sachsen-Anhalt ist ein rechtlich unselbständiger Geschäftsbereich der "Norddeutschen Landesbank, Girozentrale Mitteldeutsche Landesbank", in seiner Aufgabenstellung jedoch selbständig, betriebswirtschaftlich, organisatorisch und personell von den übrigen Geschäftsbereichen getrennt. Seine Aufgaben führt das Landesförderinstitut wettbewerbsneutral durch."* (Landesförderinstitut Sachsen-Anhalt 1998: 5)

Im Rahmen der Sanierungs- und Konsolidierungspolitik des Landes Sachsen-Anhalt übernimmt das Landesförderinstitut die technische Abwicklung der Anträge u.a. auf ein Konsolidierungsdarlehen (IMPULS 2000, vgl. 4.2.1.1). Es ist zum einen für die Antragsbearbeitung und für die Abrechnung der Fördermaßnahmen einschließlich der Verwendungsnachweisprüfung zuständig. Zum anderen verwaltet das Landesförderinstitut treuhänderisch die für das Konsolidierungsdarlehen zur Verfügung stehenden Mittel (vgl. Landesförderinstitut Sachsen-Anhalt 1998: 5).

Nach Aussagen des Wirtschaftsministeriums prüft das Landesförderinstitut bei Antragstellung auf ein Konsolidierungsdarlehen, ob alle notwendigen Unterlagen von dem Unternehmen in Schwierigkeiten eingereicht wurden. Der Antrag wird vom Landesförderinstitut dann in einem weiteren Schritt der PwC Deutsche Revision oder einem anderen Sachverständigen (vgl. Kapitel 4.2.2.7) zur Begutachtung vorgelegt. Gleichzeitig beurteilt auch das Landesförderinstitut den Antrag. Beide Stellungnahmen gehen dann an den Konsolidierungsausschuss des Wirtschaftsministeriums, der letztlich die Entscheidung für oder gegen eine Förderung fällt (Interview Task Force, Landesebene Sachsen-Anhalt 1999).

4.2.2.5 Die Bürgschaftsbank Sachsen-Anhalt

In allen Bundesländern gibt es Bürgschaftsbanken. Sie sind in den einzelnen Ländern alle mit den selben Aufgaben betraut und verstehen sich generell "als Selbsthilfeeinrichtung der privaten Wirtschaft". Aufgabe der Bürgschaftsbank im Bereich der Konsolidierung und Sanierung von Unternehmen ist es, Bürgschaften für Vorhaben – z.B. Investitionsvorhaben - gegenüber Hausbanken abzusichern, die über keine banküblichen Sicherheiten verfügen. Generell gilt, dass bei einer Bürgschaftsübernahme nur betriebswirtschaftliche Gesichtspunkte ausschlaggebend sind. Es werden fehlende Sicherheiten, nicht jedoch mangelnde Rentabilität besichert. Bürgschaften können daher nicht generell als Liquiditätshilfeinstrument angesehen werden (vgl. Bürgschaftsbank Sachsen-Anhalt, Geschäftsbericht verschiedene Jahrgänge).

Die Bürgschaften sind über die Hausbank bei der zuständigen Landes-Bürgschaftsbank zu beantragen. In den Genuss der Bürgschaften kommen Betriebe des privaten gewerblichen Mittelstandes, insbesondere gehören dazu Handwerk, Handel, Kleinindustrie, Gaststätten- und Dienstleistungsgewerbe sowie Freie Berufe (vgl. ebd.). Die eingeräumten Bürgschaften decken max. 80% des Ausfalls ab. Die Bürgschaften dürfen nicht mehr als 1,5 Mio. DM (Höchstbetrag) betragen und die Laufzeit der verbürgten Kredite beträgt maximal 15 Jahren (bei Bauvorhaben maximal 23 Jahre) (vgl. ebd.).

4.2.2.6 Die Mittelständische Beteiligungsgesellschaft und die Wagnisbeteiligungsgesellschaft Sachsen-Anhalt mbH

Die Mittelständische Beteiligungsgesellschaft Sachsen-Anhalt ist 1992 genau wie die Bürgschaftsbank als Selbsthilfeeinrichtung der Wirtschaft eingerichtet worden und hat die Aufgabe, sich an mittelständischen Unternehmen zu beteiligen.[165] Im Rahmen der sachsen-anhaltinischen Sanierungs- und Konsolidierungspolitik spielt aber nur die Wagnisbeteiligungsgesellschaft eine Rolle. Die mittelständische Beteiligungsgesellschaft hat dagegen im wesentlichen die *"Aufgabe und Zielsetzung ..., durch Zuführung von Beteiligungskapital zu günstigen Konditionen die Nachteile auszugleichen, die für kleine und mittlere Unternehmen im Mechanismus des Kapitalmarktes begründet sind."* (Mittelständischen Beteiligungsgesellschaft von Sachsen-Anhalt 1998: 40) Sie stellt also insbesondere kleinen und mittleren zukunftsträchtigen Wachstumsbetrieben mit Liquiditätsengpässen Kapital in Form von stillen Beteiligungen zur Verfügung.

1996 wurde die Wagnisbeteiligungsgesellschaft Sachsen-Anhalt mbH als 100% Tochter der Mittelständischen Beteiligungsgesellschaft gegründet. Sie ist vom Land beauftragt worden, die Konsolidierungsbeteiligung des Förderprogramms IMPULS 2000 zu verwalten (vgl. 4.2.1.1). Außerdem ist die Wagnisbeteiligungsgesellschaft sowohl für die Antragsmodalitäten dieses Programms zuständig, als auch mit der Antragsbearbeitung und der Abrechnung der Fördermaßnahmen einschließlich der Verwendungsnachweisprüfung betraut worden. Die letztendliche Entscheidung, ob eine Konsolidierungsbeteiligung eingegangen wird, trifft der Beteiligungsgeber immer selbst. Die Wagnisbeteiligungsgesellschaft trifft also nur dann die Entscheidung, wenn sie auch selbst die Beteiligung eingeht.

4.2.2.7 Die PwC Deutsche Revision

Die PwC Deutsche Revision ist eine überregionaltätige Wirtschaftsprüfungsgesellschaft und verfügt in jedem Bundesland über mindestens eine Niederlassung. Sie ist eine Aktiengesellschaft, die sich 1998/99 aus dem Zusammenschluß von C&L Deutsche Revision und PriceWaterhouse ergeben hat. Die PwC Deutsche Revision ist rechtliches Mitglied des Verbundes PriceWaterhouseCoopers International, einer führenden international tätigen Unternehmens-

---

[165] Seit Anfang 1990 existiert ein Dachverband der Beteiligungsgesellschaften: Bundesverband deutscher Kapitalbeteiligungsgesellschaften - German Venture Capital Association e.V. (BVK). Dieser unterteilt die Formen von Beteiligungsgesellschaften in vier Gruppen: *1. Universalbeteiligungsgesellschaft:* Sie bieten alle Beteiligungsmöglichkeiten aus einer Hand und unter einem Dach an. Träger sind insbesondere Banken, Sparkassen und Versicherungen. *2. Öffentlich geförderte Kapitalbeteiligungsgesellschaft:* Sie sind Selbsthilfeeinrichtungen der Wirtschaft der einzelnen Länder, die sich durch ein Refinanzierungsprogramm der KfW, durch die Bürgschaftsbanken der Länder und durch Fördermittel der Länder finanzieren. Sie gehen in der Regel stille Beteiligungen ein und fördern vor allem kleine und mittlere Unternehmen. *3. Venture-Capital-Gesellschaft:* Sie unterstützt vorwiegend innovative und wachsende Unternehmen in der Gründungsphase. Sie werden von Banken und Industrieunternehmen getragen. *Und 4. Unternehmensbeteiligungsgesellschaft nach UBGG:* Diese Beteiligungsgesellschaften unterliegen dem Gesetz über Unternehmensbeteiligungsgesellschaften (UBGG) von 1986. Es schreibt den Gesellschaften Anlagegrenzen, Kreditbegrenzungen und Finanzierungsformen vor. Sie treten dann in Erscheinung, wenn es um Wachstumsfinanzierungen, MBO-Konzepte, Spin-offs und Brückenfinanzierungen bis zur Börseneinführung geht (vgl. BRUCH-KRUMBEIN/HOCHMUTH/ ZIEGLER 1996a: 30ff).

beratung. Sie ist die Dachgesellschaft unter der ein breites Dienstleistungsspektrum von der Wirtschaftsprüfung über die Unternehmensberatung, der Steuer- und Rechtsberatung bis zur Corporate Finance und Human-Ressource-Beratung angeboten wird.[166]

Im Rahmen der Sanierungs- und Konsolidierungspolitik in Sachsen-Anhalt ist die PwC Deutsche Revision mit der Niederlassung in Magdeburg u.a. für die Wirtschaftsprüfung der Anträge auf ein Konsolidierungsdarlehen betraut und ist des Weiteren für die Erarbeitung der Stellungnahmen der im Rahmen von Landesbürgschaften vorzulegenden Sanierungs- und Konsolidierungskonzepte zuständig (vgl. HOCHMUTH/ZIEGLER 1999c: Anhang).

4.2.3 Fördererergebnisse der Sanierungs- und Konsolidierungspolitik

Dieses Kapitel trägt die Fördererergebnisse der oben identifizierten Instrumente und Akteure der sachsen-anhaltinischen Sanierungs- und Konsolidierungspolitik zusammen. Sie lassen sich anhand von Daten über die Fördervolumina, die Anzahl der gewährten Kredite und der damit gesicherten Arbeitsplätze auf Landkreisebene herausstellen. Insbesondere mit Hilfe des daraus resultierenden räumlichen Verteilungsmusters der gewährten Hilfen können einige (vorsichtige) Rückschlüsse auf eine (räumlich differenzierte) Entwicklung gezogen werden.[167]

Nach Angaben des Wirtschaftsministeriums suchten allein bis Ende 1996 420 Unternehmen bei der Task Force Hilfe. Durchschnittlich werden in der Regel ca. 50% aller eingereichten Anträge bewilligt. In den Jahren 1997 bis 2000 wurden insgesamt 240 Anträge von Unternehmen positiv beschieden. Seit Anfang 1999 sind die Anfragen drastisch zurückgegangen (Interview Task Force, Landesebene Sachsen-Anhalt 1996 und 1999). Nach Auskunft eines Vertreters der

---

[166] Die speziellen Dienstleistungen der PwC Deutschen Revision werden über die Unternehmensberatung GmbH, die Corporate Finance Beratung GmbH, die Umweltberatung GmbH, die WIBERA AG (Kommunale Beratung), die Veltins Rechtsanwaltsgesellschaft mbH und über die Schultze & Braun GmbH (Insolvenzberatung) getätigt.
Insgesamt arbeiten bei PwC Deutsche Revision 8.700 Mitarbeiter an über 40 Standorten in Deutschland. Sie beschäftigt eine Vielzahl von MitarbeiterInnen wie z.B. Wirtschaftsprüfer, Rechtsanwälte, Steuer- und Unternehmensberater, Umweltprüfer, Ingenieure, Bautechniker, Immobilienfachleute, Insolvenzspezialisten, Naturwissenschaftler, Versicherungsexperten etc (vgl. PWC Deutsche Revision o. J: 3ff).

[167] Sowohl das Landesförderinstitut als auch die Bürgschaftsbank in Sachsen-Anhalt haben mir statistisches Material über die Fördervolumina der einzelnen Programme auf Landkreisebene zur Verfügung gestellt. Das Landesförderinstitut schlüsselte mir die landkreisbezogenen Daten nicht nach Wirtschaftszweigen bzw. -branchen auf. Dagegen erhielt ich von der Bürgschaftsbank Sachsen-Anhalt die Angaben differenziert nach Landkreisen und Wirtschaftszweigen. Unternehmensbezogene Daten wurden mir aufgrund datenschutzrechtlicher Gründe von diesen beiden Institutionen verwehrt. Die Grundstücksfonds Sachsen-Anhalt GmbH stellte mir Daten über die Lage des Projektes, deren Grundstücksgröße und der damit gesicherten Arbeitsplätze zur Verfügung. Angaben über die vergebenen weichen Instrumente – wie Beratungsprogramm im Rahmen von IMPULS 2000 – wurden mir nicht gemacht. Aufgrund dieser eingeschränkten Datenlage konnte in diesem Kapitel kein umfassendes Bild über die Fördererergebnisse der Sanierungs- und Konsolidierungspolitik sowie deren Wirksamkeit entstehen.

Task Force sei dieser Rückgang damit zu erklären, dass es in Sachsen-Anhalt nur noch wenige Industriebetriebe gibt. Die "schwachen" Betriebe sind entweder bereits dem Marktbereinigungsprozess zum Opfer gefallen, oder haben sich (mit Hilfe der Sanierungs- und Konsolidierungspolitik) am Markt etablieren können (Interview Task Force, Landesebene Sachsen-Anhalt 1999).[168]

Diese Angaben werden in den Tätigkeitsberichten des Landesförderinstitutes bestätigt. In der Tabelle 4-15 wird deutlich, dass insgesamt die Anzahl der 1995 und 1996 vergebenen Konsolidierungshilfen im Rahmen von IMPULS 2000 erheblich höher waren als in den darauffolgenden Jahren.

Aus der Tabelle 4-15 ist auch die Entwicklung des Kreditvolumens bzw. der durchschnittlich gewährten Darlehenssummen bei den Konsolidierungshilfen im Rahmen von IMPULS 2000 abzulesen. Lag das Kreditvolumen bei Darlehen 1995 noch bei fast 200 Mio. DM, so liegt es im Jahr 2000 "nur" noch bei ca. 14 Mio. DM. Auffällig dabei ist, dass die gewährte durchschnittliche Summe bei Darlehen im Jahr 1996 noch bei 670.000 DM lag, und dann in den drei nachfolgenden Jahren um die Hälfte geringer ausfiel. Erst 1999 und 2000 wurden den Unternehmen durchschnittlich wieder ca. 500.000 DM bewilligt. Ein Grund für diesen erheblichen Anstieg könnte in der Veränderung der Vergabepraxis liegen. Die Vermutung liegt nahe, dass nunmehr vor allem wirtschaftlich stabilere und umsatzstärkere Unternehmen mit entsprechend höheren Finanzierungsbedürfnissen unterstützt werden (vgl. Ministerium für Wirtschaft und Technologie des Landes Sachsen-Anhalt 1999: 23f).

Interessant ist die Entwicklung auch bei den Beteiligungen des Konsolidierungsprogramms IMPULS 2000. Hier ist ein stetiger Anstieg des gewährten Kreditvolumens an die Krisenunternehmen zu verzeichnen. Die Summe liegt zudem auch erheblich höher als bei den Darlehen. Dies könnte ebenfalls darauf hinweisen, dass insbesondere Wachstumsbetriebe mit fehlenden Sicherheiten oder mit mangelhaftem Eigenkapital im Rahmen der Sanierungs- und Konsolidierungspolitik unterstützt werden. Sie verfügen insgesamt über einen höheren Finanzbedarf, als Betriebe die in Liquiditätsengpässen stecken und Investitionen nicht beabsichtigen (vgl. auch Ausführungen in Kapitel 2.1).

---

[168] In den ersten Jahren bediente sich die Task Force zusätzlich externer Gutachter, um die Vielzahl der Anträge zu bewältigen. Diese externen Gutachter führten die Schwachstellenanalyse durch und zeigten den Beratern der Task Force auf, welche Probleme in dem notleidenden Betrieben auszumachen waren. Eine sinnvolle Lösung wurde dann aber von den Beratern der Task Force selbst erarbeitet. Aufgrund der Reduzierung der Anfragen nach Sanierungs- und Konsolidierungshilfen werden die Schwachstellenanalysen von den vier Beratern der Task Force bearbeitet (Interview Task Force, Landesebene Sachsen-Anhalt 1996 und 1999).

Tab. 4-15: Förderergebnisse von IMPULS 2000 in Sachsen-Anhalt (in Mio. DM, 1995 - 2000)

Jahr	Programm	Anzahl der bew. Anträge	Fördervolumina	durchschn. Darlehenssumme
1995	Darlehen	299	198,2	0,67
	Beteiligung	-		
	Gesamt	299	198,2	0,67
1996	Darlehen	134	46,6	0,35
	Beteiligung	55	40,1	0,73
	Gesamt	189	86,7	0,46
1997	Darlehen	70	25,4	0,36
	Beteiligung	19	15,5	0,81
	Gesamt	89	40,9	0,46
1998	Darlehen	52	14,6	0,28
	Beteiligung	17	22,8	1,3
	Gesamt	69	37,4	0,54
1999	Darlehen	36	18,9	0,53
	Beteiligung	16	18,5	1,16
	Gesamt	52	37,4	0,72
2000	Darlehen	26	14,0	0,54
	Beteiligung	4	5,1	1,28
	Gesamt	30	19,1	0,64

Quelle: Landesförderinstitut Sachsen-Anhalt, Tätigkeitsbericht, verschiedene Jahrgänge und eigene Berechnungen

Das Landesförderinstitut begründet den dargestellten Rückgang des Antragsvolumens und der Bewilligungssumme im Jahresbericht 1998 offiziell folgendermaßen: *"Mögliche Ursachen für den Antragsrückgang sind insbesondere darin zu sehen, dass in den Vorjahren bereits eine Vielzahl von Unternehmen eine Förderung im Rahmen des Programmes erhalten hat und dass seitens der Hausbanken eine kritischere Vorprüfung der Anträge auf Erfüllung der Fördervoraussetzungen erfolgt."* (Landesförderinstitut 1998: 30) Des weiteren gibt sie auch Auskunft darüber, dass die Bestandsbearbeitung der Anträge im Gegensatz zum Antragseingang immer mehr Raum in ihrer Arbeit einnimmt. Grund dafür sei die zunehmende Zahl an Stundungs- und Aussetzungsanträgen fälliger Zins- und Tilgungsleistungen. Das Landesförderinstitut gibt für 1998 ein Darlehensvolumen von 154 Mio. DM der bewilligten Darlehenssumme an Sequestrations- bzw. Gesamtvollstreckungsverfahren an. Sprich: 41% der gewährten Summen konnten von den Unternehmen nicht getilgt werden. Diese Unternehmen haben trotz der Konsolidierungshilfe im Rahmen des IMPULS 2000-Programms Insolvenz angemeldet. Diese Angaben zeigen m.E. zumindest ansatzweise, dass die praktizierte Sanierungs- und Konsolidierungspolitik nur in Teilen wirksam ist, woraus sich ein Anpassungsbedarf des Instrumentariums ergeben würde (vgl. Landesförderinstitut 1997 und 1998).

Ergänzende Informationen gibt Tabelle 4-16.

Tab. 4-16: Angaben über IMPULS 2000 in Sachsen-Anhalt (1997 - 2000)

Anzahl der Bewilligungen	240
davon Darlehen	184
davon Beteiligungen	56
Volumen ins. in DM	134.835.750
davon Darlehen	72.989.750
davon Beteiligungen	61.846.000
Geförderte Arbeitsplätze	9.668
davon Darlehen	5.924
davon Beteiligungen	3.744
Durchschnittliche Fördersumme pro gesicherten Arbeitsplatz	13.946,6
davon Darlehen	12.321,0
davon Beteiligungen	16.518,7

Quelle: Datenbank des Landesförderinstituts Sachsen-Anhalt

In Sachsen-Anhalt konnten zwischen den Jahren 1997 bis 2000 mit Unterstützung von IMPULS 2000 insgesamt knapp 10.000 Arbeitsplätze gesichert werden. Davon entfielen ca. zwei Drittel auf das Darlehensprogramm. Interessant ist außerdem, dass in Sachsen-Anhalt im Rahmen von IMPULS 2000 durchschnittlich pro gesichertem Arbeitsplatz ca. 14.000 DM aufgewendet werden.

Unter regionalwissenschaftlichen Gesichtspunkten ist u.a. die räumliche Verteilung der Fördervolumen sowie die Verteilung der gesicherten Arbeitsplätze von besonderem Interesse. Abbildung 4-17 schlüsselt diese Kennziffern auf Landkreisebene auf.[169]

Es zeigt sich ein Nord-Süd-Gefälle: Zwischen 1997 und 2000 sind die meisten Fördergelder von IMPULS 2000 insbesondere in die nördlichen Landkreise Altmark-Salzwedel, Stendal, Ohrekreis, Jerichower Land und außerdem in den Landkreis Wittenberg sowie in die kreisfreie Stadt Magdeburg geflossen. Dagegen sind besonders geringe Fördervolumina in den Landkreisen Schönebeck, Anhalt-Zerbst und Merseburg-Querfurt zu verzeichnen. Gar keine Förderungen aus IMPULS 2000 flossen in den Landkreis Weißenfels (vgl. auch die genauen Angaben in Tabelle A5 im Anhang).

Abbildung 4-17 zeigt außerdem einen direkten Zusammenhang zwischen dem Fördervolumen im Landkreis und der Anzahl der geförderten Arbeitsplätze. Je mehr Mittel in die Landkreise geflossen sind, desto mehr Arbeitsplätze sind

---

[169] Die Detailstrukturen der thematischen Karten zu den Fördererergebnissen auf Landkreisebene sind aufgrund der Unterschiedlichkeit der zur Verfügung stehenden Daten in Sachsen-Anhalt und Brandenburg nicht identisch aufgebaut.

gesichert bzw. gefördert worden. Einzige Ausnahme bildet die kreisfreie Stadt Dessau, in der mit einem Fördervolumen von "nur" 5,8 Mio. DM 665 Arbeitsplätze gesichert wurden. Dagegen wurden im Landkreis Köthen mit annäherungsweise der gleichen Fördersumme lediglich 116 Arbeitsplätze gesichert. Ein Blick auf die Abbildung 4-18, die die Anteile der beiden zur Verfügung stehenden Förderarten "Darlehen und Beteiligung" im Programm IMPULS 2000 am Fördervolumen darstellt, zeigt, dass insgesamt höhere Darlehenssummen in den Landkreisen gewährt werden. Lediglich in einigen wenigen Landkreisen (Ohrekreis, Halberstadt, Köthen, Bitterfeld und Bernburg) übersteigt die Fördersumme der Beteiligungen die der Darlehen. In den Landkreisen Merseburg-Querfurt, Sangerhausen, Schönebeck und Quedlinburg wurden bspw. ausschließlich Darlehen ausgereicht (vgl. auch die genauen Angaben in Tabelle A5 und A6 im Anhang). Das lässt darauf schließen, dass die Landesregierung die Förderart der Beteiligung eher (noch) vernachlässigt. Ein Grund dafür könnte u.a. darin liegen, dass das Risiko der Landesregierung bei Beteiligungen höher als bei Darlehen ist: Bei einer Beteiligung besteht kein Anspruch auf eine feste Verzinsung und auch kein vollständiger Anspruch auf eine Rückzahlung des Kapitalbetrages (vgl. Ausführungen in Fußnote 34 und 157).

Abb. 4-17: Fördervolumina, Anzahl der bewilligten Anträge und Anzahl der geförderten Arbeitsplätze von IMPULS 2000 in Sachsen-Anhalt (1997-2000)

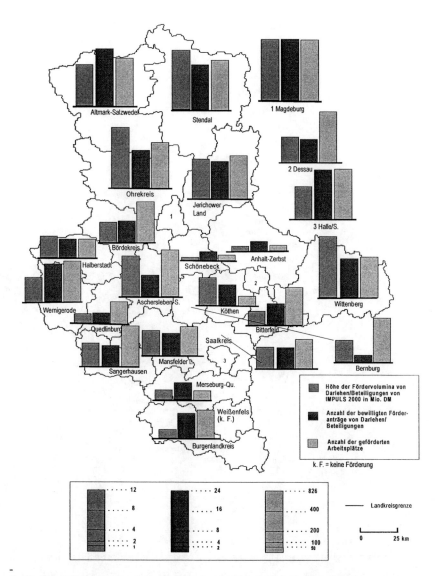

Quelle: Eigene Darstellung nach Angaben des Landesförderinstituts Sachsen-Anhalt

Abb. 4-18: Fördervolumen und Anteil der Förderart von IMPULS 2000 in Sachsen-Anhalt (1997-2000)

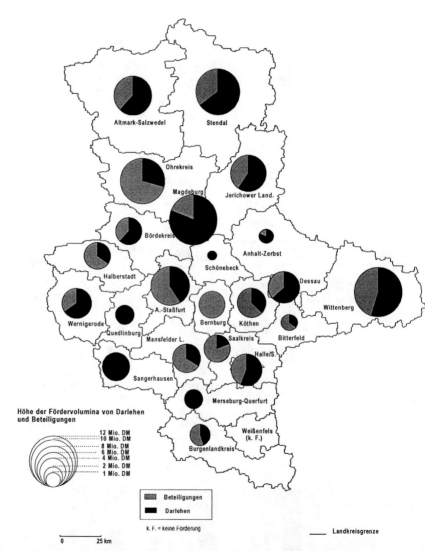

Quelle: Eigene Darstellung nach Angaben des Landesförderinstituts Sachsen-Anhalt

Eine andere Unterstützungsmöglichkeit für Krisenunternehmen sind Ausfallbürgschaften, die die Bürgschaftsbank Sachsen-Anhalt übernimmt. Die Bürgschaftsbank stellte nicht nur Angaben über die übernommenen Bürgschaften (1997 bis 2000) und die Anzahl der geförderten Arbeitsplätzen zur Verfügung, sondern machte außerdem Angaben, ob mit der Fördersumme eine Existenzgründung unterstützt wurde oder ein bereits bestehendes Unternehmen. Außerdem stellte sie Daten bereit, die Aufschluss über den Wirtschaftszweig des geförderten Unternehmens geben.

Im Zeitraum von 1997 bis 2000 wurden von der Bürgschaftsbank Sachsen-Anhalt insgesamt 1.448 Bürgschaften mit einer Fördersumme von 456 Mio. DM (Kreditsumme 620 Mio. DM) übernommen. Davon entfielen 945 Bürgschaften, also knapp 56%, mit einer Fördersumme von ca. 326 Mio. DM (71%) auf Bürgschaften für bereits bestehende Unternehmen. Mit dem Rest wurden Existenzgründungen unterstützt. Im Folgenden werden ausschließlich Bürgschaften berücksichtigt, die in bereits bestehenden Unternehmen übernommen worden sind.[170]

Abbildung 4-19 zeigt die räumliche Verteilung der Fördervolumen der Bürgschaften sowie die Anzahl der damit geförderten Arbeitsplätze auf Landkreisebene. Bei den Fördervolumen der Bürgschaften zeigt sich ein ähnliches Verteilungsmuster wie bei den Fördersummen des Programms IMPULS 2000: In den nördlichen Landkreisen Sachsen-Anhalts, wie bspw. Stendal, Ohrekreis, Jerichower Land, sind die Fördervolumen höher als in den südlichen Landkreisen. Exorbitant hohe Fördersummen haben die kreisfreien Städte Halle/S: mit 28 Mio. DM und Magdeburg mit 47 Mio. zu vermelden. Ähnlich wie bei IMPULS 2000 wurden in den Landkreisen Schönebeck, Köthen und Merseburg-Querfurt verhältnismäßig geringe Bürgschaftssummen gewährt. Auffällig ist auch, dass genau wie bei IMPULS 2000 "Weißenfels", der Landkreis mit dem geringsten Fördervolumen ist.

---

[170] Zu beachten ist, dass die Bürgschaften für bereits bestehende Unternehmen nicht unbedingt ausschließlich an Krisenunternehmen im hier definierten Sinne vergeben werden. Vielmehr stehen Bürgschaften gerade Unternehmen zur Verfügung, die z.B. eine Betriebsverlagerung oder eine Betriebserweiterung planen. Derartige Betriebe befinden sich nicht in einer Liquiditätskrise und fallen nicht unter die Rubrik des Krisenunternehmens (vgl. Ausführungen in Kap. 4.2.1.2). Die Bürgschaftsbank Sachsen-Anhalt konnte mir keine Angaben darüber machen, ob es sich bei der Übernahme der Bürgschaft, um ein Krisenunternehmen handelt oder nicht. Daher geben obige Angaben nur eingeschränkt Auskunft über das Politikfeld der Sanierungs- und Konsolidierungspolitik in Sachsen-Anhalt. Aus diesem Grund werden die Daten der Bürgschaftsbank nicht mit den Daten von IMPULS 2000, ein Programm, das insbesondere Krisenunternehmen im hier definierten Sinne unterstützt, kumuliert. Eine gemeinsame Darstellung - z.B. in einer Abbildung - wäre statistisch unsauber und würde in die Irre führen.

Abb. 4-19: Anzahl der geförderten Arbeitsplätze und Fördervolumina der Bürgschaften in Sachsen-Anhalt (1997 bis 2000)

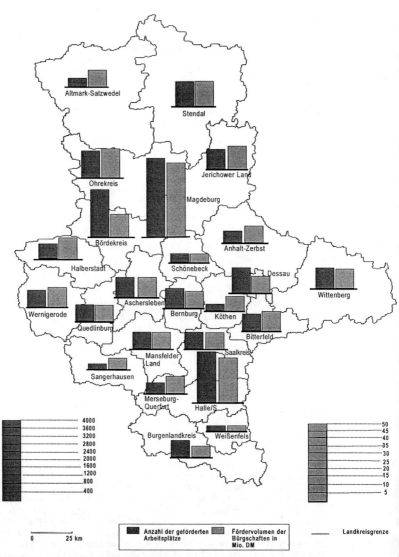

Quelle: Eigene Darstellung nach Angaben der Bürgschaftsbank Sachsen-Anhalt

Abbildung 4-20 zeigt, dass von der Bürgschaftsbank Sachsen-Anhalt Ausfallbürgschaften hauptsächlich in Unternehmen des Wirtschaftszweiges Industrie und Handwerk übernommen worden sind. Einzige Ausnahme bildet dabei der Landkreis Altmark-Salzwedel, in dem überwiegend Unternehmen der Wirtschaftszweige Sonstiges Gewerbe und Freie Berufe unterstützt wurden. Besonders gewichtig ist der Anteil des industriellen Bereichs in den Landkreisen Aschersleben-Staßfurt, Bitterfeld, Saalkreis, Wittenberg und Jerichower Land (vgl. auch Angaben der Tabelle A7 im Anhang).

Es scheint naheliegend, die Förderpräferenzen darauf zurückzuführen, dass der industrielle Sektor strukturell eine dominierende Rolle in den Landkreisen spielt, so dass die Fördervolumen der Bürgschaften demnach der sektoralen Verteilung entsprechen. Schaut man sich jedoch die Beschäftigtenkonzentration der Betriebe des Verarbeitenden Gewerbes, Bergbaus sowie Gewinnung von Steinen und Erden an (Abbildung 4-12 in Kapitel 4.1.2), so kann festgestellt werden, dass selbst in den Landkreisen in denen nur eine verhältnismäßig geringe Konzentration von Beschäftigten in diesem Wirtschaftszweig zu vermelden ist - bspw. in den Landkreisen Sangerhausen oder Stendal - überwiegend Bürgschaften im industriellen Bereich und Handwerk übernommen werden. Das räumliche Verteilungsmuster der Fördervolumen von Bürgschaften lässt sich demnach nicht allein mit der anhand des Verteilungsmusters der Beschäftigten im sekundären Sektor gemessenen Bedeutung der Industrie erklären. Der industrielle Bereich scheint nach wie vor einen insgesamt überdurchschnittlichen Bedarf an Unterstützungen zu benötigen, was vermutlich auch mit gesamtwirtschaftlichen Entwicklungsprozessen - Stichworte: Strukturwandel, Transformationsprozess und Globalisierung – zusammenhängen dürfte.

Abb. 4-20: Fördervolumina der Bürgschaften sowie Anteil der einzelnen Wirtschaftszweige am Gesamtfördervolumen in Sachsen-Anhalt (1997 bis 2000)

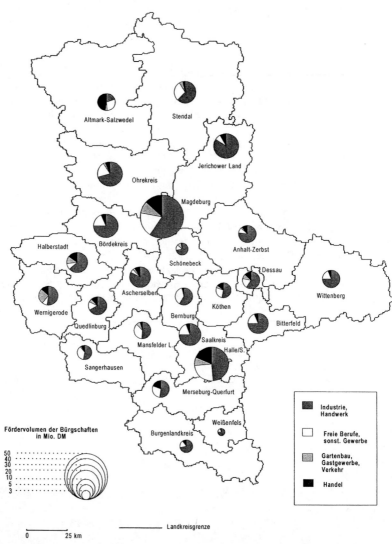

Quelle: Eigene Darstellung nach Angaben der Bürgschaftsbank Sachsen-Anhalt

Abschließend bleiben noch die Erfolge der Grundstücksfonds Sachsen-Anhalt GmbH zu bilanzieren. Die Grundstücksfonds Sachsen-Anhalt GmbH ist eine Institution in der u.a. Krisenunternehmen im hier definierten Sinne Rat und Hilfe suchen (vgl. Ausführungen in Kap. 4.2.2.3): Bisher hat die Grundstücksfonds Sachsen-Anhalt GmbH in 23 Fällen die Betriebsstätten eines insolventen Unternehmen übernommen. Ein Vertreter der Grundstücksfonds Sachsen-Anhalt GmbH wies darauf hin, dass sich die neu gegründeten Unternehmen (Auffanggesellschaften) nur mit Hilfe der Grundstücksfonds Sachsen-Anhalt GmbH am Markt (wieder) positionieren konnten, weil sie nahezu keine Anfangsinvestitionen und daher auch geringere Produktionskosten hatten. Nur so war der finanzielle Aufwand gering und sie fanden den Einstieg in ihr Marktsegment (Interview Grundstücksfonds, Landesebene Sachsen-Anhalt GmbH, 1999).

Diese positive Bewertung der Arbeit der Grundstücksfonds Sachsen-Anhalt GmbH wird durch Abbildung 4-21 gestützt (vgl. auch Tabelle A8 im Anhang). Es zeigt sich, dass die Grundstücksfonds Sachsen-Anhalt GmbH in ihrer bisherigen Laufbahn insgesamt 4,8 Mio. m^2 Fläche aufgekauft hat. Durch ihre Arbeit sind knapp 1.500 Arbeitsplätze gesichert bzw. erhalten geblieben. Die größten Projekte wurden im Landkreis Merseburg-Querfurt (Krumpa mit 22 gesicherten Arbeitsplätzen) und in Bitterfeld (Thalheim, Roitzsch mit 230 gesicherten Arbeitsplätzen) durchgeführt. Bei Betrachtung der Abbildung 4-21 fällt auf, dass hauptsächlich Projekte in den südöstlichen Landkreisen in altindustriellen Wirtschaftsbereichen übernommen wurden. Blickt man zurück auf die Verteilung der Fördervolumen von IMPULS 2000 für die Jahre 1997 bis 2000 in Abbildung 4-18, so ergänzen die Unterstützungen der Grundstücksfonds Sachsen-Anhalt GmbH die Fördersummen von IMPULS 2000 in Teilen insofern, als in denjenigen Landkreisen, in denen nur unterdurchschnittliche Fördersummen im Rahmen von IMPULS 2000 flossen, große Flächen von der Grundstücksfonds Sachsen-Anhalt GmbH aufgekauft worden sind. So hat bspw. der Landkreis Schönebeck mit nur 0,5 Mio. DM Fördervolumen im Rahmen von IMPULS 2000 ca. 60 Arbeitsplätze sichern können. Allerdings konnten hier mit Hilfe der Grundstücksfonds Sachsen-Anhalt GmbH in 2 Projekten zusätzlich nochmals knapp 120 Arbeitsplätze gesichert werden. Ähnliches gilt auch für die Landkreise Bitterfeld, Köthen und bspw. Weißenfels.

Abb. 4-21: Projekte im Treuhandauftrag des Landes Sachsen-Anhalt erworbenen Betriebsstätten durch die Grundstücksfonds Sachsen-Anhalt GmbH (1998 bis 2000)

Quelle: Eigene Darstellung nach Angaben der Grundstücksfonds Sachsen-Anhalt GmbH

Die zuständigen Institutionen für die weichen Instrumente der Sanierungs- und Konsolidierungspolitik (z.B. Beratungsprogramm von IMPULS 2000) stellten mir keine kleinräumigen Angaben zu den Fördervolumina zur Verfügung, so dass im Folgenden lediglich auf Landesebene einiges statistisches Material zusammengetragen werden konnte.

Folgende Tabelle 4-22 schlüsselt die geförderten Anträge des Beratungsprogramms IMPULS 2000 in den Jahren 1996 bis 1999 nach Branchenzugehörigkeit auf, ohne Angaben des Finanzvolumens. Es wird deutlich, dass 1996 bis 1999 insbesondere das Handwerk Beratungen nachgefragt und auch gewährt bekommen hat. An zweiter Stelle liegt das "Verarbeitende Gewerbe". Es werden keine Informationen gegeben, ob sich diese Beratungen auf die Fitnessberatung oder auf eine Konsolidierungsberatung beziehen. Die Konsolidierungsberatung wird - wie oben dargelegt - nur dann gewährt, wenn das Unternehmen auch eine Konsolidierungshilfe im Rahmen von IMPULS 2000 gewährt bekommen hat. Daher können keine Aussagen getroffen werden, wie oft die Konsolidierungsbeteiligung und die Konsolidierungsdarlehen nur dann ausgereicht werden, wenn sich das Krisenunternehmen auch einer Managementberatung bzw. einem Coaching unterzieht.

Tab. 4-22: Beratungen im Rahmen von IMPULS 2000 in Sachsen-Anhalt (1996 - 1999)

Branche	Durchgeführte Beratungen	Anteil in %
Verarbeitendes Gewerbe	463	23,2
Handwerk	829	41,5
Handel	318	15,9
Verkehr	55	2,7
Gastronomie/Beherbergung	109	5,4
Freie Berufe	37	1,8
Organisation ohne Erwerbszweck	185	9,2
Gesamt	1.996	100

Quelle: Ministerium für Wirtschaft und Technologie in Sachsen-Anhalt (Hrsg.) 2000 und eigene Berechnungen (Angaben zum Finanzvolumen gibt es nicht)

Für das Jahr 1998 werden etwas detailliertere Angaben gemacht:

Tab. 4-23: Beratungen im Rahmen von IMPULS 2000 (1998)

Branche	durchgeführte Beratungen	Anteil in %	Finanzvolumen in Mio. DM
Verarbeitendes Gewerbe	155	30	k. A.
Handwerk	222	43	k. A.
Handel	67	13	k. A.
Sonstiges	72	14	k. A.
Gesamt	516	100	10,6

Quelle: Ministerium für Wirtschaft und Technologie in Sachsen-Anhalt (Hrsg.) 1999 und eigene Berechnungen

Das Wirtschaftsministerium lieferte zusätzliche Informationen zu Tabelle 4-23: *"Seit dem Start des Programmes 1996 bis zum Jahresende 1998 wurden insgesamt 975 Projekte, davon 516 in 1998, angeschoben. 78% wurden als Fitnessberatung durchgeführt. Das Land hat bisher dafür 24,3 Mio. DM, davon 10,6 Mio. DM in 1998, bereitgestellt. Mit 43% nahmen Handwerksbetriebe dieses Programm vor Industriebetrieben mit 30% und Handelsbetrieben mit 13% in Anspruch."* (Ministerium für Wirtschaft und Technologie in Sachsen-Anhalt 1999: 30) Das heißt gleichzeitig, dass die Konsolidierungsberatung im

Gegensatz zur Fitnessberatung nur eine untergeordnete Rolle spielt (22%). Es erhielten nur ca. 113 Betriebe die Auflage, sich einer Konsolidierungsberatung zu unterziehen. Dies könnte u.a. darauf hinweisen, dass prinzipiell weniger wirtschaftlich instabile Unternehmen mit Liquiditätsengpässen aufgrund von Managementdefiziten gefördert werden, als umsatzstarke Wachstumsbetriebe, die z.B. aufgrund einer größeren Investition, kurzfristig finanzielle Unterstützung benötigen, aber insgesamt über ein "geeignetes und ausreichend qualifiziertes" Management verfügen. Darüber hinaus ist die Branchenzugehörigkeit der geförderten Unternehmen laut Angaben des Landesförderinstituts breiter gestreut als im Vergleich zu den vorhergehenden Jahren.

Um konkrete Aussagen über die Wirkungen der Finanzhilfen im Politikfeld der Sanierungs- und Konsolidierungspolitik für die regionale Entwicklung treffen zu können, bedarf es umfangreicherer Analysen, als in dieser Arbeit geliefert werden können. Trotzdem sollen einige Auffälligkeiten dargelegt werden, die Hinweise auf die Effekte des von der Landesregierung vergebenen Fördervolumens geben.

Setzt man die Fördervolumen des für Krisenunternehmen besonders wichtigen Programms IMPULS 2000 ins Verhältnis zur Summe der Investitionszuschüsse, die im Rahmen der Gemeinschaftsaufgabe "Verbesserung der regionalen Wirtschaftsstruktur" (GRW) gewährt werden, so zeigen sich zunächst einmal ernüchternde Größenverhältnisse. Nach Angaben des Landesförderinstituts wurden 1998 in Sachsen-Anhalt aus dem Programm Impuls 2000 Hilfen in Höhe von 37,4 Mio. DM ausgereicht. Im gleichen Zeitraum belief sich das Fördervolumen der über die GRW an die gewerbliche Wirtschaft geflossenen Investitionshilfen auf 9.951,7 Mio. DM. Das gesamte Fördervolumen von IMPULS 2000 entspricht damit gerade mal einem Anteil von 0,38 % der GRW-Fördermittel (vgl. Ministerium für Wirtschaft und Technologie des Landes Sachsen-Anhalt 1998: 52).

So betrachtet kann es nicht verwundern, daß die nachweisbaren Erfolge der Sanierungs- und Konsolidierungspolitik sich eher bescheiden ausnehmen. Von 1997 bis 2000 konnten allein durch Fördermaßnahmen aus IMPULS 2000 immerhin 9.668 Arbeitsplätze im Land Sachsen-Anhalt gesichert werden (vgl. Datenbank des Landesförderinstitut Sachsen-Anhalt). Setzt man diese Zahl jedoch in Bezug zu den 272.801 Personen, die im Jahre 2000 in Sachsen-Anhalt arbeitslos gemeldet waren, so lässt sich der Arbeitsmarkteffekt nur noch schwer greifen. Wären die geförderten Arbeitsplätze allesamt verloren gegangen, so hätte sich die Landesarbeitslosenquote gerade mal um 0,1% jährlich erhöht. Eine Differenzierung auf Landkreisebene bestätigt die verhältnismäßig geringen Arbeitsmarkteffekte. So sind bspw. in der kreisfreien Stadt Magdeburg in den Jahren 1997 bis 2000 mit einer relativ hohen Fördersumme von 12,1 Mio. DM insgesamt 826 Arbeitsplätze gesichert worden. Bezogen auf die dort im Jahr 2000 gemeldeten 24.349 Arbeitslosen handelt es sich rein rechnerisch um eine Entlastung des Arbeitsmarktes um weniger als 0,05%.

Rein quantitativ betrachtet mag die Sanierungs- und Konsolidierungspolitik zwar eine eher unbedeutende Rolle für die regionale Entwicklung spielen. Angesichts der in vielen Teilräumen Ostdeutschlands weiterhin gravierenden Wirtschaftsschwäche kann es aber von erheblicher strukturpolitischer Bedeutung sein, daß auch einzelne Betriebe für die Region nicht verloren gehen. Zudem sind die Effekte der Sanierungs- und Konsolidierungsmaßnahmen nicht so gering, wie die genannten Zahlen suggerieren mögen. Berücksichtigt man allein, dass eine Unternehmensinsolvenz oft noch weitere Insolvenzen nach sich zieht, so stehen in der Regel mehr Arbeitsplätze auf dem Spiel, als es die Beschäftigtenzahlen eines geretteten Betriebes ausdrücken. So gesehen leistet die Sanierungs- und Konsolidierungspolitik einen weiteren wichtigen Beitrag im Rahmen der industriepolitischen Bemühungen um eine ausgeglichene und stetige Regionalentwicklung.

Aus den Förderrichtlinien von IMPULS 2000 geht hervor, dass regionale Entwicklungskennziffern, wie bspw. Arbeitslosenquote oder Beschäftigtenkonzentration im industriellen Bereich, bei der Vergabe der Unterstützungen nicht berücksichtigt werden. Entscheidend ist allein die Vorlage eines schlüssigen Sanierungs- und Konsolidierungskonzept.

Stellt man einmal die Arbeitslosenquote der Landkreise - eine Kennziffer, die auch bei der GRW als ausschlaggebendes Kriterium für die Fördervergabe zugrunde gelegt wird - den jeweiligen Fördervolumina gegenüber, um feststellen zu können, ob eventuell auch regionale Entwicklungskennziffern mit in die Fördervergabe mit einfließen, so lässt sich bestätigen, dass diese Richtlinie die Förderpraxis zu bestimmen scheint. Es ist kein signifikanter Zusammenhang zwischen der Arbeitslosenquote und der räumlichen Verteilung der Fördervolumen zu erkennen: Landkreise mit einer relativ hohen Arbeitslosenquote wurden sowohl mit niedrigen als auch mit hohen Förderungen im Rahmen von IMPULS 2000 unterstützt. Und dies gilt ebenso für Landkreise mit relativ niedrigen Arbeitslosenquoten.

Abb. 4-24: Gegenüberstellung von Arbeitslosenquote 2000 und Fördervolumen des Programms IMPULS 2000 zwischen 1997 und 2000

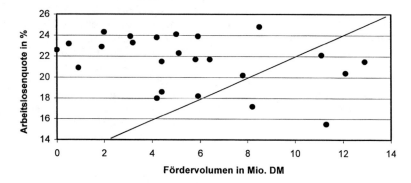

Erklärung: Punkte symbolisieren Residuen der Regression.

Quelle: Eigene Darstellung nach Angaben des Landesförderinstituts und des Statistischen Landesamts Sachsen-Anhalt

Wie schon die Förderrichtlinien nahe legen, scheint sich hiermit zu bestätigen, dass die Fördermaßnahmen der Sanierungs- und Konsolidierungspolitik nicht nach strukturpolitischen Gesichtspunkten ausgerichtet sind. Hier wäre zu überlegen, ob die Sanierungs- und Konsolidierungspolitik nicht effektiver eingesetzt werden könnte, wenn sie um strukturpolitische Komponenten – wie es bspw. bei der GRW bereits festgeschrieben ist - ergänzt würde. Das bisher in diesem Politikfeld praktizierte "Gießkannenprinzip", das nach Aussagen des befragten Vertreters des Wirtschaftsministeriums lediglich dadurch aufgeweicht wird, dass vor allem regional bedeutsame Unternehmen gestützt werden sollen, verschenkt m.E. Gestaltungsspielraum, zumal die Bewertung, ob ein Unternehmen regional bedeutsam ist, äußerst dehnbar ist und als ein relativ subjektives Kriterium erscheint.

4.3 Verfahrensschritte und Strukturmerkmale der Sanierungs- und Konsolidierungspolitik

Dieses Kapitel analysiert die Entscheidungsarena des Politikfeldes der Sanierungs- und Konsolidierungspolitik auf Landesebene. Eine Arena im Sinne von BENZ (1993) (vgl. Ausführungen in Kapitel 2.3.2) ist ein für das Politikfeld institutionell abgrenzbarer Interaktionszusammenhang, der sich einer bestimmten Aufgabe widmet. Die Entscheidungsarena ist ein maßgeblicher Teil der Implementationsphase, in der zum einen die Art und Weise der Politikentscheidung zu erkennen ist. Zum anderen wird darin das Zusammenspiel der beteiligten Akteure und Instrumente sowie das Verhältnis der Akteure unter- und zueinander verdeutlicht. Im Politikfeld der Sanierungs- und Konsolidierungspolitik kommen in der Entscheidungsarena Akteure in einer spezifischen Form zusammen, um zu klären, ob das Krisenunternehmen die Voraussetzungen für eine Sanierungs- und Konsolidierungsförderung erfüllt. In der Entscheidungsarena wenden die beteiligten und involvierten Akteuren ihnen eigene Implementationsmethoden an, die Auskunft darüber geben, welche Rolle ihnen zukommt und in welcher Beziehung die Akteure zueinander stehen (vgl. insbesondere zum Begriff der Entscheidungsarena WINDHOFF-HÉRITIER 1987: 57 und Ausführungen in Fußnote 57).

Im Politikfeld der Sanierungs- und Konsolidierungspolitik weist die Entscheidungsarena verschiedene Merkmale auf: Zunächst ist zu konstatieren, dass sie sich einerseits aus einem informellen und andererseits aus dem formellen Bewilligungsverfahren zusammensetzt. Das formelle Verfahren beginnt mit der Einreichung des Antrags auf Förderung und endet mit der Bewilligung bzw. Ablehnung der finanziellen Mittel. Alle vorgeschalteten Regularien gehören dagegen zu einem eher informellen Verfahren. Die Ausführungen von Kapitel 2 geben Anlass zur Vermutung, dass im informellen Verfahren andere Implementationsmethoden oder auch Selektivitätsregeln (OFFE 1972) bzw. Selektivitätsstrategien (HUCKE 1983) (vgl. Ausführungen in Kapitel 2.3.1) von den Akteuren angewendet werden, als im formellen Verfahren. Außerdem werden im formellen Verfahren jeweils unterschiedliche Akteure als beim informellen Verfahren miteinbezogen. Zudem haben sie sicherlich untereinander je nach spezifischer Einzelaufgabe eine differente Beziehung zueinander. Darüber hinaus treten die in den vorangegangenen Kapiteln charakterisierten Akteure nicht gleichzeitig in die Entscheidungsarena ein bzw. werden nicht zum gleichen Zeitpunkt von einzelnen (dominierenden) Akteuren zur Entscheidung über eine Förderung miteinbezogen. Ein Grund dafür liegt in ihrer unterschiedlichen Fachkompetenz: Einzelne Akteure werden lediglich zur Bewältigung von Einzelaufgaben in die Entscheidungsarena involviert. Um aber die jeweils spezifischen Implementationsmethoden und Beziehungen der beteiligten Akteure herausarbeiten zu können, und um dem differenten Eintritt der Akteure in die Entscheidungsarena gerecht zu werden, bietet es sich daher an, den - doch recht groben - institutionellen Interaktionszusammenhang der Entscheidungsarena in kleinere Einheiten einzuteilen - und zwar in einzelne Verfahrensschritte.[171] Diese sind zeitlich aufeinanderfolgend und grenzen sich durch eine

---

[171] HOCHMUTH/ZIEGLER (1999c) haben in ihrer Studie einzelne Phasen der Krisenbewältigung herausgearbeitet. Allerdings erfolgte dies unsystematisch, unvollständig und begrifflich unsauber. Sie sprechen von der Vorprüfphase, der Phase der technischen Abwicklung der Anträge, der Umsetzungsphase und von der Phase kurz vor der Insolvenz. Um die Entscheidungsarena des Politikfelds der Sanierungs- und Konsolidierungspolitik detailliert zu charakterisieren, bietet sich m.E. eher der Begriff des Verfahrensschrittes an. Darüber hinaus sind in der von HOCHMUTH/ZIEGLER bezeichnenden "Vorprüfphase" verschiedene eindeutig abgrenzbare Verfahrensschritte zusammengefasst worden. Es werden nämlich differente Aufgaben von unterschiedlichen Akteuren bewältigt. Daher habe ich um der Zielsetzung dieses Kapitels gerecht zu werden, den Begriff der "Phase" von HOCHMUTH/ZIEGLER in oben dargelegter Form differenziert und modifiziert.

spezifische Einzelaufgabenstellung ab.[172] Nur mit dieser Kleinarbeitung kann gezeigt werden, ob es innerhalb der Entscheidungsarena zu Interaktionen zwischen den beteiligten Akteuren kommt, die sich jenseits von hierarchischen Strukturen befinden. Auf Basis dieses Analyserasters können dann steuerungstheoretische Implikationen für das Politikfeld auf Landesebene gezogen werden, die Aussagen über die angewendeten Steuerungsinstrumente und -formen zulassen.

Es wird in den einzelnen Verfahrensschritten jeweils geprüft, wie die charakterisierten Akteure zusammenspielen, wann, warum und in welcher Form die Akteure in den jeweiligen Verfahrensschritten eintreten und welche Rolle ihnen zukommt. Zudem wird hinterfragt: Welche Instrumente und Regularien werden von dem jeweils zuständigen (dominierenden) Akteur bzw. von den jeweils zuständigen Akteuren verwendet? Spielen in den einzelnen Verfahrensschritten weiche Instrumente (vgl. Ausführungen in Kapitel 2.3.1) eine Rolle? Sind in den einzelnen voneinander abgrenzbaren Verfahrensschritten Ansätze von netzwerkartigen Strukturen vorzufinden? Ist das Verhältnis der Akteure eher hierarchisch geprägt?

Folgende Verfahrensschritte sind aus der empirischen Darlegung voneinander abzugrenzen:

1. **Verfahrensschritt:** **Erstkontakt (Begründung der Entscheidungsarena),**
2. **Verfahrensschritt:** **Analyse der Problemursache (Schwachstellenanalyse),**
3. **Verfahrensschritt:** **Erstellung des Sanierungs- und Konsolidierungskonzeptes,**
4. **Verfahrensschritt:** **Erarbeitung eines finanziellen Lösungskonzeptes auf Grundlage des vom Unternehmen erstellten Sanierungs- und Konsolidierungskonzeptes,**
5. **Verfahrensschritt:** **Antragsprüfung und –bewilligung (technische Abwicklung der Anträge),**
6. **Verfahrensschritt:** **Umsetzung.**

Parallel dazu gibt es - wie oben dargelegt – in Sachsen-Anhalt auch Hilfestellungen für ein Unternehmen, das kurz vor der Insolvenz steht oder bereits Insolvenzantrag gestellt hat (vgl. Kapitel 4.2.2.3). Die Hilfsmöglichkeiten der Grundstücksfonds Sachsen-Anhalt GmbH sind unabhängig vom obigen Ablaufschema zu sehen und werden daher gesondert als eigenständiges Verfahren analysiert:

(7.) **Verfahren kurz vor der Insolvenz bzw. nach der Insolvenz.**

---

[172] An dieser Stelle muss darauf hingewiesen werden, dass die Grenzen der unterschiedlichen Verfahrensschritte in der Praxis sicherlich fließend und nicht so eindeutig voneinander abzugrenzen sind, wie in den folgenden Ausführungen vereinfachend angenommen wird.

Zu den Verfahrensschritten im Einzelnen:

1. Verfahrensschritt: Erstkontakt (Begründung der Entscheidungsarena)

Der Erstkontakt geht grundsätzlich vom Adressaten selbst aus.[173] In der Regel kontaktiert der Geschäftsführer des Krisenunternehmens das Wirtschaftsministerium.[174] Dort steht ihm entweder die Task Force oder das Referat 31 zur Verfügung. Beide administrativen Akteure dienen dem Unternehmen als erste Anlaufstelle. Sowohl Task Force als auch das Referat 31 nehmen in diesem ersten Verfahrensschritt eine für das Krisenunternehmen beratende Funktion ein.

Das Krisenunternehmen möchte beim Erstkontakt abklären, ob ihm das Wirtschaftsministerium weiter helfen kann. Der Geschäftsführer liefert den Akteuren des Wirtschaftsministeriums – überwiegend telefonisch – grundlegende Informationen über die Probleme des krisengeschüttelten Betriebes. In der Regel erhalten die Vertreter des sachsen-anhaltinischen Wirtschaftsministeriums hier genügend Informationen, um einschätzen zu können, welche Probleme im Unternehmen anliegen.[175] Anhand dieser ersten Informationen entscheiden die Vertreter des Wirtschaftsministeriums, ob der Betrieb weiter "bearbeitet" wird und die weiteren Verfahrensschritte durchläuft (Interview Task Force und Referat 31, Landesebene Sachsen-Anhalt 1999).

Dieser Ablauf verweist auf eine spezifische, dem Verfahren zugrundeliegende Implementationsmethode der Landesregierung, die dem Kriterium der Größe des Adressatenkreises folgt: Im Wirtschaftsministerium sind für Krisenunternehmen ein Referat und eine Unterabteilung "Task Force" innerhalb der Abteilung 2 eingerichtet worden. Sie gehen arbeitsteilig vor: Die Task Force ist für größere, regional bedeutsame Industriebetriebe mit einem dementsprechend zu erwartenden höherem Antragsvolumen und einem umfangreicheren Betreuungsaufwand zuständig. Kleine Dienstleistungs- und Handwerksbetriebe werden dagegen vom Referat 31 betreut. Als Grund für dieses Methode wurde in den Interviews übereinstimmend die Arbeitsentlastung genannt (Interview

---

[173] Einem Krisenunternehmen kann sich in Deutschland generell auch an seine entsprechende Kammer wenden. In den neuen Bundesländern werden dann diese Unternehmen in der Regel von einem DtA-Runden Tisch betreut, wenn die notwendigen Voraussetzungen erfüllt sind (vgl. Kapitel 3.2.1.5).

[174] In seltenen Fälle kontaktierte der Betriebsrat eines Krisenunternehmens die Task Force (Interview Task Force, Landesebene Sachsen-Anhalt 1996 und 1999).

[175] Nach Aussagen der Vertreter des Wirtschaftsministeriums gibt es einige Standardfragen, deren Beantwortung auf die Kompetenz des Managements und auch auf die Lage des Unternehmens schließen lassen. So wird häufig z.B. nach Einzelpositionen der aktuellen "Betriebswirtschaftlichen Analyse (BWA)" gefragt, die vierteljährlich von einem Wirtschaftsprüfer für jedes Unternehmen per Gesetz durchgeführt werden muss. Mit einigen gezielten Fragen wird dem Vertreter des Wirtschaftsministeriums klar, ob die Geschäftsführung des Krisenunternehmens diese Pflichtanalyse richtig interpretieren kann. Falls die Geschäftsführung betriebswirtschaftliche Defizite hat, gibt sie dem Wirtschaftsministerium widersprüchliche Antworten. Die Vertreter des Wirtschaftsministeriums können aber bspw. auch feststellen, dass das Unternehmen bereits Konsolidierungshilfen erhalten hat. Damit ist eine weitere Förderung in der Regel ausgeschlossen (vgl. Ausführungen in Kapitel 3. 1) (Interview Task Force, Landesebene Sachsen-Anhalt 1999).

Task Force und Referat 31, Landesebene Sachsen-Anhalt 1999 und Interview Task Force, Landesebene Sachsen-Anhalt 2000). Ein derartiges Vorgehen ist vergleichbar mit der in der Verwaltung gängigen Praxis, dass Anträge mit einem hohen Finanzvolumen mindestens auf Abteilungsebene vorbereitet werden, und Anträge mit einem verhältnismäßig geringen Finanzbedarf auf Sachbearbeiterebene geprüft werden. Weil die Task Force nach eigenen Angaben über mehr Kapazitäten als das Referat 31 verfügt, werden größere Krisenunternehmen von ihr betreut (Interview Task Force, Landesebene Sachsen-Anhalt 2000).

Zwischen Task Force und dem Referat 31 existieren in der Regel keine Berührungspunkte. Lediglich in Einzelfällen wird zwischen den beiden Referaten die Zuständigkeit für die Unternehmen abgeklärt. Einen vom Haus aus systematisch organisierten Erfahrungsaustausch zwischen diesen beiden ersten Anlaufstellen gibt es nicht. Die Kontakte zwischen den beiden Abteilungen sind als unorganisiert und sporadisch zu bezeichnen. In diesem Schritt werden andere – politisch-administrative oder gesellschaftspolitische Akteure – nicht kontaktiert. Dieser Verfahrensschritt wird ausschließlich durch die administrativen Akteure und den Adressaten bestimmt (Interview Task Force und Referat 31, Landesebene Sachsen-Anhalt 1999).

"Bürokratischer outreach" (vgl. HUCKE 1983: 91f und Ausführungen in Kapitel 2.3.2), eine von der Verwaltung angewendete Strategie, um die Wirksamkeit von Finanzhilfeprogrammen zu optimieren, wird in Sachsen-Anhalt im Politikfeld der Sanierungs- und Konsolidierungspolitik nicht angewendet. Nach Auskunft der Task Force und des Referates 31 handeln beide Akteure rein reaktiv. Sie treten nicht aktiv an ihren begrenzten Adressatenkreis der kleinen und mittleren Unternehmen heran, um bspw. den gesamten Unternehmensmittelstand über die im Politikfeld der Sanierungs- und Konsolidierungspolitik zur Verfügung stehenden Programme zu informieren und dadurch zu gewährleisten, dass nur bedürftige Unternehmen gefördert werden. Die Krisenunternehmen erhalten in der Regel über ihre Geschäftspartner, wie bspw. ihre Hausbanken, Kenntnis über die Existenz der landesspezifischen Finanzhilfeprogramme für Krisenunternehmen.

2. Verfahrensschritt: Analyse der Problemursache (Schwachstellenanalyse)

Im zweiten Schritt werden vom Wirtschaftsministerium die Ursachen für die Schwierigkeiten des Krisenunternehmens näher untersucht und geprüft. Schlüsselakteure sind – wie im ersten Verfahrensschritt – der Adressat und die Vertreter des Wirtschaftsministeriums. Sowohl die Task Force als auch das Referat 31 führen eine Schwachstellenanalyse über das Unternehmen anhand betriebswirtschaftlicher Unterlagen durch. Im Allgemeinen handelt es sich dabei um Jahresbilanzen, Kosten-/Nutzenrechnungen, Gewinn- und Verlustrechnungen etc.

Wie aus den Interviews hervorgeht, ist das Ziel der Vertreter des Wirtschaftsministeriums dabei, den bereits beim Erstkontakt erhaltenen Eindruck über das Krisenunternehmen zu überprüfen und zu vertiefen. Die Berater der Task Force und die Sachbearbeiter des Referats 31 können mit Hilfe einer eingehenden Schwachstellenanalyse beurteilen und einschätzen, welche Schwierigkeiten das Krisenunternehmen hat und wie diesen entgegengewirkt werden kann. Die Dauer dieser Analyse wurde übereinstimmend mit 1-3 Tagen, je nach Größe des Betriebes, angegeben. Bereits während dieser Schwachstellenanalyse wird von den Vertretern des Wirtschaftsministeriums eruiert, welches Finanzhilfeprogramm bzw. welche Kombination von Programmen für die spezifische Problemlage des Krisenunternehmens greifen könnte (Interview Task Force und Referat 31, Landesebene Sachsen-Anhalt 1999).

Neben der eingehenden Prüfung der betriebswirtschaftlichen Unterlagen kontaktieren die Vertreter der beiden Abteilungen in der Regel andere Akteure, die Informationen über das Krisenunternehmen haben. Da insbesondere die Hausbank des Unternehmens über einschlägige Erfahrungen mit dem Krisenunternehmen verfügt, wollen die Vertreter des Wirtschaftsministeriums in erster Linie über Gespräche mit der Hausbank weitere aussagekräftige Informationen über das Krisenunternehmen bekommen (ebd.). Die Hausbank selbst hat aber an dieser Stelle keine Einflussmöglichkeiten auf den weiteren Verfahrensprozess.

In Einzelfällen[176] nutzt die Task Force (nicht das Referat 31) im Rahmen dieses Verfahrensschrittes die Möglichkeit, alle für das weitere Überleben des Unternehmens bedeutsamen Partner wie u.a. Hausbanken, Vertreter der Krankenkassen, Betriebsrat, Finanzamt etc. an einen Tisch zu holen.[177] Ziel dieses Zusammentreffens für die Task Force ist, erste Hilfsmöglichkeiten zu organisieren und vor allem Zeit zu gewinnen, um weitere Hilfestellungen für das Unternehmen (wie z. B. gemeinsame Erarbeitung eines geeigneten Konsolidierungsantrages mit dem Unternehmen) einleiten zu können. Die Partner oder ein Teil der Partner sollten sich während dieses "Runden Tisches" bereit erklären, für eine begrenzte Zeit ihre Forderungen zu stunden oder auszusetzen bzw. ihre Kreditlinien nicht zu kündigen, damit die Liquidität des Unternehmens für einen begrenzten Zeitraum wieder sichergestellt ist.[178] Die von der Task Force angesprochenen Geschäftspartner des Krisenunternehmens treten somit in

---

[176] Diese Einzelfälle sind nicht näher zu charakterisieren. Die Einbindung von weiteren Akteuren liegt im Ermessensspielraum der Task Force und ist stark von dem jeweiligen Krisenfall abhängig. Generell ist aber festzuhalten, je mehr Arbeitsplätze gefährdet sind, desto mehr Partner werden in diesen Verfahrensschritt miteinbezogen, und desto wichtiger ist es für das weitere Bestehen des Unternehmens einen Konsens zwischen den Geschäftspartnern des Krisenunternehmens herzustellen. Nach Aussagen der Task Force wird am häufigsten die Hausbank mit in diesem Verfahrensschritt einbezogen. Erfahrungen zeigen, dass die Fronten zwischen Hausbank und Krisenunternehmen meist so verhärtet sind, dass kein Gespräch ohne unabhängigen Dritten mehr geführt werden kann (Interview Task Force, Landesebene Sachsen-Anhalt 2000).

[177] Dieser von der Task Force initiierte Runde Tisch ist mit der Zielsetzung und Aufgabe her vergleichbar mit den Runden Tischen der Deutschen Ausgleichsbank (vgl. Kapitel 3.2.1.5).

[178] Die Hausbanken können ihre Kreditlinien aufrechterhalten, obwohl Tilgungen nicht geleistet wurden. Die Krankenkassen und die Finanzämter können mit Hilfe eines längerfristigen Rückführungsplanes die Beitragszahlungen stunden. Die Lieferanten können die Fristen der Bezahlung von ausstehenden Rechnungen verlängern.

Verhandlung. Nach Auskunft des Vertreters der Task Force zeigen sich die unterschiedlichen Akteure prinzipiell kooperativ. Sie interpretieren das Einschalten der Landesregierung bzw. auch die Bereitschaft des Landes, dem Unternehmen weiter zu helfen, als Zeichen dafür, dass es eine Lösungsmöglichkeit für die Krise des Unternehmens gibt. Die beteiligten Geschäftspartner des Unternehmens erhoffen sich selbst daraus, ihre ausstehenden Forderungen in absehbarer Zeit – zumindest zum Teil – zu erhalten (Interview, Task Force Landesebene Sachsen-Anhalt 1996 und 1999).

Weil die Beteiligten daran interessiert sind, eine Einigung zu erzielen und gemeinsam nach einer Lösung zu suchen, kann ihr Verhandlungsverhalten zwar als verständigungsorientiert im Sinne von BENZ (1994: 348) charakterisiert werden. Die harten Kriterien, die BENZ an ein kooperatives Verwaltungshandeln anlegt, sind aber nicht erfüllt. Zwar sucht das Wirtschaftsministerium (in Einzelfällen) mit allen Beteiligten nach einer gemeinsamen Lösung, die die administrative Entscheidung über die Art und Weise der Vergabe der Subventionen maßgeblich beeinflusst. Allerdings hat das anschließende formelle Verfahren, das sich an diese informellen Vorverhandlungen anschließt, nicht den Charakter einer förmlichen Ratifizierungsinstanz (vgl. BENZ 1994: 39). Das Wirtschaftsministerium prüft auf Grundlage der gemeinsam erzielten Lösung nochmals eingehend, ob die Administration das Risiko einer Förderung eingeht. Die Verwaltung verzichtet demnach nicht auf ihre Kompetenz zur einseitigen Entscheidung und Durchsetzung von Maßnahmen (ebd.: 345).

Während man die "Runden Tische" nicht als kooperatives Verwaltungshandeln im Sinne von BENZ interpretieren kann, kann man sie sehr wohl als Issue-Netzwerke in der von HECLO (1978) geprägten Sichtweise ansehen. Diese Zusammenkünfte sind dadurch gekennzeichnet, dass sie eher informell und offen sind; auch als "instabil" kann man sie in dem Sinn verstehen, dass sie meist nur kurzfristig existieren und je nach Krisenfall anders zusammengesetzt sind.

Die Task Force ist in diesem Verfahrensschritt der federführende Akteur. Ihre Bereitschaft nicht nur mit dem Adressaten selbst zu kooperieren, sondern auch mit anderen Geschäftspartnern des Unternehmens, wird einerseits mit der komplexen Aufgabe der Krisenbewältigung begründet. Andererseits will sie damit die Politik-Implementation optimieren und gegebenenfalls das Antragsvolumen mit Hilfe z.B. der Hausbank verringern. Diese Verhandlungsform ist u.a. also zur ökonomischen Effizienzsteigerung des Verfahrensschrittes gewählt worden (Interview, Task Force Landesebene Sachsen-Anhalt 2000).

Die Task Force übt bei den Verhandlungen eine spezifische Moderatorenfunktion aus und entscheidet, ob und welche anderen Akteure in den Prozess miteinbezogen werden. Von den jeweiligen Beratern der Task Force werden individuelle Problemlösungen unter Beteiligung von unterschiedlichen Geschäftspartnern für das Krisenunternehmen gesucht. Daher ist für die Task Force in diesem Verfahrensschritt ein adressatenorientiertes Verhalten zu konstatieren.

Wie oben bereits erwähnt, werden diese Verhandlungen nur in Ausnahmefällen geführt. Je nach Fall und Problemlage wird entschieden, ob ein derartiger Runder Tisch initiiert wird. "Kooperative Formen" (BENZ 1994: 24f) weist das Verwaltungshandeln der Task Force und des Referates 31 nur insofern auf, als die vollziehenden Akteure systematisch die Adressaten mit in die Implementationsphase miteinbeziehen. Von der Task Force werden dagegen weitere Akteure – wie bspw. die Arbeitnehmerseite (Mitarbeiter, Betriebsräte, Gewerkschaften) - nur unsystematisch integriert. Prinzipiell ausgeschlossen werden andere Akteure allerdings nicht.

3. Verfahrensschritt: Erstellung des Sanierungs- und Konsolidierungskonzeptes

Für die Erarbeitung des Sanierungs- und Konsolidierungskonzeptes, das nachweist, wie die Probleme des Unternehmens langfristig behoben werden können, ist das Krisenunternehmen selbst verantwortlich. Alle befragten Vertreter des Wirtschaftsministeriums stellten übereinstimmend fest, dass der Vorlage eines in sich schlüssigen Sanierungs- und Konsolidierungskonzeptes für die Vergabe aller zur Verfügung stehender Konsolidierungshilfen auf Landes- und Bundesebene eine hohe Bedeutung zukommt (vgl. z.B. Interview Task Force und Referat 31, Landesebene Sachsen-Anhalt 1996, 1999 und 2000).

Die Vertreter des Wirtschaftsministeriums legen dem Krisenunternehmen nahe, das Konzept nicht selbst bzw. ohne externe Hilfe zu erstellen, sondern sich an eine Unternehmensberatung zu wenden, die einschlägige Erfahrungen auf diesem Gebiet hat. Weil das Wirtschaftsministerium im Rahmen von IMPULS 2000 mit der Prognos GmbH zusammenarbeitet (insbesondere im Rahmen des Beratungsprogramms für kleine und mittlere Unternehmen), wählt das Krisenunternehmen in der Regel diese Unternehmensberatungsgesellschaft, die ihm bei der Erstellung des Sanierungs- und Konsolidierungskonzept helfen kann.[179] Die Prognos GmbH sucht für das Krisenunternehmen und dessen spezifisches Problem aus ihrem eigens aufgebauten Beraterpool eine geeignete Person, die dem Unternehmen bei der Erstellung des Konzeptes beratend zur Seite steht (vgl. Ausführungen in Kapitel 4.2.2.2).

Weil kleine und mittlere Unternehmen in der Regel nicht über die nötigen finanziellen Ressourcen verfügen, um sich in einer Situation der finanziellen Bedrängnis eine Unternehmensberatung zu leisten, stellt das sachsen-anhaltinische Wirtschaftsministerium eine Beratungsförderung für das Management zur Verfügung (vgl. Kapitel 4.2.1.1). Im Rahmen dieses Programms kann auch ein Teil der Kosten für die Erstellung des für die Vergabe der Sanierungs- und Konsolidierungsmittel notwendigen Unternehmenskonzepts

---

[179] Nach Aussagen des Wirtschaftsministeriums gibt die Task Force oder das Referat 31 lediglich dem Unternehmen den Tipp, sich an die Prognos GmbH zu wenden (Interview Task Force, Landesebene Sachsen-Anhalt 1996).

übernommen werden.[180] Die Task Force und auch das Referat 31 können diesen Verfahrensschritt begleiten und auch Hilfestellungen geben. Die Aufgabe ein Sanierungs- und Konsolidierungskonzept zu erstellen, liegt allerdings ausschließlich in der Verantwortung des Krisenunternehmens.[181]

Das Wirtschaftsministerium tritt in diesem Verfahrensschritt in den Hintergrund. Als Schlüsselakteure sind hier vor allem die Krisenunternehmen selbst zu bezeichnen. Eine weitere Rolle spielt die vom Krisenunternehmen beauftragte Unternehmensberatungsgesellschaft.

Das Wirtschaftsministerium bietet zwar über das Beratungsprogramm die Möglichkeit der finanziellen Förderung für kleine und mittlere Unternehmen an, hat allerdings die Überprüfung der Fördervoraussetzungen und die technische Abwicklung des Programms an die Prognos GmbH delegiert. Das Wirtschaftsministerium hat eine öffentliche Aufgabe – und zwar die Überprüfung der Fördermodalitäten – an ein privates Unternehmen ausgelagert, um hier durch Nutzung von externem Know-how ökonomisch effektiv zu handeln. Eine Implementationsaufgabe wird somit von einem nicht-staatlichen Akteur übernommen.

4. Verfahrensschritt: Erarbeitung eines finanziellen Lösungskonzeptes auf Grundlage des vom Unternehmen erstellten Sanierungs- und Konsolidierungskonzeptes

In diesem Verfahrensschritt übernimmt wiederum das Wirtschaftsministerium die Federführung. Die Vertreter der beiden administrativen Abteilungen – Task Force und Abteilung 31 - erarbeiten auf Grundlage des vorgelegten Sanierungs- und Konsolidierungskonzeptes ein finanzielles Lösungskonzept. Dieses Lösungskonzept ist für "regional bedeutsame" Industrieunternehmen – also für das Klientel der Task Force - in der Regel eine Kombination aus mehreren auf Bundes- und Landesebene zur Verfügung stehender Programme. Die Berater bzw. Mitarbeiter dieser beiden Abteilungen des Wirtschaftsministeriums arbeiten dabei mit allen Konsolidierungshilfen, greifen aber im wesentlichen auf Landes- bzw. Ausfallbürgschaften sowie auf das Konsolidierungsdarlehen und die Konsolidierungsbeteiligung im Rahmen von IMPULS 2000 zurück.

---

[180] Die Prognos GmbH ist vom Wirtschaftsministerium mit der Überprüfung der gesamten Fördermodalitäten betraut worden (vgl. Kap. 4.2.1.1). In diesem Zusammenhang muss darüber hinaus betont werden, dass eine Beratung im Modul "Fitnessberatung", das zur Unterstützung der Erstellung des Sanierungs- und Konsolidierungskonzeptes dient, nur maximal 10 Beratungstage umfassen kann. Das Unternehmen hat dabei einen Eigenanteil von 20% an den Beratungskosten zu tragen. Dieser Anteil wiegt schwer, wenn man überlegt, dass die Unternehmen bereits vor der Beratung meist in Liquiditätsschwierigkeiten sind (vgl. ebd.). Auch auf Bundesebene stehen einige Beratungsprogramme (vgl. Kapitel 3.2.1.5) zur Verfügung, die eine Beratung zur Erstellung des Sanierungs- und Konsolidierungskonzeptes fördern können.

[181] Die Beziehungsform zwischen dem Krisenunternehmen und Prognos GmbH wird allein über Preis und vertragliche Regularien bestimmt. Ihre Beziehung ist daher als eine am Markt orientierte Austauschbeziehung zwischen einem "Dienstleister" und einem Unternehmen zu charakterisieren.

Das Unternehmen hat die Aufgabe, weitere für den Antrag benötigte Unterlagen wie Bilanzen der letzten Jahre oder Auftragsübersichten etc. zusammenzustellen und ggf. im Sinne der Programmrichtlinien aufzubereiten. Nur wenn diese Unterlagen vollständig und lückenlos sind, kann die für den Antrag zuständige Institution eine schnelle Bearbeitung gewährleisten (Interview Task Force, Landesebene 2000). Für die Aufbereitung der vom Unternehmen vorzulegenden betriebswirtschaftlichen Unterlagen stehen dem Krisenunternehmen keine Hilfsmöglichkeiten von Landesseite zur Verfügung. Die beiden Abteilungen stehen aber dem Unternehmen beratend zur Seite.

Das finanzielle Lösungskonzept wird von den administrativen Akteuren des Wirtschaftsministeriums – Task Force und Referat 31 - erarbeitet, damit die unterschiedlichen formgebundenen Anträge auf Konsolidierungshilfen ausgefüllt werden können. Insbesondere die Task Force muss - je nach finanziellem Lösungskonzept und Kombination von Konsolidierungshilfen – verschiedene andere administrative Akteure der unterschiedlichen Abteilungen des Wirtschaftsministeriums kontaktieren. In Gesprächen mit verschiedenen Vertretern der Abteilungen (wie z.B. Referat 25, Bürgschaften) wird ein Lösungskonzept unter Leitung der Task Force erarbeitet. In diesem Schritt werden insbesondere von Task Force auch Vertreter der Bürgschaftsbank Sachsen-Anhalt und Vertreter der Mittelständischen Beteiligungsgesellschaft oder der Wagnisbeteiligungsgesellschaft kontaktiert, um auch die Möglichkeiten der Finanzierung über eine Bürgschaft bzw. über eine Beteiligung auszuloten. Falls der Krisenbetrieb ein ehemaliger Treuhandbetrieb war, nimmt die Task Force auch Kontakt zur Bundesanstalt für vereinigungsbedingte Sonderaufgaben auf. Die Task Force arbeitet hier in der Regel ausschließlich mit anderen administrativen Akteuren bzw. mit Akteuren von geldgebenden Institutionen zusammen.

Hervorzuheben ist, dass es für die Erarbeitung des Lösungskonzeptes einen Koordinator und Organisator gibt. Die Erarbeitung des spezifischen Lösungskonzeptes ist nicht in eine Vielzahl von isoliert zu lösenden Einzelproblemen aufgefächert worden, die getrennt voneinander behandelt werden müssen. Hier ist ein querschnitts- und abstimmungsorientiertes Verfahren gewählt worden. Alle Aufgaben gehen durch eine Hand. Der Vertreter der Task Force bezieht je nach Problemlage verschiedene andere administrative Akteure in den Prozess ein. Die Beziehungen zwischen den Beteiligten sind als formal und bürokratisch zu charakterisieren. Es findet also eine innerbürokratische Abstimmung je nach Problemfall statt. Ziel dieser Zusammenarbeit ist, abzuklären, ob es in dem spezifischen Fall sinnvoll und möglich ist, die verschiedenen Programme zu kombinieren. Die aufgezeigten Merkmale der Beziehungen unter den involvierten administrativen Akteuren entsprechen den Kriterien, die an ein traditionelles bürokratisches und hierarchisches Verwaltungshandeln angelegt werden (vgl. SCHARPF 1992 bzw. Ausführungen in Kapitel 2.3.2).

Die Task Force (und das Referat 31) kann hier als dominierender Akteur bezeichnet werden. Der Adressat wird insofern in diesen Verfahrensschritt involviert, als er bspw. fehlende Unterlagen noch einreichen kann und letztendlich die von den Vertretern des Wirtschaftsministeriums ausgewählten Programmanträge unter ihrer Hilfestellung ausfüllt. Auch in diesem Verfahrensschritt ist ein adressatenorientiertes Verwaltungshandeln zu konstatieren. Kennzeichen wie strukturelle, prozessuale und ergebnisbezogene Aspekte, die BENZ (1994: 345) an den Begriff der Kooperation anlegt, sind in diesem Verfahrensschritt von Verwaltungsseite nicht erfüllt.

Weil die Vergabebehörde den Adressaten mit in den gesamten Prozess des informellen Verfahrens einbezieht, hat das Krisenunternehmen einen erheblichen Einfluss auf Erfolg und Misserfolg der Fördermaßnahmen (BENZ 1994: 24f). Mit diesem Verfahrensschritt ist das informelle Bewilligungsverfahren abgeschlossen.

5. Verfahrensschritt: Antragsprüfung und –bewilligung (technische Abwicklung der Anträge)

Das Wirtschaftsministerium hat die Überprüfung und die technische Abwicklung der formgebundenen Anträge auf Konsolidierungshilfe an andere Akteure delegiert.

Die Antragsprüfung erfolgt weitestgehend unabhängig vom Unternehmen – sofern die eingereichten Unterlagen und der Antrag vollständig sind. Generell wird der Antrag über die Hausbank an den zuständigen Akteur bzw. an die zuständige Institution weitergeleitet, auch wenn die Hausbank selbst keinen eigenen Beitrag zu der beantragten Konsolidierungshilfe leistet. Je nach spezifischer Problemlage des Krisenunternehmens wird ein Konsolidierungsdarlehen oder eine Konsolidierungsbeteiligung beantragt. In diesem Fall muss der Antrag an das Landesförderinstitut geleitet werden. Sind die Voraussetzungen gegeben, eine Bürgschaft zu beantragen (vgl. Kapitel 4.2.1.2), so muss der formgebundene Antrag über die Hausbank an das Finanzministerium weitergeleitet werden; und wird eine Bürgschaft über die Bürgschaftsbank in Erwägung gezogen, so ist der Antrag an die Bürgschaftsbank Sachsen-Anhalt GmbH zu richten (vgl. ebd.).

Hier kommt nun bei allen diesen aufgezeigten Konsolidierungshilfen ein kompliziertes Antragsverfahren in Gang, das bereits im Rahmen der jeweiligen Konsolidierungshilfe in vorangegangenen Kapiteln beschrieben worden ist. Die diffizile Arbeitsaufteilung der beteiligten Akteure kann durchaus für den Verfahrensablauf verzögernd wirken. Nach Auskunft des Wirtschaftsministeriums ist aber bisher noch kein Fall wegen einer zu langen Bearbeitungszeit gescheitert (vgl. Interview Task Force, Landesebene 2000).

Das Prüfverfahren ist bei fast allen dargestellten Instrumenten aufgrund der Einschaltung diverser Institutionen äußerst komplex und zeitaufwendig (vgl. Ausführungen 4.2.1). Verhandlungen zwischen den bestimmenden Akteuren sind nicht auszumachen, sie agieren insbesondere in bestimmten vorgegebenen Handlungsroutinen. Es geht hier zwischen den einzelnen beteiligten Akteuren einzig und allein um die Bewältigung verschiedener, zeitlich aufeinanderfolgender, bürokratischer Aufgaben. So ist z.B. die Hausbank nur durchreichende Station für die weitere Antragsbearbeitung; oder die PWC ist beauftragt worden, eine Stellungnahme zum Sanierungs- und Konsolidierungskonzept zu erarbeiten (vgl. z. B. insbesondere Richtlinie über die Gewährung von Konsolidierungsdarlehen an mittelständische Unternehmen im Land Sachsen-Anhalt vom 2.2.1998 oder Richtlinien für die Übernahme von Ausfallbürgschaften durch die Bürgschaftsbank Sachsen-Anhalt GmbH vom 1.1.1998).[182]

Letztendliche Entscheidungsinstanz für die Bewilligung der eingereichten Anträge auf Konsolidierungshilfen ist der Konsolidierungsausschuss, der federführend vom Wirtschaftsministerium geleitet wird (bei Beantragung einer Landesbürgschaft hat das Finanzministerium die Federführung innerhalb des Bewilligungsausschusses, vgl. Ausführungen Kapitel 4.2).[183] Im Konsolidierungsausschuss sind in der Regel das Wirtschaftsministerium und das Finanzministerium stimmberechtigt.[184] Das Wirtschaftsministerium prüft auf Basis der Stellungnahmen der unterschiedlichen Akteure den Antrag. Die Task Force und auch das Referat 31 liefert zudem die bis dahin zusammengetragenen Informationen über das Krisenunternehmen. Andere, z.B. gesellschaftspolitische, Akteure sind nicht in dem Gremium beteiligt.

Im Falle der Bewilligung kann das Wirtschaftsministerium die finanzielle Unterstützung im Rahmen von IMPULS 2000 an die Auflage koppeln, dass das Krisenunternehmen sich einer Beratung zu unterziehen hat. Die Beratung kann über das Beratungsprogramm für kleine und mittlere Unternehmen finanziell unterstützt werden. Diese Möglichkeit, ein weiches Steuerungsinstrument - Beratung - an eine harte finanzielle Unterstützung zu koppeln, ist herauszustellen. Mit dieser Auflage bezweckt die Landesregierung zum einen, dass die finanzielle Förderung so effektiv wie möglich eingesetzt wird. Zum anderen trägt sie damit den Managementdefiziten, die als Hauptursache für die Insolvenzen gelten, Rechnung.

---

[182] Durch dieses aufwendige Procedere können deutlich zu lange Bearbeitungszeiten entstehen. Zwar hat die Task Force die Möglichkeit, den Antrag mit einem Prioritätsschreiben zu versehen, das eine zügigere Bearbeitung gewährleisten soll. Nach Auskunft der Task Force ist aber nur bei der Einreichung aller notwendigen Unterlagen diese schnellere Bearbeitung sicher (Interview Task Force Landesebene 2000).

[183] In Bezug auf die Landesbürgschaften ist festzustellen, dass die Zuständigkeiten für das Förderinstrumentarium und somit auch die Entscheidungsprozesse im Landeskreditausschuss (oder auch Landesbürgschaftsausschuss) in den Bereich des Finanzministeriums fallen, während die durch das Landesförderinstitut und die Wagnisbeteiligungsgesellschaft ausgereichten Sanierungs- und Konsolidierungshilfen im Rahmen von IMPULS 2000 beim Wirtschaftsministerium angesiedelt sind. Daraus können sich Koordinierungsschwierigkeiten ergeben, insbesondere wenn die Landesbürgschaften mit anderen Fördermitteln kombiniert werden sollen (Interview Task Force, Landesebene Sachsen-Anhalt 1996).

[184] Sowohl die Task Force als auch das Referat 31 haben in diesem Gremium keine Stimmberechtigung. Dies birgt insbesondere für die Berater der Task Force bzw. der Mitarbeiter des Referates 31 den Vorteil, dass sie – z.B. im Fall eines finanziellen Ausfalls - nicht in persönliche Rechenschaft gezogen werden können.

Im Zentrum dieses Schrittes stehen bürokratische Aufgaben – die Antragsüberprüfung und die technische Abwicklung der Anträge.[185] Die verschiedenen Akteure handeln gemäß einer vom Wirtschaftsministerium erarbeitenden Richtlinie und bewegen sich in einem vom Wirtschaftsministerium definierten Handlungskorsett. Durch die Vorgabe dieser Antragsrichtlinien ist die Bewältigung in einzelne von unterschiedlichen Akteuren zu bewältigende Aufgaben aufgegliedert worden und daher äußerst schematisch. Der gesamte Prozess der Antragsabwicklung ist festgelegt. Flexible Handhabungen in Einzelfällen sind nicht auszumachen. Die Beziehungsmuster der Akteure die am Prüfverfahren bzw. bei der technischen Abwicklung beteiligt sind, sind als traditionell, hierarchisch und überwiegend bürokratisch zu charakterisieren.

Bemerkenswert ist, dass die Landesregierung bzw. das Wirtschaftsministerium den weiteren Prozess der Krisenbewältigung mit der Koppelung von harten und weichen Faktoren bzw. Medien regulieren kann. Dies stellt aber lediglich eine Ergänzung zu der traditionellen hierarchisch- bürokratischen Verfahrensablauf dar.

6. Verfahrensschritt: Umsetzung

Das Unternehmen wird in diesem Verfahrensschritt in der Regel von der Hausbank über die Bewilligung des Antrages in Kenntnis gesetzt. Gleichzeitig mit der Bewilligung erhält das Unternehmen auch die Informationen über die Auflagen, unter denen die Konsolidierungshilfe gewährt wurde. Eine Auflage ist häufig – wie bereits oben dargelegt -, dass sich das Unternehmen einer Beratung unterziehen soll. In derartigen Fällen kontaktiert das Unternehmen die Prognos GmbH, die vom Wirtschaftsministerium mit der technischen Abwicklung des Förderprogrammes "Beratungsprogramm für kleine und mittlere Unternehmen" beauftragt wurde. Die Prognos GmbH sucht für das Unternehmen einen geeigneten Berater aus, dessen Kosten über das Beratungsprogramm zu maximal 90% übernommen werden können. Den Rest des Betrages muss das Unternehmen in Eigenleistung erbringen (Interview Task Force, Landesebene Sachsen-Anhalt 1996 und 1999).[186]

Der Hausbank kommt hier insbesondere in Bezug auf Landesbürgschaften oder hinsichtlich der Ausfallbürgschaften der Bürgschaftsbank eine wichtige Rolle zu.

---

[185] Z.B. prüft das Landesförderinstitut eingegangene Anträge auf eine Landesbürgschaft weitgehend formell auf Vollständigkeit. Dann wird der Antrag und das zugrunde liegende Sanierungs- und Konsolidierungskonzept einem unabhängigen Sachverständigen oder der PwC Deutsche Revision zur Begutachtung vorgelegt. Seitens dieses Sachverständigen oder der PwC Deutsche Revision kommt es häufig zu Rückfragen, die über das Landesförderinstitut wieder an das antragstellende Unternehmen weitergeleitet werden. In der Regel erarbeitet das Landesförderinstitut parallel ebenfalls eine Stellungnahme zum Sanierungs- und Konsolidierungskonzept. Auf der Basis der erarbeiteten Stellungnahmen erfolgt schließlich die Vorlage an den Bewilligungsausschuss.

[186] Auch wenn das Krisenunternehmen vom Wirtschaftsministerium die Auflage einer Beratung oder eines Coachings erhält, muss das Unternehmen trotz seines meist bereits engen finanziellen Spielraums einen Teil der anfallenden Kosten übernehmen.

Sie hat generell gegenüber dem Wirtschaftsministerium bzw. der Bürgschaftsbank die Meldepflicht, falls sich Tilgungsschwierigkeiten eines verbürgten Kredites ergeben oder sich anderweitige Probleme zeigen, die auf eine weitere betriebswirtschaftliche Verschlechterung der Situation des Krisenunternehmens schließen lassen. Im Rahmen des Konsolidierungsdarlehens – vor allem wenn das Unternehmen ein Darlehen ohne die Auflage sich einem Coaching zu unterziehen, gewährt bekommen hat - gibt es dagegen keine explizit ausgewiesene Kontrollinstanz bzw. einen Akteur, der z.B. die Umsetzung des Sanierungs- und Konsolidierungskonzeptes begleitet und gegebenenfalls auftretenden Schwierigkeiten sofort entgegenwirken kann. Im Rahmen der Konsolidierungsbeteiligung ist es demgegenüber eher möglich einzugreifen, wenn sich Probleme bei der Umsetzung des Konzeptes ergeben. Der Beteiligungsgeber, der in der Regel am Gewinn des Unternehmen beteiligt ist, hat ein Interesse, dass das Sanierungs- und Konsolidierungskonzept erfolgreich umgesetzt wird. In dieser Hinsicht fungiert der Beteiligungsgeber bei der Umsetzung als Kontrollinstanz (vgl. Bürgschaftsrichtlinien des Landes Sachsen-Anhalt vom 10.10.1995, veröffentlicht am 30.10.1996).

Das Wirtschaftsministerium bzw. die Landesregierung hat die Zuständigkeit an verschiedene andere Akteure wie Prognos GmbH, Hausbank etc. weiterdelegiert. Das Wirtschaftsministerium kann nur noch über die aufgezeigten Akteure den weiteren Verfahrensprozess beeinflussen. Die nicht-staatlichen Akteuren stehen in keiner Beziehung zueinander. Auch in diesem Verfahrensschritt sind keine kooperativen oder netzwerkartigen Strukturen erkennbar.

Wie einleitend zu diesem Kapitel bereits erwähnt, gibt es in Sachsen-Anhalt Unterstützungsmöglichkeiten, wenn einem Betrieb nicht mehr über die oben dargelegten verschiedenen Konsolidierungsprogramme geholfen werden kann:

(7.) Verfahren kurz vor der Insolvenz bzw. nach der Insolvenz.

Die Landesregierung hat die gesamte Koordinierung und Organisation dieses Verfahrens auf die Grundstücksfonds Sachsen-Anhalt GmbH übertragen.

Mit der Einrichtung der GSA-Grundstücksfonds Sachsen-Anhalt GmbH ist eine zusätzliche Institution von der Landesregierung geschaffen worden, die den gesamten Prozess des Betriebsstättenverkaufs und (Wieder-)Erwerbs von Unternehmen in Schwierigkeiten zu koordinieren hat. Sie hat die Aufgabe, alle Voraussetzungen für den Erwerb der Betriebsstätte für die Landesregierung zu prüfen. Bis zum Kauferwerb wird somit das Verfahren über eine zuständige Institution organisiert und ist daher nicht in einzelne von unterschiedlichen Akteuren zu bewältigende Aufgaben aufgefächert worden (vgl. Ausführungen in Kapitel 4.2.2.3).

Die Entscheidung über den Kauf der Betriebsstätte wird von der Grundstücksfonds Sachsen-Anhalt GmbH gemeinsam mit verschiedenen administrativen Akteuren gefällt. Dazu tauschen sich die relevanten Akteure in mehrmaligen

Gesprächen aus, um das Risiko eines Betriebsstättenerwerbes anhand der von der Grundstücksfonds Sachsen-Anhalt GmbH vorgelegten Unterlagen abzuwägen. Je nach Fall ist diese "Runde" unterschiedlich zusammengesetzt. Es können dabei Vertreter des Wirtschaftsministeriums aus den Abteilungen/Referaten Bürgschaften, Industrieansiedlung oder Industriebetreuung etc., Vertreter des Finanzministeriums, Vertreter des Ministeriums für Arbeit und Soziales zusammenkommen. Falls das Unternehmen bereits einen Insolvenzantrag gestellt hat, ist außerdem der Insolvenzverwalter ein wichtiger beteiligter Akteur. Ggf. wird auch der Betriebsrat sowie die zuständige Einzelgewerkschaft an diesen Gesprächen beteiligt (Interview Grundstücksfonds Sachsen-Anhalt GmbH, Landesebene Sachsen-Anhalt 1999).

Die Landesregierung hat die Vorbereitung und Koordination des Verfahrensablauf in eine Hand gegeben. Es besteht eine intensive Zusammenarbeit zwischen überwiegend administrativen Akteuren. Nach Auskunft des Vertreters der Grundstücksfonds Sachsen-Anhalt GmbH ist hier aufgrund der langjährigen Zusammenarbeit auch ein starkes Vertrauensverhältnis zwischen den involvierten Akteuren entstanden. Darüber hinaus wurden in den Gesprächen bisher immer ein Konsens bzw. Kompromisslösungen angestrebt (ebd.). Die Orientierung am gemeinsamen Erfolg bildet die Handlungslogik der Akteure. Diese Akteursbeziehung birgt den Vorteil, dass eine nahezu optimale Ressourcenbündelung stattfindet. Nicht-administrative Akteure werden nur in Einzelfällen in diesen Verfahrensschritt miteinbezogen. Die (recht hohen) Anforderungen, die BENZ (1994) an kooperative Formen von Verwaltungshandeln anlegt, sind nicht festzustellen.

Zwischenresümee

Aus den oben dargelegten Ausführungen lassen sich für die Entscheidungsarena der Implementationsphase folgende Schlussfolgerungen ableiten: Das Wirtschaftsministerium erscheint insgesamt als die entscheidende gestalterisch tätige Kraft für das Politikfeld Sanierungs- und Konsolidierungspolitik. Andere Akteure sind an der Implementationsphase des Politikfeldes in Sachsen-Anhalt nur sporadisch und in Einzelfällen beteiligt. Kooperationsstrukturen der beteiligten Akteure im Sinne von BENZ sind nicht erkennbar. Tendenzen zu umfassenden und stabilen Politiknetzwerken sind für die Implementationsphase nicht auszumachen. Damit hat sich die eingangs aufgestellte These, dass die traditionelle Steuerungsform Hierarchie durch netzwerkartige Strukturen ergänzt wird, für Sachsen-Anhalt allenfalls insofern bestätigt, als in der Entscheidungsarena partiell und unsystematisch einzelne Merkmale von Issue-Netzwerken nach HECLO (1978) auszumachen sind.

Positiv hervorzuheben ist, dass die Landesregierung die Task Force für "regional bedeutsame" Industriebetriebe initiiert hat. Sie wurde parallel zum bestehenden Referat 31 eingerichtet. Damit hat sie für ein bestimmtes Klientel einen zusätzlichen Ansprechpartner eingerichtet und die "Bearbeitung" dieser Krisenbetriebe nicht vollständig in bestehende, institutionelle in Einzelaufgaben unterteilte Verwaltungsabläufe integriert. Dies ist zumindest bedingt als innovativ zu bezeichnen. Mit der Einrichtung der GSA-Grundstücksfonds Sachsen-Anhalt GmbH ist ebenfalls eine zusätzliche Institution von der Landesregierung geschaffen worden, die den Betriebsstättenverkauf und (Wieder)erwerb von Unternehmen zu koordinieren hat, die in wirtschaftlicher Bedrängnis sind und somit kurz vor der Insolvenz stehen. Auch hier wird das gesamte Verfahren über eine Institution koordiniert und organisiert. Es konnte festgestellt werden, dass sich leichter und eher netzwerkartige Strukturen (Ansätze von Issue-Netzwerken) bilden können, sobald nur eine einzige Institution mit der Koordination eines ganzen Verfahrensprozesses betraut ist. Ist der Verfahrensablauf dagegen in einzelne von unterschiedlichen Akteuren zu bewältigende Aufgaben aufgegliedert, können sich selbst Ansätze von Issue-Netzwerken nicht entwickeln.

5 DIE SANIERUNGS- UND KONSOLIDIERUNGSPOLITIK AUF LANDESEBENE: DAS BEISPIEL BRANDENBURG

5.1 Die Wirtschaftsstruktur in Brandenburg

5.1.1 Wirtschaftsstrukturelle Entwicklung

Das Land Brandenburg ist mit einer Fläche von 29.476 qkm das größte unter den fünf ostdeutschen Bundesländern. Die insgesamt 1.700 Gemeinden gliedern sich nach der gesetzlichen Neugliederung 1993 in 18 Verwaltungsbezirke, darunter 14 Landkreise und 4 kreisfreie Städte (Brandenburg, Potsdam, Frankfurt/Oder und Cottbus). In Brandenburg lebten am Ende des Jahres 1998 2,59 Mio. Menschen, dies sind etwa 3% aller Bundesbürger. Das Land weist eine sehr geringe Anzahl von Einwohnern und Einwohnerinnen gemessen an der Fläche auf: Mit 88 Personen je qkm ist es in der Bundesrepublik Deutschland (230 Personen je qkm) nach Mecklenburg-Vorpommern das Land mit der geringsten Bevölkerungsdichte. Ein Drittel der Einwohner Brandenburgs lebt im engeren Verflechtungsraum Brandenburg-Berlin (vgl. www.branden-burg.de).

Schon zu DDR-Zeiten war Brandenburg überwiegend agrarisch geprägt. So gab es ca. 281.000 ha Agrarfläche (zum Vergleich: Sachsen hatte nur ca. 97.000 ha, dagegen Mecklenburg-Vorpommern ca. 458.000 ha) (vgl. Wirtschaftsatlas Neue Bundesländer 1994: 164). Außerdem kennzeichnet dieses Bundesland das Vorkommen von natürlichen Ressourcen wie Braunkohle, Steine und Erden sowie Holz. Diese Vorkommen begründen auch die hohe Grundstofflastigkeit der Industrie. Nach wie vor spielt die Vorleistungsindustrie in acht von 14 Landkreisen Brandenburgs eine wichtige Rolle. Sie weist auch heute noch von der Ostprignitz über die westlichen Kreise des Landes zur Lausitz und von dort in nördlicher Richtung durch die ostbrandenburgischen Kreise bis zur Uckermark eine überdurchschnittliche Verdichtung auf (vgl. Ministerium für Wirtschaft, Mittelstand und Technologie 1998b: 11).

An der südlichen Landesgrenze von Brandenburg zu Sachsen ist die Region nach wie vor durch den Bergbau geprägt. Das Lausitzer Revier ist dominiert durch den Abbau von Braunkohle und deren Aufbereitung zur Energieerzeugung. Vier Braunkohlekraftwerke, sowie weitreichende Tagebaue, die bis nach Sachsen reichen, kennzeichnen den wirtschaftlichen Standort im Süden Brandenburgs (vgl. Wirtschaftsatlas Neue Bundesländer 1994). Im Folgenden sollen, ähnlich wie für Sachsen-Anhalt, einige statistische Kennziffern näher beleuchtet werden, um einen Eindruck über die wirtschaftliche Situation des Untersuchungslandes Brandenburg zu vermitteln.

Legt man die Bruttowertschöpfung nach Wirtschaftsbereichen zu Grunde, so ist der bedeutendste Wirtschaftszweig der der "Öffentlichen und privaten Dienstleister" mit einem Anteil von 27,2% (vgl. Abbildung 5-1). Dicht gefolgt von dem Wirtschaftsbereich "Finanzierung, Vermietung und Unternehmensdienstleister" mit einem Anteil von 23,8%. Das "Verarbeitende Gewerbe" liegt gemeinsam mit dem übrigen Produzierenden Gewerbe mit einem Anteil von insgesamt 17,8% an der Bruttowertschöpfung minimal vor dem Wirtschaftszweig "Handel,

Gastgewerbe und Verkehr". Ähnlich wie in Sachsen-Anhalt bildet die Land- und Forstwirtschaft, Fischerei mit 2,6% das Schlusslicht.

Abb. 5-1: Bruttowertschöpfung nach Wirtschaftsbereichen in Prozent in Brandenburg (2000 in Preisen des Jahres 1995)

Quelle: Eigene Darstellung nach Angaben des Landesbetriebes für Datenverarbeitung und Statistik Land Brandenburg

Bei der Betrachtung der folgenden Tabelle 5-2 ergibt sich ein relativ eindeutiges Bild über die wirtschaftliche Entwicklung in Brandenburg. Nahezu alle Bereiche mussten eine Minderung ihrer Umsätze hinnehmen, wenn auch die Zahlen überwiegend im positiven Bereich liegen. Im Vergleich zu Sachsen-Anhalt zeigt sich bei dieser statistischen Größe aber eine etwas positivere Entwicklungstendenz in den einzelnen Wirtschaftsbranchen.

Tab. 5-2: Veränderung der realen Bruttowertschöpfung nach Wirtschaftsbereichen, Veränderungen gegenüber Vorjahr in Prozent in Brandenburg (in Preisen von 1995)

Wirtschaftszweig	1993	1995	1997	1999	2000
Land- und Forstwirtschaft, Fischerei	42,6	5,1	1,8	-1	-0,3
Produzierendes Gewerbe ohne Baugewerbe	17	3	1,5	0,9	4,6
Baugewerbe	15,1	17,4	-4,3	-1,1	-11,3
Handel, Gastgewerbe und Verkehr	11,7	4	6,3	4,6	1,1
Finanzierung, Vermietung und Unternehmensdienstleister	16	6,9	5,7	6,1	5,4
Öffentliche und private Dienstleister	4	1,6	1,7	0,3	0,6
Gesamt	12	5,9	2,2	2,2	0,9

Quelle: Eigene Darstellung nach Angaben des Landesbetriebes für Datenverarbeitung und Statistik Land Brandenburg

Exemplarisch sollen die Entwicklungen der Wirtschaftszweige "Land- und Forstwirtschaft, Fischerei", "Baugewerbe", "Produzierendes Gewerbe ohne

Baugewerbe", "Finanzierung, Vermietung und Unternehmensdienstleister" näher beschrieben werden: Kein anderer Wirtschaftszweig hat mit derartig starken Veränderungen wie die "Land- und Forstwirtschaft, Fischerei" zu kämpfen. Zwischen 1993 und 1995 ist ein dramatischer Umsatzrückgang zu konstatieren: Lag der Wert für die Veränderung der realen Bruttowertschöpfung im Vergleich zum Vorjahr 1993 bei dieser Branche noch bei 42,6%, so reduzierte er sich innerhalb von zwei Jahren um ein Vielfaches auf nur 5,1%. Dieser negative Trend setzte sich in den darauffolgenden Jahren weiter fort, bis zu einem negativen Wert im Jahr 2000 auf –0,3%. Eine ähnlich schlechte Entwicklung ist für das Baugewerbe zu konstatieren: Innerhalb von sieben Jahren gab es in diesem Wirtschaftszweig Wachstumsrückgänge von mehr als 25 Prozentpunkten.

In Bezug auf das "Produzierende Gewerbe ohne Baugewerbe " ist zwar nicht ganz so ein drastischer Rückgang zu vermelden, aber auch in diesem Wirtschaftszweig mussten erhebliche Wachstumseinbrüche hingenommen werden. Noch 1993 lag der Wert für die Veränderung der realen Bruttowertschöpfung im Vergleich zum Vorjahr bei 17%. Bis 1995 reduzierte sich dieser Wert auf 3%. Zwischen 1995 und 1997 verringerte er sich abermals um die Hälfte auf 1,5%. Erst 2000 ist eine leichte Kehrtwende bei dieser Entwicklung auszumachen.

Auch im Bereich "Finanzierung, Vermietung und Unternehmensdienstleister" ist im Beobachtungszeitraum zwischen 1993 und 2000 ein insgesamt rückläufiger Trend zu konstatieren: Lag der Wert dieser statistischen Größe 1993 noch bei 16%, so ist er bereits 1995 auf 6,9% gefallen. Bis zum Jahr 1997 sind die Werte um 1,2 Prozentpunkte weiter gesunken. Eine leichte Erholung dieses Trends ist im Jahr 1999 mit 6,1% zu beobachten. Im Jahr 2000 ist wiederum ein leichter Rückgang auf 5,4% zu konstatieren.

Ein Blick auf die Tabelle 4-3 des vorangegangenen Kapitels zeigt die Veränderung der realen Bruttowertschöpfung nach den einzelnen Wirtschaftsbereichen für Ostdeutschland. Brandenburg hat für 1999 nur im Wirtschaftszweig "Finanzierung, Vermietung und Unternehmensdienstleister" einen überdurchschnittlichen Wert im Vergleich zu allen neuen Bundesländern aufzuweisen. Alle anderen Bereiche (inkl. dem Produzierenden Gewerbe ohne Baugewerbe) haben sich im Vergleich zu allen Ostländern unterdurchschnittlich entwickelt.

Ein Vergleich der Entwicklung der Betriebsgrößenstruktur zwischen Brandenburg und Ostdeutschland ergibt ähnliche Ergebnisse wie für Sachsen-Anhalt: Die Anzahl der Großbetriebe ist zugunsten einer Vielzahl von Betrieben mit bis zu 49 Beschäftigte zurückgegangen. Allerdings gab es in Brandenburg 1993 bereits "nur" 15 Betriebe mit über 1000 Beschäftigten. Sachsen-Anhalt hatte zum gleichen Zeitpunkt 26 Unternehmen in dieser Betriebsgrößenkategorie. 1993 sind dagegen 487 Kleinbetriebe (Belegschaft zwischen 1-49) in Brandenburg registriert worden, 6 Jahre später hat sich diese Anzahl um fast ein Drittel auf 752 Unternehmen vergrößert. Die anderen Größenklassen betreffend kann eher von einer Stagnation gesprochen werden.

Abb. 5-3: Betriebe des Verarbeitenden Gewerbes, sowie im Bergbau und in der Gewinnung von Steinen und Erden in Brandenburg (September 1993 - 2000)

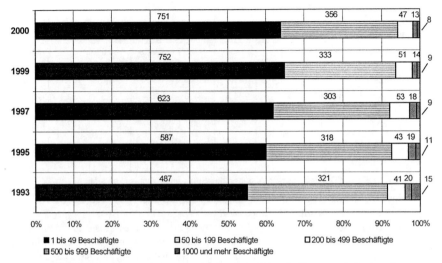

■ 1 bis 49 Beschäftigte ☐ 50 bis 199 Beschäftigte ☐ 200 bis 499 Beschäftigte
☐ 500 bis 999 Beschäftigte ■ 1000 und mehr Beschäftigte

Quelle: Eigene Darstellung nach Angaben des Landesbetriebes für Datenverarbeitung und Statistik Land Brandenburg

Ähnlich wie für Sachsen-Anhalt hat Brandenburg (vgl. Ausführungen von Kapitel 4.1) im Vergleich zu dem gesamten Gebiet von Ostdeutschland eine nicht abweichende Entwicklung bei dieser statistischen Kennziffer zu verbuchen. Generell dominieren in ganz Ostdeutschland kleinere Betriebe mit einer Belegschaftsgröße von maximal 199 Beschäftigten.

Als nächstes soll nun die Situation auf dem Arbeitsmarkt ins nähere Blickfeld gerückt werden: Nachstehende Tabelle verdeutlicht die Entwicklung der Erwerbstätigenstruktur in den einzelnen Branchen zwischen den Jahren 1991 und 2000. Zwischen 1993 und 1999 ist eine ansteigende Tendenz der Erwerbstätigenzahlen in den einzelnen Wirtschaftsbereichen zu beobachten. Dagegen sind für das Jahr 2000 allgemeine Einbußen zu vermelden. Ausnahmen bilden die Land- und Forstwirtschaft sowie das Produzierende Gewerbe. In beiden Wirtschaftszweigen zeigt sich eine besonders ungünstige Entwicklung. Zwischen 1991 und 2000 verloren im primären Sektor insgesamt mehr als 60.000 Personen ihren Arbeitsplatz und im Produzierenden Gewerbe reduzierte sich das Arbeitsplatzangebot in der gleichen Zeitspanne um ca. 160.000.

Tab. 5-4: Entwicklung der Erwerbstätigen nach Wirtschaftsbereichen in Brandenburg (in Tausend, Jahresdurchschnitt 1991 - 2000)

Wirtschaftszweig	1991	1993	1995	1997	1999	2000
Land- u. Forstwirtschaft, Fischerei	108,1	56,1	53,9	47,6	46,1	45,7
Produzierendes Gewerbe	312,4	183,6	167,7	158,3	148,7	145,7
Darunter: Verarbeitendes Gewerbe	241	140,5	135,5	135,8	130,2	128,2
Baugewerbe	125,4	156,6	188,4	178,5	161,7	151,1
Handel, Gastgewerbe und Verkehr	244,5	232,8	246,4	253,5	253,1	247,0
Finanzierung, Vermietung und Unternehmensdienstleister	66,8	80	89	99,7	112,8	113,9
Öffentliche und private Dienstleister	329,7	313,5	322,9	325,4	343,3	341,8

Quelle: Eigene Darstellung nach Angaben des Stat. Landesamtes Brandenburg

Im Gegensatz zu Sachsen-Anhalt sind trotz stagnierender Werte der Veränderung der Bruttowertschöpfung positive Impulse in der Beschäftigungsstruktur auszumachen. So pendelt die Veränderung der realen Bruttowertschöpfung des Wirtschaftszweiges "Finanzierung, Vermietung und Unternehmensdienstleister" zwischen 1995 und 2000 um die 6%-Marke, gleichzeitig hat sich die Zahl der Erwerbstätigen in dieser Zeitspanne um ca. 25.000 erhöht. Daher ist für Brandenburg ein leichter positiver Zusammenhang zwischen der Entwicklung der Bruttowertschöpfung und der Beschäftigtenstruktur festzustellen.

Als ergänzende Information zum Wirtschaftszweig "Verarbeitendes Gewerbe" sollen noch die Ausführungen vom Wirtschaftsministerium des Landes Brandenburg angeführt werden: Das "Verarbeitende Gewerbe" weist *"die größte Produktions- bzw. Beschäftigungslücke aus. So beträgt der Industriebesatz 58 Erwerbstätige je 1.000 Einwohner. Die alten Bundesländer weisen demgegenüber einen Besatz von 108 Erwerbstätigen je 1.000 Einwohner auf. Damit liegt die brandenburgische Industrie bei 54% des Niveaus der alten Bundesländer. das entspricht einem Defizit von über 107.000 Erwerbstätigen."* (Ministerium für Wirtschaft, Mittelstand und Technologie des Landes Brandenburg 1999b: 8)

Vergleicht man die Entwicklung der Erwerbstätigen in Brandenburg insgesamt mit der von Ostdeutschland (vgl. Tabelle 4-7 in Kapitel 4.1), so kann festgestellt werden, dass in Brandenburg keine außergewöhnlichen Trends zu verzeichnen sind: In allen Wirtschaftsbereichen können dramatische Rückgänge an Erwerbstätigen zwischen 1991 und 1995 registriert werden. Die Entwicklung in Brandenburg ist insgesamt bei dieser Kennziffer als durchschnittlich zu bezeichnen.

Die brandenburgische Arbeitslosenquote ist zwischen den Jahren 1996 und 1998 um mehr als 2% gestiegen. Die gleiche Steigerung weist die Arbeitslosenquote aller neuen Bundesländer auf. 2000 halten sich die Quoten auf ihrem jeweiligen Niveau: Ostdeutschland hat eine Arbeitslosenquote von 18,8%, und in Brandenburg liegt sie bei 18,4%. Insgesamt ist festzuhalten, dass die Arbeitslosenquote von Brandenburg leicht unter dem Durchschnitt der neuen Bundesländer rangiert. Zum Vergleich: In Sachsen-Anhalt liegt sie im Beobachtungszeitraum höher als der Durchschnittswert für Ostdeutschland.

Abb. 5-5: Arbeitslosenquoten in Brandenburg im Vergleich zu West- und Ostdeutschland (2000)

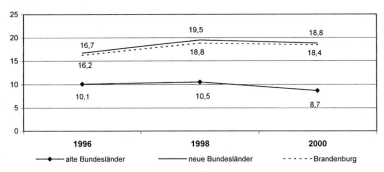

Quelle: Eigene Darstellung nach Angaben der Bundesanstalt für Arbeit

Als letztes soll die Insolvenzentwicklung betrachtet werden. Anhand der Tabellen 4-9 in Kapitel 4.1 wird deutlich, dass die Anzahl der Insolvenzen in Brandenburg von 1995 bis 2000 sehr stark angestiegen ist und die Werte ähnlich hoch wie in den anderen ostdeutschen Bundesländern liegen. 1995 sind 1.023 Insolvenzen zu verzeichnen. Dieser Kennwert steigt bis zum Jahr 2000 auf insgesamt 1.511 an. Betrachtet man die Insolvenzhäufigkeit, die Bezug auf die Anzahl der Unternehmen nimmt, so liegt Brandenburg im ostdeutschen Ranking im Mittelfeld. Lag die Insolvenzhäufigkeit 1995 in Brandenburg noch bei 150, so ist sie über die Jahre stetig angestiegen. 1998 sind von 10.000 Unternehmen 195 insolvent geworden. Im Verhältnis zu Sachsen-Anhalt hat aber Brandenburg gerade bei dieser Kennziffer eine deutlich günstigere Entwicklung zu verzeichnen.

5.1.2 Wirtschaftsstrukturelle Unterschiede innerhalb des Landes

Zunächst werden die jeweilige Anzahl der Betriebe sowie die Betriebsgrößenstruktur vom Jahr 2000 in den brandenburgischen Landkreisen näher betrachtet. In Abbildung 5-6 wird deutlich, dass gerade die Landkreise, die direkt an das Ballungszentrum Berlin angrenzen, eine hohe Anzahl von Betrieben aufzuweisen haben. Hier sind in den jeweiligen Landkreisen mehr als 41 Betriebe ansässig. "Spitzenreiter" ist dabei der Landkreis Potsdam-Mittelmark mit insgesamt 106 Betrieben (Landesamt für Statistik in Brandenburg 2000). Im Gegensatz dazu haben die nördlichen Landkreise Prignitz und Uckermark eine relativ geringe Betriebsdichte zu verzeichnen (vgl. Statistiken des Landesamt für Statistik in Brandenburg, Jahrgang 2000 und Tabelle A9 im Anhang).

Abbildung 5-6 zeigt außerdem die Betriebsgrößenstruktur der einzelnen brandenburgischen Landkreise. Wie bereits im vorangegangenen Kapitel festgestellt werden konnte, ist die Anzahl der Großbetriebe in allen Landkreisen relativ gering. Mindestens 50% der Betriebe in den Landkreisen gehören zur Betriebsgrößenkategorie mit maximal 50 Beschäftigten. Besonders auffällig sind dabei der Landkreis Potsdam-Mittelmark und die kreisfreie Stadt Frankfurt/ Oder. In Potsdam-Mittelmark gehören insgesamt 70% zur untersten Betriebsgrößenklasse (bis unter 50 Beschäftigte). Schließt man die nächst höhere Betriebsgrößenkategorie in die Betrachtung mit ein, so zählen sogar ca. 90% der in diesem Landkreis ansässigen Betriebe zu den beiden untersten Größenklassen bis maximal 99 Beschäftigten (vgl. Statistiken des Landesamt für Statistik in Brandenburg, Jahrgang 2000 und Tabelle A9 im Anhang).

Abb. 5-6: Betriebsgrößenstruktur in Brandenburg (September 2000)

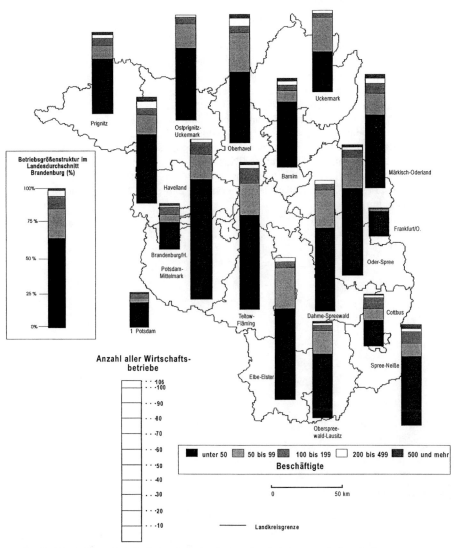

Quelle: Eigene Darstellung nach Angaben des Statistischen Landesamtes in Brandenburg

Abbildung 5-7 gibt auf Landkreisebene Aufschluss über die Beschäftigtenanzahl und den Anteil des Umsatzes der im Landkreis ansässigen Betriebe am Gesamtumsatz des Landes. Betrachtet man in dieser Abbildung zunächst isoliert die Beschäftigtenanzahl, so wird deutlich, dass relativ viele Landkreise über 6.000 Beschäftigte haben. Eine besonders geringe Beschäftigtenanzahl haben dagegen die Landkreise Prignitz und Ostprignitz-Ruppin aufzuweisen (vgl. auch die Tabelle A10 im Anhang)

Wird das Augenmerk auf die jeweiligen Umsätze der Landkreise gerichtet, so fällt außerdem in dieser Abbildung auf, dass die Betriebsdichte nicht unbedingt mit der Kennziffer "Anteil des Umsatzes am Gesamtumsatz der Landes" korrespondiert. So hat bspw. der Landkreis mit der höchsten Betriebsdichte (Potsdam Mittelmark) nur einen Umsatzanteil von 4,7% am Gesamtumsatz des Landes. Als besonders umsatzintensiv (im Verhältnis zum Gesamtumsatz von Brandenburg) mit gleichzeitig hoher Beschäftigtenanzahl können die Landkreise Oder-Spree und Teltow-Fläming identifiziert werden. Eine Besonderheit ist für den Landkreis Uckermark zu vermelden: Dort gibt es lediglich 55 Betriebe; davon gehören mehr als 87% zu den beiden untersten Betriebsgrößenkategorien bis maximal 99 Beschäftigte. Diese Betriebe tragen allerdings erheblich (mit einem Anteil von 15,9%) zum Gesamtumsatz des Landes bei. (vgl. Statistiken des Landesamt für Statistik in Brandenburg, Jahrgang 2000 und Tabelle A10 im Anhang).

Abb. 5-7: Beschäftigte in allen Betrieben und Anteil des Umsatzes aller Betriebe am Gesamtumsatz des Landes in Brandenburg (2000)

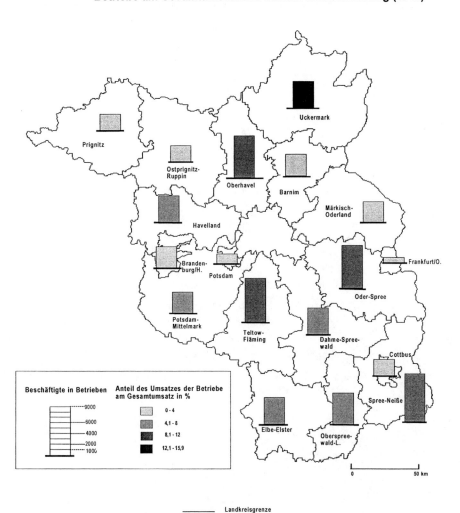

Quelle: Eigene Darstellung nach Angaben des Statistischen Landesamtes in Brandenburg

Abbildung 5-8 schlüsselt die relative Verteilung der Erwerbstätigen nach den Wirtschaftszweigen "Produzierendes Gewerbe", "Handel, Gastgewerbe und Verkehr", "Sonstige Dienstleistungen" sowie "Sonstiges" auf (vgl. auch Tabelle A11 im Anhang). Es wird deutlich, dass der überwiegende Anteil der Erwerbstätigen in Brandenburg im Wirtschaftszweig "Sonstige Dienstleistungen" beschäftigt ist. Im Wirtschaftszweig "Produzierendes Gewerbe" sind im Durchschnitt etwa ein Drittel der Erwerbstätigen der Landkreise beschäftigt. Wie bereits im vorangegangenen Kapitel konstatiert wurde, spielt der Wirtschaftszweig "Land- und Forstwirtschaft, Fischerei", der in Abbildung 5-8 unter "Sonstiges" subsummiert wurde, in Bezug auf die Erwerbstätigenzahl eine verschwindend geringe Rolle (vgl. Statistiken des Landesamt für Statistik in Brandenburg, Jahrgang 2000 und Tabelle A11 im Anhang).

Abb. 5-8: Erwerbstätigenstruktur in Brandenburg (Mai 2000)

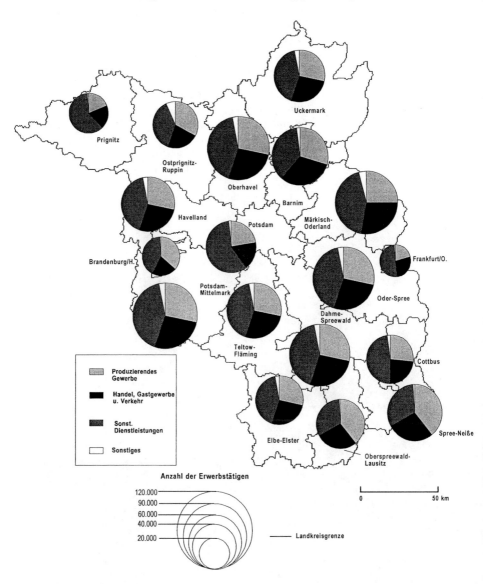

Quelle: Eigene Darstellung nach Angaben des Statistischen Landesamtes in Brandenburg

Welche regionalen Unterschiede sind nun bei der Arbeitslosenquote auszumachen? Die Abbildung 5-9 zeigt die jeweilige Arbeitslosenquote der Landkreise für das Jahr 2000. Es wird dabei anschaulich, dass es starke regionale Unterschiede gibt. Eine besonders hohe Arbeitslosenquote mit ca. 24% ist für den Landkreis Oberspreewald-Lausitz und für den Landkreis Uckermark zu konstatieren. Beide Landkreise tragen auf der einen Seite zwar jeweils mit mehr als 10% zum Gesamtumsatz des Bundeslandes bei, haben aber auf der anderen Seite landesweit die höchste Arbeitslosenquoten. Ebenfalls eine erheblich über dem Landesdurchschnitt (18,4%) liegenden Arbeitslosenquote haben die Landkreise Prignitz und Elbe-Elster. Dagegen haben die Landkreise Potsdam-Mittelmark und Dahme-Spreewald die niedrigsten Arbeitslosenquoten zu vermelden. Beide Landkreise tragen zwar verhältnismäßig wenig zum Gesamtumsatz des Landes bei, verzeichnen aber eine unterdurchschnittliche Anzahl von Arbeitslosen und verfügen damit über eine relativ geringe Arbeitslosenquote.

Abb. 5-9: Arbeitslosenquoten in Brandenburg (Jahresdurchschnitt 2000)

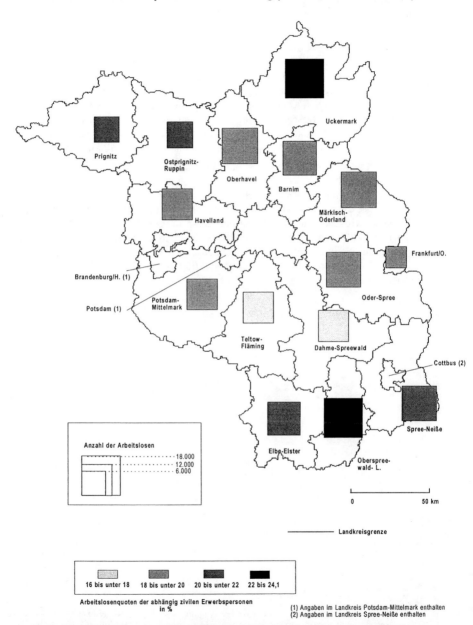

Quelle: Eigene Darstellung nach Angaben des Statistischen Landesamtes in Brandenburg

Genau wie in Sachsen-Anhalt soll als letztes den regionalen Unterschieden in Bezug auf die Unternehmensinsolvenzen zwischen 1998 und 2000 nachgegangen werden. Aufschluss darüber gibt die nachstehende Abbildung 5-10. Sowohl im Landkreis Oberhavel als auch im Landkreis Potsdam-Mittelmark sind im Beobachtungszeitraum mehr als 351 Unternehmen insolvent geworden.[187] Dicht gefolgt von den Landkreisen Teltow-Fläming und Märkisch-Oderland. In diesen beiden Landkreisen lag die Arbeitslosenquote 2000 – wie eben dargelegt worden ist - noch unter dem Landesdurchschnitt von 18,4%. Die geringste Anzahl von Unternehmensinsolvenzen sind in der kreisfreien Stadt Cottbus und im Landkreis Prignitz auszumachen. Allerdings ist hier – wie im vorangegangenen Text herausgestellt worden ist – auch eine relativ geringe Betriebsdichte zu konstatieren (vgl. auch Tabelle A12 und A13 im Anhang).

In den Landkreisen Uckermark und Oberspreewald-Lausitz, die eine überdurchschnittliche Arbeitslosenquote haben, sind nur wenige Unternehmensinsolvenzen zwischen 1998 und 2000 zu vermelden. Das legt die Schlussfolgerung nahe, dass in diesen Landkreisen eher größere Betriebe mit verhältnismäßig vielen Beschäftigten Insolvenz anmelden mussten. Sowohl 1998 und 1999 als auch 2000 sind in allen Landkreisen insbesondere Baubetriebe insolvent geworden, dicht gefolgt von Handelsbetrieben (vgl. Statistiken des Landesamt für Statistik in Brandenburg, Jahrgang 2000 und Tabelle A12 und A13 im Anhang).

---

[187] Wegen der gleichzeitig verhältnismäßig geringen Arbeitslosenquote im Landkreis Potsdam-Mittelmark ist zu vermuten, dass hier überwiegend kleinere Betriebe mit einem geringen Arbeitsplatzangebot Insolvenz anmelden mussten.

Abb. 5-10: Anzahl der insolventen Unternehmen in Brandenburg (zwischen 1998 und 2000)

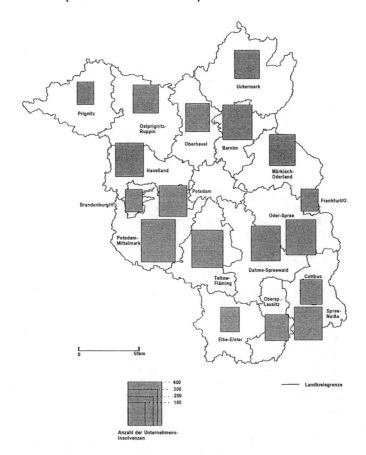

Quelle: Eigene Darstellung nach Angaben des Stat. Landesamtes Brandenburg

Bei dem Vergleich der ausgewählten Kennziffern auf Landkreisebene zeigte sich zusammengefasst gesagt, dass der Landkreis Prignitz besonders hohe Strukturschwächen aufzuweisen hat. Aber auch für den Landkreis Uckermark mit seiner geringen Betriebsdichte bei gleichzeitig hoher Arbeitslosigkeit und für den Landkreis Oberspreewald-Lausitz mit seiner enorm hohen Arbeitslosenquote von 24,1% sind erhebliche wirtschaftsstrukturelle Defizite auszumachen. Sowohl der Landkreis Oder-Spree als auch der Landkreis Teltow-Fläming sind dagegen als verhältnismäßig strukturstark zu beurteilen. Bei den kreisfreien Städten fällt die schlechte Wirtschaftssituation in Frankfurt/Oder ins Auge.

Inwieweit diese Strukturstärken bzw. Strukturschwächen auch im Rahmen der landesweiten Sanierungs- und Konsolidierungspolitik Berücksichtigung finden, soll anhand der Förderergebnisse der Sanierungs- und Konsolidierungspolitik nachgegangen werden (vgl. Kapitel 5.2.3).

Die Ausführungen in Kapitel 5.1 zeigten, dass in Brandenburg – genau wie in Sachsen-Anhalt – die Anzahl der Unternehmensinsolvenzen stetig ansteigt bei gleichzeitigem Rückgang der realen Bruttowertschöpfung in den einzelnen ausgewiesenen Wirtschaftszweigen. Damit wird sich das Problem der Arbeitslosigkeit im Land bzw. in den einzelnen Landkreisen in Zukunft noch zusätzlich verschärfen. Erhebliche Strukturschwächen sind für beide ostdeutschen Untersuchungsländer zu konstatieren. Trotz dieser verhältnismäßig ähnlichen "schlechten" Entwicklung der beiden ausgewählten Untersuchungsländer ist Brandenburg insbesondere aufgrund seiner zu DDR-Zeiten ausgeprägten agrarischen Struktur doch ein ganz anderer Typ eines ostdeutschen Landes, als Sachsen-Anhalt, das durch die Leitbranchen Chemie und Maschinenbau geprägt war. Welche Strategien die brandenburgische Landesregierung im Rahmen ihrer Sanierungs- und Konsolidierungspolitik bei diesen ganz unterschiedlichen Ausgangsbedingungen gewählt haben, soll in den nächsten Kapiteln näher beleuchtet werden.

5.2 *Gestaltung und Entwicklung der Sanierungs- und Konsolidierungspolitik*

Anders als in Sachsen-Anhalt bekennt sich das Wirtschaftsministerium des Landes Brandenburg offiziell – und zwar in den Jahreswirtschaftsberichten des Wirtschaftsministeriums – zum Betreiben einer Sanierungs- und Konsolidierungspolitik.[188] Entgegen aller ordnungspolitischer Bedenken äußert sich das Wirtschaftsministerium folgendermaßen: *"Konsolidierungs- und Sanierungspolitik ist auch deshalb (vorerst) unverzichtbar, weil es nicht selten aussichtsreicher ist, Unternehmen mit staatlicher Unterstützung zu erhalten, als neue anzusiedeln oder durch Existenzgründungen neue schaffen zu wollen. Vor allem für eine erfolgreiche Reindustrialisierung des Landes – die wichtigste Aufgabe auf dem Weg zu einem selbsttragenden Aufschwung – ist die Bestandssicherung unabdingbar. Existenzgründungs-, Ansiedlungs- und Sanierungspolitik stehen dabei nicht in Konkurrenz zueinander, sondern ergänzen sich."* (Ministerium für Wirtschaft, Mittelstand und Technologie des Landes Brandenburg 1999a: 101)[189]

---

[188] Ein Vergleich der beiden Sanierungs- und Konsolidierungspolitiken von Sachsen-Anhalt und Brandenburg unter steuerungstheoretischen Gesichtspunkten erfolgt in Kapitel 6.

[189] Weiter heißt es im Text: *"Bei der Konsolidierungs- und Sanierungspolitik geht es nicht um die Neuauflage eines staatlichen Wirtschaftssektors oder um die Erhaltung maroder Firmen. Staatliche Hilfen zielen ausdrücklich auf im Kern gesunde Unternehmen mit grundsätzlich guten Zukunftsaussichten, die etwa durch Forderungsausfälle in zeitweilige Liquiditätsschwierigkeiten geraten sind oder Mittel für die Vorfinanzierung von Aufträgen benöti-*

5.2.1 Instrumentenpalette

Das brandenburgische Instrumentarium für kleine und mittlere Unternehmen in Schwierigkeiten umfasst den Konsolidierungsfonds zur Sicherung mittelständischer Unternehmen (KONSI) und das Programm zur Liquiditätssicherung für kleine und mittlere Betriebe (LISI). Zudem gibt es ein Beratungsprogramm, über das notleidende Betriebe beratend unterstützt werden können. Das DUO-Programm soll Krisenunternehmen in Zukunft Beteiligungskapital zur Verfügung stellen, ist aber bisher nicht offiziell aufgelegt worden.

5.2.1.1 Konsolidierungsfonds zur Sicherung mittelständischer Unternehmen (KONSI)

Im Rahmen des Programms "Konsolidierungsfonds zur Sicherung mittelständischer Unternehmen (KONSI)" werden sowohl eine Fremdkapitalförderung über Darlehen als auch eine Eigenkapitalförderung über stille Beteiligung angeboten. Ziel des Programms ist es, eine Überbrückung von Liquiditätsengpässen zur Konsolidierung und Existenzsicherung[190] für kleine und mittlere Unternehmen (nach Definition der EU) der gewerblichen Wirtschaft anzubieten. Größere Unternehmen sowie Unternehmen, die anderen Branchen angehören, werden nur in Ausnahmefällen und unter Vorbehalt der Einzelfallnotifizierung durch die Europäischen Union unterstützt (Richtlinie über die Gewährung von Mitteln aus dem Konsolidierungsfonds zur Sicherung mittelständischer Unternehmen der gewerblichen Wirtschaft (-KONSI-) vom 17. Juli 1995 in der Fassung vom 17. Juli 1998: Absatz 3.2).

Bis 1998 war das Programm beschränkt auf Unternehmen, die von der Treuhandanstalt bzw. der Bundesanstalt für vereinigungsbedingte Sonderaufgaben (re)privatisiert wurden. Im Juli 1998 wurde das Programm neu aufgelegt. Seitdem können auch andere Unternehmen der gewerblichen Wirtschaft gefördert werden.[191] Die zu fördernden Unternehmen müssen über eine Betriebsstätte im Land Brandenburg verfügen (vgl. ebd.).

---

gen. Diesen Zwecken dienen das Liquiditätssicherungsprogramm (LISI) und der Konsolidierungsfonds (KONSI); sie richten sich an kleine und mittlere Unternehmen. Die wirtschaftspolitischen Maßnahmen zur Sanierung und Bestandssicherung setzen bereits im Vorfeld akuter Problemlagen an, z.B. durch Marktzugangsförderung und Beratungsprogramme." (Ministerium für Wirtschaft, Mittelstand und Technologie des Landes Brandenburg 1999a: 101) Die gesamten Ausführungen in den Jahresberichten des Landes Brandenburg sind entgegen den üblichen Gepflogenheiten der Wirtschaftsministerien anderer Bundesländer in jeglicher Hinsicht aussagekräftig. Es werden eindeutige Aussagen zur verfolgten Strategie und zur Position der Landesregierung gemacht. Die Jahreswirtschaftsberichte anderer Bundesländer erscheinen dagegen eher als Werbebroschüre für potentielle Investoren.

[190] *"Die Konsolidierungshilfen dienen der Vorfinanzierung von Aufträgen, dem Ausgleich von Forderungsausfällen dem Ausgleich von Absatzeinbrüchen sowie der Umschuldung kurzfristiger Verbindlichkeiten."* (Richtlinie über die Gewährung von Mitteln aus dem Konsolidierungsfonds zur Sicherung mittelständischer Unternehmen der gewerblichen Wirtschaft (-KONSI-) vom 17. Juli 1995 in der Fassung vom 17. Juli 1998: Absatz 2.)

[191] *"Im Rahmen der Zweckbindung der Mittel aus dem Parteienvermögen (...) können nun auch andere Unternehmen der gewerblichen Wirtschaft Konsolidierungshilfen nach dieser*

Die Förderhöchstgrenze der Beteiligung und des Darlehens beträgt 2 Mio. DM, der Mindestbetrag einer Förderung liegt generell bei 30.000 DM. Der Zinssatz für beide Förderarten richtet sich nach dem aktuellen Zinssatz von Banken auf dem freien Markt. Die Förderungslaufzeit für Beteiligungen darf 10 Jahre nicht überschreiten. Dagegen beträgt die maximale Darlehenslaufzeit nur 5 Jahre.[192] Die Entscheidung, ob dem Krisenunternehmen eine Beteiligung oder ein Darlehen gewährt wird, hängt vom Einzelfall ab und obliegt dem Förderausschuss (vgl. zu den genauen Konditionen die Richtlinie über die Gewährung von Mitteln aus dem Konsolidierungsfonds zur Sicherung mittelständischer Unternehmen der gewerblichen Wirtschaft (-KONSI-) vom 17. Juli 1995 in der Fassung vom 17. Juli 1998).[193]

Um eine Konsolidierungshilfe im Rahmen dieses Programms gewährt zu bekommen, muss das Unternehmen mehrere Voraussetzungen erfüllen: Zunächst muss es – genau wie bei den Programmen des Untersuchungslandes Sachsen-Anhalt – ein schlüssiges Sanierungs- und Konsolidierungskonzept vorlegen. Dieses Konzept soll zeigen, wie die betriebswirtschaftlichen Probleme dauerhaft beseitigt werden können. Des Weiteren verlangt das Wirtschaftsministerium des Landes Brandenburg einen Nachweis darüber, dass andere Möglichkeiten der Finanzierungen nicht bestehen. Das Unternehmen in Schwierigkeiten muss z.B. nachweisen können, dass unter den gegebenen Umständen eine Bürgschaft nicht in Frage kommt oder auch ein anderes Darlehensprogramm des Bundes oder des Landes Brandenburg nicht einsetzbar ist. Eine Kombination mit anderen Förderprogrammen sowohl auf Bundes- als auch auf Landesebene ist somit ausgeschlossen.

Richtlinie gewährt werden." (Richtlinie über die Gewährung von Mitteln aus dem Konsolidierungsfonds zur Sicherung mittelständischer Unternehmen der gewerblichen Wirtschaft (-KONSI-) vom 17. Juli 1995 in der Fassung vom 17. Juli 1998: Absatz 1.1)

[192] *"Die Laufzeit richtet sich nach den Erfordernissen des Einzelfalls, beträgt aber höchstens 10 Jahre. Sie beträgt bei der Gewährung der Hilfe als Darlehen in der Regel bei der Vorfinanzierung von Aufträgen bis zu 12 Monate, bei dem Ausgleich von Forderungsausfällen bis zu 2 Jahre, beim Ausgleich von Absatzeinbrüchen bis zu 2 Jahre, bei Umschuldungen/der Konsolidierung bis zu 5 Jahre."* (Richtlinie über die Gewährung von Mitteln aus dem Konsolidierungsfonds zur Sicherung mittelständischer Unternehmen der gewerblichen Wirtschaft (-KONSI-) vom 17. Juli 1995 in der Fassung vom 17. Juli 1998: Absatz 5.4.1. bis 5.4.4).

[193] Der Bewilligungsausschuss entscheidet, ob dem Krisenunternehmen ein Darlehen oder eine stille Beteiligung gewährt wird. Nach Aussagen des Vertreters des Referates 33 gewährt der Ausschuss eine stille Beteiligung, wenn bereits bei der Antragstellung abzuschätzen ist, dass das Krisenunternehmen ausschließlich Liquiditätsschwierigkeiten hat. Meist könne sich das Krisenunternehmen in derartigen Fällen mit Hilfe von Investitionen wieder am Markt neu positionieren und es würden keinen grundlegenden Veränderungen des bestehenden Unternehmenskonzepts erforderlich sein. Zu zahlende Zinsen und auch Tilgungen, wie sie bei Darlehen anstehen, würden dieses Unternehmen nur zusätzlich be- und nicht wie beabsichtigt entlasten. Darüber hinaus würde nach Einschätzung des Wirtschaftsministeriums bereits bei Antragstellung deutlich, dass der Betrieb die betriebswirtschaftlichen Probleme überwinde, und das Beteiligungsentgelt nach fünf Jahren als Gesamtsumme zurückzahlen könne. In derartigen Fällen sei die Vergabe einer stillen Beteiligung aus Sicht des Wirtschaftsministeriums sinnvoller. Generell wird aber eher ein Konsolidierungsdarlehen gewährt, als eine Beteiligung (Interview, Referat 33, Landesebene Brandenburg 2000).

Das Krisenunternehmen reicht den Antrag über seine Hausbank ein, die eine Stellungnahme zum Antrag insbesondere zum Sanierungs- und Konsolidierungskonzept erstellt. Die Hausbank leitet den vollständigen Antrag inkl. ihrer Stellungnahme zur InvestitionsBank des Landes Brandenburg weiter. *"Sofern Umstrukturierungsmaßnahmen einen Darlehensbetrag von 1 Mio. DM übersteigen, ist ein Gutachten eines unabhängigen Experten vorzulegen. (...) Das Konzept ist durch Sachverständige innerhalb einer Frist von höchstens vier Wochen auf seine Plausibilität zu überprüfen. Der Sachverständige kann Empfehlungen aussprechen, z.B. Änderungen des Konzeptes vorzunehmen oder Auflagen mit der Vergabe der Konsolidierungshilfe zu verbinden. Zu den Auflagen kann auch die Inanspruchnahme von externer Beratung gehören. Die Kosten für das Gesamtkonsolidierungskonzept sowie für etwaige weitere Sachverständigenkosten sind vom Antragsteller selbst zu tragen."* (Richtlinie über die Gewährung von Mitteln aus dem Konsolidierungsfonds zur Sicherung mittelständischer Unternehmen der gewerblichen Wirtschaft (-KONSI-) vom 17. Juli 1995 in der Fassung vom 17. Juli 1998: Absatz 4.2) Nach Aussagen des Wirtschaftsministeriums ist die häufigste Auflage, dass das Unternehmen sich aufgrund offensichtlicher Managementdefizite einer externen Beratung zu unterziehen habe. Diese Beratung kann über das Beratungsprogramm "Projekt zur Förderung des Aufbaus und der Festigung kleiner und mittlerer Unternehmen im Land Brandenburg (Beratungsprogramm des RKW) (vgl. Ausführungen Kapitel 5.2.1.3), gefördert werden (vgl. Interview, Referat 33, Landesebene Brandenburg 1999).[194]

Das Programm existiert seit Mitte Juli 1995 und ist nur im Juli 1998 – wie oben dargelegt – in Bezug auf das Klientel verändert worden. Sowohl Zielsetzung als auch die Fördermodalitäten sind dagegen nicht modifiziert worden (vgl. ebd.).

Der Vorteil für das Unternehmen in Schwierigkeiten ist, dass die Finanzierung ohne die Hausbank erfolgt. Die Hausbank haftet nicht für den bewilligten Betrag, muss also nicht in ihre eigene Obligo gehen.

---

[194] Ist der Antrag in dieser Form vorbereitet, so tagt der Förderausschuss und entscheidet über die Bewilligung der Finanzierungsmittel. Er ist aus einem Vertreter des Wirtschaftsministeriums, einem Vertreter der Finanzen und einem Vertreter der InvestitionsBank Brandenburg zusammengesetzt. Falls der zu fördernde Betrieb ein durch die Treuhandanstalt bzw. Bundesanstalt für vereinigungsbedingte Sonderaufgaben (re)privatisierter Betrieb ist, so wird die Bundesanstalt für vereinigungsbedingte Sonderaufgaben zur Entscheidung im Ausschuss mit hinzugezogen. Alle beteiligten administrativen Akteure sind stimmberechtigt. Die Federführung des Ausschusses obliegt aber dem Wirtschaftsministerium. *"Bei Stimmgleichheit entscheidet die Stimme des Ministeriums für Wirtschaft, Mittelstand und Technologie, gegen dessen Stimme im Förderausschuss keine Förderbeschlüsse gefaßt werden dürfen."* (Richtlinie über die Gewährung von Mitteln aus dem Konsolidierungsfonds zur Sicherung mittelständischer Unternehmen der gewerblichen Wirtschaft (-KONSI-) vom 17. Juli 1995 in der Fassung vom 17. Juli 1998: Absatz 6.3)

5.2.1.2 Programm zur Liquiditätssicherung für kleine und mittlere Betriebe (LISI)

Das "Programm zur Liquiditätssicherung für kleine und mittlere Betriebe (LISI)" ist zeitlich früher als das KONSI-Programm aufgelegt worden, und zwar bereits Mitte Juli 1994.[195] Bis zur Auflage des KONSI-Programms richtete sich das LISI-Programm an kleine und mittlere Unternehmen der gewerblichen Wirtschaft, unabhängig davon, ob sie ein ehemaliges Treuhandunternehmen waren oder nicht. Erst mit der Auflage des KONSI-Programms, das zunächst ausschließlich Treuhandunternehmen beanspruchen konnten, richtet sich das LISI-Programm an kleine und mittlere Unternehmen der gewerblichen Wirtschaft, die nicht zum Klientel der Treuhandanstalt bzw. der Bundesanstalt für vereinigungsbedingten Sonderaufgaben gehören. Unternehmen anderer Branchen als der gewerblichen Wirtschaft können zwar auch gefördert werden. Allerdings bedarf es dann einer Ausnahmegenehmigung des Wirtschaftsministeriums (vgl. genaue Konditionen in der Förderrichtlinie über die Gewährung von Darlehen im Rahmen des Programms zur Liquiditätssicherung für kleine und mittlere Betriebe im Land Brandenburg vom 28. Juli 1994 in der Fassung vom 1. Januar 1997).

Sowohl die Zielsetzung als auch alle prinzipiellen Fördermodalitäten (Darlehenslaufzeit, Darlehenshöhe, Fördervoraussetzungen, Auflagen, kein Obligo der Hausbank) des LISI-Programms entsprechen denen des KONSI-Programms. Das gleiche gilt für den Verfahrensablauf. Es gibt nur zwei generelle Unterschiede zwischen diesen beiden Programmen: Zum einen werden im LISI-Programm ausschließlich Darlehen gewährt.[196] Stille Beteili-

---

[195] Die Landesregierung Brandenburg stellte schon frühzeitig einen Bedarf fest, Krisenunternehmen finanziell zu unterstützen. Insbesondere ehemalige Treuhandunternehmen gerieten bereits vor der Auflage des Konsolidierungsfonds häufig in finanzielle Nöte, so dass die Landesregierung Brandenburg das LISI-Programm zu deren Unterstützung auflegte und auch bereits 1994 eine Notifizierung von der Europäischen Union erhielt. Kurz nachdem die brandenburgische Landesregierung eigene Haushaltsmittel für das Programm eingestellt hatte, übertrug der Bund den neuen Bundesländern zur Nachsorge der Treuhandunternehmen die Mittel des Konsolidierungsfonds I. Die Konditionen und der Wortlaut des LISI-Programms wurden für das KONSI-Programm übernommen. Nach Auskunft des Vertreters des Wirtschaftsministeriums verzögerte sich aufgrund einer langen Krankheit des entsprechenden Sachbearbeiters bei der Europäischen Union die Notifizierung des KONSI-Programms aber auf eine unerträglich lange Zeit, so dass zunächst über das KONSI-Programm keine Mittel an Treuhandunternehmen ausgereicht werden konnten. Brandenburg nutzte infolgedessen das LISI-Programm zunächst zur Vorfinanzierung der Fälle, die eigentlich über das KONSI-Programm hätten gefördert werden sollten. Für die Krisenunternehmen sei die Existenz des LISI-Programms glücklich gewesen, da sie sonst keine Unterstützung erhalten hätten können, und es wären noch mehr Arbeitsplätze in Brandenburg verloren gegangen – so äußerte sich der Vertreter des Wirtschaftsministeriums in diesem Zusammenhang (Interview, Referat 33, Landesebene Brandenburg 2000).

[196] Es wird in der Regel gefördert:
"ein einmaliges Darlehen,
- *Ergänzung zu den vom Antragsteller und seiner Hausbank aufgebrachten/aufzubringenden eigenen Finanzierungsbeiträgen,*
- *Darlehen in Höhe von höchstens 20% der letzten festgesetzten Bilanzsumme, max. 2 Mio. DM,*

gungen werden im Gegensatz zum KONSI-Programm nicht eingegangen. Das heißt, dass Nicht-Treuhandunternehmen der gewerblichen Wirtschaft erst seit Juli 1998 stille Beteiligungen im Rahmen des KONSI-Programms beantragen können, und somit erst seit diesem Zeitpunkt eine Eigenkapitalförderung erhalten (vgl. ebd.). Zum anderen wurde die Bemessungsgrundlage für das zu gewährende Darlehen auf 20% der festgestellten Bilanzsumme festgelegt. Die Höhe der Finanzierung darf aber die Förderhöchstgrenze von 2 Mio. DM nicht über- und die Fördermindestgrenze von 30.000 DM nicht unterschreiten.[197]

Der Antrag wird zunächst an die Hausbank eingereicht, die dazu eine eigene Stellungnahme erarbeitet und die Unterlagen anschließend an die Investitions-Bank Brandenburg weiterleitet. Detailliertere Aussagen zum Verfahrensweg werden in den Richtlinien nicht gemacht (vgl. ebd.).

Nach Aussagen des aktuellen Jahreswirtschaftsberichtes des Wirtschaftsministeriums wird der Plafonds des Liquiditätssicherungsprogramms um weitere 50 Mio. DM aufgestockt (LISI II). Diese Maßnahme wird aber erst zum Jahre 2002 wirksam, weil nach Angaben des Wirtschaftsministeriums erst dann die ursprünglichen Mittel verbraucht sind (vgl. Ministerium für Wirtschaft Brandenburg 2000: 87).

5.2.1.3 Projekt zur Förderung des Aufbaus und der Festigung kleiner und mittlerer Unternehmen im Land Brandenburg (Beratungsprojekt über RKW)

Das "Projekt zur Förderung des Aufbaus und der Festigung kleiner und mittlerer Unternehmen im Land Brandenburg (Beratungsprojekt über RKW)" ist ein Beratungsprogramm, das mit Landesmitteln gespeist wird. Das Wirtschaftsministerium hat das Rationalisierungs- und Innovationszentrum Brandenburg GmbH (RKW) seit 1997 mit der Durchführung dieses Förderprojektes beauftragt (vgl. Ministerium für Wirtschaft des Landes Brandenburg vom 30.11.1999: 38).

Im Rahmen dieses Programms können sowohl betriebswirtschaftliche als auch konzeptionelle und strategische Beratungen zur Unternehmensentwicklung durchgeführt werden. Es sollen insbesondere die kritischen Fälle der aus dem Liquiditätssicherungs- und dem Konsolidierungsprogramm geförderten Unternehmen eine Beratung erhalten.[198] Der Adressatenkreis beschränkt sich

---

- *Begrenzung auf den Betrag, der für die Wiederherstellung der Wettbewerbsfähigkeit der Unternehmens erforderlich ist; 30.000 DM sollten nicht unterschritten werden,*
- *Zinssatz: aktueller banküblicher Zinssatz, zzgl. Bearbeitungsgebühren. In besonders gelagerten Ausnahmefällen kann die Bewilligungsbehörde (als der Förderausschuss bzw. das Wirtschaftsministerium, d.V.) Abweichungen von der Darlehenshöhe zulassen."* (Ministerium für Wirtschaft des Landes Brandenburg 30.11.1999: 35)

[197] Nach Aussagen des Wirtschaftsministeriums könne mit Hilfe der Festlegung der Bemessungsgrundlage der Finanzierungsbedarf des Krisenunternehmens einfacher berechnet werden, sonst ergebe sich aber kein Vorteil daraus (Interview, Referat 33, Landesebene Brandenburg 2000)

[198] Für die Praxis ist dem Wirtschaftsministerium wichtig, dass das Unternehmen sich selbst an das RKW wendet. Die Initiative eine Beratung in Anspruch zu nehmen, sollte also das

aber nicht nur auf diese Unternehmen. Darüber hinausgehend können auch andere kleine und mittlere Unternehmen des produzierenden Gewerbes, des verarbeitenden Handwerks, des produktionsnahen Dienstleistungsbereiches und der Fremdenverkehrswirtschaft mit max. 100 Betten gefördert werden (vgl. RKW Brandenburg GmbH, Flyer zum Projekt zur Förderung des Aufbaus und der Festigung kleiner und mittlerer Unternehmen in Brandenburg für das Jahr 2000: o. S.).

Die Beratung, die maximal 30 Tagewerke andauern darf, wird über dieses Beratungsprogramm zu 50% bezuschusst. Die andere Hälfte der anfallenden Kosten ist vom Unternehmen zu tragen. Andere Nebenkosten, wie z.B. Fahrtkosten oder Verpflegungskosten des Beraters, können nicht bezuschusst oder übernommen werden. Im Jahr 2000 beträgt der förderfähige Honorarsatz in Abhängigkeit von der Problemstellung und der Schwierigkeit der Beratung 900 bis 1.800 DM (ebd.).[199]

Das Beratungsprogramm ist von der Landesregierung aufgelegt worden, damit den Managementdefiziten in den brandenburgischen Krisenunternehmen entgegengewirkt werden kann. Daneben bezweckte die Landesregierung mit

---

Krisenunternehmen selbst ergreifen. Das Wirtschaftsministerium kann aber das Krisenunternehmen dazu anhalten, sich einer Beratung zu unterziehen. Dies kann soweit gehen, dass das Krisenunternehmen nur dann eine finanzielle Förderung über die bereitgestellten Konsolidierungs- und Sanierungsprogramme erhält, wenn es sich extern beraten lässt. Das Wirtschaftsministerium kontaktiert bei den Konsolidierungsfällen das RKW, erkundigt sich nach dem Verlauf der Beratung und tauscht auch mit dem zuständigen Berater des RKW Erfahrungen oder Einschätzungen über das Krisenunternehmen aus (Interview, Referat 33, Landesebene Brandenburg 2000).

[199] Das genaue Verfahrensprocedere gestaltet sich folgendermaßen: Die an diesem Beratungsprogramm interessierten Unternehmen stellen zunächst einen formlosen Antrag an das RKW Brandenburg. Daran schließt sich ein kostenloser Besuch eines RKW-Mitarbeiters im Unternehmen an. Bei diesem Besuch erhält das Unternehmen zum einen grundlegende Informationen über die Möglichkeit einer Förderung und zum anderen wird mit der Geschäftsführung der mögliche Aufbau einer Beratung besprochen. Aufgaben, Zeitabläufe und Kosten der Beratung sowie Förderanteile und auch Förderwürdigkeit werden hier näher diskutiert. Auf Grundlage dieses Gespräches sucht das RKW Brandenburg einen geeigneten Berater/Beraterin aus ihrem aufgebauten Beraterpool aus. Der ausgewählte Berater muss nicht nur fachlich für die spezifische Problemlage qualifiziert sein, sondern muss über ein hohes Maß an sozialen Kompetenzen, wie Einfühlungsvermögen oder Gesprächsführung, verfügen. Nach Aussagen des Wirtschaftsministeriums sei es für eine effiziente Beratung elementar, dass die "Chemie" zwischen dem Berater/Beraterin und der Geschäftsführung des Krisenunternehmens stimme. Nur so könne der Geschäftsführer das notwendige Vertrauensverhältnis zum Berater aufbauen (Interview, Referat 33, Landesebene Brandenburg 2000). Erst wenn ein geeigneter und auch für die Geschäftsführung akzeptabler Berater gefunden ist, wird das Angebot durch das RKW Brandenburg unter Einbeziehung der Fördermittel unterbreitet. Dann erfolgt der Vertragsabschluss zwischen Unternehmen und RKW (ebd. und Interview RKW Brandenburg, 2000). Die Arbeit des Beraters bzw. der Beraterin im Unternehmen wird durch das RKW betreut und begleitet. So ist der Berater verpflichtet das RKW über Stand der Beratung und nach Abschluss der Beratung, über die Ergebnisse zu informieren. Damit sichert das RKW Brandenburg ab, dass einerseits die Beratungsleistung für das Unternehmen so effizient wie möglich gestaltet ist. Andererseits dient diese Vorgehensweise dem RKW dazu, den Berater im gewissen Maße zu kontrollieren (ebd.).

dieser Programmauflage, dass die Mittel des KONSI- und LISI-Programms so effektiv wie möglich eingesetzt werden können (ebd.).

5.2.1.4 Beratungen über den Senior-Experten-Service

Das Land Brandenburg stellt seit 1994 bis 1998 jährlich ca. 100.000 DM und seit 1999 200.000 DM für den Einsatz von Seniorexperten in Unternehmen zur Verfügung (vgl. Ministerium für Wirtschaft, Mittelstand und Technologie des Landes Brandenburg (1999a): 92).

Im Rahmen dieses Einsatzes kann das Management des Krisenunternehmens in verschiedenen Schwerpunktbereichen wie z.b. Finanz- und Rechnungswesen, Einkauf und Lagerhaltung, Marketing und Vertrieb, Organisation und Personal, EDV und Logistik oder Finanzierung, Steuern und Versicherungen beraten werden. Der Adressatenkreis beschränkt sich auf kleine und mittlere Unternehmen des Landes Brandenburg (vgl. Ministerium für Wirtschaft, Mittelstand und Technologie des Landes Brandenburg vom 30.11.1999: 40).

Die Seniorexperten arbeiten generell ehrenamtlich (vgl. auch Ausführungen in Kapitel 3.2.2) und bekommen ihre anfallenden Kosten wie bspw. Fahrkosten, Unterkunft, Verpflegung und Taschengeld von 30 DM pro Tag erstattet. Lediglich die Reisekosten vom Wohn- zum Einsatzort und das Taschengeld sind vom Unternehmen zu tragen, alle anderen Kosten übernimmt das Land Brandenburg. Die Beratungsdauer ist äußerst unterschiedlich und wird vom Wirtschaftsministerium nicht beschränkt (vgl. ebd.).

5.2.1.5 DUO-Programm

Das DUO-Programm[200] soll in Zukunft Krisenunternehmen zur Verfügung stehen: Es ist im Rahmen des gbb-Konsolidierungs- und Wachstumsfonds Ost (KWFO) von der Landesregierung Brandenburg Anfang 1999 aufgelegt worden. Bisher ist das Programm noch nicht autorisiert und die Richtlinien noch nicht veröffentlicht worden (vgl. Kapitel 3.2.1.2).[201] DUO richtet sich insbesondere an kleine Unternehmen mit bis zu 50 Beschäftigten. Dabei werden ausschließlich Beteiligungen in Verbindung mit einer Managementberatung gewährt. Nach Angaben des Wirtschaftsministeriums stehen Brandenburg aus diesem Fonds ca. 40,25 Mio. DM zur Verfügung. Diese Gelder werden aber nicht allein über das DUO-Programm ausgereicht, sondern können auch über das KONSI- bzw. LISI-Programm abgerufen werden (vgl. Interview, Referat 33, Landesebene Brandenburg 2000).

---

[200] "Der Name DUO soll signalisieren, dass zwei Partner (das Land Brandenburg und die gbb) gemeinsam das DUO-Programm ausführen." (HOCHMUTH/ZIEGLER 1999c: 45)

[201] Seit Mitte 1999 versuche ich die Richtlinien des DUO-Programms von der Landesregierung bzw. von der gbb-Beteiligungs- und Aktiengesellschaft zu bekommen. Alle Bemühungen sind bisher gescheitert.

Nach Auskunft eines Vertreters des Brandenburger Wirtschaftsministeriums sind die Fördermodalitäten zwischen der Landesregierung und der gbb-Beteiligungs- und Aktiengesellschaft immer noch nicht geklärt. Daher konnte bisher kein Krisenfall über den gbb-Konsolidierungs- und Wachstumsfonds Ost gefördert werden. Das heißt, dass die vom Bund für Brandenburg bereitgestellten 40 Mio. DM seit 1999 "brach" liegen und bisher alle Krisenfälle über die oben dargelegten Programme aus eigenen Landesmitteln finanziert werden müssen (ebd. und HOCHMUTH/ZIEGLER 1999c).[202]

Der Vertreter des Wirtschaftsministeriums äußerte sich kritisch über die geringe Kooperationsbereitschaft der gbb-Beteiligungs- und Aktiengesellschaft. Obwohl die Landesregierung bereits das Krisenunternehmen stichhaltig geprüft habe und ein für das Wirtschaftsministerium schlüssiges Sanierungs- und Konsolidierungskonzept vorlag, habe die gbb-Beteiligungs- und Aktiengesellschaft das Krisenunternehmen nicht über den gbb-Konsolidierungs- und Wachstumsfonds Ost fördern wollen. Nach Angaben des Wirtschaftsministeriums legt die gbb ein gemessen am Land höheren – allein auf harte Zahlen konzentrierten – Bewertungsmaßstab an die einzureichenden Anträge inkl. des Sanierungs- und Konsolidierungskonzeptes an. Daher wurde bisher der Krisenfall von der gbb als nicht sanierungsfähig und als finanziell untragbar eingeschätzt. Solange die Prüfung seitens der gbb und der jeweiligen Landesregierung nicht nach einheitlichen Kriterien durchgeführt wird, kann kein Krisenunternehmen über den gbb-Konsolidierungs- und Wachstumsfonds Ost gefördert werden (ebd.).

5.2.1.6 Bürgschaften der Bürgschaftsbank Brandenburg

Wie in Kapitel 3.2.1.4 herausgearbeitet, ist die Bereitstellung von Bürgschaften im Fördersystem der Bundesrepublik arbeitsteilig zwischen Bundes- und Landesebene ausgestaltet. Im Gegensatz zu Sachsen-Anhalt werden nach Auskunft des Wirtschaftsministeriums Landesbürgschaften, die in der Regel mit einem Volumen von 2 bis 20 Mio. DM ausgereicht werden, für kleine und mittlere Krisenunternehmen in Brandenburg nicht gewährt.

Die Ausfallbürgschaften der Bürgschaftsbank Brandenburg können bis zu einem Betrag von 1,5 Mio. DM gewährt werden. Bürgschaften werden in der Regel nur dann übernommen, wenn sonstige Sicherheiten nicht oder nicht im erforderlichen Umfang zur Verfügung stehen. Das Kreditrisiko wird vom Kreditgeber (in der Regel die Hausbank des Krisenunternehmens) und der Bürgschaftsbank gemeinsam getragen. Dabei darf die Bürgschaft der Bürgschaftsbank – wie bereits im Fallbeispiel Sachsen-Anhalt erwähnt – 80% des Kreditbetrages nicht übersteigen. Die restlichen 20% des Risikos muss also ein Kreditinstitut übernehmen. Bürgschaften können in erster Linie kleine und mittlere Unternehmen der gewerblichen Wirtschaft einschließlich Betriebe im

---

[202] Die vom Bund (vgl. Kapitel 3.2.1.1) bereitgestellten Mittel im Rahmen des Konsolidierungsfonds I und II seien bereits seit langem ausgeschöpft (Interview, Referat 33, Landesebene Brandenburg 2000).

Gartenbau, der Baumschulen und der Landschaftsgärtnereien und Angehöriger Freier Berufe beantragen. Die Bürgschaftslaufzeit beträgt maximal 15 Jahre (vgl. Richtlinie für die Übernahme von Bürgschaften durch die Bürgschaftsbank Brandenburg in der Fassung vom 1. Januar 1999: Absatz 1 bis 6).

Nach Auskunft des Wirtschaftsministeriums spielt die Ausfallbürgschaft der Bürgschaftsbank für notleidende Betriebe im Vergleich zu den beiden Programmen – LISI und KONSI – nur eine untergeordnete Rolle. Das Wirtschaftsministerium führt dies darauf zurück, dass sich selten eine Bank findet, die für eine Krisenunternehmen zu 20% ins eigene Obligo geht.[203] Grundvoraussetzung für die Übernahme einer Bürgschaft ist der Nachweis, dass das Krisenunternehmen konsolidierungsfähig ist (Interview, Referat 33, Landesebene Brandenburg 2000).

Die Richtlinien zur Übernahme einer Bürgschaft sind zwar 1999 neu aufgelegt worden, aber im Wortlaut identisch. Lediglich die Förderhöchstbeträge sind in der neuesten Fassung in EURO ausgewiesen.

5.2.1.7 Sonstige Maßnahmen

Die Einrichtung von *Auffanggesellschaften* (vgl. Kapitel 4.2.1.3) gehört für Brandenburg nicht in die Instrumentenpalette der Sanierungs- und Konsolidierungspolitik. Zwar unterstütze das Wirtschaftsministerium die Einrichtung von Auffanggesellschaften im Falle einer Insolvenz, in dem es den Prozess der Initiierung moderiere oder auch koordiniere und Weichen in andere Ministerien stelle. Damit will das Wirtschaftsministerium den bürokratischen Akt der Einrichtung forcieren, um so ihrem prioritären, wirtschaftspolitischen Ziel "der Erhaltung und Sicherung von Arbeitsplätzen" entsprechen zu können. Allerdings hat sich die Landesregierung – im Gegensatz zu Sachsen-Anhalt – bisher nicht an einer Auffanggesellschaft finanziell beteiligt.

Aus den Ausführungen des Kapitels 5.2.1 ist deutlich geworden, dass es in Brandenburg im wesentlichen drei Programme gibt, die für Krisenunternehmen zur Verfügung stehen. Das sind zum Ersten das KONSI- und zum Zweiten das LISI-Programm. Beratende Unterstützungen erhalten Krisenunternehmen zum dritten im Rahmen des Beratungsprogramms des RKW Brandenburg. Insgesamt erscheint das brandenburgische Instrumentarium gegenüber dem des Bundeslandes Sachsen-Anhalt schmaler, aber dadurch wesentlich überschaubarer.

---

[203] Genau wie in Sachsen-Anhalt kommt der Hausbank bzw. dem vom Krisenunternehmen gewählten Kreditinstitut für Bürgschaften eine wichtige Rolle zu: Die Bank muss sich bereit erklären 20% des Risikos der gewährten Kreditsumme zu tragen. In den Richtlinien der Bürgschaftsbank Brandenburg gibt es im Gegensatz zu den Richtlinien der Bürgschaftsbank Sachsen-Anhalt keine Aussagen darüber, inwieweit sich das Kreditinstitut während der Bürgschaftslaufzeit über die Liquidität des Unternehmens informieren sollte.

5.2.2 Akteure

In Brandenburg ist das Wirtschaftsministerium des Landes Brandenburg der maßgebliche Akteur des Politikfeldes der Sanierungs- und Konsolidierungspolitik. Außerdem spielt die InvestitionsBank Brandenburg eine wichtige Rolle. Daneben ist das RKW Brandenburg für Konsolidierungs- und Sanierungsberatungen zuständig. Ferner gibt es noch die an die Kammern angebundenen und vom Land eingerichteten Service- und Beratungs-Center; sie spielen allerdings für Krisenunternehmen nur eine untergeordnete Rolle. Ähnliches gilt für die beiden Beteiligungsgesellschaften des Landes Brandenburg. Sowohl die Service- und Beratungsgesellschaften als auch die beiden Beteiligungsgesellschaften werden aufgrund des Anspruches auf Vollständigkeit hier kurz skizziert.

5.2.2.1 Das Wirtschaftsministerium

Das Ministerium für Wirtschaft, Mittelstand und Technologie gestaltet auf Basis der vom Bund und der Europäischen Union vorgegebenen rechtlichen Rahmenbedingungen (vgl. Kapitel 3) das Politikfeld der Sanierungs- und Konsolidierungspolitik. Im Wirtschaftsministerium widmet sich das Referat 33 "Unternehmensbegleitung und Konsolidierung" in der Abteilung 3 "Existenzgründung und Unternehmensbegleitung in Industrie, Mittelstand und Handwerk" der Aufgabe Krisenunternehmen Hilfestellungen anzubieten[204]. Es verfügt über einen Mitarbeiterstab von 10 Personen incl. des Referatsleiters.

Nach Auskunft eines Vertreters des Wirtschaftsministeriums schaffe das Referat 33 zunächst die Bedingungen, die für eine Betriebssanierung bzw. -konsolidierung notwendig seien. Wichtig sei neben der Bereitstellung von externem Kapital u.a., dass die wesentlichen Akteure zur Konsolidierung und Sanierung des Betriebes zusammenkommen. Es soll sich dabei auf ein für das Unternehmen praktikabler Lösungsweg geeinigt werden, der alle beteiligten Partner des Krisenunternehmens (Gläubiger, Arbeitnehmer etc.) zufrieden stelle (Interview, Referat 33, Landesebene Brandenburg 2000). Ob und wie

---

[204] Für das Wirtschaftsministerium liegt der Unterschied zwischen einer Sanierung und Konsolidierung darin, dass bei einer Sanierung die Gläubiger grundsätzlich auf Forderungen verzichten müssen. Bei der Konsolidierung sind dagegen keine Forderungsverzichte notwendig (Interview, Referat 33, Landesebene Brandenburg 2000). Nach dem neuen Insolvenzrecht sind Forderungsverzichte möglich und prinzipiell nicht besteuerbar, was für das Unternehmen in Liquiditätsengpässen einen enormen Vorteil darstellt: *"Mit einem Forderungsverzicht eines Gesellschafters (oder Gläubiger, d.V.) reduziert sich oder verhindert man eine Überschuldung und/oder eine Unterbilanz der Krisengesellschaft (oder eines Krisenunternehmens, d.V.). Ob die Forderung aus einer Darlehenshingabe oder einem Leistungsaustausch herrührt, ist hier nicht entscheidend. Mit einem gegenseitigen Vertrag kann die Forderung erlassen werden. Möglich ist auch ein Forderungsverzicht mit Bemessungsschein oder eine schuldrechtlich vereinbarter Rangrücktritt, (....). Der unbedingte Forderungsverzicht/-erlass ist unproblematisch, wenn die Ansprüche zum Erlasszeitpunkt werthaltig sind. Die Vermögensmehrung ist durch das Gesellschaftsverhältnis begründet und handelsrechtlich als Kapitalrücklage bzw. steuerlich als nicht steuerbare verdeckte Einlage zu werten. Ein zu versteuernder Sanierungsgewinn liegt nicht vor."* (BUTH/HERRMANNS 1998: 232)

dieser Anspruch in der Implementationsphase berücksichtigt wird, soll im weiteren Verlauf der Arbeit untersucht werden (vgl. insbesondere Ausführungen in Kapitel 5.3).

Das Referat 33 ist die zentrale Anlaufstelle im Wirtschaftsministerium für Unternehmen in Schwierigkeiten - unabhängig von dessen Betriebsgröße und dessen Branchenzugehörigkeit. Es werden sowohl Industriebetriebe als auch Handwerksbetriebe – insbesondere der gewerblichen Wirtschaft - in diesem Referat betreut. Der Referatsleiter arbeitet seit Einrichtung dieses Referates im Rahmen der Konsolidierung und Sanierung von Krisenunternehmen und kann mittlerweile auf einschlägige Erfahrungen in diesem Zusammenhang zurückgreifen. Sein gesamter Stab an Mitarbeitern und Mitarbeiterinnen verfügt über vertiefte betriebswirtschaftliche Kenntnisse. Außerdem haben sie einschlägige Erfahrungen mit allen im Politikfeld in Frage kommenden Hilfen. Sowohl für das LISI- als auch für das KONSI-Programm gibt es im Referat 33 jeweils eine zuständige Person, die gemeinsam mit mehreren Sachbearbeitern den Krisenunternehmen beratend zur Seite stehen. Alle Mitarbeiter des Referates einschließlich dem Referatsleiter beschäftigen sich ausschließlich mit Sanierungs- und Konsolidierungsmöglichkeiten für notleidende Unternehmen.

Ähnlich wie in Sachsen-Anhalt hat sich auch nach Ansicht des Brandenburger Wirtschaftsministeriums die Zielgruppe der Krisenunternehmen verändert: Waren es in den ersten Jahren bis ca. 1998 noch hauptsächlich ehemalige Treuhandbetriebe die einen Rat im Wirtschaftsministerium ersuchten, so sind es mittlerweile hauptsächlich Unternehmen der gewerblichen Wirtschaft, die keine "Treuhand-Erfahrungen" haben. Insgesamt kann aber nicht beobachtet werden, das es generell weniger Anfragen auf Konsolidierungshilfe gibt (Interview, Referat 33, Landesebene Brandenburg 2000).

Das Wirtschaftsministerium konnte ebenfalls wie die Task Force in Sachsen-Anhalt rückblickend feststellen, dass die betriebswirtschaftlichen Fehlentwicklungen der ratsuchenden Unternehmen insgesamt in ihrer Dimension durchweg komplexer geworden sind (vgl. Kapitel 4.2.2.1). Der Vertreter des brandenburgischen Wirtschaftsministeriums begründet diese Entwicklung in erster Linie mit den vielfältigen Finanzierungskonzepten, die die Krisenunternehmen haben. Häufig sprechen Unternehmen das Wirtschaftsministerium an, die von unterschiedlichen Kreditinstituten verschiedene Finanzierungen gewährt bekommen haben. Derartige Finanzierungskonzepte schmälern nach Aussagen des Wirtschaftsministeriums die Möglichkeiten, dem Unternehmen zu helfen, weil die unterschiedlichen Interessen der beteiligten Akteure – insbesondere der Banken - nicht vereinbar sind. Aber auch verschleppte und manifestierte Managementfehler treten derzeit häufiger als kurz nach der Wiedervereinigung auf (ebd.).

Des Weiteren gestaltet sich nach Ansicht des Wirtschaftsministeriums die Bearbeitung von ehemaligen Treuhand-Unternehmen immer schwieriger. Nachdem zum 1.1.2000 die Bundesanstalt für vereinigungsbedingte Sonderaufgaben aufgelöst wurde und die Verantwortung des Vertragsmanagements der ehemaligen Treuhand-Unternehmen auf die Kreditanstalt für Wiederaufbau übergegangen ist, habe das Wirtschaftsministerium keine kompetenten Ansprechpartner für die jeweiligen ratsuchenden (re)privatisierten Krisenunternehmen mehr. Die Mitarbeiter der Kreditanstalt für Wiederaufbau seien noch nicht eingearbeitet und verfügten über keine Erfahrungen mit den ehemaligen Treuhand-Unternehmen. Somit könnten Nachfragen aus dem Wirtschaftsministerium nicht schnell genug beantwortet werden und der Prozess der Krisenbewältigung könne unter Umständen zu lange dauern, um den Unternehmen noch zu helfen (ebd.).

Überdies gibt das Wirtschaftsministerium noch zwei weitere Gründe an, warum sich die Möglichkeiten, einem Krisenunternehmen zu helfen, verringert haben: Zum einen sei dies auf die restriktiveren Reglementierungen der Beihilfen seitens der Europäischen Union zurückzuführen. Mit den 1999 von der Europäischen Union aufgelegten Richtlinien über die Gewährung von Beihilfen habe sich nach Aussage des Wirtschaftsministeriums das Wettbewerbsrecht erheblich verschärft worden: Eine finanzielle Unterstützung, die 1998 ohne Probleme und Rückfragen an die Europäischen Union vom Bundesland gewährt werden konnte, könne derzeit nicht mehr ausgereicht werden. Sie gelte, mittlerweile als eine ungerechtfertigte Subvention (ebd.)[205]. Zum anderen habe sich das Verhalten der Kreditinstitute verändert: 1995 zeigten sich die Banken bei betriebswirtschaftlichen Schwierigkeiten in den Unternehmen trotz mangelnder Sicherheiten bereit, Kredite zu vergeben. Mittlerweile prüften die Banken genauestens, ob das Unternehmen eine Chance hat, am Markt zu bestehen. Nur wenn es faktisch kein Risiko eines Ausfalls gibt, würden Kredite in Form von Darlehen gewährt (ebd.).

5.2.2.2 InvestitionsBank des Landes Brandenburg

Die InvestitionsBank des Landes Brandenburg ist die Geschäftsbesorgerin der Landesregierung[206] und 1992 als Anstalt des öffentlichen Rechts per Gesetz gegründet worden. Sie ist von der Landesregierung beauftragt worden, den Auf- und Umbauprozess des wirtschaftlichen Lebens in Brandenburg zu begleiten. Sie fördert insbesondere im Auftrag der Fachressorts der Landesregierung öffentliche und private Investitionsvorhaben aus ca. 50 Förderprogrammen. Die InvestitionsBank Brandenburg ist für die meisten Programme Bewilligungsstelle.

---

[205] Prinzipiell befürwortet der Vertreter des Wirtschaftsministeriums den strengen Umgang der Europäischen Union mit Beihilfen. Gleichzeitig weist er aber darauf hin, dass das praktizierte Notifizierungsverfahren innerhalb der Europäischen Union nicht zu akzeptieren sei. Das gesamte Verfahren innerhalb der Europäischen Union dauere in der Regel mehr als ein halbes Jahr. In Anbetracht dieser langen Bearbeitungszeit sei die Erstellung eines Finanzierungskonzeptes gemeinsam mit Kreditinstituten nicht möglich. Die Banken müssen über diese Zeit ihre Kreditlinien aufrecht halten, was berechtigterweise für sie ein zu hohes finanzielles Risiko bedeute (Interview, Referat 33, Landesebene Brandenburg 2000).

[206] In den anderen neuen Bundesländern heißen die Geschäftsbesorgerinnen "Landesförderinstitut" (vgl. Kapitel 4.2.2.4).

Die Förderung erfolgt mittels Zuweisungen, Zuschüssen, Gewährung von Darlehen, Übernahme von Bürgschaften und Eingehen von Beteiligungen.

"Im Jahr 1996 hat der Gesetzgeber den Auftrag der InvestitionsBank des Landes Brandenburg deutlich erweitert. Neben der Bearbeitung der Förderprogramme hat die InvestitionsBank zusätzlich den Auftrag, bei Bedarf ergänzende Kredite für Investitionsprojekte und Vorhaben, die mit Förderprogrammen in Zusammenhang stehen, zu gewähren. Damit werden durch die Bank insbesondere Projekte unterstützt, die wirtschaftlichen und strukturellen Verhältnisse im Land Brandenburg verbessern beziehungsweise im besonderen Interesse des Landes oder seiner Gebietskörperschaften liegen." (InvestitionsBank des Landes Brandenburg 1998: 6)

Im Politikfeld der Sanierungs- und Konsolidierungspolitik ist die InvestitionsBank Brandenburg für die technische Abwicklung der oben dargestellten Programme (KONSI, LISI, Gründungs- und Wachstumsfinanzierung) zuständig. Sie ist zum einen für die Antragsbearbeitung und für die Abrechnung der Fördermaßnahmen einschließlich der Verwendungsnachweisprüfung zuständig. Zum anderen verwaltet das Landesförderinstitut treuhänderisch die für das Konsolidierungsdarlehen zur Verfügung stehenden Mittel (vgl. ebd.).

5.2.2.3 Das Rationalisierungs- und Innovationszentrum der Deutschen Wirtschaft e.V. - Landesgruppe Brandenburg (RKW Brandenburg)

Das RKW verfügt in jedem Bundesland über Niederlassungen. Sein Hauptsitz ist in Eschborn. Die jeweiligen Landesverbände dienen als Ansprechpartner für die ansässigen kleinen und mittleren Unternehmen. Es wird vom Bundesamt für Wirtschaft[207] institutionell gefördert. Schwerpunkt der Arbeit der Landesverbände sind Unternehmensberatungen, innerbetriebliche Weiterbildung und Betreuung von Arbeitsgemeinschaften. Alle Landesverbände haben einen sogenannten Beraterpool eingerichtet. Aus diesem Pool werden den ratsuchenden Unternehmen geeignete Berater für ihre spezifischen Probleme genannt und vermittelt (vgl. HOCHMUTH/ZIEGLER 1999c: A116).

Das RKW in Brandenburg ist mit verschiedenen Projektträgerschaften vom Wirtschaftsministerium des Landes Brandenburg und des Arbeitsministeriums betraut worden. U.a. ist es vom Wirtschaftsministerium beauftragt worden, im Rahmen des "Projektes zur Förderung des Aufbaus und der Festigung kleiner

---

[207] Das Bundesamt für Wirtschaft ist eine Bundesbehörde im Geschäftsbereich des Bundesministeriums für Wirtschaft und Technologie. *"Es spielt insbesondere bei der Managementberatung für Krisenunternehmen eine wichtige Rolle. Das Bundesamt ist u.a. mit der technischen Abwicklung der (auf Bundesebene angebotenen) e.V.) Beratungsprogramme "Förderung der Unternehmensberatung für kleine und mittlere Unternehmen" und "Förderung von Unternehmensberatungen, Informations- und Schulungsveranstaltungen" beauftragt. Zudem führt das Bundesamt für Wirtschaft im Bereich der Wirtschaftsförderung im Auftrag des BMFT ausgewählte Förderprogramme durch"* (HOCHMUTH/ZIEGLER 1999c: 36).

und mittlerer Unternehmen im Land Brandenburg" (vgl. Kapitel 5.2.1.3) besonders kritischen Fälle, die aus dem KONSI bzw. LISI-Programm finanzielle Unterstützungen erhalten, einen geeigneten Berater oder Coacher zu vermitteln. Diese Personen sollen den Managementdefiziten in den Krisenunternehmen entgegenwirken (vgl. ebd.: A129).

5.2.2.4 Bürgschaftsbank Brandenburg GmbH

Wie in allen Bundesländern gibt es auch in Brandenburg eine Bürgschaftsbank, die Ausfallbürgschaften vergibt (vgl. Ausführungen in Kapitel 5.2.1.5). Sie ist 1990 in Potsdam als Gesellschaft mit beschränkter Haftung gegründet worden. Sie hat insbesondere die Aufgabe, Existenzgründer und –gründerinnen oder auch bestehende mittelständische Unternehmen sowie Angehörige Freier Berufe auch bei fehlenden Sicherheiten Kreditfinanzierungen durch die jeweilige Hausbank zu ermöglichen.

Es ist festzuhalten, *"dass die finanziellen Leistungen der Bürgschaftsbanken allenfalls im Rahmen von Konsolidierungen in Anspruch genommen werden können, v.a. über Betriebsmittelkredite und Umschuldungskredite. Eine darüber hinausgehende Verbürgung von Krediten zur 'Sanierung maroder Betriebe' ist ausgeschlossen."* (BRUCH-KRUMBEIN/HOCHMUTH/ZIEGLER 1999a: 44)

Weil sich die Bürgschaftsbanken in allen Bundesländern ähnliche Aufgaben widmen, wird an dieser Stelle auf nähere Ausführungen verzichtet und auf die Aussagen des Kapitels 4.2.2.5 Bürgschaftsbank Sachsen-Anhalt GmbH verwiesen.

5.2.2.5 Sonstige an der Sanierungs- und Konsolidierungspolitik beteiligte Institutionen

Es gibt in Brandenburg zwei **Beteiligungsgesellschaften**. Das ist einerseits die Mittelständische Beteiligungsgesellschaft Berlin-Brandenburg GmbH und andererseits die Kapitalbeteiligungsgesellschaft für das Land Brandenburg mbH.

Die Mittelständische Beteiligungsgesellschaft ist 1993 mit Sitz in Potsdam eingerichtet worden. Ihre Aufgabe ist es, kleineren und mittleren Unternehmen der gewerblichen Wirtschaft Eigenkapital zur Verfügung zu stellen. Sie gewährt dabei in der Regel stille Beteiligungen, nimmt also keinen Einfluss auf die Geschäftsführung des Unternehmens. Sie geht Beteiligungen bis zu einer maximalen Höhe von 2 Mio. DM ein (vgl. HOCHMUTH/ZIEGLER 1999c: A127).

Die Kapitalbeteiligungsgesellschaft ist 1996 von der Landesregierung gegründet worden. Sie hat die Aufgabe übernommen, den Beteiligungsfonds des Landes Brandenburg zu betreuen. Im Rahmen dieses Fonds stellt sie brandenburgischen kleinen und mittleren Unternehmen Risikokapital zur Verfügung.

Beiden Gesellschaften weist der Vertreter des Wirtschaftsministeriums für die Sanierungs- und Konsolidierungspolitik des Landes eine untergeordnete Rolle zu. Risikokapital komme – jedenfalls in Brandenburg – generell für Krisenunternehmen nicht in Frage. Es werde eher für Wachstumsbetriebe mit Investitionsabsichten, aber nicht genügend Eigenkapital, eingesetzt (Interview, Referat 33, Landesebene Brandenburg 2000).

Die Rolle der Kapitalbeteiligungsgesellschaft, die mit der Abwicklung des im Rahmen des Konsolidierungsfonds III aufgelegten DUO-Programms betraut worden ist, wird dagegen in absehbarer Zeit größer werden. Aber bisher ist noch kein Krisenfall über den Konsolidierungsfonds III gefördert worden, da die Fördermodalitäten zwischen Land und der gbb noch nicht abschließend geklärt sind (vgl. Kapitel 3.2.1.2 und 5.2.1.4).

Die sechs **Service- und Beratungs-Centers des Landes Brandenburg (SBC)** wurden eingerichtet, um die Wettbewerbsfähigkeit von kleinen und mittleren Unternehmen zu verbessern. Als Trägerinstitutionen des SBC fungieren die Industrie- und Handelskammern sowie die Handwerkskammern.[208]

Die SBC dienen den kleinen und mittleren Unternehmen als Ansprechpartner zu verschiedenen Belangen: Insbesondere vermitteln sie ihrem Klientel für die jeweiligen spezifischen Probleme geeignete Beratungs- bzw. Dienstleistungsinstitutionen oder stellen Kontakte zwischen ihnen und den regionalen wissenschaftlichen Einrichtungen her. Außerdem führen sie Beratungen und Seminare zu spezifischen betriebswirtschaftlichen Themen durch, *"die bislang noch nicht von anderen Institutionen abgedeckt werden.*

Die SBC realisieren also im wesentlichen vier Aufgabenkomplexe: Identifikation der Unternehmen einschließlich Schwachstellenanalyse, Nutzung vorhandener Netzwerke, Implementation von Strategien/Maßnahmepaketen durch Expertenbegleitung, Schulungs- und Trainingsangebote einschließlich Erfahrungsaustausch." (Service- und Beratungs-Zentren im Land Brandenburg o. J. : 1)

Die SBC arbeiten im Rahmen der Sanierungs- und Konsolidierungspolitik des Landes eng mit den Kammern zusammen. Nach Auskunft eines Vertreters eines SBCs führen sie für Krisenunternehmen, die sich an sie wenden, eine kostenlosen Kurzcheck der Problemlage im Unternehmen durch. Meist verweisen sie die Unternehmen dann an die Kammer, die für das jeweilige SBC die Trägerschaft übernommen hat. Die Kammer entscheidet auf Grundlage

---

[208] 1. Das SBC Cottbus nahm in Trägerschaft der Industrie- und Handelskammer Cottbus am 1. Juli 1996 seine Arbeit auf.
2. Das SBC Lübbenau wurde in Trägerschaft der Handwerkskammer Cottbus am 18. März 1997 gegründet.
3. Das SBC Frankfurt/Oder begann seine Arbeit unter der Trägerschaft der Industrie- und Handelskammer Frankfurt im Dezember 1996.
4. Das SBC Schwedt nahm in Trägerschaft der Kommunalgemeinschaft POMERANIA e.V. am 27.4.1998 seine Arbeit auf.
5. Das SBC Potsdam wurde in Trägerschaft der Industrie- und Handelskammer Potsdam am 13. Mai 1997 eröffnet.
6. Das SBC Wittenberge wurde in Trägerschaft der Handwerkskammer Potsdam am 19. Juni 1996 tätig.

dieses Erstchecks und mit Hilfe zusätzlicher, eigens gesammelter Informationen über das Krisenunternehmen, welche Hilfsmöglichkeiten in Betracht kommen. Je nach Problemlage wird ggf. ein DtA- Runder Tisch (vgl. Kapitel 3.2.1.5) eingerichtet. Oder der Vertreter der Kammer berät den Betrieb über die zur Verfügung stehenden finanziellen Unterstützungsmöglichkeiten auf Bundes- und Landesebene (Interview SBC, Brandenburg 2000).

Der befragte Vertreter des Wirtschaftsministeriums steht der Arbeit der SBC im Rahmen von Konsolidierung und Sanierung eher skeptisch gegenüber. Für ihn bewältige das SBC zu viele Aufgaben, als dass sie sich auch dem Problem der Krisenbewältigung von Unternehmen noch ausreichend widmen könnten (Interview, Referat 33, Landesebene Brandenburg 2000).

5.2.3 Fördererergebnisse der Sanierungs- und Konsolidierungspolitik

Die Fördererergebnisse der Sanierungs- und Konsolidierungspolitik in Brandenburg werden anhand von Daten über die Fördervolumina, die Anzahl der gewährten Kredite und der damit gesicherten Arbeitsplätze der oben ausgebreiteten Instrumentenpalette des Politikfeldes Sanierungs- und Konsolidierungspolitik diskutiert. Insbesondere mit der Darlegung dieser Kennziffern auf Landkreisebene und dem daraus resultierenden räumlichen Verteilungsmuster der gewährten Hilfen lassen sich Aussagen über die räumlich differenzierten Dimensionen der Sanierungs- und Konsolidierungspolitik treffen. Aufgrund des vorhandenen sehr dünnen Datenmaterials des Politikfeldes können hier allerdings nur eingeschränkte Aussagen darüber getroffen werden, wie dieses Muster zu begründen ist und ob es einen Zusammenhang zwischen den Fördererergebnissen des Politikfelds der Sanierungs- und Konsolidierungspolitik und der regionalen Entwicklung gibt.[209]

Die Tabelle 5-11 gibt Auskunft über die Anzahl der bewilligten Anträge, über die Fördervolumina sowie die gesicherten Arbeitsplätze der beiden wichtigsten Förderprogramme – Liquiditätssicherungsprogramm (LISI) und Konsolidierungsfonds (KONSI) - im Beobachtungszeitraum zwischen 1997 und 2000.[210]

---

[209] Die InvestitionsBank, die Bürgschaftsbank Brandenburg und der Senior-Experten Service stellten mir kleinräumige Daten für die entsprechenden Programme zur Verfügung (vgl. Kap. 5.2.1). Das RKW-Brandenburg, das zuständig für das Beratungsprogramm (vgl. Kap. 5.2.1.3) ist, lehnte meine Anfragen nach kleinräumigen Daten aufgrund eines für die Institution nicht zu bewältigenden technischen und personellen Aufwands ab. Sowohl die Mittelständische Beteiligungsgesellschaft als auch die Kapitalbeteiligungsgesellschaft konnten mir keine Angaben über die vergebenen Beteiligungen liefern, weil sie die von mir gewünschten Daten nicht sammeln. Alle angefragten Institutionen haben mir aufgrund von datenschutzrechtlichen Gründen keine unternehmensbezogenen bzw. standortbezogenen Angaben machen können.

[210] Alle folgende Angaben zu den Programmen LISI und KONSI basieren auf Auskünften bzw. auf Informationen aus der Datenbank der InvestitionsBank Brandenburg.

Tab. 5-11: Anzahl der bewilligten Anträge, Fördervolumina und gesicherte Arbeitsplätze der beiden Konsolidierungsprogramme Liqiditätssicherungsfonds und Konsolidierungsfonds in Brandenburg (1997 - 2000)

Programm	Anzahl der Zusagen	bewilligtes Fördervolumen in DM	durchschnittl. Darlehenssumme in DM	Anzahl der gesicherten Arbeitsplätze	durchschnittl. gesicherte Arbeitsplätze
LISI	115	49.989.000	434.687	3.836	33
KONSI	48	63.779.000	1.328.729	4.427	92
Gesamt	163	113.768.000	697.963	8.263	51

Quelle: Datenbank der InvestitionsBank Brandenburg und eigene Berechnungen

Es zeigt sich, dass das Land Brandenburg im Beobachtungszeitraum 1997 bis 2000 mehr als 113 Mio. DM für Krisenunternehmen zur Verfügung stellte und damit im Land Brandenburg insgesamt 8.263 Arbeitsplätze sichern konnte. Darüber hinaus ist festzuhalten, dass im Rahmen des Liquiditätssicherungsprogramms mehr Anträge mit einer eher geringen Darlehenssumme bewilligt wurden als beim Konsolidierungsfonds. Über den Konsolidierungsfonds erhalten eher größere Betriebe mit einem entsprechend höheren Finanzbedarf Unterstützung.

Nachstehende Tabelle 5-12 schlüsselt die oben dargelegte Fördersumme der beiden Konsolidierungsprogramme LISI und KONSI für die einzelnen Jahre und für die einzelnen Wirtschaftsbereiche, zu denen die gestützten Krisenunternehmen zählen, auf.

Es ist zu konstatieren, dass die Fördervolumina des LISI-Programms über den Beobachtungszeitraum etwa gleichbleibend hoch sind. Dagegen hat sich das Fördervolumen des KONSI-Programms zwischen den Jahren 1997 und 2000 um fast 40% verringert. Es steht zu vermuten, dass auch im Politikfeld der Sanierungs- und Konsolidierungspolitik – u.a. wegen der allgemein angespannten Haushaltslage der Bundesländer - immer weniger Fördermittel für Krisenunternehmen von der Landesregierung bereitgestellt werden (können).

Tabelle 5-12 zeigt zudem, dass über das LISI-Programm hauptsächlich Krisenbetriebe des Baugewerbes vom Land Brandenburg gestützt werden. Der Schwerpunkt der geförderten Unternehmen im Rahmen des KONSI-Programms liegt dagegen eindeutig beim Verarbeitenden Gewerbe. Eine verschwindend geringe Rolle spielen Krisenunternehmen der Land- und Forstwirtschaft. Auch Dienstleistungsbetriebe werden über das LISI- und KONSI-Programm verhältnismäßig selten gefördert. Dies liegt u.a. darin begründet, dass laut Richtlinien des KONSI- und LISI-Programms sowohl Förderungen an Betriebe des primären Sektors als auch Förderungen an Unternehmen des tertiären Sektors nur in Ausnahmefällen gewährt werden sollten (vgl. Ausführungen in Kapitel 5.1).

Bemerkenswert sind auch die Angaben zur durchschnittlichen Darlehenssumme pro gesicherten Arbeitsplatz und deren Entwicklung über die Jahre im

Beobachtungszeitraum. Betrug die gewährte Kreditsumme der gesicherten Arbeitsplätze in Krisenunternehmen des Baugewerbes im Rahmen des LISI-Programms 1997 noch ca. 24.000 DM, so verringerte sich der Betrag dieser Kennziffer über den Zeitablauf auf ca. 10.000 DM. Die Sicherung von Arbeitsplätzen in Krisenunternehmen des Verarbeitenden Gewerbes waren im Jahr 2000 besonders "teuer". Der Betrag liegt bei 29.000 DM pro gesicherten Arbeitsplatz.

Tab. 5-12: Anzahl der bewilligten Anträge, Kreditvolumen insgesamt, Anzahl der gesicherten Arbeitsplätze und durchschnittliche Darlehenssumme pro Arbeitsplatz von Liquiditätssicherungsfonds und Konsolidierungsfonds in Brandenburg (in Mio. DM, 1997 - 2000)

	1997				1998				1999				2000			
	Anzahl der Zusagen	Summe der Darlehen (in Mio. DM)	Anzahl der ges. Arbeitsplätze	Darlehenssumme pro ges. Arbeitsplatz in Mio. DM	Anzahl der Zusagen	Summe der Darlehen (in Mio. DM)	Anzahl der ges. Arbeitsplätze	Darlehenssumme pro ges. Arbeitsplatz in Mio. DM	Anzahl der Zusagen	Summe der Darlehen (in Mio. DM)	Anzahl der ges. Arbeitsplätze	Darlehenssumme pro ges. Arbeitsplatz in Mio. DM	Anzahl der Zusagen	Summe der Darlehen (in Mio. DM)	Anzahl der ges. Arbeitsplätze	Darlehenssumme pro ges. Arbeitsplatz in Mio. DM
LISI (insgesamt)	34	11,1	889	0,012	20	10,9	658	0,017	42	16,73	1.583	0,011	19	11,25	706	0,016
Aufgeschlüsselt nach Wirtschaftsbereichen																
Land- und Forstwirtschaft	0	0	0	0	0	0	0	0	1	0,28	14	0,02	0	0	0	0
Ver. Gewebe	11	3,4	458	0,007	7	6,4	292	0,002	11	5,51	325	0,017	7	6,21	212	0,029
Baugewerbe	17	6,1	256	0,024	9	3,65	292	0,013	22	6,48	972	0,007	11	4,88	486	0,01
Dienstleistung (einschl. Handel),	6	1,6	148	0,011	4	0,83	74	0,011	8	4,46	272	0,016	1	0,16	8	0,02
KONSI (insgesamt)	14	21,78	1.359	0,02	14	11,46	1.006	0,011	11	17,5	914	0,02	9	13,02	1.145	0,011
Aufgeschlüsselt nach Wirtschaftsbereichen																
Land- und Forstwirtschaft	0	0	0	0	1	0,6	50	0,012	0	0	0	0	0	0	0	0
Ver. Gewebe	10	2,9	876	0,003	8	6,21	433	0,014	5	10,6	541	0,019	7	4,77	1.060	0,005
Baugewerbe	2	5,4	295	0,018	3	3,55	433	0,008	2	2,82	262	0,01	2	8,25	85	0,097
Dienstleistung (einschl. Handel),	2	24,5	187	0,131	2	1,1	90	0,012	4	4,08	111	0,036	0	0	0	0
KONSI und LISI insgesamt	48	32,89	2248	0,015	34	22,38	1664	0,013	53	34,23	2.497	0,013	28	24,27	1.854	0,013

Quelle: Datenbank der InvestitionsBank Brandenburg und eigene Berechnungen

Unter regionalwissenschaftlicher Perspektive interessiert u.a., ob sich Unterschiede bspw. in Bezug auf die Fördervolumina innerhalb des Landes zeigen. Daher werden im Folgenden ausgewählte Kennziffern auf Landkreisebene betrachtet.

Abbildung 5-13 veranschaulicht zunächst, dass die Anzahl der Förderanträge nicht unbedingt mit der gewährten Fördersumme korrespondiert. So wurden bspw. in der kreisfreien Stadt Brandenburg/Havel im Beobachtungszeitraum nur drei Anträge mit einer Fördersumme von insgesamt 7 Mio. DM gewährt. Für den Landkreis Prignitz ist dagegen festzuhalten, dass dort verhältnismäßig viele Anträge mit einer insgesamt doch relativ geringen Fördersumme bewilligt wurden: Hier entsprach das Land Brandenburg 12 Anträgen mit einer Kreditsumme von insgesamt 5,4 Mio. DM.

Insgesamt wird in der Abbildung 5-13 kein klares Muster erkennbar. Vielmehr sind die Förderungen völlig willkürlich über das Land verteilt. Nur bei den kreisfreien Städten ist eine Zweiteilung zu erkennen: So flossen nach Cottbus und nach Frankfurt/Oder erheblich geringere Fördersummen als zu den kreisfreien Städten Potsdam und Brandenburg/Havel (vgl. auch genaue Angaben in Tabelle A14 im Anhang). Die niedrigsten Fördersummen beim Liquiditätssicherungsprogramm und Konsolidierungsfonds sind insgesamt im Landkreis Oberspreewald-Lausitz und in den kreisfreien Städten Cottbus und Frankfurt/Oder auszumachen.

Abb. 5-13: Fördervolumina von Liquiditätssicherungsfonds und Konsolidierungsfonds und Anzahl der bewilligten Anträge in Brandenburg (1997 - 2000)

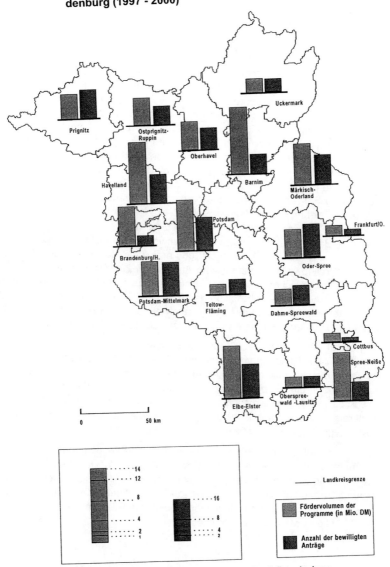

Quelle. Eigene Darstellung nach Angaben der InvestitionsBank Brandenburg

Ein Blick auf die Abbildung 5-14 und Abbildung 5-15 ergänzen die bisher dargelegten Informationen. Dort ist u.a. zu erkennen, welche Wirtschaftszweige im Rahmen des Liquiditätssicherungsprogramms und des Konsolidierungsfonds unterstützt wurden. Zunächst fällt auf, dass in allen Landkreisen das Baugewerbe Sanierungs- und Konsolidierungshilfen gewährt bekommen hat. Nur in den kreisfreien Städten Cottbus und Frankfurt/Oder waren unter den geförderten Unternehmen keine Baubetriebe.

In den Landkreisen Uckermark, Dahme-Spreewald, Oberspreewald-Lausitz, Teltow-Fläming und in der kreisfreien Stadt Brandenburg/Havel spielen die Förderungen des Baugewerbes eine besonders große Rolle. In diesen Landkreisen/kreisfreien Städten flossen mehr als 50% der bewilligten Fördersummen ins allgemein angeschlagene Baugewerbe. Im Landkreis Dahme-Spreewald bspw. wurde ein Betrieb 1997 mit insgesamt 1,5 Mio. DM von der Landesregierung gestützt. Diese Summe entspricht 62,1% der gesamten Fördersumme, die im Beobachtungszeitraum 1997 bis 2000 in den Landkreis geflossen ist. Damit wurden 104 Arbeitsplätze gesichert (vgl. auch die genauen Angaben zur Fördersumme und zu den einzelnen Branchen in der Tabelle A14 im Anhang). Neben dem Baugewerbe spielt in allen Landkreisen und kreisfreien Städten die Förderung des Verarbeitenden Gewerbes eine gewichtige Rolle. Im Landkreis Barnim erhielt bspw. die Maschinenbaubranche besonders hohe Förderungen: Sowohl 1997 als auch 2000 erhielt ein Maschinenbaubetrieb je 5 Mio. DM. Weil jeweils eine identische Anzahl von 238 Arbeitsplätze mit dieser Fördersumme gesichert wurden, liegt die Vermutung nahe, dass ein und der selbe Maschinenbaubetrieb sowohl im Jahr 1997 als auch im Jahr 2000 vom Land Unterstützung benötigte[211] (vgl. auch die genauen Angaben zur Fördersumme und zu den einzelnen Branchen der Tabelle A14 im Anhang).

Beispielhaft ist der Landkreis Elbe-Elster. Hier wurden im Beobachtungszeitraum vor allem Krisenunternehmen des Verarbeitenden Gewerbes gefördert. Betrachtet man sich die detaillierten Angaben der Tabelle A14 im Anhang dazu, so fällt dabei eine breite Branchenstreuung innerhalb des Verarbeitenden Gewerbes auf. Mit einem Finanzvolumen von "nur" 9,3 Mio. DM konnten im Landkreis Elbe-Elster mit die höchste Anzahl von Arbeitsplätzen (886) gesichert werden (vgl. Angaben in Tabelle A14 im Anhang).

Nur in der kreisfreien Stadt Potsdam wurde im Beobachtungszeitraum kein Unternehmen des Verarbeitenden Gewerbes gestützt. Dagegen flossen dort verhältnismäßig hohe Fördersummen in den Dienstleistungssektor (vgl. auch Angaben in der Tabelle A14 im Anhang). Im Landkreis Havelland wurden mit 956 insgesamt die meisten Arbeitsplätze gesichert. Allein mit der Fördersumme von 2,2 Mio. DM, die der Chemischen Industrie des Landkreises gewährt wurden, konnten 490 Arbeitsplätze gesichert werden.

---

[211] Nach Auflage der neuen EU-Richtlinien für Unternehmen in Schwierigkeiten ist eine mehrmalige Förderung ein und des selben Betriebes nicht mehr möglich (one time, last time) (vgl. Ausführungen in Kapitel 3.1).

Abb. 5-14: Fördervolumina von Liquiditätssicherungsfonds und Konsolidierungsfonds sowie Anteil der einzelnen Wirtschaftszweige am Gesamtfördervolumen in Brandenburg (1997 - 2000)

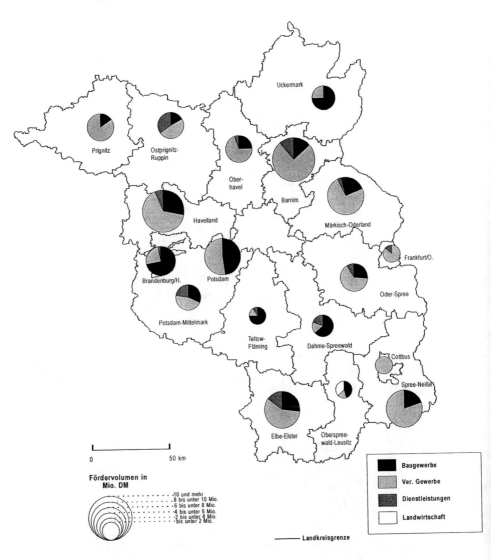

Quelle. Eigene Darstellung nach Angaben der InvestitionsBank Brandenburg

215

Abb. 5-15: Anzahl der geförderten Arbeitsplätze im Rahmen vom Liquiditätssicherungsprogramm und vom Konsoldierungsfonds in Brandenburg (1997 - 2000)

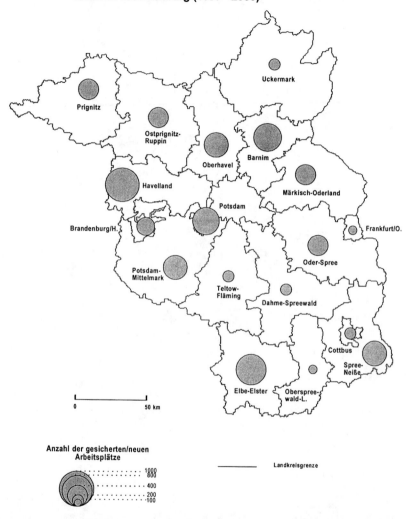

Quelle. Eigene Darstellung nach Angaben der InvestitionsBank Brandenburg

Für den Landkreis Prignitz ist zu konstatieren, dass 2000 ein Betrieb des Ernährungsgewerbes 2 Mio. DM Unterstützung erhielt (vgl. Angaben in Tabelle A14 im Anhang). Bedenkt man die hohe Dominanz des primären Sektors im

Landkreis Prignitz und die Abhängigkeit der ansässigen Landwirte als Zulieferer zum Ernährungsgewerbe, ist diese verhältnismäßig hohe Fördersumme bei einer gleichzeitig nur sehr geringen Arbeitsplatzsicherung von 38 durchaus zu rechtfertigen.

Mit großer Vorsicht kann man aus den letzten Ausführungen einen Zusammenhang zwischen den im Landkreis bedeutenden Wirtschaftsbranchen (Dienstleistung in Potsdam, Maschinenbau im Landkreis Barnim, Chemie im Landkreis Havelland etc.) und der in diesen Wirtschaftszweig geflossenen Fördersumme im Rahmen des Liquiditätssicherungsprogramms und des Konsolidierungsfonds herleiten.

Zur Abrundung der obigen Aussagen tragen noch Informationen zu den Ausfällen bei. Das Wirtschaftsministerium gibt 1999 Informationen über die Ausfälle im Rahmen des Liquiditätssicherungsprogramms und des Konsolidierungsfonds bekannt. So heißt es im Jahreswirtschaftsbericht: *"Die Kredite von 85 Unternehmen mussten indes gekündigt werden, weil zwischenzeitlich Konkursverfahren eröffnet wurden oder weil sich die wirtschaftliche Situation der Unternehmen verschlechtert hatte und eine Gesamtfinanzierung nicht mehr darstellbar war. Dadurch ist ein Kreditvolumen in Höhe von 39 Mio. DM vom Ausfall bedroht."* (Wirtschaftsministerium des Landes Brandenburg 1999: 91) Dies könnte zum einen darauf hinweisen, dass die vom Krisenunternehmen zu erfüllenden Voraussetzungen für eine Bewilligung von finanziellen Mittel nicht ausreichen, um abschätzen zu können, ob sich das Krisenunternehmen wieder am Markt etablieren kann. Zum anderen könnte dies ein Indiz dafür sein, dass die Sanierungs- und Konsolidierungspolitik nicht effizient genug gestaltet ist und das Instrumentarium eventuell überdacht werden sollte. Weitere Recherchen führten aber zu der Erkenntnis, dass die Landesregierung an dem bestehenden Instrumentarium weiter festhält und eine konzeptionelle und strategische Neuausrichtung der angewendeten Sanierungs- und Konsolidierungspolitik nicht erfolgen soll (Interview, Referat 33, Landesebene Brandenburg 2000).

Die Bürgschaftsbank Brandenburg stellte ebenfalls für den Beobachtungszeitraum 1997 bis 2000 Daten auf Landkreisebene zur Verfügung, allerdings schlüsselt sie ihre Daten nicht nach Branchen sondern nach Wirtschaftszweigen auf, so dass eine direkte Vergleichbarkeit mit den Daten der Investitions-Bank nicht besteht. Darüber hinaus ist anzumerken, dass Bürgschaften nicht ausschließlich an Krisenunternehmen vergeben werden, sondern bspw. an Wachstumsbetriebe mit Liquiditätsengpässen oder auch an Existenzgründungen. Die Bürgschaftsbank Brandenburg differenziert in ihren Geschäftsberichten (1998 bis 2000) nach Vorhaben wie z.B. Existenzfestigung, Betriebsverlagerung, Betriebserweiterung, Existenzgründungen etc. Auf Landkreisebene stellte die Bürgschaftsbank nur Daten für alle Vorhaben zur Verfügung. Dabei ist zu beachten, dass Bürgschaften an Unternehmen zu einem überwiegenden Teil nicht an Krisenunternehmen im hier definierten Sinne vergeben werden. Daher geben die Daten auf Landkreisebenen nur eingeschränkt Auskunft über das Politikfeld der Sanierungs- und Konsolidierungspolitik in Brandenburg. Aus diesem Grund werden die Daten der Bürgschaftsbank Brandenburg nicht mit den Daten vom Liquiditätssicherungsprogramm und dem Konsolidierungsfonds, Programme die laut Auskunft des befragten Vertreters des Wirtschaftsministeriums vor allem Krisenunternehmen unterstützen, kumuliert.[212]

Das Fördervolumen sowie die Anzahl der vergebenen Bürgschaften über die Bürgschaftsbank Brandenburg ist in nachstehender Tabelle 5-16 aufgezeigt.

Tab. 5-16: Fördervolumen und Anzahl der vergebenen Bürgschaften über die Bürgschaftsbank Brandenburg (1998- 2000)

	1998		1999		2000	
	Anzahl	Bürgschaften/ Garantien (TDM)	Anzahl	Bürgschaften/ Garantien (TDM)	Anzahl	Bürgschaften/ Garantien (TDM)
Bürgschaften (insg.)	261	118.596	310	119.997	245	98.666
davon Existenzfestigungen	68	35.698	82	39.656	73	40.518
differenziert nach Wirtschaftszweigen						
Handwerk	81	33.072	81	29.435	59	18.638
Groß-/Einzelhandel	40	14.352	64	18.829	53	14.804
Industrie	44	33.734	50	32.032	41	28.441
übriges Gewerbe	54	26.775	54	25.919	38	20.643
Freie Berufe	22	4.554	32	5.349	30	7.018
Gastgewerbe, Verkehr, Gartenbau	20	6.109	29	8.433	24	9.122

Quelle: Bürgschaftsbank, Geschäftsbericht 1998, 1999 und 2000

Bei Betrachtung von Abbildung 5-17 fällt auf, dass sich die höchsten Fördervolumen in den südwestlichen Landkreisen konzentrieren, während die nordöstlichen Landkreise eher geringe Fördervolumen bei Bürgschaften zu verzeichnen haben. Zudem zeigt die Abbildung, dass Bürgschaften überwiegend in Unternehmen der Industrie, des Handwerks und des sonstigen Gewerbes übernommen werden. Dagegen spielt der Handel und die übrigen Wirtschaftszweige eher eine kleine Rolle.

---

[212] Daten über die Vergabe von Bürgschaften, die über das Land bzw. vom Bund und Land ausgereicht werden, sind bisher nicht zugänglich, so dass hier keine Aussagen getroffen werden können.

Abb. 5-17: Fördervolumina der Bürgschaften sowie Anteil der einzelnen Wirtschaftszweige am Gesamtfördervolumen in Brandenburg (1997 bis 2000)

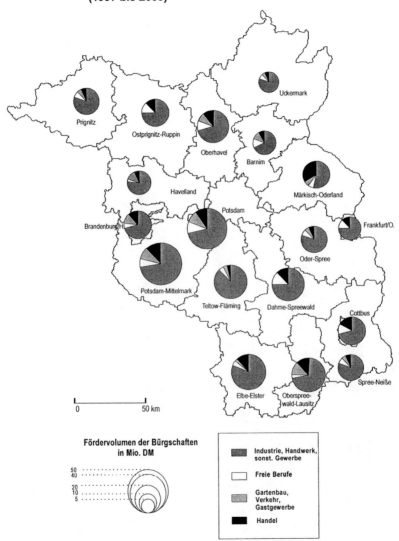

Quelle: Eigene Darstellung nach Angaben der Bürgschaftsbank Brandenburg

Bezieht man Abbildung 5-18 in die Betrachtung mit ein, so ist zu konstatieren, dass die Fördervolumen der Bürgschaften eindeutig mit der Anzahl der gesicherten Arbeitsplätze im Landkreis korrespondiert. Bspw. hat der Landkreis Elbe-Elster ein Fördervolumen von 36 Mio. DM bei Bürgschaften zu vermelden. Damit konnte mit die höchste Anzahl von Arbeitsplätzen von 2.214 gesichert bzw. neu geschaffen werden (vgl. auch die detaillierten Angaben in Tabelle A17 im Anhang). Bei einem Vergleich des räumlichen Verteilungsmusters vom Liquiditätssicherungsprogramm bzw. Konsolidierungsfonds und dem Muster für Bürgschaften fällt keine Gemeinsamkeit, aber auch keine Ergänzung auf.

Abb. 5-18: Anzahl der geförderten Arbeitsplätze und Fördervolumina der Bürgschaften in Brandenburg (1997 - 2000)

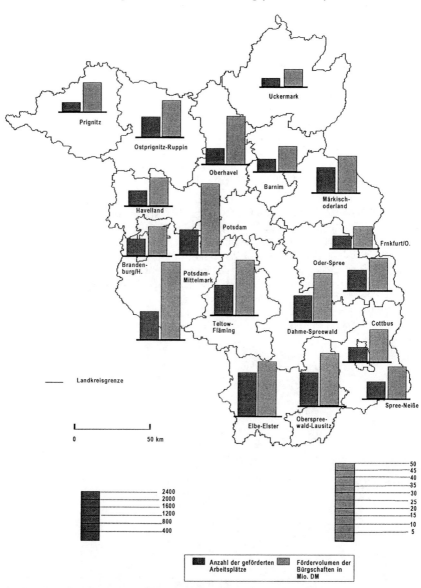

Quelle: Eigene Darstellung nach Angaben der Bürgschaftsbank Brandenburg

Zu den weichen Instrumenten (z.B. Beratungsprogramme) konnte nur äußerst dünnes Datenmaterial gesammelt werden. Das Rationalisierungs- und Innovationszentrum der Deutschen Wirtschaft e.V.- Landesgruppe Brandenburg (RKW) stellte mir keine detaillierten Daten auf Landkreisebene über das über sie abgewickelte Beratungsprogramm zur Verfügung.

Geringfügige Angaben gibt es im Jahreswirtschaftsbericht über die finanziellen Zuwendungen der Landesregierungen für das RKW-Beratungsprogramm zum Aufbau und zur Festigung kleiner und mittlerer Unternehmen (vgl. Kapitel 5.2.1.3): Sowohl 1997 als auch 1998 stellte die Landesregierung 500.000 DM für dieses Programm zur Verfügung (vgl. Ministerium für Wirtschaft des Landes Brandenburg 1999: 92) *"Im Jahr 1999 nahmen 49 Unternehmen diese Beratungsleistungen in Anspruch. Der Aufwand war mit durchschnittlich 10.200 DM je Unternehmen relativ gering. Für die Jahre 2000 und 2001 stehen wie bisher jeweils 500.000 DM zur Verfügung."* (Ministerium für Wirtschaft des Landes Brandenburg 2000: 77)

Dagegen stellte der Senior-Experten-Service (SES) Daten über ihre Beratungen auf Landkreisebene zur Verfügung. Allerdings spielen die Beratungen des SES im Verhältnis zum Beratungsprogramm des RKW eine relativ kleine Rolle. So unterstützt die Landesregierung dieses weiche Instrument lediglich mit 100.000 DM pro Jahr (Ministerium für Wirtschaft des Landes Brandenburg 2000: 77). Der SES stellt seine Beratungsleistungen nicht nur Krisenunternehmen zur Verfügung. Andere Unternehmen, etwa Existenzgründungen, werden ebenfalls beraten. Eine Zusammenfassung der Angaben des SES mit obigen Angaben zum Liquiditätssicherungsprogramm, Konsolidierungsfonds und zu den Bürgschaften wäre daher statistisch unsauber.

Abb. 5-19: Durchgeführte Beratungen des Senior-Experten-Service in Brandenburg (1997 - 2000)

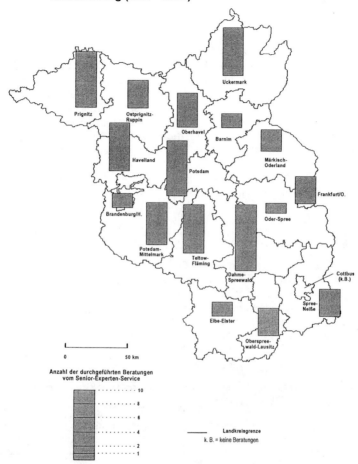

Quelle: Eigene Darstellung nach Angaben des SES, Bonn

Insgesamt wurden in den Jahren 1997 bis 2000 83 Beratungsprojekte vom SES in Brandenburg durchgeführt. Ein Muster ist nicht identifizierbar. Allenfalls ist eine gewisse Konzentration der Beratungen in den westlichen Landkreisen und in den kreisfreien Städten nahe Berlins zu konstatieren. Des weiteren ist zu konstatieren, dass im Landkreis Dahme-Spreewald mit insgesamt 9 Beratungen im Beobachtungszeitraum von 1997 bis 2000 die meisten Beratungen durchgeführt wurden. Die Beratungen des SES ergänzen die Fördervolumen vom Liquiditätssicherungsprogramm und vom Konsolidierungsfonds in Teilen insofern, als diejenigen Landkreise, in denen nur unterdurchschnittliche

Fördervolumen von LISI und KONSI flossen, relativ viele Beratungen des SES durchgeführt wurden. Als Beispiel lässt sich hier der Landkreis Dahme-Spreewald anführen.

Die Angaben der Tabellen A19 im Anhang ergänzen die bisher gegebenen Informationen über die SES-Beratungen. Sie schlüsselt die im Jahr 2000 durchgeführten Beratungen nach Beratungsart und nach der Branche des beratenen Unternehmens auf: Nur eine Sanierungsberatungen wurde 2000 durchgeführt, alle anderen Beratungen sind nicht explizit als Sanierungsberatungen beantragt worden. Allerdings erläuterte der Senior-Experten-Service, dass auch bspw. eine Beratung der Art "Betriebsorganisation" durchaus in einem Unternehmen durchgeführt werden könne, das in Liquiditätsschwierigkeiten stecke. Die meisten (6 der 10) der im Jahr 2000 beratenen Unternehmen gehörten dem Dienstleistungsgewerbe an. Die restlichen Unternehmen zählen zum Verarbeitenden Gewerbe. Die Sanierungsberatung wurde in der Branche Wirtschafts- und Berufsorganisation in Potsdam (Stadt) durchgeführt (vgl. Angaben in Tabelle A19 im Anhang).

Der Vollständigkeit halber werden noch Daten der Mittelständischen Beteiligungsgesellschaft Berlin-Brandenburg angefügt.

Ein Blick auf die folgende Tabelle 5-20 zeigt, dass die Anzahl der eingegangenen Beteiligungen und auch das Beteiligungsvolumen zwischen 1993 und 1997 stark schwankt.[213] Im Jahr 1994 sind insgesamt 26 Beteiligungen eingegangen worden; 1995 dagegen nur 9. Zudem wird deutlich, dass die durchschnittliche Beteiligungssumme mit ca. 880.000 DM im Jahr 1997 im Verhältnis zu den vorangegangenen Jahren eher gering ausfällt. In den anderen Jahren liegt sie nahe der 1 Millionen-Grenze. Außerdem ist festzuhalten, dass sich die Gesellschaft hauptsächlich an Betrieben mit maximal 60 Beschäftigten beteiligt hat.

Tab. 5-20: Beteiligungen der Mittelständischen Beteiligungsgesellschaft in Brandenburg (1993 - 1997)

Jahr	Bewilligte Vorhaben Anzahl	Beteiligungsvolumen in Mio. DM	Durchschnittl. Beteiligungsvolumen	Gesicherte Arbeitsplätze	Durchschnitl. Betriebsgröße n. Beschäftigten
1993	8	7,60	0,95	411	51
1994	26	27,07	1,0	1.546	59
1995	9	8,35	0,93	345	38
1996	8	7,78	0,97	312	39
1997	15	13,24	0,88	872	58

Quelle: Ministerium für Wirtschaft, Mittelstand und Technologie, Jahreswirtschaftsbericht 1999 und eigene Berechnungen

---

[213] Auch hier ist anzumerken, dass nicht alle Beteiligungen an Krisenunternehmen vergeben werden. Die Zielgruppe setzt sich vielmehr ähnlich wie der Adressatenkreis der Bürgschaften zusammen.

Für die Jahre 1998 bis 2000 werden in den Geschäftsberichten der Mittelständischen Beteiligungsgesellschaft Berlin-Brandenburg etwas differenziertere Daten veröffentlicht, die in der Tabelle 5-21 zusammengefasst werden.

Tab. 5-21: Beteiligungen der Mittelständischen Beteiligungsgesellschaft in Brandenburg (1998 - 2000)

	1998		1999		2000	
	Anzahl	Beteiligungen (TDM)	Anzahl	Beteiligungen (TDM)	Anzahl	Beteiligungen (TDM)
Beteiligungen (insg.)	20	16.584	13	13.392	19	18.305
differenziert nach Wirtschaftszweigen						
Handwerk	1	1.000	2	1.600	3	1.220
Groß-/Einzelhandel	3	1.850	0	275	0	0
Industrie	6	6.651	4	5.619	8	7.897
übriges Gewerbe	8	6.433	7	5.898	8	9.188
Freie Berufe	1	150	0	0	0	0
Gastgewerbe, Verkehr, Gartenbau	1	500	0	0	0	0
differenziert nach Kammerbezirken						
Berlin	12	7.300	10	8.675	8	7.700
Cottbus	3	3.551	1	2.319	2	1.665
Potsdam	4	4.733	2	2.398	6	5.772
Frankfurt/O.	1	1.000	0	0	3	3.168

Quelle: Mittelständische Beteiligungsgesellschaft Berlin – Brandenburg 1998, 1999 und 2000

Das ausgereichte Beteiligungsentgelt blieb über den Beobachtungsraum 1997 bis 2000 fast gleich. Es lag durchschnittlich bei etwa 15 Mio. DM. Auch die durchschnittliche Beteiligungssumme mit 1 Mio. DM veränderte sich über den Zeitraum nicht gravierend. Obige Tabelle zeigt auch, dass insbesondere in den Wirtschaftszweigen "Industrie" und "übriges Gewerbe" Beteiligungen von der Gesellschaft eingegangen werden. Dabei spielt der Kammerbezirk Berlin über alle drei Jahre hinweg die dominierende Rolle: Lediglich die Hälfte aller eingegangenen Beteiligungen der Mittelständischen Beteiligungsgesellschaft Berlin-Brandenburg sind im Land Brandenburg zu verorten. Dabei wurden die meisten Beteiligungen im Kammerbezirk Potsdam eingegangen und die wenigsten im Kammerbezirk Frankfurt/Oder. In diesem Zusammenhang steht zu vermuten, dass wegen der geringen Betriebsdichte in Frankfurt/Oder auch verhältnismäßig wenige Anträge auf Beteiligungen an die Mittelständische Beteiligungsgesellschaft Berlin–Brandenburg gestellt wurden.

Um erste Hinweise über die Wirkungen der Sanierungs- und Konsolidierungspolitik auf die regionale Entwicklung des Landes zu bekommen, ist es wichtig, den Stellenwert der Fördervolumina der gegebenen Hilfen für die regionale Entwicklung zu eruieren. Dafür bietet sich ein Vergleich mit dem Investitionsvolumen der Regionalförderung (bestehend aus 1. Gemeinschaftsaufgabe "Verbesserung der regionalen Wirtschaftsstruktur" (GRW), 2. Gemeinschaftswerk Aufschwung Ost und 3. EFRE (Europäischer Fonds für regionale Entwicklung) an. Das Investitionsvolumen der Regionalförderung beziffert das Wirtschaftsministerium von Brandenburg für das Jahr 1999 auf 42.790 Mio. DM. Das entsprechende Fördervolumen des Liquiditätssicherungsprogramms (LISI) und des Konsolidierungsfonds (KONSI) beträgt dagegen lediglich 118,1 Mio. DM (vgl. Ministerium für Wirtschaft des Landes Brandenburg 2000: 120). Die beiden wichtigsten Förderprogramme des hier untersuchten Politikfeldes entsprechen somit einem Anteil von ca. 0,3% der Regionalförderung. Zählt man das Fördervolumen der Bürgschaften (Vorhaben "Existenzfestigung") noch zu der vom Wirtschaftsministerium angegebenen Fördersumme des LISI- und KONSI-Programms hinzu, so kommt man für das Jahr 1999 zu einer Gesamtfördersumme von 157,8 Mio. DM, was einem Anteil von knapp 0,4% an der Regionalförderung entspricht. Die auf Landkreisebene dargelegten Förderprogramme Liquiditätssicherungsprogramm, Konsolidierungsfonds und Bürgschaften (Vorhaben "Existenzfestigung") spielen in Brandenburg für die landesweite und auch für die regionale Entwicklung rein quantitativ betrachtet - ähnlich wie bereits für Sachsen-Anhalt konstatiert wurde (vgl. Ausführungen in Kapitel 4.2.3) - eine verhältnismäßig geringe Rolle.

Welche konkreten Impulse von der Sanierungs- und Konsolidierungspolitik auf die regionale Entwicklung ausgehen, lässt sich auch hier nur sehr schwer beurteilen. Zwar sind laut Angaben der InvestitionsBank Brandenburg zwischen den Jahren 1997 und 2000 insgesamt im Land 8.263 Arbeitsplätze gesichert worden. Wird diese Zahl allerdings in Bezug zu den 223.637 in Brandenburg gemeldeten Arbeitslosen gesetzt, so lässt sich auch in Brandenburg nur ein äußerst geringer Arbeitsmarkteffekt feststellen. Wären die geförderten Unternehmen insolvent geworden und hätten sich damit die Beschäftigten arbeitslos gemeldet, so hätte sich die Arbeitslosenquote im Land noch nicht einmal um 0,05% jährlich erhöht. Auf Landkreisebenen sind die Arbeitsmarkteffekte teilweise kaum nachzuweisen. So sind bspw. im Landkreis Havelland mit einer relativ hohen Fördersumme von 12,7 Mio. DM 956 Arbeitsplätze gesichert worden. Bezieht man dieses Zahl auf die 12.128 im Landkreis gemeldeten Arbeitslosen, so handelt es sich rein rechnerisch um eine verschwindend geringe Entlastung des Arbeitsmarktes von knapp 0,1%.

Trotz dieser Erkenntnisse ist ein positiver Effekt der Sanierungs- und Konsolidierungspolitik nicht völlig auszuschließen. Denn ohne die Förderungen hätten viele Betriebe schließen müssen und zahlreiche Arbeitnehmer und Arbeitnehmerinnen wären arbeitslos geworden. Daraus hätten sich erhebliche Folgewirkungen für die betroffenen Gemeinden (Einbußen in der Gewerbesteuer, Kaufkraftverlust etc.) ergeben, die u.U. weitere "Unternehmenspleiten" nach sich ziehen könnten. Man kann daher davon ausgehen, dass die Förderungen des Politikfeldes ein Faktor unter vielen ist, der die regionale Entwicklung beeinflusst hat.

Genau wie in Sachsen-Anhalt geht aus den Förderrichtlinien der beiden brandenburgischen Sanierungs- und Konsolidierungsprogramme LISI und KONSI hervor, dass regionale Entwicklungskennziffern wie bspw. die Arbeitslosenquote des Landkreises in der das Krisenunternehmen ansässig ist, bei der Vergabe bzw. der Bewilligung der Unterstützungsleistungen nicht berücksichtigt werden. Für die Landesregierung ist allein das vorgelegte Sanierungs- und Konsolidierungskonzept dafür ausschlaggebend, ob ein Krisenunternehmen gefördert wird oder nicht.

Um festzustellen, ob eventuell auch regionale Entwicklungskennwerte mit in die Fördervergabe mit einfließen, wird genau wie bei Sachsen-Anhalt die Arbeitslosenquote der Landkreise den jeweiligen Fördervolumen von LISI und KONSI gegenübergestellt. Auch in Brandenburg wird damit bestätigt, dass die Richtlinien die Förderpraxis bestimmen. Es lässt sich kein signifikanter Zusammenhang zwischen den beiden Kennziffern feststellen. Landkreise mit niedriger Arbeitslosenquote erhalten genau so hohe Förderungen wie Landkreise mit hoher Arbeitslosenquote.

Abb 5-22: Gegenüberstellung von Arbeitslosenquote 2000 und Fördervolumen der Programme LISI und KONSI von 1997 bis 2000

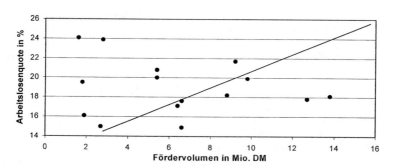

Erklärung: Punkte symbolisieren Residuen der Regression.

Quelle: Eigene Darstellung nach Angaben der InvestitionsBank Brandenburg und des Stat. Landesamtes Brandenburg

Damit scheint sich zu bestätigen, dass auch in Brandenburg keine strukturpolitischen Gesichtspunkte bei der Gewährung von Sanierungs- und Konsolidierungsmitteln einbezogen werden. Ähnlich wie in Sachsen-Anhalt wäre hier zu überlegen, ob die Sanierungs- und Konsolidierungspolitik für die regionale Entwicklung nicht impulsgebender eingesetzt werden könnte, wenn neben betriebswirtschaftlichen auch strukturpolitische Bedingungen berücksichtigt würden. Bisher fließen strukturpolitische Momente bei der Vergabepraxis nur dadurch ein, dass nach Aussagen eines befragen Vertreters des Wirtschaftsministeriums regional bedeutsame Unternehmen als besonders förderungswürdig angesehen werden. Dies ist allerdings nicht in den Richtlinien festgeschrieben und erscheint zudem äußerst subjektiv und je nach Bedarf auslegbar. Die

Landesregierung verschenkt hier m.E. zu viel Gestaltungsspielraum, den man effektiver und gewinnbringender für eine positive und ausgleichende Regionalentwicklung nutzen könnte.

5.3 Verfahrensschritte und Strukturmerkmale der Sanierungs- und Konsolidierungspolitik

Parallel zur Darlegung der Sanierungs- und Konsolidierungspolitik von Sachsen-Anhalt soll nun in diesem Kapitel die Entscheidungsarena der Implementationsphase von Brandenburg analysiert werden (vgl. insbesondere die Ausführungen in Kapitel 4.3). Um u.a. den jeweils spezifischen Implementationsmethoden und Beziehungen der beteiligten Akteure gerecht zu werden, wird die Entscheidungsarena in einzelne Verfahrensschritte unterteilt. In jedem Verfahrensschritt werden neben dem Wirtschaftsministerium auch andere Akteure mit in den Prozess einbezogen, die mit zum Teil differenten Eingriffsmöglichkeiten arbeiten. Zudem werden sie einer unterschiedlichen Art und Weise in den Prozess miteinbezogen.[214]

Es wird in den einzelnen Verfahrensschritten – analog zur Analyse der Entscheidungsarena von Sachsen-Anhalt – hinterfragt: Welche Akteure bestimmen den Verfahrensschritt? Welche Eingriffsmöglichkeiten und Implementationsmethoden werden von ihnen verwendet? Sind in den einzelnen Verfahrensschritten Ansätze von Issue-Netzwerken zu erkennen und sind kooperative Verhandlungsformen zwischen den Akteuren feststellbar? Oder stehen sie eher in einem hierarchischen Verhältnis? Aus diesen Antworten lassen sich dann Aussagen zu den zentralen steuerungstheoretischen Fragestellungen der vorliegenden Arbeit treffen.

In der Entscheidungsarena – als institutioneller Interaktionszusammenhang – kommen Akteure zusammen, die sich der Aufgabe widmen, eine Entscheidung über eine Unternehmensförderung herbeizuführen. Sie kann analog zu Sachsen-Anhalt in sechs Verfahrensschritte (vgl. in Kapitel 4.3) aufgeschlüsselt werden.

Zu den Verfahrensschritten im Einzelnen:

1. Verfahrensschritt: Erstkontakt

Ein Krisenunternehmen kontaktiert grundsätzlich von sich aus die Landesregierung bzw. das Wirtschaftsministerium. Die hilfesuchenden Unternehmen, die sich an die Landesregierung wenden, sind in der Regel in Liquiditätsengpässen und suchen nach Finanzierungsmöglichkeiten. Alle Anfragen von Krisenunter-

---

[214] In diesem Kapitel werden die gleichen Fragestellungen wie in Kapitel 4.3 behandelt. Auch die Abgrenzungskriterien der einzelnen Verfahrensschritte sind analog zu Kapitel 4.3 gewählt worden (vgl. zur detaillierten Herleitung des diesem Kapitel zugrundeliegenden Analyserasters die Ausführungen in Kapitel 4.3).

nehmen an das im Land für Konsolidierungsfälle zuständige Wirtschaftsministerium werden an das Referat 33 weitergeleitet. Andere Referate sind für betriebswirtschaftliche Sanierungs- und Konsolidierungsfälle nicht zuständig. Der Erstkontakt zwischen dem Krisenunternehmen und dem Referat 33 findet meist telefonisch statt. Das in wirtschaftlicher Bedrängnis befindliche Unternehmen schildert einem Sachbearbeiter des Referats grob das betriebswirtschaftliche Problem. Aus dieser Schilderung wird für die Sachbearbeiter und -bearbeiterinnen des Referates deutlich, ob die Geschäftsführung die Schwierigkeiten und deren Ursachen benennen kann, oder ob das Management grundlegende betriebswirtschaftliche Defizite hat und die Ursachen für die Schwierigkeiten noch nicht erkannt hat. Anhand von einigen gezielten Fragen nach betriebswirtschaftlichen Kennziffern, bekommt der Sachbearbeiter des Referates einen ersten Eindruck über die Situation des ratsuchenden Betriebes.

In der Regel fordert der Sachbearbeiter den Geschäftsführer des Unternehmens auf, einige Grunddaten wie Name, Sitz, Gründung, Branchenzugehörigkeit, Beschäftigtenanzahl etc. dem Wirtschaftsministerium schriftlich einzureichen. Außerdem muss das Unternehmen dem Wirtschaftsministerium (Referat 33) schriftlich darlegen, welche Probleme im Unternehmen bestehen und welche Möglichkeiten die Geschäftsführung sieht, diese Schwierigkeiten zu beheben. Diese Kurzbeschreibung ist formlos an das Wirtschaftsministerium, Referat 33, zu richten (Interview, Referat 33, Landesebene Brandenburg 2000).[215]

Auf Grundlage dieser Beschreibung der betriebswirtschaftlichen Krisensituation analysiert das Wirtschaftsministerium, ob und welche Möglichkeiten das Land hat, dem Unternehmen zu helfen. Es wird im Referat zunächst ein geeigneter Sachbearbeiter für den spezifischen Fall ausgesucht. Entscheidungskriterium ist z.B. welcher Branche der Betrieb angehört oder welche Probleme zu lösen sind; eher betriebswirtschaftliche oder eher produktabhängige Schwierigkeiten. Wird das Unternehmen vom Referat als regional bedeutsam eingeschätzt, ist in der Regel der Referatsleiter für die weitere Betreuung des Unternehmens zuständig. Mit Benennung der Zuständigkeit innerhalb des Referatteams ist sichergestellt, dass das Unternehmen im gesamten Prozess einen Ansprechpartner hat und es sich nicht alleine gelassen fühlt (ebd.).

Mit Hilfe der vom Krisenunternehmen eingereichten Grunddaten informiert sich der Sachbearbeiter nun über den Betrieb. Hierzu kontaktiert er in erster Linie andere Referate im Wirtschaftsministerium, um festzustellen, ob das Krisenunternehmen bereits eine Förderung der öffentlichen Hand erhalten hat - wie z.B. eine Existenzgründungs- bzw. Technologieförderung. Nach Aussagen des Wirtschaftsministeriums kommt es häufig vor, dass der Betrieb bereits eine andere Förderung bezogen hat. Dies birgt für den nun anlaufenden ersten –

---

[215] Nach Auskunft des Wirtschaftsministeriums erhält das Referat in der Regel diese Kennziffern am gleichen Tag, an dem auch der telefonische Erstkontakt stattgefunden hat. Ein Zeitverlust ist hier jedenfalls bisher nicht auszumachen (Interview, Referat 33, Landesebene Brandenburg 2000).

eher oberflächlichen - Prüfprozess den Vorteil, dass eine Reihe von grundlegenden Informationen über das Krisenunternehmen im Wirtschaftsministerium vorhanden sind, auf die nun zurückgegriffen werden kann (Interview, Referat 33, Landesebene Brandenburg 2000). Andere außeradministrative Akteure werden in diesem Schritt vom Vertreter des Wirtschaftsministeriums nicht kontaktiert.

Das Wirtschaftsministerium handelt rein reaktiv und ratgebend. Aktiver Akteur ist das Unternehmen. Formen von "bürokratischem outreach" (vgl. HUCKE 1983: 91f), in der die administrative Durchführungsinstanz an die Adressaten herantritt, um so die Politik-Implementation zu optimieren, werden in Brandenburg nicht angewandt.

In Brandenburg gibt es für die Sanierungs- und Konsolidierungspolitik der Landesregierung eine eindeutige Zuständigkeit: Nur ein Referat nimmt sich den Krisenfällen an. Innerhalb des Referates besteht ebenfalls eine eindeutige Zuständigkeit, die sich vor allem nach dem Kriterium der Branchenzugehörigkeit richtet. Nach Auskunft des Referates 33 haben alle Sachbearbeiter (10 Personen incl. Referatsleiter) in erster Linie eine betriebswirtschaftliche Ausbildung, verfügen darüber hinaus aber auch über unterschiedliche Branchenkenntnisse. Bei spezifischen Problemen des Unternehmens, die den Produktions- oder den technischen Bereich betreffen,[216] tauschen sich die Zuständigen mit anderen Sachbearbeitern des Referates intensiv aus und ziehen einen Sachbearbeiter des Referats heran, der über grundlegende technische Kenntnisse verfügt. In der Regel können in derartigen Fällen zusätzlich auch Sachbearbeiter/Referatsleiter der Technologieförderung zu einer Meinungsbildung herangezogen werden (Interview, Referat 33, Landesebene Brandenburg 1999 und 2000). Im Referat 33 wird neben der Arbeitsteilung, die dem Kriterium der Branchenzugehörigkeit folgt, des weiteren eine für die Implementation von Finanzhilfeprogrammen gängige Methode angewendet: Größere, regional bedeutsame Unternehmen – unabhängig von der Branche - werden vom Referatsleiter betreut; für kleinere Unternehmen ist die Sachbearbeiterebene zuständig. Damit ist eine klare Arbeitsauftailung im Referat zu konstatieren, die die weitere Implementation der Sanierungs- und Konsolidierungspolitik erheblich vereinfacht. Außerdem ist in diesem Verfahrensschritt ein reger Austausch zwischen administrativen Akteuren des Wirtschaftsministeriums zu konstatieren.

2. Verfahrensschritt: Analyse der Problemursache (Schwachstellenanalyse)

Um die genauen Problemursachen festzustellen, werden zunächst betriebswirtschaftliche Kenndaten des Krisenunternehmens seitens des Wirtschaftsministe-

---

[216] Nach wie vor gibt es in den neuen Bundesländern Unternehmen, die ausschließlich wegen veralteten Maschinen und einem nicht stringent organisierten Produktionsablauf nicht mehr konkurrenz- und wettbewerbsfähig sind (Interview, Referat 33, Landesebene Brandenburg 1999).

riums angefordert. Das Krisenunternehmen hat u.a. mindestens die Jahresbilanzen der letzten beiden Jahre, Kosten/Nutzenrechnungen, Gewinn- und Verlustrechnungen sowie die per Gesetz vorgeschriebene und von einem Steuerberater durchgeführte betriebswirtschaftliche Auswertung (BWA) der letzten zwei bis drei Jahre einzureichen. Anhand dieser Unterlagen kann sich der zuständige Sachbearbeiter des Referates 33 vorbereiten und sich in die Spezifika des Unternehmens einarbeiten.

Nach Sichtung und Prüfung des Materials wird das Unternehmen zu einem ersten persönlichen Gespräch eingeladen, weil nach Auskunft des Wirtschaftsministeriums allein auf Grundlage der statistischen Kennziffern kein völlig abgerundetes und schlüssiges Bild über den Krisenbetrieb entsteht. Diese Daten gäben z.B. keine Auskunft über die Kompetenz des Geschäftsführers und seinen Zukunftsperspektiven für den Betrieb (Interview, Referat 33, Landesebene Brandenburg 1999 und 2000). Innerhalb dieses Gespräches wird aber nicht nur abgeklärt, inwieweit das Management des Krisenunternehmens kompetent ist, sondern es kristallisiert sich für den Vertreter des Wirtschaftsministeriums heraus, ob es überhaupt Möglichkeiten gibt, dem Unternehmen zu helfen, bzw. ob es eventuell besser für den Betrieb ist, Insolvenz anzumelden. Daneben diskutiert der Mitarbeiter des Referates gemeinsam mit dem Unternehmen alle Hilfen, die in Frage kommen könnten und erörtert gemeinsam mit ihm Vor- und Nachteile der jeweiligen Programme im Hinblick auf das spezifische Problem des Krisenunternehmens. Dem Unternehmen werden alle Einzelheiten der unterschiedlichen Konsolidierungshilfen, die auf Bundes- und Landesebene bestehen, näher beschrieben. Diese Palette kann von klassischen Landesprogrammen zur Konsolidierung (KONSI oder LISI) über Technologieberatung und Projektförderung bis hin zur Bürgschaft der DtA reichen (Interview, Referat 33, Landesebene Brandenburg 1999 und 2000).

Das Wirtschaftsministerium misst dem ersten persönlichen Gespräch eine hohe Bedeutung bei: Zum einen kann im Falle von offensichtlichen Managementdefiziten dem Geschäftsführer bzw. der Geschäftsführung nahegelegt werden, sich einer externen Beratung oder einem Coaching zu unterziehen. Hierzu bietet das Wirtschaftsministerium eine Förderung über das in Kapitel 5.2.1.3 dargelegte Beratungsprogramm an. Zum anderen wird aber auch das weitere Vorgehen gemeinsam mit dem Krisenunternehmen detailliert besprochen. Nur in einem persönlichen Gespräch zwischen Unternehmen und dem Sachbearbeiter des Referates 33 können nach Aussagen des Interviewpartners vom Wirtschaftsministerium Unklarheiten sofort ausgeräumt werden. Zum dritten macht der Sachbearbeiter dem Krisenunternehmen in diesem Gespräch deutlich, dass die Krisenbewältigung allein in der Verantwortung des Unternehmens liegt und auch verbleibt. Das Wirtschaftsministerium sieht seine wesentliche Aufgabe eher in der Moderation des Prozesses. Wenn der Prozess der Krisenbewältigung nicht vorankommt, so kann das Wirtschaftsministerium den weiteren Ablauf anstoßen und ggf. forcieren (ebd.).

In diesem Verfahrensschritt werden demnach Vorverhandlungen (vgl. MAYNTZ 1978) von der Durchführungsinstanz mit dem Adressaten geführt, die einerseits dazu dienen, die Krisenunternehmen über die Finanzierungsmöglichkeiten zu informieren, andererseits der Durchführungsinstanz einen Einblick in die Verhältnisse des Unternehmens zu geben. Diese Implementationsmethode dient nach MAYNTZ (1978) insbesondere dafür, dass die Durchführungsinstanz die Genehmigungsfähigkeit eines Vorhabens schon vor der eigentlichen Antragstellung prüfen kann. So dürfen Krisenunternehmen, die die notwendigen Voraussetzungen für eine Förderung nicht erfüllen, erst gar keinen formellen Antrag stellen. Damit wird die Zahl der Antragsablehnungen so gering wie möglich gehalten (ebd.: 35).

In diesem ersten Gespräch legt das Wirtschaftsministerium aber auch gemeinsam mit dem Krisenunternehmen fest, ob und welche weiteren Akteure zur Bewältigung der Krise hinzugezogen werden.[217] Unter der Federführung des Wirtschaftsministeriums werden neben der Geschäftsführung des Krisenunternehmens alle oder ein Teil der Geschäftspartner bzw. Gläubiger des Unternehmens, wie z.B. Hausbank oder Hausbanken, Zulieferer, Abnehmer, zu einem runden Tisch einberufen. Außerdem nimmt in der Regel die Investitions-Bank Brandenburg an diesen Gesprächsrunden teil. Nur in Ausnahmefällen kann die Geschäftsführung des Krisenunternehmens Aussagen zu den bisherigen Finanzierungskonzepten und den Interessen der Hausbank äußern, so dass bei diesem Treffen zunächst die jeweiligen Positionen der einzelnen Gläubiger geklärt werden müssen. Ziel dieser Zusammenkünfte ist für das Wirtschaftsministerium zum einen, zusätzliche Informationen zu erhalten, die Aufschluss über die Ursachen und die Entwicklung der betriebswirtschaftlichen Krise des Unternehmens geben. Zum anderen soll in diesen Gesprächsrunden nach einer gemeinsamen Lösung gesucht werden, wie dem Krisenunternehmen geholfen werden kann. Den Akteuren werden dabei einzelne Beiträge abverlangt, die in das zu erstellende Sanierungs- und Konsolidierungskonzept mit einfließen.[218] Diese Beiträge sind in der Regel finanzieller Art[219]: Entweder kann der Betrieb mit Hilfe von Stundungen einzelner finanzieller Forderungen, mit Hilfe von Forderungsverzichten, mit zusätzlichen Investitionen oder mit Hilfe von weiteren Bankkrediten, die auch gekoppelt an ein finanzielles Engagement der Landesregierung sein können, konsolidiert werden. Zeichnet sich in diesen

---

[217] Ein derartiger runder Tisch wird vom Wirtschaftsministerium nur dann einberufen, wenn es dem Unternehmen noch Chancen beimisst, sich zu konsolidieren bzw. zu sanieren. Ist dagegen die Überschuldung soweit fortgeschritten, dass auch mit Hilfe der Sanierungs- und Konsolidierungshilfen keine Besserung zu erwarten ist, so legt das Wirtschaftsministerium dem Krisenunternehmen nahe, sich an einen Anwalt zu wenden, der die Insolvenz für das Unternehmen anmeldet (Interview, Referat 33, Landesebene Brandenburg 2000).

[218] Hier zeigt sich, dass die einzelnen Verfahrensschritte in der Praxis nicht völlig voneinander abzugrenzen, sondern ihre Grenzen eher fließend sind. In den Gesprächsrunden, die im Verfahrensschritt 2 durchgeführt werden, werden selbstverständlich sowohl Aspekte des noch zu erstellenden Sanierungs- und Konsolidierungskonzept (Verfahrensschritt 3) als auch Aspekte des finanziellen Lösungskonzeptes (Verfahrensschritt 4) erörtert und festgelegt.

[219] In einigen Fällen erhält das Krisenunternehmen lediglich beratende Unterstützung von einem oder mehreren Geschäftspartnern (Interview, Referat 33, Landesebene Brandenburg 2000).

Fällen kein Konsens oder eine gemeinsame Lösung zwischen den Akteuren ab, so hat das Wirtschaftsministerium zwar die Möglichkeit, z.B. ohne die Hausbank, KONSI- oder LISI-Mittel (vgl. Kapitel 5.2.1.1 bzw. 5.2.1.2) zu vergeben. Allerdings versucht das Wirtschaftsministerium generell trotz dieser Option eine Interessensübereinstimmung zwischen den beteiligten Akteuren – insbesondere zwischen den Gläubigern - herbeizuführen, um andere oder zusätzliche (und dadurch für die Landesregierung finanziell günstigere) Lösungsmöglichkeiten auszuschöpfen. An derartigen Zusammenkünften kommen nach Auskunft des Wirtschaftsministeriums sehr verschiedene Personen mit unterschiedlichster Fachkompetenzen und Erfahrungen zusammen, die bei einigen Problemen u.U. schnelle und pragmatische Lösungswege für das Krisenunternehmen aufzeigen können (Interview, Referat 33, Landesebene Brandenburg 2000). Hierzu ist aber eine "kompromissbereite Mitarbeit" von allen Gläubigern und Geschäftspartnern des Krisenunternehmens notwendig. Dass Vertreter der Arbeitnehmerseite (Mitarbeiter, Betriebsräte oder Gewerkschaften) ebenfalls an diesen runden Tischen teilnehmen, wurde von dem Vertreter des Wirtschaftsministeriums nicht explizit erwähnt. Prinzipiell ausgeschlossen sind sie aber nicht. [220]

Der Vertreter des Wirtschaftsministeriums konstatiert, dass für alle Geschäftspartner die Bemühungen des Landes, dem Krisenunternehmen zu helfen, nach wie vor eine gewisse Signalwirkung haben: Sie treten bei einer Beteiligung der Landesregierung – auch wenn es zunächst nicht über eine Koordination der Treffen hinaus geht - immer "etwas kompromissbereiter" in den Verhandlungen auf. Diese Verhandlungsstrukturen sind eher informell, offen und relativ instabil; sie können als issue-spezifische Netzwerke im Sinne von HECLO (1978) bezeichnet werden. Allerdings weisen sie in der Regel trotz der auf Verständigung ausgerichteten Verhandlungen nicht das zentrale Kennzeichen auf, dass BENZ (1994) an kooperatives Verwaltungshandeln anlegt. Denn hier werden vom Wirtschaftsministerium privaten Akteuren und Organisationen zwar Beteiligungsrechte eingeräumt und es wird mit ihnen im Vorfeld eine Entscheidung verhandelt, aber letztlich nimmt das Wirtschaftsministerium die Entscheidungen und Vollzugshandlungen in eigener Zuständigkeit vor (vgl. ebd. 39).

In diesen Runden sind dagegen die Kreditinstitute die entscheidenden Akteure, wenn es um einen Betrieb mit erheblichen Schulden geht. Das ist in der Regel ein größeres Unternehmen mit mindestens 100 Beschäftigte. Halten die Banken nicht zunächst für eine bestimmte Zeit ihre Kreditlinien aufrecht, so kann das Unternehmen Insolvenz anmelden. Zudem müssen sie meist zusätzliche, finanzielle Mittel bereitstellen, damit der Betrieb weiter existieren kann. Mit

---

[220] Diese runden Tische sind im Prinzip vergleichbar mit dem DtA-Projekt Runde Tische, das mit Hilfe der örtlichen Kammern umgesetzt wird (vgl. Ausführungen in Kapitel 3.2.1.5). Eine Zusammenarbeit zwischen dem Wirtschaftsministerium und dem DtA-Projekt konnte nur insofern festgestellt werden, als in manchen Fällen das Wirtschaftsministerium zu den runden Tischen der Kammern in Brandenburg eingeladen werden (Interview, Service- und Beratungscentrum Brandenburg, 2000).

wachsender Größe und regionaler Bedeutsamkeit des Unternehmens steigt nach Aussagen des Wirtschaftsministeriums die Anzahl der Gläubiger, die einbezogen werden sollten, was die Herbeiführung eines Kompromisses oder eines Konsens erheblich erschwert (SCHARPF [1993b: 66] bezeichnet dieses Problem der großen Zahl als einen wesentlichen Faktor, der Verhandlungen scheitern lassen kann, vgl. Ausführungen in Kapitel 2.3.2). Gleichzeitig steigt aber auch die Höhe der einzelnen Forderungen, auf die die Gläubiger in den sogenannten Bankenrunden verzichten werden müssen, was ebenfalls die Erreichung eines Konsens nicht gerade vereinfacht. Wenn in solchen "brisanten" Fällen innerhalb der Verhandlungsrunde ein Konsens über die finanzielle Beteiligung von Banken und Landesregierung und damit über die Rettungsmöglichkeit des Krisenunternehmens erzielt worden ist, fungiert die administrative Verwaltungsebene tatsächlich nurmehr als vollziehende Instanz, die die Entscheidung des Gremiums formal ratifiziert. Dieses Verfahren wird nach Aussage des Wirtschaftsministeriums aber ausschließlich dann angewandt, wenn die finanzielle Beteiligung der Banken einen erheblichen Umfang im Rahmen des Arrangements annimmt. In derartigen Ausnahmefällen sind in Brandenburg die Kennzeichen kooperativen Verwaltungshandeln im Sinne von BENZ (1994: 39) erfüllt. Wenn dagegen kein Konsens zwischen den Gläubigern gefunden wird, weil bspw. ein oder mehrere Gläubiger nicht auf die ausstehenden Forderungen verzichten wollen, so kann dem Unternehmen nicht geholfen werden. Die Landesregierung sieht in derartigen Fällen keine Möglichkeit, das Krisenunternehmen zu unterstützen (Interview, Referat 33, Landesebene Brandenburg 2000).

Nach Aussagen des Vertreters des Wirtschaftsministeriums wird vom Moderator dieser Zusammenkünfte – also von den Vertretern des Referates 33 - in allen Fällen ein besonderes Einfühlungsvermögen abverlangt. Der Moderator ist auf einer "Gratwanderung": Er muss sowohl die Interessen des Krisenunternehmens als auch die Interessen der Gläubiger und Geschäftspartner berücksichtigen und einen Kompromiss erzielen (ebd.).

In diesem Verfahrensschritt ist der Vertreter des Wirtschaftsministeriums bzw. der Mitarbeiter des Referates 33 federführend: Er übt eine Moderatorenfunktion aus. Weiterer Schlüsselakteur ist hier der Adressat der Finanzhilfeprogramme. Der Vertreter des Referats entscheidet zwar über die Notwendigkeit, weitere Akteure mit in den Prozess einzubeziehen. Allerdings berücksichtigt er dabei die Bedürfnisse des Krisenunternehmens. In Brandenburg ist die Einrichtung eines runden Tisches in diesem Verfahrensschritt die Regel. Diese Verhandlungsform wird also systematisch als Strategie angewendet. Zwar hängt – wie oben dargelegt – das weitere Vorgehen bei kleineren und kleinen Betrieben nicht zwingend von einem Konsens der beteiligten Akteure ab. Das weitere Vorgehen wird aber durch die Herbeiführung eines Interessensausgleichs zwischen den unterschiedlichen Akteuren maßgeblich beeinflusst. Werden kleinere Kreditsummen benötigt, die über die in Kapitel 5.2.1 dargelegten Finanzierungsprogramme im Rahmen des Konsolidierungsfonds nicht hinausgehen, liegt die Entscheidungskompetenz bzw. das Entscheidungszentrum bei den administrativen Akteuren (Wirtschaftsministerium bzw. InvestitionsBank Brandenburg, vgl. Ausführungen weiter unten). Bei größeren Betrieben wird die Entscheidung über eine weitere Hilfestellung dagegen im wesentlichen von den kreditgebenden Banken bzw. Hausbanken getroffen.

Insgesamt ist für diesen Verfahrensschritt zu konstatieren, dass das Unternehmen in Brandenburg nicht hauptsächlich auf Grundlage harter Kennziffern, wie Jahresbilanzen etc., eingeschätzt wird. Das erste persönliche Gespräch zwischen Krisenunternehmen und Wirtschaftsministerium ist für die brandenburgische Landesregierung eher entscheidend und ergänzt die bis dahin gesammelten Informationen maßgeblich. Im Verfahrensschritt der Analyse der Problemursache werden in Brandenburg verschiedene Wege zur Informationsbeschaffung und verschiedene Lösungsmöglichkeiten kombiniert. Die Strukturen weisen sowohl zwischen dem Adressaten der Politik und der Durchführungsinstanz als auch zwischen Durchführungsinstanz und den anderen beteiligten Akteuren teilweise konsensorientierte und in Ausnahmefällen sogar kooperative Strukturen auf.[221] Weiche Eingriffsmöglichkeiten und Steuerungsinstrumente wie Beratung und Verhandlungen spielen in diesem Verfahrensschritt eine gewichtige Rolle und werden prinzipiell ergänzend benutzt, um so die Entscheidungsbasis der Lösungsoptionen zu vergrößern.

3. Verfahrensschritt: *Erstellung des Sanierungs- und Konsolidierungskonzeptes*

Für die Erstellung des Sanierungs- und Konsolidierungskonzeptes ist das Unternehmen selbst verantwortlich. Das Wirtschaftsministerium steht dem Krisenunternehmen aber beratend zur Seite. Der Betrieb erhält z.B. vom Wirtschaftsministerium genaue Informationen darüber, wie ein solches Konzept aufgebaut sein sollte und welche Inhalte aufgegriffen werden müssen. Wenn das Wirtschaftsministerium den Eindruck hat, dass das Krisenunternehmen mit der Erstellung des Sanierungs- und Konsolidierungskonzept überfordert ist, so legt es ihm nahe, sich externe Hilfe zu suchen (Interview, Referat 33, Landesebene Brandenburg 1999 und 2000). Das Wirtschaftsministerium verweist dabei auf Institutionen, die externe Berater vermitteln, z.B. den SES oder das RKW. Das Wirtschaftsministerium spricht aber keine Empfehlung aus. In der Regel wendet sich das Krisenunternehmen an das RKW. Der Grund dafür dürfte sein, dass eine externe Beratung über das RKW-Beratungsprogramm (vgl. Kapitel 5.2.1.3) gefördert werden kann (Interview, Referat 33, Landesebene Brandenburg 1999 und 2000 und RKW, Landesebene Brandenburg 2000).

---

[221] Ich möchte an dieser Stelle daran erinnern, dass beim Verfahrensschritt der Schwachstellenanalyse in Sachsen-Anhalt die Moderatorenfunktion von Task Force nicht systematisch ausgeübt wurde. Generell lag die Entscheidungskompetenz bei den administrativen Akteuren. In Brandenburg wird eher auf Grundlage von harten Kennziffern und zusätzlichen Gesprächen entschieden, welche Problemursachen das Krisenunternehmen hat und welche Lösungsmöglichkeiten angestrebt werden können.

In diesem Verfahrensschritt tritt das Wirtschaftsministerium in den Hintergrund. Schlüsselakteure sind der Adressat und die Unternehmensberatungsgesellschaft. Das Wirtschaftsministerium hat die Überprüfung der Fördervoraussetzung und die Durchführung der Beratung dem RKW übertragen. Das brandenburgische Wirtschaftsministerium nutzt also externes Know-how, um eine ökonomische Effizienzsteigerung der Politik-Implementation zu erreichen.

4. Verfahrensschritt: Erarbeitung des finanziellen Lösungskonzeptes auf Grundlage des vom Unternehmen erstellten Sanierungs- und Konsolidierungskonzeptes

Das finanzielle Lösungskonzept muss das Krisenunternehmen ebenfalls selbst erarbeiten. In dem Konzept soll der Betrieb darlegen, wie das Ziel der Unternehmenskonsolidierung bzw. –sanierung mit Hilfe der angebotenen Fördermaßnahmen erreicht werden kann. Das Wirtschaftsministerium berät das Krisenunternehmen. Es unterrichtet das Unternehmen eingehend über die neben dem Sanierungs- und Konsolidierungskonzept weiteren Fördervoraussetzungen für das LISI- oder KONSI-Programm sowie die anderen in Frage kommenden Konsolidierungshilfen. Je nach spezifischer Problemlage des Krisenunternehmens wird das finanzielle Lösungskonzept aus einem oder mehreren Programmen bestehen. Es werden darüber hinaus Forderungsverzichte oder Beiträge von privaten Institutionen ausgewiesen. Die formgebundenen Anträge bzw. der Antrag muss vom Unternehmen selbst ausgefüllt werden (Interview, Referat 33, Landesebene Brandenburg 1999 und 2000).

Hat das Unternehmen Schwierigkeiten, das finanzielle Lösungskonzept zu erstellen, kann es aber nicht nur das Wirtschaftsministerium kontaktieren, sondern kann - und sollte auch - die InvestitionsBank ansprechen. Weil die InvestitionsBank Brandenburg spezifische Kenntnisse über die Förderregularien hat und zudem letztendlich für die Prüfung der eingereichten Antragsunterlagen zuständig ist, kommt es in der Regel in diesem Verfahrensschritt häufiger zu einem Gespräch zwischen Management des Krisenunternehmens und InvestitionsBank, als zwischen Wirtschaftsministerium und Krisenunternehmen (ebd.). Wenn zur Konsolidierung oder Sanierung des Betriebes erhebliche Forderungsverzichte der verschiedenen Gläubiger – insbesondere der Banken - notwendig sind, kann es nochmals zu Gesprächsrunden mit Unternehmenspartnern und dem Krisenunternehmen kommen. Dies sei aber eher der Ausnahmefall, weil bereits vor der Erstellung des finanziellen Lösungskonzeptes geklärt ist, welche Beiträge die einzelnen Gläubiger leisten (Interview, Referat 33, Landesebene Brandenburg 2000). Sollten derartige Fälle trotzdem notwendig erscheinen, übernimmt das Wirtschaftsministerium wieder die Moderation der Treffen.

Sowohl das Wirtschaftsministerium als auch die InvestitionsBank Brandenburg stehen dem Unternehmen beratend zur Seite, übernehmen aber nicht die Verantwortung für die Bewältigung dieser Aufgabe. Das Unternehmen hat die Möglichkeit – ähnlich wie im dritten Verfahrensschritt – externe Berater hinzuzuziehen. Eine explizite Fördermöglichkeit zur Erstellung des Lösungskonzeptes gibt es seitens der Landesregierung nicht. Aber im Rahmen des bereits im dritten Verfahrensschritt angesprochenen RKW-Beratungsprogramms – das maximal 30 Beratungstage bezuschusst – kann neben der Erarbeitung eines Sanierungs- und Konsolidierungskonzept auch ein finanzielles Lösungskonzept vom Berater erstellt werden (vgl. Ausführungen im Kapitel 5.2.1.3).

Das brandenburgische Wirtschaftsministerium belässt die Verantwortung der Erstellung des finanziellen Lösungskonzeptes im Unternehmen[222], um zu prüfen, ob es diese Aufgabe bewältigen kann. Das eigenständige Meistern wird vom Wirtschaftsministerium als wichtiger Hinweis dafür gewertet, dass wesentliche Voraussetzungen im Unternehmen gegeben seien, eine Konsolidierung oder Sanierung zu bewerkstelligen (Interview, Referat 33, Landesebene Brandenburg 1999).

Neben das Wirtschaftsministerium tritt in diesem Verfahrensschritt die von ihm beauftragte InvestitionsBank Brandenburg als wesentlicher Akteur auf. Das Wirtschaftsministerium beruft - wenn es nötig erscheint - abermals Gesprächsrunden mit den beteiligten Akteuren ein und zeigt sich insgesamt adressatenorientiert. Der Handlungsspielraum, den die Sachbearbeiter des Referates 33 in diesem Verfahrensschritt zur Verfügung haben, kann spezifisch verändert werden. Je nach Fall werden die vorgegebenen Handlungsregularien vom jeweiligen Sachbearbeiter angepasst. Sie können hier ggf. mit weichen Steuerungsinstrumenten, wie Beratungen, ergänzt werden.

Im bisher dargestellten informellen Verfahren liegt die Hauptverantwortung beim Krisenunternehmen selbst. Damit hat es erheblichen Einfluss auf den Erfolg bzw. Mißerfolg der Politik-Implementation. Mit diesem Verfahrensschritt ist das informelle Bewilligungsverfahren abgeschlossen.

5. Verfahrensschritt: Antragseinreichung, -bearbeitung und –bewilligung

Das Wirtschaftsministerium hat die Überprüfung und die technische Abwicklung der formgebundenen Anträge an die InvestitionsBank Brandenburg übertragen.

Die Anträge werden generell über die Hausbank an die InvestitionsBank Brandenburg weitergeleitet. Die Hausbanken müssen zunächst eine Stellungnahme zum Antrag erarbeiten, unabhängig davon, ob sie an dem finanziellen Lösungskonzept beteiligt sind oder nicht. Zwar gibt es keine Aussagen über die Notwendigkeit weiterer Stellungnahmen von unabhängigen Prüfern in den Richtlinien. Aber nach Aussagen des Wirtschaftsministeriums holt die InvestitionsBank Brandenburg allein zu ihrer Absicherung mindestens eine weitere Stellungnahme zu den jeweiligen Anträgen ein und prüft auch selbst die

---

[222] Es ist für Sachsen-Anhalt dargelegt worden, dass das finanzielle Lösungskonzept unter Federführung der Task Force in Koordination mit anderen administrativen Akteuren erstellt wird.

Anträge auf Plausibilität und Nachvollziehbarkeit (Interview, Referat 33, Landesebene Brandenburg 2000).

Da die Verantwortung für die Erstellung des Sanierungs- und Konsolidierungskonzeptes und auch für die Entwicklung eines finanziellen Lösungskonzeptes im Unternehmen selbst liegt, kommt es – bevor der Antrag dem Bewilligungsausschuss (auch Konsolidierungsausschuss genannt) vorgelegt wird – seitens der InvestitionsBank Brandenburg zu einigen Nachfragen an das Unternehmen.

Zur Konkretisierung des Antrages findet im Regelfall nun ein Gespräch statt, das von der InvestitionsBank Brandenburg einberufen wird. An diesem sogenannten "Klärungsgespräch" nimmt generell neben der InvestitionsBank Brandenburg und dem Krisenunternehmen, das Wirtschaftsministerium teil. Bei diesem Klärungsgespräch können zwar auch die Geschäftspartner des Krisenunternehmens hinzugezogen werden, die einen finanziellen Beitrag zur Betriebskonsolidierung oder -sanierung leisten. Dies wird aber im Unterschied zum zweiten Verfahrensschritt nur in Ausnahmefällen praktiziert, bspw. dann, wenn die finanziellen Beiträge einzelner Gläubiger besonders hoch sind. Außerdem werden zu diesem Klärungsgespräch auch Vertreter der Bürgschaftsbank eingeladen, falls ein Teil der Finanzierungshilfen verbürgt werden sollen (Interview, Referat 33, Landesebene Brandenburg 1999 und 2000).

Die InvestitionsBank Brandenburg erarbeitet auf Grundlage der Ergebnisse dieses Klärungsgespräches eine Stellungnahme und eine Vorlage für den Bewilligungsausschuss. Diese Vorlage gilt als Basis für die Entscheidung, ob die öffentliche Hand den Betrieb finanziell unterstützt.[223] Der Bewilligungsausschuss steht unter der Federführung des Referatsleiters 33. Weitere Beteiligte des Ausschusses sind ein stimmberechtigter Vertreter des Finanzministeriums und ein nicht-stimmberechtigter Vertreter der InvestitionsBank Brandenburg.

In der Regel werden im Ausschuss die Auflagen, die das Unternehmen erfüllen muss, festgelegt. Häufigste Auflage ist, dass das Management sich einer Beratung oder eines Coachings zu unterziehen hat. Diese Beratung kann über das RKW-Beratungsprogramm oder den Senior-Experten Service (vgl. Kapitel 5.2.1.3 und Kapitel 5.2.1.4) gefördert werden. Die Förderhöchstdauer von 30 Tagewerken darf nur einmalig gewährt werden. Wenn das Unternehmen bereits im Vorfeld das Beratungsprogramm in Anspruch genommen hat, so werden die bereits absolvierten Tagewerke von der Förderhöchstsumme abgezogen. Legt der Ausschuss fest, dass ein Coaching über die Förderhöchstgrenze notwendig sei, so müssen die Kosten vom Unternehmen getragen werden. Generell werden Beratungskosten bereits im finanziellen Lösungskonzept berücksichtigt (Interview, Referat 33, Landesebene Brandenburg 2000).

---

[223] Der Ausschuss entscheide in der Regel, was die InvestitionsBank empfiehlt. Aber es sei auch schon vorgekommen, dass die InvestitionsBank dem Wirtschaftsministerium nahegelegt hat, den Antrag nicht zu fördern und das Wirtschaftsministerium trotzdem Finanzierungsmittel bewilligt habe (Interview, Referat 33, Landesebene Brandenburg 2000).

Das Wirtschaftsministerium hat die Möglichkeit, ein weiches Steuerungsinstrument – Beratung oder Coaching des Managements – an eine (harte) finanzielle Unterstützung zu koppeln. Es bezweckt damit, dass die finanzielle Förderung möglichst effektiv eingesetzt und dass das Risiko eines Ausfalls der Finanzmittel so gering wie möglich gehalten wird.

Zwar steht in diesem Verfahrensschritt der rein bürokratische Akt der Antragsüberprüfung und die technische Abwicklung der Anträge im Mittelpunkt. Dieser innerbürokratische Verfahrensablauf wird aber durch die Beteiligung anderer Akteure und durch das obligatorische Klärungsgespräch ansatzweise aufgeweicht. Es werden je nach Krisenfall flexible Handhabungen notwendig. Die Koppelung der finanziellen Förderung an einen weichen Faktor kann lediglich als Ergänzung zum bürokratischen Verfahrensablauf bezeichnet werden.

6. Verfahrensschritt: Umsetzung

Das Unternehmen wird von der InvestitionsBank über die Bewilligung der Fördergelder und über die Auflagen unterrichtet. Falls das Unternehmen die Auflage erhalten hat, sich beraten oder coachen zu lassen, kontaktiert es das RKW. Das RKW Brandenburg schlägt dem Unternehmen einen geeigneten Berater aus seinem Beraterpool vor. Die Kosten des vom Unternehmen akzeptierten Berater trägt zum überwiegenden Teil das RKW, das sich selbst über Bundesmittel refinanziert.

Das Wirtschaftsministerium erkundigt sich nach dem Verlauf der Beratung und tauscht auch mit dem zuständigen Berater des RKW Erfahrungen oder Einschätzungen über das Krisenunternehmen aus (Interview, Referat 33, Landesebene Brandenburg 2000). Das heißt, dass das Wirtschaftsministerium eine Kontroll- und ferner eine Moderatorenfunktion in den Fällen eingenommen hat, die mit einer externen Beratung oder einem Coaching beauflagt wurden.

Nachdem die Fördergelder an das Unternehmen ausgereicht sind, führt die InvestitionsBank Brandenburg eine Mittelverwendungskontrolle durch. Die Vorstellungen des Wirtschaftsministeriums gehen derzeit in die Richtung, dass Abweichungen von dem ursprünglichen Konzept automatisch zu einem Gespräch mit dem Unternehmen führen sollen, um mögliche Schwierigkeiten auszuräumen. Die InvestitionsBank Brandenburg greift im Extremfall ein und fordert die ausgereichten Mittel zurück (Interview, Referat 33, Landesebene Brandenburg 1999).

Mit diesem Verfahrensschritt hat die Landesregierung die InvestitionsBank Brandenburg beauftragt. Nach Aussagen des Wirtschaftsministeriums erkundigt es sich regelmäßig bei der InvestitionsBank nach den Unternehmen, die eine Konsolidierungshilfe erhalten haben (Interview, Referat 33, Landesebene Brandenburg 2000).

Zwar bietet Brandenburg für Unternehmen, die kurz vor der Insolvenz stehen oder bereits Insolvenz angemeldet haben, explizit keine finanziellen Unterstützungsmöglichkeiten an. Aber nach Aussagen des Wirtschaftsministeriums träte das Wirtschaftsministerium bei insolventen Unternehmen, die als regional bedeutsam gelten, generell in Kontakt mit dem Insolvenzverwalter. Es werde seitens des Wirtschaftsministeriums versucht, die Startmöglichkeiten für die Einrichtung einer Auffanglösung (vgl. Kapitel 4.2.1.3) zu verbessern. So werden die bestehenden Kontakte in andere Referate – wie zum Beispiel in das Referat für Existenzgründungen – genutzt (Interview, Referat 33, Landesebene Brandenburg 2000). Ein spezifisches Verfahren oder spezifische Institutionen, die sich mit Insolvenzfällen befassen, gibt es in Brandenburg nicht.

Zwischenresümee

Für die Entscheidungsarena der Implementationsphase in Brandenburg lassen sich aus der Darstellung und Analyse der einzelnen Verfahrensschritte folgenden Schlüsse ziehen: Auch in Brandenburg kann das Wirtschaftsministerium als die wichtigste gestalterisch tätige Kraft bezeichnet werden. Seine dominierende Rolle übt es im erheblichen Maße als Moderator des Krisenbewältigungsprozesses aus. Andere Akteure – insbesondere die Gläubiger des Krisenunternehmens – werden in die Implementationsphase miteinbezogen. Daher wird die insgesamt weiterhin als hierarchisch zu bezeichnende Form der Politik-Implementation durch netzwerkartige Strukturen ergänzt und aufgeweicht; die vorsichtige Titulierung als "netzwerkartig" soll andeuten, dass es sich nur (partiell) um informelle, offene und instabile Issue-Netzwerke im Sinne von HECLO (1978) handelt, nicht aber um die recht anspruchsvollen Formen kooperativen Verwaltungshandeln im Sinne von BENZ (1994).

Im Lichte der in Kapitel 1 aufgestellten übergeordneten These bleibt als zusammenfassender Eindruck für die Landesebene von Brandenburg festzuhalten, dass im Politikfeld der Sanierungs- und Konsolidierungspolitik netzwerkartige Strukturen in Ansätzen zu erkennen sind, die allerdings dem bestehenden, traditionellen und hierarchisch aufgebauten Verfahrensablauf nur beigeordnet werden. Nach wie vor versucht die Verwaltung in Brandenburg die Problematik der Krisenbewältigung weitestgehend innerhalb der vorhandenen politischen, administrativen Routinen zu bewältigen.

Positiv hervorzuheben ist für Brandenburg, dass die Förderlandschaft und auch die gewählten Verfahren relativ unkompliziert sind. Besonders zu betonen ist, dass das Krisenunternehmen eine eindeutige erste Anlaufstelle bei betriebswirtschaftlichen Problemen hat. Ein reibungsloses Verfahren wird damit erleichtert.

6 SCHLUSSBETRACHTUNG: RESÜMEE

Sanierungs- und Konsolidierungspolitik ist ein Politikfeld, das man in doppelter Hinsicht mit dem Attribut "neu" versehen kann. Es handelt sich erstens in dem Sinne um ein "neues" Politikfeld, als es zu einem nur kurz zurückliegenden Zeitpunkt entstanden ist und einem speziellen Zweck dient, nämlich der Bewältigung von Folgeproblemen der deutschen Vereinigung. Neu ist zweitens aber auch die Beschaffenheit dieses Politikfeldes, das in seiner Implementationsphase einige Charakteristika aufweist, die "neu" sind, mindestens aber wissenschaftlich noch kaum aufgearbeitet worden sind. In diesem Schlusskapitel sollen die wichtigsten Charakteristika der Implementationsphase des Politikfeldes Sanierungs- und Konsolidierungspolitik resümierend dargestellt und beurteilt werden.

Richtet man zunächst den Blickwinkel auf die supranationale Ebene, so ist festzuhalten, dass die Sanierungs- und Konsolidierungspolitik strikten Regulierungen unterworfen ist. Die Europäische Union hat sich dem Grundsatz einer offenen Marktwirtschaft mit freiem Wettbewerb verpflichtet und kontrolliert daher in ganz entschiedener Weise im Rahmen ihrer Beihilfenpolitik, dass keine Unterstützungen von den Mitgliedstaaten gewährt werden, die diesen Grundsatz beeinträchtigen. Die EU beeinflusst damit die Sanierungs- und Konsolidierungspolitik des Bundes und der ostdeutschen Länder mit ihren gesetzlichen Rahmenbedingungen erheblich. Die im Zeitverlauf nach der Wiedervereinigung immer restriktiver werdende EU-Beihilfenpolitik hat die Vergabe von finanziellen Unterstützungen an Unternehmen in Schwierigkeiten stark eingeschränkt und damit den Handlungsspielraum sowohl des Bundes als auch der Länder seit der Wiedervereinigung erheblich verengt.

Die EU hat im Rahmen ihrer 1999 neu aufgelegten Leitlinien für Unternehmen in Schwierigkeiten die **Adressatengruppe**, auf die dieses Politikfeld zielt[224], genauestens bestimmt. Nach Gesetzeslage dürfen nur kleine und mittlere Unternehmen unterstützt werden. Jegliche Hilfestellungen an Großunternehmen schätzt die Europäische Union als wettbewerbsverzerrend ein und werden von ihr nur in äußerst seltenen Ausnahmefällen genehmigt.

Richtet man seinen Blickwinkel auf den zweiten untersuchten Einflussfaktor des Implementationssystems - **Merkmale des Programmtyps und der Instrumente** - so ist verallgemeinernd zu konstatieren, dass sowohl die Bundes- als auch die Länderebene im Politikfeld der Sanierungs- und Konsolidierungspolitik den Programmtyp des Finanzhilfeprogramms gewählt haben, der überwiegend mit dem Instrument der Direktsubventionen umgesetzt wird. Damit bestimmen harte Steuerungsinstrumente das Politikfeld Sanierungs- und Konsolidierungspolitik. Diese harten Steuerungsinstrumente werden mit weichen Steuerungsinstru-

---

[224] Ich greife hier eine Ausdifferenzierung auf, die MAYNTZ (1983: 236) in Bezug auf Implementationssysteme vorgenommen hat. Sie unterscheidet für ein Implementationssystem folgende drei Einflussgrößen: "Charakteristika der Zielgruppe", "Merkmale der ausgewählten Programme und Instrumente" und "Kennzeichen der Durchführungsinstanz und dessen Verhalten".

menten, wie die der Managementberatung, kombiniert, um die Politik-Implementation zu optimieren. Die weichen Steuerungsinstrumente werden als Auflage für die Vergabe der Direktsubventionen eingesetzt; sie stellen daher nur eine Ergänzung zu den harten Steuerungsmedien dar.

Bei der Analyse der Strukturmerkmale der Entscheidungsarena konnten für die Landesebene in Sachsen-Anhalt und Brandenburg im Detail einige Lücken im Instrumentenangebot aufgedeckt werden: Zunächst ist festzuhalten, dass die befragten Experten übereinstimmend dem Sanierungs- und Konsolidierungskonzept ein erhebliches Gewicht beimessen und es als ausschlaggebend für die Vergabe aller zur Verfügung stehenden Konsolidierungs- und Sanierungshilfen bezeichnen. Trotz dieser hohen Bedeutung gibt es in Sachsen-Anhalt und in Brandenburg kein Programm, das die Erstellung eines derartigen Konzepts mit angemessener Summe und Förderdauer unterstützt. Sowohl in Sachsen-Anhalt als auch in Brandenburg existiert zwar die Möglichkeit, im Rahmen der länderspezifischen Beratungsprogramme einen Teil der Kosten für eine Erarbeitung eines Unternehmenskonzeptes zu erhalten. Der Löwenanteil dieser Kosten muss allerdings vom Krisenunternehmen selbst getragen werden, was bei einem schon durch eine Liquidätskrise belasteten Unternehmensbudget schwer wiegt. Eine Aufstockung der Finanzmittel für Beratungsprogramme wäre äußerst erstrebenswert und könnte die Leistungsfähigkeit der Politik verbessern.

Aber nicht nur diese Programmlücke ist offensichtlich geworden. Außerdem zeigt sich bei den Landes- aber auch bei den Bundesprogrammen, dass die Umsetzung des Sanierungs- und Konsolidierungskonzepts nach Antragsbewilligung nicht instrumentell oder strategisch begleitet wird. Obwohl das Politikfeld in Ostdeutschland erst jüngst eingerichtet worden ist, wurde nicht nach adäquaten Lösungsmöglichkeiten oder Instrumenten gesucht, die dem typischen und allgemein bekannten Problem des fehlenden Kontroll- und Sanktionsmechanismus bei Finanzhilfeprogrammen begegnen (vgl. BENZ 1994: 57). Denkbar wäre hier zumindest, dass "Koordinatorenstellen" auf Landesebene eingerichtet werden, die sich der Aufgabe widmen, die Umsetzung des Sanierungs- und Konsolidierungskonzepts bei Krisenunternehmen systematisch und langfristig zu begleiten. Auftretende betriebswirtschaftliche Schwierigkeiten werden so erkannt und ggf. können Gegenmaßnahmen eingeleitet werden. Gleichzeitig könnten "die Koordinatoren" kontrollieren, ob die vom Staat ausgereichten Mittel entsprechend des Antrages eingesetzt werden. Das Risiko des Mittelmissbrauchs, das bei Finanzhilfeprogrammen generell besteht, könnte sich damit erheblich reduzieren. Mit einem verhältnismäßig geringen Aufwand wäre es möglich, die Sanierungs- und Konsolidierungspolitik deutlich effektiver auszugestalten.

Bei der Betrachtung aller auf Bundes- und Landesebene identifizierten Sanierungs- und Konsolidierungsprogramme wird kein insgesamt konzeptionell aufeinander abgestimmtes Gesamtbild deutlich. Lediglich einzelne Programme sind untereinander kombinierbar. Aber eine ineinandergreifende und aufeinander aufbauende Programmstruktur und Instrumentenverwendung ist nicht herauszufiltern, so dass es häufig zu Unstimmigkeiten zwischen den beteiligten Akteuren und den jeweils von Ihnen angewandten Programmen bzw. Instrumenten kommt. Ein Beispiel verdeutlicht die geringe konzeptionelle Abstimmung der gesamten Instrumentenpalette des Politikfeldes der Sanierungs- und Konsolidierungspolitik: Als eine instrumentelle Ausnahme auf der Bundesebene kann das von der Deutschen Ausgleichsbank initiierte Projekt der Runden Tische gelten, das mit Hilfe von weichen Steuerungsinstrumenten (Vermittlung, Beratung, Überzeugung) den Ursachen für die Krise des Unternehmens nachgehen soll und ggf. gemeinsam mit allen wesentlichen Partnern des Betriebes dialogorientiert Lösungswege erarbeitet. Durchgeführt wird dieses Instrument unter der Federführung der für das Krisenunternehmen zuständigen Kammer. Sowohl in Brandenburg als auch in Sachsen-Anhalt wird dieses Projekt nicht systematisch von der Landesregierung in der Implementationsphase berücksichtigt. Vielmehr messen beide Wirtschaftsministerien diesem Instrument eine geringe und daher zu vernachlässigende Bedeutung zu. Prinzipiell wird es dem Zufall überlassen, ob sich das Unternehmen an die zuständige Kammer wendet und damit vom Runden Tisch im Rahmen des DtA-Projektes betreut wird oder ob es seinen Hilferuf an die Wirtschaftsministerien richtet und infolgedessen über die auf Landes- und Bundesebene zur Verfügung stehenden Förderprogramme unterstützt wird. Eine konzeptionelle Zusammenarbeit oder ein Erfahrungsaustausch ist in diesem Zusammenhang nicht erkennbar und wird von der Landesregierung auch nicht angestrebt. Hier sind sowohl für die Kammern als auch für die Wirtschaftsministerien Momente eines "Kirchturmdenkens" erkennbar, die Kooperationen bzw. instrumentelle Abstimmungsprozesse behindern.

Unter den das Politikfeld Sanierungs- und Konsolidierungspolitik kennzeichnenden Faktoren gilt in dieser Arbeit das vielleicht größte Interesse der **Durchführungsinstanz und ihrem Verhalten** in der Implementationsphase.

Es kann generalisierend festgehalten werden, dass die politisch-administrativen Institutionen (genauer: die zuständigen Landesministerien) die wichtigsten Steuerungsinstanzen im hier interessierenden Politikfeld sind. Die zentrale Implementationsfunktion hat somit der Staat übernommen (vgl. MESSNER 1995: 323). Lediglich einzelne Implementationsaufgaben hat der Staat an andere private Akteure übertragen, um eine ökonomische Effektivitätssteigerung im Politikfeld zu erreichen: Auf Bundesebene sind hier insbesondere die beiden Bundeskreditinstitute zu nennen. Die Kreditanstalt für Wiederaufbau und die Deutsche Ausgleichsbank bieten in ihrem Rahmen Programme an und sind für die entsprechenden Anträge zuständig. Darüber hinaus hat neuerdings die Kreditanstalt für Wiederaufbau die Aufgabe des Vertragsmanagement der Bundesanstalt für vereinigungsbedingte Sonderaufgaben übernommen, und die Deutsche Ausgleichsbank ist mit der Umsetzung des Konsolidierungsfonds III betraut worden. In Sachsen-Anhalt obliegen einzelne Implementationsaufgaben dem Landesförderinstitut, der Prognos GmbH und der Grundstücksfonds Sachsen-Anhalt GmbH. In Brandenburg hat das Wirtschaftsministerium die

InvestitionsBank Brandenburg mit der Antragsüberprüfung betraut und für die Abwicklung des Beratungsprogramms ist das RKW zuständig.

Aber nicht nur die Implementationsfunktion wird weitestgehend vom Staat ausgeübt, sondern auch die Konzeptionierungs- und Realisierungsarbeit findet bisher überwiegend im Bereich der Administration statt. So ist das wesentliche Instrumentarium – die Konsolidierungsfonds I bis III - maßgeblich von administrativen Akteuren entwickelt und umgesetzt worden.

Im Detail sind auf Bundesebene und in Sachsen-Anhalt neben dem Staat keine weiteren Entscheidungszentren auszumachen. In Brandenburg liegen die Entscheidungskompetenzen zwar auch überwiegend beim Wirtschaftsministerium; diese administrative Entscheidungsbefugnis wird allerdings gelockert, wenn Betriebe nur mit einem hohen finanziellen Engagement saniert bzw. konsolidiert werden können. In solchen Fällen nehmen die Banken und andere kreditgebende Institutionen bzw. Gläubiger die entscheidende Rolle ein. Das Motiv für diese Verlagerung der Entscheidungskompetenz ist in dem hohen Risiko eines Finanzmittelausfalls zu sehen, das die Landesregierung für sich als nicht tragbar einschätzt. Herauszustellen ist dabei gleichzeitig, dass den Banken im Politikfeld insgesamt eine gewichtige Rolle zukommt. Die Wirtschaftsministerien verknüpfen oftmals ihre Förderzusage an eine finanzielle Beteiligung der Hausbanken des Krisenunternehmens.

Insgesamt ist die Frage, welche Akteursgruppe im Implementationsfeld der Sanierungs- und Konsolidierungspolitik bestimmend ist, eindeutig beantwortbar: Die Administration. Diese Antwort ist aber noch nicht gleichbedeutend mit der Klärung der Anschlussfrage nach den Handlungsformen der Administration. Hier lautete die Ausgangsthese der Arbeit, dass klassisch-hierarchische Handlungsstrukturen durch netzwerkartige Strukturen wesentlich ergänzt werden. Diese These knüpfte nicht nur an empirischen Untersuchungen im Bereich der Politik- und Verwaltungswissenschaft an, sondern stützte sich auch auf die theoretische Debatte, die vielfach der Steuerungsform "Netzwerk" einen hohen Stellenwert beimisst (vgl. MESSNER 1995; kritisch HELLMER u.a. 1999). Die empirischen Ergebnissen konnten jedoch die Ausgangsthese nicht bzw. nur äußerst partiell erhärten. Umfassende Politiknetzwerke im Sinne eines stabilen und halbwegs gleichberechtigten Miteinanders der für ein Problemgebiet maßgeblichen Akteure sind nicht anzutreffen.

Auch die vom Anspruch her niedriger einzustufenden *Issue-Netzwerke* finden sich nur in vereinzelten Verfahrensschritten, wobei zwischen Sachsen-Anhalt und Brandenburg deutlich differenziert werden muss. Merkmale von Issue-Netzwerken nach HECLO (1978) sind in der Entscheidungsarena in Sachsen-Anhalt allenfalls partiell und unsystematisch auszumachen. Diese Ansätze werden in den bestehenden, eher als traditionell zu charakterisierenden Verfahrensablauf integriert und den hierarchischen Steuerungsformen allenfalls beigeordnet. Sie haben insgesamt keine eigenständige Bedeutung und nehmen nur vereinzelt einen steuernden Einfluss auf den weiteren Implementationsprozess. Andere nicht-staatliche Akteure werden nicht systematisch in die Implementation involviert. Die Verwaltung in Sachsen-Anhalt sieht keinen

Anlass, das übliche Zusammenspiel zwischen administrativen Akteuren für dieses Politikfeld netzwerkartig zu ändern bzw. aufzuweichen, d.h. durch andere nicht-administrative Akteure zu erweitern und dadurch zu besseren Lösungswegen für alle beteiligten Parteien zu gelangen. In Brandenburg hingegen werden auf Initiative des Wirtschaftsministeriums verschiedene Akteure am Prozess beteiligt und nehmen ansatzweise auf die Art und Weise der Bewältigung der betriebswirtschaftlichen Krise eines Unternehmens Einfluss. Auch in Brandenburg kann jedoch allenfalls von einer Ergänzungsfunktion gesprochen werden, die Issue-Netzwerke bekommen: Diese treten nicht systematisch (z.B. in allen Verfahrensschritten und mit relevantem Einfluss auf die Entscheidungsbildung) den klassisch-hierarchischen Verhaltensweisen der Administration zur Seite, sondern bleiben partiell angewandte Hilfsmittel der entscheidenden Akteursgruppe, die u.a. Einsatzdauer und Kompetenzumfang der vorübergehend existierenden Netzwerke festzulegen in der Lage ist. Zusammenfassend kann man im untersuchten Politikfeld davon sprechen, dass Issue-Netzwerke partielle und untergeordnete Zusatzinstrumente der Administration darstellen. Eine zusätzliche Explikation dieser Formel soll im Folgenden dadurch erreicht werden, dass die vielfältigen Attribute hinterfragt werden, die in der aktuellen Debatte den (administrativen) Handlungsformen zugeordnet werden.

Auch wenn klassisch-hierarchische Handlungsformen dominieren und Netzwerke keine hohe Bedeutung bekommen, kann doch nicht schlichtweg jegliches *innovatives Verwaltungshandeln* verneint werden. Speziell in Brandenburg werden offene informelle Verfahren verwandt, die den Handlungsspielraum der Administration in spezifischen Problemsituation erhöhen. Dieses Bundesland setzt zur Analyse der Problemursache nicht allein auf harte Fakten, wie Kosten/Nutzenrechnung, Jahresbilanzen etc. der letzten Jahre, sondern legt großen Wert auf das erste face-to-face-Gespräch mit dem Geschäftsführer des Krisenunternehmens. In Brandenburg werden derartige "weiche Hilfsmittel" ergänzend eingesetzt, damit ein abgerundetes Bild über das Krisenunternehmen entsteht. Zudem sind in Brandenburg den ausführenden administrativen Akteuren vor allem im informellen Verfahren Handlungsspielräume eingeräumt worden, die sie je nach spezifischem Fall ausgestalten. Es ergeben sich bei allen Krisenfällen spezifische Anpassungsbedarfe des von der Landesregierung konzipierten Instrumentariums, die durch ein als flexibel und innovatives zu charakterisierendes Verhalten der beteiligten administrativen Akteure ausgeglichen werden: So bezieht die brandenburgische Administration immer unterschiedliche Akteure mit in den Prozess ein und je nach Bedarf werden mehrere oder auch nur eine Gesprächrunde einberufen. Demzufolge ist das Verfahren in Brandenburg im Gegensatz zu Sachsen-Anhalt als offener zu charakterisieren und insgesamt werden mehr weiche Steuerungsinstrumente (Dialogorientierung, Beratung, Verhandlungen) ergänzend benutzt.

Die für die Brandenburger Administration festzustellende Flexibilität des Handelns und Öffnung nach außen ist jedoch begrenzt. Zwar mag man mit MEISEL (1998) eine spezifische Anpassungsleistung der Administration dadurch feststellen, dass programmatische Defizite durch die Erweiterung der vorhandenen Palette des Förderinstrumentariums ausgeglichen werden: Vom Wirtschaftsministerium werden nicht nur Darlehen (Fremdkapitalcharakter) vergeben, sondern auch Beteiligungen (Eigenkapitalcharakter) können eingegangen werden. Derartige spezifische, auf den konkreten Fall zugeschnittene Anpassungsleistungen wären mit der Formel *"aus der Verwaltung hinausgreifendes Handeln"* allerdings überzogen interpretiert. Mit dem Begriff "hinausgreifendes Handeln" suggeriert MEISEL (ebd.) zu stark, dass sich die Aktivitäten der administrativen Akteure jenseits von traditionellen bürokratischen Pfaden bewegten. Die für das Politikfeld herauskristallisierten Anpassungsleistungen verlassen m.e. jedoch nicht grundsätzlich das Spektrum von traditionellen bürokratischen Handlungsformen. Sie weichen allenfalls die vorhandenen traditionellen Handlungsformen auf und werden als zusätzliche Hilfsmittel für die Stärkung der eigenen Handlungsmöglichkeiten und die Bewerkstelligung einer erfolgreichen Politik-Implementation benutzt.

Dass das Verwaltungshandeln im untersuchten Politikfeld zwar nicht grundsätzlich traditionelle bürokratische Pfade verlässt, sich zugleich aber flexibilisiert und ausdifferenziert, kann mit einer weiteren Formel verdeutlicht werden. Die entscheidende Akteursgruppe, die Ministerialbürokratie, handelt eingeschränkt *"adressatenorientiert"*. Die Verwaltung bemüht sich u.a. auch durch face-to-face-Kontakte, die Interessen der Krisenunternehmen kennen zu lernen und auch so weit wie möglich zu berücksichtigen. Diesem Eingehen auf die Interessen der Adressaten (im Verfahrensablauf nicht nur den Krisenunternehmen, sondern u.a. auch den Gläubigern) sind jedoch Grenzen gesetzt, die sich in den beiden untersuchten Bundesländern unterschiedlich darstellen. So belässt das Wirtschaftsministerium Brandenburg die Verantwortung der Erstellung des Sanierungs- und Konsolidierungs- und des finanziellen Lösungskonzeptes beim Unternehmen selbst, steht dem Krisenunternehmen aber bei allen auftretenden Schwierigkeiten beratend zur Seite. Dagegen übernehmen die Vertreter des Wirtschaftsministeriums in Sachsen-Anhalt die Erarbeitung des z.T. sehr komplexen finanziellen Lösungskonzeptes. Nur bei Unklarheiten wird das Unternehmen in diesen Verfahrensschritten kontaktiert und involviert. Im letztlichen Entscheidungsprozess jedoch zeigt sich dann in beiden Bundesländern, dass genaue Regularien es nur in recht begrenztem Ausmaß ermöglichen, Vorschriften im Sinne der Adressaten "weich" auszulegen und z.T. auch umzuinterpretieren. Bemerkenswert ist hier auch, dass die in einzelnen Verfahrensschritten verfolgte Strategie, nichtbürokratische Organisationen wie Kreditinstitute und Beratungseinrichtungen in den Entscheidungsprozess zu involvieren, nicht zu einer Verstärkung der Adressatenorientierung, sondern insofern zu ihrer Schwächung beiträgt, als die Krisenunternehmen sich nunmehr einer Front von mehreren sie prüfenden und über sie entscheidenden Organisationen gegenübersieht.

Ähnlich verhält es sich auch mit *Moderations- und Koordinationsfunktionen*, die die Wirtschaftsministerien in Sachsen-Anhalt und mehr noch in Brandenburg übernommen haben. FÜRST (1987), SCHUPPERT (1989) und KRUMBEIN

(1991) weisen darauf hin, dass im Zuge des prognostizierten Bedeutungszuwachses von modernen Steuerungsformen wie die des Netzwerkes, sich auch das Aufgabenspektrum des Staates verändern wird. Sie konstatieren, dass der Staat bzw. die Administration wegen zunehmender Dominanz von Politiknetzwerken mit mehr und mehr Koordinations-, Organisations- und Moderationsaufgaben betraut sei bzw. eine Vermittlungsfunktion zwischen Konfliktparteien übernehmen würde (vgl. FÜRST 1987: 280). Im Politikfeld der Sanierungs- und Konsolidierungspolitik lassen sich entsprechende Veränderungen des Verwaltungshandelns nur sehr eingeschränkt bestätigen. Nur in einzelnen Verfahrensschritten findet eine Öffnung nach außen statt, in deren Zuge auch z.B. Koordinations- und Moderationsfunktionen übernommen werden. Nachdem jedoch deren Hauptaufgabe, die Verbesserung der Informationslage der Verwaltung und die Gewinnung von zusätzlichen Entscheidungshilfen, erfüllt ist, übernimmt die Verwaltung in den folgenden Verfahrensschritten wieder verstärkt die alleinige Kontrolle. Auch hier ersetzen moderne Steuerungsformen keineswegs die traditionellen, sondern werden diesen im Gegenteil als zusätzliches Hilfsinstrument beigeordnet. Der "Schatten" (BENZ 1994: 354) der Hierarchie bzw. von hierarchischen Strukturen ist im Politikfeld Sanierungs- und Konsolidierungspolitik recht lang.

Nach den bisherigen Erörterungen verschiedener Attribute, mit deren Hilfe heutiges Verwaltungshandeln charakterisiert werden kann, überrascht es kaum, dass auch ein "*kooperatives Verwaltungshandeln*" in dieser Untersuchung nicht oder nur sehr ausschnittsweise festgestellt werden konnte. Der Bezug auf die von BENZ (1994) vorgenommene Definition kooperativen Verwaltungshandelns, nach der bloße Beteiligungsrechte für außerbürokratische Akteure nicht ausreichen, sondern Interaktions- und Kommunikationsprozesse auf eine allseits anerkannte gemeinsame Entscheidung zielen müssten, erwies sich für die Untersuchung des Politikfeldes Sanierungs- und Konsolidierungspolitik als wichtig: Genau vor dem von BENZ (1994: 39) als zentral benannten Schritt, der Verlagerung von Entscheidungsvorbereitung und Entscheidungsvornahme aus der Bürokratie heraus, schrecken die für das Implementationsverfahren verantwortlichen Akteure im Politikfeld zurück. Schon Beteiligungsrechte für Adressaten und Verhandlungsprozesse mit diesen sind nur partiell festzustellen, erst recht aber gibt die Bürokratie das letztliche Entscheidungsrecht nicht aus der Hand. Es gibt nur eine allerdings bemerkenswerte Ausnahme. In Brandenburg tritt die Administration nurmehr als ratifizierende Instanz auf, wenn die finanzielle Beteiligung der Banken bzw. Gläubiger einen erheblichen Umfang des finanziellen Arrangements annimmt (im 2. Verfahrensschritt). Diese Ausnahme erklärt sich zum einen daraus, dass die zusätzlich in den Entscheidungsprozess involvierten Banken und Gläubiger in diesem spezifischen Fall eine vergleichsweise hohe Machtstellung innehaben und zum anderen daraus, dass die Verwaltung im Falle einer gewichtigen Nicht-Berücksichtigung von Interessen dieser Akteure eine im Umfang nicht vorhersehbare Beeinträchtigung der eigenen Entscheidungsmacht befürchtet. Da diese Ausnahme nur für einen einzelnen Verfahrensschritt eines Bundeslandes gilt, darf sie nicht übergewichtet werden. Bei Betrachtung des Gesamt-Verfahrens, insbesondere der Entscheidungsvornahme, ist eine dem "kooperativen Verwaltungshandeln" entgegengesetzte eindeutige Dominanz klassischen bürokratischen Handelns festzustellen[225].

Der Rückgriff auf hoheitliches Handeln jenseits von innovativen Kooperationsverfahren geschieht, obwohl das Politikfeld erst jüngst eingerichtet worden ist. Obwohl es durchaus sinnvoll erscheint, in der Liquiditätskrise betroffene Akteure mit in den Bewältigungsprozess einzubeziehen und obwohl ein hoher Zeitdruck besteht, werden nicht flexible, sondern eher starre Steuerungsformen gewählt. Dies deutet auf die Existenz großer Beharrungskräfte hin. Insgesamt gesehen ist die Steuerungsform Hierarchie im Politikfeld der Sanierungs- und Konsolidierungspolitik bisher keinem generellen Wandel unterworfen. Bemühungen, innovative Regulierungsformen (z.B. Issue-Netzwerke) zu benutzen, sind zwar durchaus zu erkennen, sie spielen aber lediglich eine ergänzende instrumentelle Hilfsrolle.

Keineswegs zu übersehen ist auch, dass im Politikfeld der Sanierungs- und Konsolidierungspolitik sogar einige Indizien existieren, die den Tendenzen einer Enthierarchisierung entgegensprechen. So war 1995 die Task Force in Sachsen-Anhalt als Stabstelle im Wirtschaftsministerium eingerichtet worden. 1998 ist sie in eine Abteilung des Wirtschaftsministeriums integriert worden, was erhebliche Einschränkungen in ihrem Handlungsspielraum mit sich gebracht hat und keineswegs als Tendenz zu Enthierarchisierung zu deuten ist. Eine vor allem im Bereich der Wirtschaftsförderung zunehmend zu beobachtende Tendenz, die Zuständigkeiten und Aufgaben an von Ministerien gegründete Gesellschaften zu verlagern, die aufgrund ihres (halb-staatlichen) Status' über vielfältigere Gestaltungsmöglichkeiten als die Administration verfügen, wurde hier nicht verfolgt. Ein weiterer Hinweis, der zwar nur im entfernten Sinne Rückschlüsse auf eine Hierarchisierung – eher auf eine Zentralisierung – zulässt, ist im Zusammenhang mit dem Konsolidierungsfonds III zu sehen. Der Bund hat 1995 die Gestaltung der im Rahmen des Konsolidierungsfonds I aufgelegten Programme weitestgehend den Bundesländern überlassen. Bei der Neuauflage des Konsolidierungsfonds 1999 – dem gbb-Konsolidierungs- und Wachstumsfonds – übertrug er die Finanzmittel den neuen Bundesländern dagegen mit spezifischen Auflagen (Beratung des Managements und Beteiligung als Förderart). Dies bedeutete für die Ostländer eine erhebliche Beschneidung ihrer Kompetenzen und ihrer eigenen Gestaltungsmöglichkeiten. Zudem werden dem Krisenunternehmen die Bundesfinanzmittel nur in Verbindung mit Landesmitteln gegeben. Sowohl die Bundesseite als auch die

---

[225] Es ließen sich noch weitere Attribute diskutieren, mit denen Verwaltungshandeln gekennzeichnet werden kann. Jedoch gelten die für das "kooperative Verwaltungshandeln" gemachten Bemerkungen auch für ein "konsensorientiertes Verwaltungshandeln", ein verständigungsorientiertes Verwaltungshandeln" oder ein "kompromißorientiertes Verwaltungshandeln": Alle Formeln übersehen die engen Grenzen, die einer Öffnung der Verwaltungen nach außen, speziell der Herausverlagerung von Entscheidungskompetenzen gesetzt sind. Verwaltungshandeln im untersuchten Politikfeld mag im Vorfeld von Entscheidungen nach einem Konsens suchen, sich verständigungsbereit zeigen oder Kompromisse andeuten – letztlich nimmt sie Entscheidungen in eigener Kompetenz vor.

Landesseite beurteilt, ob das Krisenunternehmen sanierungs- und konsolidierungsfähig ist. Die unterschiedlichen, nicht aufeinander abgestimmten Kriterien zwischen Bundes- und Landesebene führten zu einer Politikblockade. Bislang konnten noch keine Finanzmittel über den gbb-Konsolidierungs- und Wachstumsfonds an Krisenunternehmen vergeben werden.

Abschließend muss betont werden, dass sich die vorliegende Arbeit auf ein vergleichsweise enges Untersuchungsgebiet konzentriert: Ein neues kleines Politikfeld wird am Beispiel der Implementationsverfahren in zwei ostdeutschen Bundesländern analysiert. Die hier feststellbaren relativ ernüchternden Ergebnisse sind sicherlich nicht auf andere Politikfelder oder gar auf Verwaltungshandeln generell übertragbar. Auf der anderen Seite lässt sich aber auch festhalten, dass die positiveren Ergebnisse anderer Politikfeldanalysen, in denen "innovativere" Handlungsformen festgestellt wurden, nicht generalisiert werden können. Verwaltungshandeln scheint heute in einem derartigen Umfang ausdifferenziert zu sein, dass allgemeine Trendaussagen zu eindimensional sind und stets Gefahr laufen, vorschnell zu verallgemeinern.

LITERATURVERZEICHNIS

28. Rahmenplan (1999): In: Deutscher Bundestag – 14. Wahlperiode (1999): Unterrichtung durch die Bundesregierung. Achtundzwanzigster Rahmenplan der Gemeinschaftsaufgabe "Verbesserung der regionalen Wirtschaftsstruktur" für den Zeitraum 1999-2002 (2003). Drucksache 14/776.

Achter Bericht über die Wettbewerbspolitik, Ziffer 228.

Alemann, U./Heinze, R. (1981): Kooperativer Staat und Korporatismus. Eine Einführung in Arbeitstechnik und Forschungspraxis. Stuttgart.

Baumann, W. (1988): Unternehmenssanierung durch Auffanggesellschaft. Wien.

Benz, A. (1987): Politisch-administrative Strukturen und Institutionen. In: Ellwein, T./Hesse, J./Mayntz, R./Scharpf, F. (Hrsg.): Jahrbuch zur Staats- und Verwaltungswissenschaft, Bd. 1/1987. Baden-Baden. S. 423-432.

Benz, A. (1993): Politiknetzwerke in der Horizontalen Verflechtung. In: Jansen, D./Schubert, K. (Hrsg.): Netzwerke und Politikproduktion. Konzepte, Methoden, Perspektiven. Marburg. S. 185-204.

Benz, A. (1994): Kooperative Verwaltung: Funktionen, Voraussetzungen und Folgen. Baden-Baden.

Benz, A./Scharpf, F. (1991): Kooperation als Alternative zur Neugliederung? Zusammenarbeit zwischen den norddeutschen Bundesländern. Baden-Baden.

Benz, A./Scharpf, F./Zintl, R. (1992): Horizontale Politikverflechtung. Zur These von Verhandlungssystemen. Frankfurt am Main/New York.

Beyme, K. (1995): Theorie der Politik im Zeitalter der Transformation. In: Beyme, K./Offe, C. (1995): Politische Theorien in der Ära der Transformation, PVS (Politische Vierteljahreszeitschrift)–Sonderheft 26. S. 9-29.

Bichlmeier, W./Engberding, A./Oberhofer, H. (1998): Insolvenzhandbuch. Ein rechtlicher und betriebswirtschaftlicher Leitfaden. Frankfurt am Main.

Bohne, E./Hucke, J. (1978): Implementation als Thema der Verwaltungswissenschaft. In: Studien zur Reform von Regierung und Verwaltung, Schriftenreihe des Vereins für Verwaltungsreform und Verwaltungsforschung 10/11. S. 59-84.

Bork, R. (1998): Einführung in das neue Insolvenzrecht. Tübingen.

Boustedt, O. (1975): Grundriß der empirischen Regionalforschung, Teil 1: Raumstrukturen. Hannover.

Bratzke, P. (1994): Wirtschafts- und strukturpolitische Ansätze in Sachsen-Anhalt. In: WSI Kurzmitteilungen für Berlin, Brandenburg, Mecklenburg-Vorpommern, Sachsen, Sachsen-Anhalt, Thüringen, Nr. 10/1994. S. 1-3.

Bratzke, P. (1995): Kompetenz durch Aneignung. Industrie- und regionalpolitisches Handeln unter den besonderen Bedingungen Ostdeutschlands. In: Schulte, D. (Hrsg.): Industriepolitik im Spagat. Köln. S. 103-124.

Braun, D. (1997): Politische Steuerung zwischen Akteurs- und Systemtheorie. In: PVS (Politische Vierteljahreszeitschrift), 38. Jahrgang, Heft 4/1997. Opladen. S. 844-854.

Brösse, U. (1996): Industriepolitik. München, Wien.

Bruch-Krumbein, W./Hellmer, F./Krumbein, W. (1997): Neues in Sachen Industriepolitik? – Mythen und empirische Realitäten. In: regionale trends – Zeitschrift des IfR Göttingen.

Bruch-Krumbein, W./Hochmuth, E. (2000): Cluster und Clusterpolitik. Begriffliche Grundlagen und empirische Fallbeispiele aus Ostdeutschland. Marburg.

Bruch-Krumbein, W./Hochmuth, E./Ziegler. A. (1996a): Sanierungsbeihilfen für Betriebe in den ostdeutschen Bundesländern. Eine Handreichung für die Praxis. Göttingen und Düsseldorf.

Bruch-Krumbein, W./Hochmuth, E./Ziegler. A. (1996b): Management- und Know-How-Transfer in Ostdeutschland. Hilfe zur Selbsthilfe. In: Wirtschaftsbulletin Ostdeutschland der Hans-Böckler-Stiftung, Ausgabe 5. S. 34-43.

Bruch-Krumbein, W./Hochmuth, E./Ziegler. A. (1997): Auf dem Weg zur Wettbewerbsfähigkeit? Konsolidierungs- und Sanierungsprogramme für den industriellen Mittelstand in Ostdeutschland. In: WSI-Mitteilungen 1/1997. S. 725-735.

Bruch-Krumbein, W./Hochmuth, E./Ziegler. A. (1999a): Wege aus der Unternehmenskrise - Konsolidierungsbeihilfen in den westdeutschen Bundesländern. Marburg.

Bruch-Krumbein, W./Hochmuth, E./Ziegler. A. (1999b): Konsolidierung und Sanierung bedrohter Betriebe in Ostdeutschland. In: Zeitschrift für Wirtschaftsgeographie, 43. Jahrgang, Heft 1. S. 32-45.

Bruch-Krumbein, W./ Hochmuth, E./ Ziegler. A. (1999c): Konsolidieren statt liquidieren. Stand und Perspektiven der Konsolidierungspolitik in Deutschland. In: Raumforschung und Raumordnung, 57. Jahrgang, Heft 1. S. 35-45.

Bullerjahn, J./Plehwe, A. (1994): Politik für Regionen. Grundzüge einer sozialdemokratischen Wirtschaftspolitik für die Regionen Sachsen-Anhalts. Magdeburg.

Bundesanstalt für Arbeit: Datenbank. Nürnberg.

Bundesanstalt für vereinigungsbedingte Sonderaufgaben (1996): Erfahrungen mit dem Konsolidierungsfonds. Berlin 30.5.1996 (unveröffentlichtes Manuskript).

Bundesarbeitsgemeinschaft Alt hilft Jung e.V.: http://www.althilftjung.de

Bundesministerium für Wirtschaft (1994): Bilanz. Aufschwung Ost. Wirtschaftspolitik für die neuen Bundesländern. Bonn.

Bürgschaftsbank Brandenburg (1998): Geschäftsbericht 1998. Potsdam.

Bürgschaftsbank Brandenburg (1999): Geschäftsbericht 1999. Potsdam.

Bürgschaftsbank Brandenburg (2000): Geschäftsbericht 2000. Potsdam.

Bürgschaftsbank Brandenburg: Datenbank. Potsdam.

Bürgschaftsbank Sachsen-Anhalt (1996): Geschäftsbericht 1996. Magdeburg.

Bürgschaftsbank Sachsen-Anhalt (1997): Geschäftsbericht 1997. Magdeburg.

Bürgschaftsbank Sachsen-Anhalt (1998): Geschäftsbericht 1998. Magdeburg.

Bürgschaftsbank Sachsen-Anhalt (1999): Geschäftsbericht 1999. Magdeburg.

Bürgschaftsbank Sachsen-Anhalt (2000): Geschäftsbericht 2000. Magdeburg.

Bürgschaftsrichtlinien des Landes Sachsen-Anhalt, Beschluss der Landesregierung vom 10.10.1995, veröffentlicht im Ministerialblatt für das Land Sachsen-Anhalt vom 30.10.1996.

Buth, A./Herrmanns M. (1998): Restrukturierung, Sanierung, Insolvenz. München.

Corsten, H. (Hrsg.) (1992): Lexikon der Betriebswirtschaftslehre. München/Wien/Oldenbourg.

Czada, R./Lehmbruch, G. (1998) (Hrsg.): Transformationspfade in Ostdeutschland. Beiträge zur sektoralen Vereinigungspolitik. Frankfurt am Main/New York.

Deutsche Ausgleichsbank (1997): Beratungskonzeption der deutschen Ausgleichsbank. Im Juni 1997.

Deutsche Ausgleichsbank (1998): Geschäftsbericht 1998. Bonn/Berlin.

Deutsche Ausgleichsbank (1999): Geschäftsbericht 1999. Bonn/Berlin.

Deutsche Ausgleichsbank (1999a) (Hrsg.): Programme, Richtlinien, Merkblätter. Bonn. 5/1999.

Deutsche Ausgleichsbank (o. J.): Partnerschaftskapitalvariante im EigenKapitalhilfe-Programm – Zwischenbilanz -. O.O (Manuskript).

Die Welt vom 19.10.1998: "Das süße Gift Subvention".

Die Welt vom 2.9.1998: "EU kritisiert deutsche Behörden".

Döring, U./ Buchholz, R. (1995): Buchhaltung und Jahresabschluss. Hamburg.

Dreher, B. (1997): "Bundesweit höchstes Wirtschaftswachstum erreicht – Brandenburg auf dem langen Weg der Re-Industrialisierung". Pressemitteilung vom 26. August 1997. Potsdam.

Dreher, B. (1998a): "Brandenburgs Wirtschaftspolitik greift". Pressemitteilung vom 16. Januar 1998. Potsdam.

Dreher, B. (1998b): "Industrielle Entwicklung des Landes macht uns Mut". Pressemitteilung vom 30. April 1998. Potsdam.

EG-Vertrag

Ehlers, H./Drieling, I. (1999): Unternehmenssanierung nach der InsO. München.

Endriss, H.W. (Hrsg.) (1996): Bilanzbuchhalter Handbuch. Herne/Berlin.

Engberding, A. (1997): Unternehmenskrisen, Sanierung und Industriepolitik. Frankfurt/Main.

Engberding, A. (1998): Was leistet der Insolvenzplan im neuen Insolvenzrecht? In: DZWir (Deutsche Zeitschrift für Wirtschafts- und Insolvenzrecht) Heft 3. S. 94-98.

Eucken, W. (1990): Grundsätze der Wirtschaftspolitik. 6. durchgesehene Auflage. Tübingen.

Fechner, D. (1999): Praxis der Unternehmenssanierung – Analyse, Konzept und Durchführung. Neuwied, Kriftel (Taunus).

Fels, G. (1990) (Hrsg.): Orientierungsmarken für die neunziger Jahre: Vorträge und Podiumsdiskussion anlässlich eines iw-forums am 16.10 1989 in Bonn-Bad Godesberg. Köln.

Fördergebietsgesetz § 7a (1996), Bundesgesetzblatt, Jahrgang 1995, Teil I.

Förderrichtlinie des Ministerium für Wirtschaft, Mittelstand und Technologie über die Gewährung von Krediten aus dem Fonds zur Förderung der Mittelständischen Wirtschaft in Brandenburg in der Fassung vom 4.2.1993 mit Ergänzungen vom 24.11.1997.

Förderrichtlinie über die Gewährung von Darlehen im Rahmen des Programmes zur Liquiditätssicherung für kleine und mittlere Betriebe im Land Brandenburg vom 28. Juli 1994 in der Fassung vom 1. Januar 1997.

Fürst, D. (1987): Die Neubelebung der Staatsdiskussion: Veränderte Anforderungen an Regierung und Verwaltung in westlichen Industriegesellschaften. In: Ellwein, T./Hesse, J./Mayntz, R./Scharpf, F. (Hrsg.): Jahrbuch zur Staats- und Verwaltungswissenschaft, Bd. 1/1987. Baden-Baden. S. 261-284.

gbb-Beteiligungs- und Aktiengesellschaft (o .J.): Beteiligungsgrundsätze für den gbb-Konsolidierungs- und Wachstumsfonds Ost. Berlin. O. S.

gbb-Beteiligungs- und Aktiengesellschaft (o. J.): Broschüre: Die gbb hilft Betrieben über den Berg. Berlin.

Gemeinschaftsrahmen für staatliche Beihilfen an kleine und mittlere Unternehmen 1992. Amtsblatt der EG C213, 19.8.1992.

Geppert, M./Kachel, P. (1995): Die Treuhandanstalt am Ende. Historischer Abriss und kritische Beurteilungen aus volkswirtschaftlicher und organisationstheoretischer

Perspektive. In: Lutz, B./Schmidt, R. (Hrsg.): Chancen und Risiken der industriellen Restrukturierung in Ostdeutschland. Berlin. S. 69-106.

Gesetz zur Privatisierung und Reorganisation des volkseigenen Vermögens (Treuhandgesetz) vom 17.6.19990 (GBL I. S. 300), geändert durch Art. 9 des Gesetzes vom 23.3.1991 (BGBL. I S. 766), geändert durch Art. 1 des Gesetzes zur abschließenden Erfüllung der verbliebenen Aufgaben der Treuhandanstalt vom 9.8.1994 (BGBL I S. 2062).

Giebitz, R. (1987): Kreditgarantiegemeinschaften – Entstehung, Entwicklung und aktuelle Fragen . Frankfurt/M.

Gotsch, W. (1987): Soziale Steuerung – zum fehlenden Konzept einer Debatte. In: Glagow, M./Willke, H. (1987) (Hrsg.): Dezentrale Gesellschaftssteuerung. Pfaffenweiler. S. 27-44.

Grande, E. (1995): Regieren in verflochtenen Verhandlungssystemen. In: Mayntz, R./Scharpf, F. (Hrsg.): Gesellschaftliche Selbstregelung und politische Steuerung. Frankfurt am Main. S. 327-368.

Grande, E. (1996): Das Paradox der Schwäche. Forschungspolitik und die Einflusslogik europäischer Politikverflechtung. In Jachtenfuchs, M./Kohler-Koch, B. (Hrsg.): Europäische Integration. Opladen. S. 373-400.

Granovetter, M. (1985): Economic Action and Social Structure: The Problem of Embeddedness. In: American Journal of Sociology, H. 3. S. 481-510.

Groß, P. (1997): Schwerpunkte der neuen Insolvenzordnung. In: WPK (Wirtschaftsprüferkammer)-Mitteilungen, Heft 1. S. 2-14.

Handelsblatt vom 14.6.2000: "Ausgleichsbank kommt unter das KfW-Dach".

Handelsblatt vom 15.6.2000: "KfW übernimmt Deutsche Ausgleichsbank".

Handelsblatt vom 16.1.2001: "Brüssel sieht Beihilfen für Holzmann positiv".

Handelsblatt vom 16.1.2001: "EU-Kommission zuversichtlich im Fall Holzmann".

Handelsblatt vom 16.6.2000: "KfW begrüßt Übernahme der Ausgleichsbank".

Handelsblatt vom 30.10.2000: "Die meisten Insolvenzverfahren sind masselos".

Handelsblatt vom 6.9.2000: "Sanierungschancen nicht verbessert".

Handelsblatt vom 8.2.2001: "Creditreform rechnet mit mehr Firmenpleiten in Deutschland":

Heclo, H. (1978): Issue Networks and the Executive Establishment. In: King, A. (Hrsg.): The New American Political System. Washington. S. 87-125.

Heinelt, H. (1993): Policy und Politics. Überlegungen zum Verhältnis von Politikinhalten und Politikprozessen. In: Héritier, A. (Hrsg.): Policy-Analyse – Kritik und Neuorientierung, PVS (Politische Vierteljahreszeitschrift)-Sonderheft 24. Opladen. S. 307-327.

Heinze, R.G./Voelzkow, H. (1990): Kommunalpolitik und Verbände: Inszenierter Korporatismus auf lokaler und regionaler Ebene? In: Heinelt, H./Wollmann, H. (Hrsg.): Brennpunkt Stadt. Stadtpolitik und lokale Politikforschung in den 80er und 90er Jahren. Basel/Boston/Berlin. S. 187-205.

Hellmer, F. u.a. (1999): Mythos Netzwerke. Berlin.

Héritier, A. (1993) (Hrsg.): Policy-Analyse. Kritik und Neuorientierung. PVS-Sonderheft 24. Opladen.

Héritier, A. (1993a): Policy-Analyse. Elemente der Kritik und Perspektiven der Neuorientierung. In: ebd. (Hrsg.): Policy-Analyse, PVS (Politische Vierteljahreszeitschrift)-Sonderheft 24. Opladen. S. 9-36.

Hermanns, M. (1997): Der Insolvenzplan als Sanierungsplan. Grundzüge und betriebswirtschaftliche Aspekte. In: DStR (Deutsches Steuerrecht) Heft 30. S. 1178-1184.

Hild, P. (1997): Netzwerke der lokalen Arbeitsmarktpolitik. Berlin.

Hilpert, U./Holtmann, E. (Hrsg.) (1998): Regieren und intergouvernementale Beziehungen. Opladen.

Hochmuth, E./Ziegler, A. (1999a): Unternehmenskrisen und Sanierung – Eine Dokumentation von betrieblichen und akteursbezogenen Informations- und Kommunikationssystemen. Göttingen und Düsseldorf.

Hochmuth, E./Ziegler, A. (1999b): Im Spannungsfeld von Unternehmenspleiten und Früherkennung. In: Gewerkschaftliche Monatshefte, Heft 11/1999. S. 684-692.

Hochmuth, E./Ziegler, A. (1999c): Sanierungsbeihilfen der ostdeutschen Bundesländer – Überblick und Weiterentwicklung seit 1996. Göttingen und Düsseldorf 1999.

Hollingsworth, J. Rogers (1996): Die Logik der Koordination des verarbeitendes Gewerbes in Amerika. In: Kenis, P./Schneider, V. (Hrsg.): Organisation und Netzwerk. Institutionelle Steuerung in Wirtschaft und Politik. Wien. S. 273-311.

Hollingsworth, J. Rogers u. a. (Hrsg.) (1994): Governing Capitalist Economies. Performance and Control of Economic Sectors. New York: Oxford University Press.

Holtmann, E./Boll, B. (1995): Sachsen-Anhalt – Eine politische Landeskunde. Magdeburg.

Holzem, R. (1995): Industriepolitik und Wirtschaftsordnung. Ordnungstheoretische Bewertung von Schwerpunkten der europäischen Industriepolitik und der deutschen Forschungs- und Technologiepolitik. Frankfurt am Main.

Hucke, J. (1983): Implementation von Finanzhilfeprogrammen. In: Mayntz, R. (1983): Implementation politischer Programme II. Opladen. S. 75-98.

Hucke, J./Müller, A./Waasen, P. (1980): Implementation kommunaler Umweltpolitik. Frankfurt am Main.

Institut für Wirtschaftsforschung Halle – IWH (1997): Strukturanalyse Sachsen-Anhalt. Halle.

Institut für Wirtschaftsforschung Halle – IWH (2001): Regionale Wirtschaftsstrukturen in der zweiten Phase der ostdeutschen Transformation: Sachsen-Anhalt 1995–1999. Gutachten im Auftrag des Ministeriums für Wirtschaft und Technologie des Landes Sachsen-Anhalt. Halle.

InvestitionsBank Brandenburg: Datenbank. Potsdam.

InvestitionsBank des Landes Brandenburg (1998): Geschäftsbericht 1998. Potsdam.

Jachtenfuchs, M. (1998): Entgrenzung und politische Steuerung (Kommentar). In: Kohler-Koch, B. (Hrsg.): Regieren in entgrenzten Räumen, PVS (Politische Vierteljahreszeitschrift)-Sonderheft 29. Opladen. 235-248.

Jänicke, M. (1986): Staatsversagen. Die Ohnmacht der Politik in der Industriegesellschaft. München, Zürich.

Jänicke, M. (1999): Lern- und Arbeitsbuch Umweltpolitik. Politik, Recht und Management des Umweltschutzes in Staat und Unternehmen. Bonn.

Jann, W. (1981): Kategorien der Policy-Forschung. Speyerer Arbeitshefte. Hochschule für Verwaltungswissenschaften. Speyer. Nr. 37.

Jürgens, U./Krumbein, W. (Hrsg.) (1991): Industriepolitische Strategien. Bundesländer im Vergleich. Berlin.

Kaufmann, E. (1998): Interim: Management in der Krise. In: Buth A./Hermanns M. (Hrsg.): Restrukturierung, Sanierung, Insolvenz – Handbuch. München.

Kenis, P./ Schneider, V. (1996): Verteilte Kontrolle: Institutionelle Steuerung in modernen Gesellschaften. In: Kenis, P./Schneider, V.: Organisation und Netzwerk. Institutionelle Steuerung in Wirtschaft und Politik. Wien. S. 9-43.

Kohler-Koch, B. (1996): Der Nationalstaat im Übergang zum 21. Jahrhundert: erfolgsträchtig oder überholt? In: Armingeon, K. (Hrsg.): Der Nationalstaat am Ende des 20. Jahrhunderts. Bern; Stuttgart; Wien. S. 127-147.

Kreditanstalt für Wiederaufbau (1998): Geschäftsbericht 1998. Frankfurt am Main.

Kreditanstalt für Wiederaufbau (1999): Geschäftsbericht 1999. Frankfurt am Main.

Kreditanstalt für Wiederaufbau, KfW-Beteiligungsfonds Ost (1999): KfW-Beteiligungsfonds Ost. Merkblatt 5/99. O.O.

Kreditanstalt für Wiederaufbau/Deutsche Ausgleichsbank (o. J.): Beteiligungsfonds Ost: Sichere Geldanlage mit hoher Rendite und volkswirtschaftlichem Nutzen. Berlin. (Broschüre).

Kreditanstalt für Wiederaufbau: www.kfw.de/cgi-bin/schow.asp?pk=392

Kreditwesengesetz – KWG (1996): KWG in der Fassung der Bekanntmachung vom 22.1 1996.

Krumbein, W. (1991): Industriepolitik: Die Chance einer Integration von Wirtschafts- und Gesellschaftspolitik. In: Jürgens, U./Krumbein, W. (Hrsg.): Industriepolitische Strategien – Bundesländer im Vergleich. Berlin. S. 35-56.

Krumbein, W. (1992): Situativer Korporatismus. In: Eichener, V. u. a.. (Hrsg.): Probleme der Einheit, Bd. 12, 1. Halbband. Marburg. S. 211-224.

Krumbein, W. (1995): Clusterpolitik. Einige Anmerkungen zu den Problemen einer regionalen Industriepolitik. In: Neue Industriepolitik im gesellschaftlichen Konsens? Zur Rolle der Gewerkschaften im Umstrukturierungsprozess von Branchen und Regionen. IMU-Studien 23. Düsseldorf. S. 81-85.

Krumbein, W. (1998): Wider die Veränderungsdramatik. In: Stötzel, R. (Hrsg.): Ungleichheit als Projekt. Globalisierung Standort Neoliberalismus. Marburg. S. 197-208.

Krumbein, W. (Hrsg.) (1994): Ökonomische und politische Netzwerke in der Region: Beiträge aus der internationalen Debatte. Politik und Ökonomie, Bd. 1. Münster. Hamburg.

Krystek, U. (1987): Unternehmenskrisen; Beschreibung, Vermeidung und Bewältigung überlebenskritischer Prozesse in Unternehmungen. Wiesbaden.

Kujath, H.-J. (1998): Regionen im globalen Kontext. In: Kujath, H.-J. (Hrsg.) Strategien der regionalen Stabilisierung – Wirtschaftliche und politische Antworten auf die Internationalisierung des Raumes. Berlin.

Landesentwicklungsgesellschaft (LEG) Nordrhein-Westfalen GmbH (1998): Geschäftsbericht 1998. Düsseldorf.

Landesförderinstitut Sachsen-Anhalt (1995): Tätigkeitsbericht 1995. Magdeburg.

Landesförderinstitut Sachsen-Anhalt (1996): Tätigkeitsbericht 1996. Magdeburg.

Landesförderinstitut Sachsen-Anhalt (1997): Tätigkeitsbericht 1997. Magdeburg.

Landesförderinstitut Sachsen-Anhalt (1998): Tätigkeitsbericht 1998. Magdeburg.

Landesförderinstitut Sachsen-Anhalt (1999): Tätigkeitsbericht 1999. Magdeburg.

Landesförderinstitut Sachsen-Anhalt (2000): Tätigkeitsbericht 1999. Magdeburg.

Landesregierung Brandenburg: www.brandenburg.de.

Landesregierung Sachsen-Anhalt: www.sachsen-anhalt.de.

Landfermann, H. (1995): Der Ablauf eines künftigen Insolvenzverfahrens. In: Betriebs-Berater, Heft 33. S. 1649-1657.

Lang, J./Naschold, F./Reissert, B. (1998): Management der EU-Strukturpolitik. Steuerungsprobleme und Reformperspektiven. Berlin.

Läpple, D. (1994): Zwischen gestern und Übermorgen. Das Ruhrgebiet – eine Industrieregion im Umbruch. In: Kreibich u.a. (Hrsg.): Bauplatz Zukunft. Dispute über die Zukunft von Industrieregionen. Essen, S. 37-51.

Leibfried, S. (1976): Armutspotential und Sozialhilfe in der Bundesrepublik. Zum Prozess des Filterns von Ansprüchen auf Sozialhilfe. In: Kritische Justiz. S. 377-393.

Leitlinien der Gemeinschaft für staatliche Beihilfen zur Rettung und Umstrukturierung von Unternehmen in Schwierigkeiten, Amtsblatt der Europäischen Gemeinschaft C288/1999 vom 9.10.1999.

Leitlinien für die Beurteilung von staatlichen Beihilfen zur Rettung und Umstrukturierung von Unternehmen in Schwierigkeiten, Amtsblatt der EG C368 vom 23.12.1994.

Lerner, D./Lasswell, H.D. (1951) (Hrsg.): The Policy Sciences. Recent Developments in Scope and Method. Stanford, California.

Lindblom, C. E. (1977): Politics and Markets. New York.

Lowi, T. J. (1978): Nationalizing government: Public policies in America. Beverly Hills.

Luhmann, N. (1992): Beobachtungen der Moderne. Opladen.

Lütz, S. (1995): Politische Steuerung und die Selbstregelung korporativer Akteure. In: Mayntz, R./Scharpf, F. W. (Hrsg.) (1995): Gesellschaftliche Selbstregulierung und politische Steuerung. Frankfurt/Main. S. 169-196.

Mahnkopf, B. (1994): Markt, Hierarchie und soziale Beziehungen. Zur Bedeutung reziproker Erziehungsnetzwerke in modernen Marktgesellschaften. In: Beckenbach, N./Treeck, W. (Hrsg.): Umbrüche der Arbeitsgesellschaft. Soziale Welt, Sonderband 9. S. 65-84.

Mann, M. (1997): Hat die Globalisierung den Siegeszug des Nationalstaates beendet? In: PROKLA 106. Berlin. 113-142.

Mayntz, R. (1978): Vollzugsprobleme der Umweltpolitik. Empirische Untersuchung der Implementation von Gesetzen im Bereich der Luftreinhaltung und des Gewässerschutzes. Wiesbaden.

Mayntz, R. (1980): Die Implementation politischer Programme. Theoretische Überlegungen zu einem neuen Forschungsgebiet. In: Mayntz, R. (Hrsg.): Implementation politischer Programme. Empirische Forschungsberichte. Hanstein.

Mayntz, R. (1982): Problemverarbeitung durch das politisch-administrative System: Zum Stand der Forschung. In: Hesse, J. J. (Hg.): Politikwissenschaft und Verwaltungswissenschaft. Opladen. S. 74-89.

Mayntz, R. (1983a): Zur Einleitung: Probleme der Theoriebildung in der Implementationsforschung. In: Mayntz, R. (1983): Implementation politischer Programme II. Opladen. S. 7-24.

Mayntz, R. (1983b): Implementation regulativer Programme. In: Mayntz, R. (1983): Implementation politischer Programme II. Opladen. S. 50-74.

Mayntz, R. (1987): Politische Steuerung und gesellschaftliche Steuerungsprobleme – Anmerkungen zu einem theoretischen Paradigma. In: Ellwein, T./Hesse, J./Mayntz, R./Scharpf, F. (Hrsg.): Jahrbuch zur Staats- und Verwaltungswissenschaft. Bd. 1/1987. Baden-Baden. S. 89-110.

Mayntz, R. (1993): Policy-Netzwerke und die Logik von Verhandlungssystemen. In: Héritier, A. (Hrsg.): Policy-Analyse – Kritik und Neuorientierung, PVS (Politische Vierteljahreszeitschrift)-Sonderheft 24. S. 39-56.

Mayntz, R. (1995): Politische Steuerung: Ausstieg, Niedergang und Transformation einer Theorie. In: Beyme, K./Offe, C. (1995): Politische Theorien in der Ära der Transformation, PVS (Politische Vierteljahreszeitschrift)–Sonderheft 26, S. 148-168.

Mayntz, R./Scharpf, F. (1973): Planungsorganisation. Die Diskussion um die Reform von Regierung und Verwaltung des Bundes. München.

Mayntz, R./Scharpf, F. (1995): Der Ansatz des akteurszentrierten Institutionalismus. In: Mayntz, R./Scharpf, F. (Hrsg.): Gesellschaftliche Selbstregelung und politische Steuerung. Frankfurt am Main/New York. S. 39-72.

Mayntz, R./Scharpf, F. (1995): Steuerung und Selbstorganisation in staatsnahen Sektoren. In: Mayntz, R./Scharpf, F. (Hrsg.): Gesellschaftliche Selbstregelung und politische Steuerung. Frankfurt am Main/New York. S. 9-38.

Meisel, D. (1998): Normen- und Programmtransfer zwischen Kooperation und Anpassungsflexibilität – das Politikfeld der Wohnungspolitik. In: Hilpert, R./Holtmann, E. (Hrsg.): Regieren und intergouvernementale Beziehungen. Opladen. S. 87-103.

Messner, D. (1995): Die Netzwerkgesellschaft: Wirtschaftliche Entwicklung und internationale Wettbewerbsfähigkeit als Probleme gesellschaftlicher Steuerung. Köln.

Meuser, M./Nagel. U. (1991): ExpertInneninterviews – vielfach erprobt, wenig bedacht. In: Graz, D./Kraimer, K. (Hrsg.): Qualitative empirische Sozialforschung. Opladen. S. 441-471.

Mickel, W. (Hrsg.) (1986): Handlexikon zur Politikwissenschaft. Schriftenreihe der Bundeszentrale für politische Bildung. Bonn.

Ministerium für Wirtschaft des Landes Brandenburg (2000): Jahreswirtschaftsbericht Brandenburg 2000. Potsdam.

Ministerium für Wirtschaft des Landes Brandenburg (2000): Jahreswirtschaftsbericht 2000. Potsdam.

Ministerium für Wirtschaft und Technologie des Landes Sachsen-Anhalt (Hrsg.) (1996): Jahreswirtschaftsbericht Sachsen-Anhalt 1996. Magdeburg.

Ministerium für Wirtschaft und Technologie des Landes Sachsen-Anhalt (Hrsg.) (1997): Jahreswirtschaftsbericht Sachsen-Anhalt 1997. Magdeburg.

Ministerium für Wirtschaft und Technologie des Landes Sachsen-Anhalt (Hrsg.) (1998): Jahreswirtschaftsbericht Sachsen-Anhalt 1998. Magdeburg.

Ministerium für Wirtschaft und Technologie des Landes Sachsen-Anhalt (Hrsg.) (1999): Jahreswirtschaftsbericht Sachsen-Anhalt 1999. Magdeburg.

Ministerium für Wirtschaft und Technologie des Landes Sachsen-Anhalt (Hrsg.) (2000): Jahreswirtschaftsbericht Sachsen-Anhalt 2000. Magdeburg.

Ministerium für Wirtschaft und Technologie des Landes Sachsen-Anhalt (Hrsg.) (1996): Zwischenbericht TASK-FORCE. Magdeburg.

Ministerium für Wirtschaft und Technologie des Landes Sachsen-Anhalt (o. J.): Förderung der mittelständischen Wirtschaft. Magdeburg.

Ministerium für Wirtschaft, Mittelstand und Technologie des Landes Brandenburg (1992): Bilanz: Zwei Jahre Wirtschaftspolitik für Brandenburg, Potsdam.

Ministerium für Wirtschaft, Mittelstand und Technologie des Landes Brandenburg (1994): Entwicklungskonzeption Industrielle Schwerpunktstandorte. 13. April 1994. Potsdam.

Ministerium für Wirtschaft, Mittelstand und Technologie des Landes Brandenburg (1995): Jahreswirtschaftsbericht Brandenburg 1995. Potsdam.

Ministerium für Wirtschaft, Mittelstand und Technologie des Landes Brandenburg (1997): Jahreswirtschaftsbericht Brandenburg 1997. Potsdam.

Ministerium für Wirtschaft, Mittelstand und Technologie des Landes Brandenburg (1998a): Jahreswirtschaftsbericht Brandenburg 1998. Potsdam.

Ministerium für Wirtschaft, Mittelstand und Technologie des Landes Brandenburg (1998b): Die Brandenburgische Industrie 1997, Entwicklung, Leistung und Potentiale. Potsdam.

Ministerium für Wirtschaft, Mittelstand und Technologie des Landes Brandenburg (30.11.1999): Gründen, Festigen, Wachsen. Ein Leitfaden für Unternehmerinnen und Unternehmer im Land Brandenburg. Potsdam.

Ministerium für Wirtschaft, Mittelstand und Technologie des Landes Brandenburg (1999a): Jahreswirtschaftsbericht Brandenburg 1999. Potsdam.

Ministerium für Wirtschaft, Mittelstand und Technologie des Landes Brandenburg (1999b): Die Brandenburgische Industrie 1998, Entwicklung, Leistung und Potentiale. Potsdam.

Mitteilung der Kommission über die „de-minimis"-Beihilfen vom 6.3.1996. Amtsblatt der Europäischen Gemeinschaft, C68.

Mittelständischen Beteiligungsgesellschaft Berlin-Brandenburg (1998): Geschäftsbericht 1998. Potsdam.

Mittelständischen Beteiligungsgesellschaft Berlin-Brandenburg (1999): Geschäftsbericht 1999. Potsdam.

Mittelständischen Beteiligungsgesellschaft Berlin-Brandenburg (2000): Geschäftsbericht 2000. Potsdam.

Mittelständischen Beteiligungsgesellschaft von Sachsen-Anhalt (1998): Geschäftsbericht 1998. Magdeburg.

Mittelständischen Beteiligungsgesellschaft von Sachsen-Anhalt (1999): Geschäftsbericht 1999. Magdeburg.

Mittelständischen Beteiligungsgesellschaft von Sachsen-Anhalt (2000): Geschäftsbericht 2000. Magdeburg.

Müller, R. (1986): Krisenmanagement in der Unternehmung. Vorgehen, Maßnahmen und Organisation. Frankfurt/Bern/New York.

Müller, R. (1989): Krisenmanagement. In: Die Betriebwirtschaft 5/1989, S. 639ff.

Nägele, F. (1996): Regionale Wirtschaftspolitik im kooperativen Bundesstaat – Ein Politikfeld im Prozess der deutschen Vereinigung. Opladen.

Nohlen, D./ Schlutze, R. (Hrsg.) (1987): Pipers Wörterbuch zur Politik, Band 1 und 2. München, Zürich.

Nolte D./A. Ziegler (1994): Neue Wege einer regional- und sektoralorientierten Strukturpolitik in Ostdeutschland. Zur Diskussion um den "Erhalt industrieller Kerne". In: Informationen zur Raumentwicklung, Heft 3 1994. S. 111-.

Nolte, D./Ziegler, A. (1994): Regionen in der Krise. Regionale Aspekte des Strukturwandels in den neuen Bundesländern. In: WSI-Mitteilungen, Heft 1/1994. S. 58-67.

Offe, C. (1972): Strukturprobleme des kapitalistischen Staates. Frankfurt.

Offe, C. (1990): Sozialwissenschaftliche Aspekte der Diskussion. In: Hesse, J.J./Zöpel, C. (Hrsg.): Der Staat der Zukunft. Baden-Baden. S. 107-127.

Pappi, F. U. (1993): Policy-netze: Erscheinungsform moderner Politiksteuerung oder methodischer Ansatz? In: Héritier, A. (Hrsg.): Policy-Analyse – Kritik und Neuorientierung, PVS (Politische Vierteljahreszeitschrift)-Sonderheft 24. S. 84-94.

Pappi, F. U. (1999): Netzwerke zwischen Staat und Markt und zwischen Theorie und Methode (Sammelbesprechung). In: Soziologische Revue. Jg. 22. S. 293-300.

Perkmann, M. (1998): Die Welt der Netzwerke (Sammelbesprechung). In: Politische Vierteljahresschrift (PVS). H. 4. Opladen. S. 870-883.

Pick, E. (1995): Die (neue) Insolvenzordnung – ein Überblick. In: NJW (Neue Juristische Wochenschrift) Heft 15. S. 992-997.

Pilz, F./Ortwein, H. (2000): Das politische System Deutschlands. München.

Pitschas, R. (1990): Verwaltungsverantwortung und Verwaltungsverfahren. Strukturprobleme, Funktionsbedingungen und Entwicklungsperspektiven eines konsensualen Verwaltungsrechts. München.

Powell, W. (1996): Weder Markt noch Hierarchie: Netzwerkartige Organisationsformen. In: Kenis, P./Schneider, V. (Hrsg.): Organisation und Netzwerk. Institutionelle Steuerung in Wirtschaft und Politik. Wien. S. 213-271.

Prittwitz, von V. (1994): Politikanalyse. Opladen.

Prognos (1996): Informationen zum Beratungsprogramm für klein- und mittelständische Unternehmen in Sachsen-Anhalt. Magdeburg.

Prognos (o. J.): Beratungsprogramm für kleine und mittlere Unternehmen in Sachsen-Anhalt, Förderprogramm des Ministeriums für Wirtschaft und Technologie des Landes Sachsen-Anhalt, Informationsbroschüre. Magdeburg.

PWC Deutsche Revision (o. J.): Das Unternehmen. (Broschüre). Ohne Ort.

Rationalisierungs- und Innovationszentrum der Deutschen Wirtschaft e.V.: http://www.rkw.de

Richtlinie des Bundeswirtschaftsministeriums für Wirtschaft und Technologie für kleine und mittlere Unternehmen vom 26. Juni 1997: Bundesanzeiger 1997. Bonn.

Richtlinie für die Übernahme von Bürgschaften durch die Bürgschaftsbank Brandenburg in der Fassung vom 1. Januar 1999.

Richtlinie über die Gewährung von Konsolidierungsdarlehen an mittelständische Unternehmen im Land Sachsen-Anhalt, Runderlass des Ministeriums für Wirtschaft und Technologie vom **2.2.1998**, Magdeburg.

Richtlinie über die Gewährung von Mitteln aus dem Konsolidierungsfonds zur Sicherung mittelständischer Unternehmen der gewerblichen Wirtschaft (-KONSI-) vom 17. Juli 1995 in der Fassung vom 17. Juli 1998.

Richtlinie über die Gewährung von Zuwendungen für Beratungsleistungen an mittelständische Unternehmen vom 15.1.1996.

Richtlinie zum Konsolidierungsdarlehen an mittelständische Betriebe (Fk 3), Wirtschaftsministerium Sachsen-Anhalt, Magdeburg Juni **1996**.

Richtlinie zum Konsolidierungsdarlehen an mittelständische Betriebe (Fk 1), Wirtschaftsministerium Sachsen-Anhalt, Magdeburg Juni **1996**.

Richtlinie zur Förderung von Konsolidierungsbeteiligungen im Mittelstand vom 26.1.1996, Wirtschaftsministerium Sachsen-Anhalt, Magdeburg.

Richtlinie zur Förderung von Konsolidierungsbeteiligungen im Mittelstand, Runderlass des Ministeriums für Wirtschaft und Technologie vom 26.1.1998, Magdeburg.

Richtlinien für die Übernahme von Ausfallbürgschaften durch die Bürgschaftsbank Sachsen-Anhalt GmbH vom 1.1.1998, Bürgschaftsbank Sachsen-Anhalt. Magdeburg.

RKW (1999): Ihr Partner für Innovation und Mittelstand. Leistungen - Karten zur Präsentation. Eschborn.

RKW Brandenburg GmbH, Flyer zum Projekt zur Förderung des Aufbaus und der Festigung kleiner und mittlerer Unternehmen in Brandenburg für das Jahr 2000. O. S.

Sachverständigengutachten zur Begutachtung der gesamtwirtschaftlichen Entwicklung (1999): Wirtschaftspolitik unter Reformdruck. Jahresgutachten 1999/2000. Stuttgart.

Samuelson, P.A. /Nordhaus, W.D. (1998): Volkswirtschaftslehre. 5. Auflage. Wien/München.

Sauter, W. (1994): Grundlagen des Bankgeschäftes. Frankfurt/Main.

Schäfer, E. (1991): Die Unternehmung – Einführung in die Betriebswirtschaftslehre. Wiesbaden.

Scharpf, F. W. (1985): Die Politikverflechtungs-Falle. Europäische Integration und deutscher Föderalismus im Vergleich. In: Politische Vierteljahresschrift 26. S. 323-356.

Scharpf, F. W. (1991): Die Handlungsfähigkeit des Staates am Ende des 20. Jahrhunderts. In: PVS (Politische Vierteljahresschrift) 32. S. 621-634.

Scharpf, F. W. (1992): Koordination durch Verhandlungssysteme: Analytische Konzepte und institutionelle Lösungen. In: Benz, A./Scharpf, F.W./Zintl, R.: Horizontale Politikverflechtung. Zur These von Verhandlungssystemen. Frankfurt am Main/New York. S. 11-27.

Scharpf, F. W. (1993): Coordination in Hierarchies and Networks. In: Scharpf, F. W. (Hrsg.): Games in Hierarchies an Networks. Frankfurt. S. 125-165.

Scharpf, F. W. (1993a): Versuch über Demokratie im verhandelnden Staat. In: Czada, R. (Hrsg.): Verhandlungsdemokratie, Interessenvermittlung, Regierbarkeit. Festschrift für Gerhard Lehmbruch. Opladen. S. 25-50.

Scharpf, F. W. (1993b): Positive und negative Koordination in Verhandlungssystemen. In: Héritier, A. (Hrsg.): Policy-Analyse – Kritik und Neuorientierung, PVS (Politische Vierteljahreszeitschrift)-Sonderheft 24. S. 55-83.

Scharpf, F. W. (1995): Föderalismus und Demokratie in der transnationalen Ökonomie. In: Beyme, K./Offe, C. (Hrsg.): Politische Theorien in der Ära der Transformation, PVS (Politische Vierteljahreszeitschrift)-Sonderheft 26. Opladen. S. 211-235.

Scharpf, F. W. (1996): Politische Optionen im vollendeten Binnenmarkt. In: Jachtenfusch, M./Kohler-Koch, B. (Hrsg.): Europäische Integration. Opladen. S. 109-140.

Scharpf, F. W. (1998): Die Problemlösungsfähigkeit der Mehrebenenpolitik in Europa. In: Kohler-Koch, B. (Hrsg.): Regieren in entgrenzten Räumen, PVS (Politische Vierteljahreszeitschrift) -Sonderheft 29. S. 121-144.

Scharpf, F.W./Reissert, B./Schnabel F. (1976): Politikverflechtung, Theorie und Empirie des kooperativen Föderalismus in der Bundesrepublik. Kronsberg.

Schimank, U. (1992): Determinanten sozialer Steuerung –akteurtheoretisch betrachtet. In: Bußhoff, H. (Hrsg.): Steuerbarkeit und Steuerungsfähigkeit . Beiträge zur Grundlagendiskussion. Baden-Baden. S. 165-183.

Schmidt-Räntsch, R. (1994): Insolvenzrechtsreform verabschiedet. In: DStR (Deutsches Steuerrecht), Heft 40. S. 1466-1469.

Schubert, K. (1991): Politikfeldanalyse. Eine Einführung. Opladen.

Schuppert, G.F. (1989): Markt, Staat, Dritter Sektor – oder noch mehr? Sektorspezifische Steuerungsprobleme ausdifferenzierter Staatlichkeit. In: Ellwein, Th. u.a. (1989) (Hrsg.): Jahrbuch zur Staats- und Verwaltungswissenschaften. Baden-Baden 1989. S. 47-87.

Senior-Experten-Service: Datenbank. Bonn.

Service- und Beratungs-Centren im Land Brandenburg (o. J.): SBC Service- und Beratungs-Centren im Land Brandenburg.

SES (1999): Kurzinformation vom Mai 1999. Bonn.

Simons, J. (1997): Industriepolitik - Theorie, Praxis, politische Kommunikation. (UTB für die Wissenschaft). Stuttgart.

Smid, S. (1996): Zum Recht der Planinitiative gem. §218 InsO. In: WM (Wertpapier-Mitteilungen) Heft 28. S. 1249-1254.

Spöhring, W. (1989): Qualitative Sozialforschung. Stuttgart.

Staeck, N. (1995): Europäische Strukturfondspolitik in Deutschland. Eine Policy-Netzwerk-Analyse dargestellt am Beispiel des Bundeslandes Niedersachsens. Diskussionspapiere und Materialien Nr. 5. Hannover.

Staeck, N. (1997): Politikprozesse in der Europäischen Union: Eine Policy-Netzwerkanalyse der europäischen Strukturfondspolitik. Baden-Baden.

Staeck, N. (1998): Regieren im Mehrebenensystem der europäischen Strukturfondspolitik. In: Hilpert, U./Holtmann, E. (Hrsg.) (1998): Regieren und intergouvernementale Beziehungen. Opladen. S. 149-164.

Statistisches Bundesamt: Datenbank. Wiesbaden.

Statistisches Bundesamt: www.statistik-bund.de

Statistisches Landesamt Baden-Württemberg: Datenbank. Stuttgart.

Statistisches Landesamt in Brandenburg: Verschiedene Jahrgänge von Statistiken sowie Angaben aus der Datenbank. Potsdam. Statistisches Landesamt in Brandenburg: Verschiedene Jahrgänge von Statistiken sowie Angaben aus der Datenbank. Potsdam

Statistisches Landesamt in Sachsen-Anhalt: Verschiedene Jahrgänge von Statistiken sowie Angaben aus der Datenbank. Magdeburg.

Steinröx, M. (1994): Kommunale Wirtschaftsförderung aus der Privatwirtschaft. In: Dieckmann, J. u.a. (1994): Kommunale Wirtschaftsförderung, Köln. S. 33-44.

Subventionskodex der Länder vom 7.7.82. Bundestags-Drucksache 10/352, Anlage 11.

Subventionskodex Einzelunternehmen vom 30.5.1983. Mindestanforderungen für staatliche Hilfen von Sanierung von Einzelunternehmen in Ausnahmefällen. Bundestags-Drucksache 10/352, Anlage 11.

Sydow, J. (1993): Strategische Netzwerke. Evolution und Organisation. In: Neue betriebswirtschaftliche Forschung, Bd. 100. Wiesbaden.

taz - Die Tageszeitung vom 13.3.2001: "BGH-Urteil im Juli erwartet".

Titscher, S. (1997): Professionelle Beratung. Wien u.a.

Traxler, F. (1994): Grenzen der Deregulierung und Defizite der Steuerungstheorien. In: Österreichische Zeitschrift für Soziologie, 19. Jg., Heft 1. S. 4-19.

Uhlenbruck, W. (2000): Ein Jahr InsO – Ziel erreicht oder Reformbedarf? In: DZWir (Deutsche Zeitschrift für Wirtschafts- und Insolvenzrecht) 2000, Heft 1. S. 15-18.

van Scherpenberg, Jens (1996): Ordnungspolitische Konflikte im Binnenmarkt. In: Jachtenfuchs, M./Kohler-Koch, B. (Hrsg.): Europäische Integration. Opladen. S. 345-372.

Voskamp, U./Bluhm, K./Wittke, V. (1993): Industriepolitik als Experiment – Erfahrungen aus der Restrukturierung der großchemischen Industrie in Sachsen-Anhalt. In: WSI-Mitteilungen, Heft 10/1993. S. 648-658.

Wachendorfer-Schmidt, U. (1999): Der Preis des Föderalismus in Deutschland. In: PVS (Politische Vierteljahreszeitschrift), 40. Jahrgang, Heft 3/1999. Opladen. S. 3-39.

Walter, N. (1996a): Hilfen für ehemalige Treuhandunternehmen. In: Betrieb und Wirtschaft 6/1996. S. 215-221.

Walter, N. (1996b): Managementhilfen für ehemalige Treuhandunternehmen und Hilfen für Reprivatisierer. In: Betrieb und Wirtschaft 7/1996. S. 256-259.

Wegener, T. (2000): Institutionelle Aspekte der Regionalisierung von Wirtschafts- und Strukturpolitik: das Beispiel Sachsen-Anhalt. München.

Williamson, O. (1975): Markets and Hierarchies: Analysis and Antitrust Implication. New York.

Williamson, O. (1981): The Economics of Organization: The Transaction Cost Approach. In: American Journal of Sociology, H. 87. S. 87-109.

Willke, H. (1992): Die Ironie des Staates. Frankfurt/Main.

Windhoff-Héritier, A. (1987): Policy-Analyse. Eine Einführung. Frankfurt am Main/New York.

Windhoff-Héritier, A. (1996): Die Veränderung von Staatsaufgaben aus politikwissenschaftlich-institutioneller Sicht. In: Grimm, A. (Hrsg.): Staatsaufgaben. Frankfurt am Main. S. 75-91.

wir. (1998): Jahresbericht 1998

Wirtschaftsatlas Neue Bundesländer (1994), Gotha.

Zeitschrift für das gesamte Kreditwesen (1997/98): Die Finanzierungshilfen des Bundes, der Länder und der internationalen Institutionen. Sonderausgabe, Heft 1. Frankfurt am Main.

ABKÜRZUNGSVERZEICHNIS

AG	Aktiengesellschaft
AktG	Aktiengesetz
Art.	Artikel
BA	Bundesanstalt für Arbeit
BBk	Deutsche Bundesbank
BMWT	Bundesministerium für Wirtschaft und Technologie
BVK	Bundesverband deutscher Kapitalbeteiligungsgesellschaften - German Venture Capital Association e.V.
BvS	Bundesanstalt für vereinigungsbedingte Sonderaufgaben
DM	Deutsche Mark
DtA	Deutsche Ausgleichsbank
e.V.	eingetragener Verein
EG	Europäische Gemeinschaften
EGV	Europäischer Gemeinschaftsvertrag
EKE	Eigenkapitalergänzungsprogramm
EKH	Eigenkapitalhilfeprogramm
ERP	European Recovery Program (Europäisches Wiederaufbauprogramm)
EU	Europäische Union
ff.	folgende
FuE	Forschung und Entwicklung
GATT	General Agreement on Tariffs and Trade (Allgemeine Zoll- und Handelsabkommen)
gbb	gbb Beteiligungs-Aktiengesellschaft
GmbH	Gesellschaft mit beschränkter Haftung
GmbHG	GmbH-Gesetz
GSA	Grundstücksfonds Sachsen-Anhalt GmbH
GRW	Gemeinschaftsaufgabe zur „Verbesserung der regionalen Wirtschaftsstruktur"
H.v.	Herstellung von
IG Metall	Industriegewerkschaft Metall
INSO	Insolvenzordnung
KfW	Kreditanstalt für Wiederaufbau
KG	Kommanditgesellschaft

KGG	Kreditgarantiegemeinschaften
KWFO	Konsolidierungs- und Wachstumsfonds Ost
LB	Landesbank
MBG	Mittelständische Beteiligungsgesellschaft
MBO	Management by Out
o.J.	ohne Jahr
o.O	ohne Ort
OECD	Organisation for Economic Co-operation and Development
PWC	Price Waterhouse Cooper – Deutsche Revision
RDErl.	Runderlaß
RKW	Rationalisierungs- und Innovationszentrum der Deutschen Wirtschaft e.V.
RKW	Rationalisierungs- und Innovationszentrum der Deutschen Wirtschaft e.V. – Landesgruppe Brandenburg
S.	Seite
s.	siehe
SES	Senior Experten Service
SGB	Sozialgesetzbuch
sog.	sogenannte
StWG	Stabilitäts- und Wachstumsgesetz
TDM	Tausend Deutsche Mark
u.a.	unter anderem
u.U.	unter Umständen
UBGG	Unternehmensbeteiligungsgesetz
vgl.	vergleiche
wir	Wirtschafts-Initiativen für Deutschland e.V.
WTO	World Trade Organisation
z.B.	zum Beispiel
zzgl.	zuzüglich

ANHANG

Tab. A1: Erwerbstätige nach Wirtschaftsbereichen und Verwaltungsbezirken[1] in Sachsen-Anhalt (1999)

Verwaltungsbezirk	Insgesamt, in 1000	Anteil an Erwerbstätige insgesamt,	Davon			
			Land- und Forstwirtschaft, Fischerei	Produzierendes Gewerbe	Handel, Gastgewerbe, Verkehr und Nachrichtenübermittelung	Sonstige Dienstleistungen
			In 1000 (In %)	In 1000 (In %)	In 1000 (In %)	In 1000 (In %)
Dessau	41,1 (100%)	3,8	0,3 (0,8)	9,8 (23,8)	9,8 (23,8)	21,2 (51,5)
Anhalt-Zerbst	27,8 (100%)	2,6	1,7 (6,2)	10,4 (37,5)	6,2 (22,3)	9,4 (34,0)
Bernburg	26,4 (100%)	2,4	0,9 (3,2)	9,5 (35,8)	6,1 (23,1)	10,0 (37,8)
Bitterfeld	41,1 (100%)	3,8	1,6 (3,9)	14,2 (34,6)	9,5 (23,1)	15,8 (38,4)
Köthen	22,3 (100%)	2,1	1,0 (4,6)	7,7 (34,5)	4,9 (22,0)	8,7 (38,8)
Wittenberg	49,9 (100%)	4,6	3,4 (6,9)	17,6 (35,3)	10,3 (20,7)	18,5 (37,1)
Halle (Saale)	135,8 (100%)	12,6	1,0 (0,7)	31,1 (22,9)	28,4 (20,9)	75,3 (55,4)
Burgenlandkreis	56,2 (100%)	5,2	2,5 (4,4)	18,1 (32,2)	13,4 (23,8)	22,2 (39,6)
Mansfelder Land	35,6 (100%)	3,3	1,0 (2,8)	11,8 (33,1)	8,5 (24,0)	14,2 (40,0)
Merseburg-Querfurt	62,1 (100%)	5,8	3,0 (4,9)	23,0 (37,0)	13,8 (22,2)	22,3 (35,9)
Saalkreis	30,0 (100%)	2,8	1,1 (3,6)	12,8 (42,8)	9,3 (31,0)	6,8 (22,7)
Sangerhausen	25,1 (100%)	2,3	2,2 (8,6)	8,4 (33,4)	5,7 (22,6)	8,9 (35,4)
Weißenfels	28,5 (100%)	2,6	1,2 (4,2)	8,0 (28,1)	7,2 (25,2)	12,1 (42,5)
Magdeburg	135,9 (100%)	12,6	0,4 (0,3)	30,6 (22,5)	31,0 (22,8)	73,9 (54,4)
Aschersleben Straßfurt	37,4 (100%)	3,5	1,8 (4,9)	12,4 (33,3)	7,5 (20,1)	15,6 (41,7)
Bördekreis	27,6 (100%)	2,6	1,7 (6,1)	9,6 (34,8)	7,4 (26,7)	9,0 (32,5)
Halberstadt	30,3 (100%)	2,8	1,4 (4,7)	7,7 (25,5)	8,6 (28,5)	12,6 (41,4)
Jerichower Land	40,2 (100%)	3,7	1,9 (4,7)	13,8 (34,3)	9,0 (22,4)	15,5 (38,7)
Ohrekreis	43,1 (100%)	4,0	2,0 (4,7)	15,1 (35,0)	11,8 (27,3)	14,2 (33,0)
Stendal	53,4 (100%)	4,9	3,4 (6,3)	15,6 (29,2)	11,9 (22,2)	22,5 (42,2)

Verwaltungs-bezirk	Insgesamt, in 1000	Anteil an Erwerbstätige insgesamt,	Davon			
			Land- und Forstwirtschaft, Fischerei	Produzierendes Gewerbe	Handel, Gastgewerbe, Verkehr und Nachrichtenübermittelung	Sonstige Dienstleistungen
			In 1000 (In %)	In 1000 (In %)	In 1000 (In %)	In 1000 (In %)
Quedlinburg	30,6 (100%)	2,8	1,3 (4,2)	10,0 (32,8)	6,9 (22,5)	12,4 (40,5)
Schönebeck	24,7 (100%)	2,3	0,7 (2,9)	8,4 (34,1)	5,5 (22,5)	10,0 (40,5)
Wernigerode	36,2 (100%)	3,4	1,7 (4,6)	10,4 (28,7)	9,8 (27,2)	14,3 (39,6)
Altmarkkreis Salzwedel	37,1 (100%)	3,4	3,0 (8,1)	12,4 (33,5)	8,0 (21,7)	13,6 (36,8)
Sachsen-Anhalt	1.078,1 (100%)	100,0	40,1 (3,7)	328,5 (30,5)	250,6 (23,2)	459,0 (42,6)

(...) = Angaben sind geschätzt, k. A. = es sind darüber keine Informationen verfügbar.
[1] = Vorläufige Berechnungen

Quelle: Eigene Zusammenstellung nach Angaben des Statistischen Landesamtes Sachsen-Anhalt

Tab. A2: Erwerbstätige nach kreisfreien Städten und Landkreisen in Sachsen-Anhalt (1995 - 1999)

Personen in Tausend	1995		1997		1999	
		Veränderungen gegenüber 1993		Veränderungen gegenüber 1995		Veränderungen gegenüber 1997
Dessau	43,9	+2,1	42,1	-1,8	41,1	-1,0
Anhalt-Zerbst	27,2	+1,0	27,8	+0,6	27,8	k. V.
Bernburg	27,9	+1,1	26,0	-1,9	26,4	+0,4
Bitterfeld	54,2	+1,0	43,6	-10,6	41,1	-2,5
Köthen	23,4	+2,8	23,2	-0,2	22,3	-0,9
Wittenberg	55,7	+5,1	52,7	-3,0	49,9	-2,8
Halle (Saale)	147,3	-2,8	136,7	-10,6	135,8	-0,9
Burgenlandkreis	56,8	-2,2	56,3	-0,5	56,2	-0,1
Mansfelder Land	39,7	+1,2	35,5	-4,2	35,6	+0,1
Merseburg-Querfurt	70,3	+7,8	64,2	-6,1	62,0	-2,1
Saalkreis	25,9	+7,8	28,4	+2,5	30,0	+1,6
Sangerhausen	25,0	-1,6	26,3	+1,3	25,1	-1,2
Weißenfels	28,7	+2,2	28,4	-0,3	28,5	+0,1
Magdeburg	148,0	+0,4	137,5	-10,5	135,9	-1,6
Aschersleben-Straßfurt	39,6	-1,9	37,7	-1,9	37,4	-0,3
Bördekreis	25,2	+0,6	25,9	+0,4	27,6	+1,7
Halberstadt	30,4	+1,9	31,2	+0,8	30,3	-0,9
Jerichower Land	38,5	+3,4	39,7	+1,2	40,2	+0,5
Ohrekreis	39,9	+4,0	40,2	+0,3	43,1	+2,9
Stendal	56,6	-0,5	55,1	-1,5	53,4	-1,7
Quedlinburg	31,8	+0,7	31,0	-0,8	30,6	-0,4

Personen in Tausend	1995		1997		1999	
		Veränderungen gegenüber 1993		Veränderungen gegenüber 1995		Veränderungen gegenüber 1997
Schönebeck	26,2	+0,3	26,0	-0,2	24,7	-1,3
Wernigerode	36,7	+0,6	36,3	-0,1	36,2	-0,1
Altmarkkreis Salzwedel	37,0	+1,9	36,6	-0,4	37,1	+0,5
Sachsen-Anhalt	1.136,0	+36,2	1.088,2	-22,5	1.078,1	-10,1

Quelle: Eigene Zusammenstellung nach Angaben des Statistischen Landesamtes Sachsen-Anhalt

Tab. A3: Betriebe und Umsätze des Verarbeitenden Gewerbes, Bergbau und der Gewinnung von Steinen und Erden nach Verwaltungsbezirken in Sachsen-Anhalt (2000)

	Anzahl der Betriebe	Beschäftigte insgesamt im Monatsdurchschnitt	Gesamtumsatz	
			Insgesamt in 1000	Anteil (in %) am Gesamtumsatz des Landes Sachsen-Anhalt
Dessau	42	4.368	605.459	1,58
Anhalt-Zerbst	43	3.282	958.911	2,51
Bernburg	29	3.707	1.355.973	3,55
Bitterfeld	69	5.274	1.563.215	4,09
Köthen	36	3.187	745.718	1,95
Wittenberg	89	6.099	2.255.698	5,90
Halle (Saale)	64	6.574	1.464.679	3,83
Burgenlandkreis	68	6.311	2.130.170	5,57
Mansfelder Land	39	3.906	1.373.401	3,59
Merseburg-Querfurt	86	8.711	10.049.597	26,28
Saalkreis	57	3.811	893.021	2,33
Sangerhausen	35	1.862	379.026	0,99
Weißenfels	27	2.118	1.276.318	3,34
Magdeburg	67	5.608	1.580.297	4,13
Aschersleben-Straßfurt	67	4.407	1.770.951	4,63
Bördekreis	49	3.334	839.623	2,20
Halberstadt	41	2.844	373.323	0,98
Jerichower Land	66	4.131	1.613.022	4,22
Ohrekreis	72	6.388	2.306.559	6,03
Stendal	45	3.380	821.378	2,15
Quedlinburg	48	3.299	533.435	1,39
Schönebeck	43	2.796	710.761	1,86
Wernigerode	55	4.680	1.858.157	4,86
Altmarkkreis Salzwedel	44	3.408	782.053	2,04
Sachsen-Anhalt	1.280	103.437	38.240.745	100,0

Quelle: Eigene Zusammenstellung nach Angaben des Statistischen Landesamtes Sachsen-Anhalt

Tab. A4: Unternehmensinsolvenzen nach Verwaltungsbezirken in Sachsen-Anhalt (2000 und 2001)

	2000	1.1.-31.7.2001
Kreisfreie Städte		
Dessau	70	31
Anhalt-Zerbst	72	42
Bernburg	47	17
Bitterfeld	94	50
Köthen	53	32
Wittenberg	100	63
Landkreise		
Halle (Saale)	138	80
Burgenlandkreis	89	43
Mansfelder Land	69	41
Merseburg-Querfurt	100	57
Saalkreis	58	39
Sangerhausen	33	32
Weißenfels	27	26
Magdeburg	203	110
Aschersleben-Staßfurt	58	34
Bördekreis	42	27
Halberstadt	44	25
Jerichower Land	60	62
Ohrekreis	66	35
Stendal	67	59
Quedlinburg	34	28
Schönebeck	34	29
Wernigerode	43	13
Altmarkkreis Salzwedel	43	38
Sachsen-Anhalt	**1.644**	**1.013**

Quelle: Eigene Zusammenstellung nach Angaben des Statistischen Landesamtes Sachsen-Anhalt

Tab. A5: Fördervolumen, Anzahl der Bewilligungen und geförderte Arbeitsplätze bei IMPULS 2000 in Sachsen-Anhalt (1997 - 2000)

	Anzahl Bewilligungen (Darlehen, Beteiligungen)	Anteil der Bewilligungen am Land in Prozent	Volumen gesamt in DM	Anteil des Fördervolumens am Land in Prozent	Geförderte Arbeitsplätze	Anteil der geförderten Arbeitsplätze am Land in Prozent	davon bewilligte Darlehen			davon bewilligte Beteiligungen		
							Anzahl	Volumen (DM)	Arbeitsplätze	Anzahl	Volumen (DM)	Arbeitsplätze
Sachsen-Anhalt	240	100	134.835.750	100	9.668	100	184	72.989.750	5.924	56	61.846.000	3.744
Kreisfreie Städte												
Dessau	9	3,75	5.780.000	4,29	665	6,88	7	3.280.000	415	2	2.500.000	250
Halle (Saale)	19	7,92	6.413.000	4,76	590	6,10	13	3.250.000	226	6	3.163.000	364
Magdeburg	24	10,00	12.098.250	8,97	826	8,54	21	9.598.250	699	3	2.500.000	127
Landkreise												
Anhalt-Zerbst	4	1,67	990.000	0,73	84	0,87	3	840.000	75	1	150.000	9
Aschersleben-Staßfurter-LK	8	3,33	8.450.000	6,27	595	6,15	5	3.950.000	215	3	4.500.000	380
Bernburg	3	1,25	4.200.000	3,11	511	5,29	0	0	0	3	4.200.000	511
Bitterfeld	7	2,92	3.084.893	2,29	380	3,93	5	1.084.893	117	2	2.000.000	263
Bördekreis	8	3,33	4.380.000	3,25	427	4,42	7	2.380.000	354	1	2.000.000	73
Burgenlandkreis	10	4,17	3.167.000	2,35	316	3,27	8	1.467.000	187	2	1.700.000	129
Halberstadt	7	2,92	4.375.000	3,24	166	1,72	5	1.575.000	73	2	2.800.000	93

	Anzahl Bewilligungen (Darlehen, Beteiligungen)	Anteil der Bewilligungen am Land in Prozent	Volumen gesamt in DM	Anteil des Fördervolumens am Land in Prozent	Geförderte Arbeitsplätze	Anteil der geförderten Arbeitsplätze am Land in Prozent	davon bewilligte Darlehen			davon bewilligte Beteiligungen		
							Anzahl	Volumen (DM)	Arbeitsplätze	Anzahl	Volumen (DM)	Arbeitsplätze
Jerichower Land	14	5,83	7.760.000	5,76	542	5,61	11	3.960.000	409	3	3.800.000	133
Köthen	9	3,75	5.896.000	4,37	116	1,20	7	2.626.000	51	2	3.270.000	65
Mansfelder Land	9	3,75	5.030.000	3,73	334	3,45	5	1.530.000	128	4	3.500.000	206
Merseburg-Querfurt	6	2,50	1.930.000	1,43	107	1,11	6	1.930.000	107	0	0	0
Ohre-Kreis	14	5,83	11.308.000	8,39	651	6,73	4	2.950.000	201	10	8.358.000	450
Stendal	18	7,50	11.121.000	8,25	641	6,63	16	8.521.000	551	2	2.600.000	90
Quedlinburg	4	1,67	2.000.000	1,48	257	2,66	4	2.000.000	257	0	0	0
Saalkreis	8	3,33	4.230.000	3,14	354	3,66	5	605.000	165	3	3.625.000	189
Sangerhausen	8	3,33	5.150.000	3,82	410	4,24	8	5.150.000	410	0	0	0
Schönebeck	3	1,25	461.600	0,34	53	0,55	3	461.600	53	0	0	0
Weißenfels	0	0,00	0	0,00	0	0,00	0	0	0	0	0	0
Wernigerode	14	5,83	5.964.007	4,42	366	3,79	13	3.964.007	348	1	2.000.000	18
Salzwedel	20	8,33	8.152.000	6,05	594	6,14	17	5.152.000	418	3	3.000.000	176
Wittenberg	14	5,83	12.895.000	9,56	683	7,06	11	6.715.000	465	3	6.180.000	216

Quelle: Eigene Zusammenstellung nach Angaben des Landesförderinstitutes Sachsen-Anhalt

Tab. A6: Fördervolumen und Anteile der Förderart des Programmes IMPULS 2000

	Volumen gesamt in DM	davon: Volumen der bewilligten Darlehen in DM	Anteil an Fördervolumens des Landes in Prozent	davon: Volumen der bewilligten Beteiligungen in DM	Anteil an Fördervolumens des Landes in Prozent
Sachsen-Anhalt	134.835.750	72.989.750	54,1%	61.846.000	45,9%
Kreisfreie Städte					
Dessau	5.780.000	3.280.000	56,7%	2.500.000	43,3%
Halle (Saale)	6.413.000	3.250.000	50,7%	3.163.000	49,3%
Magdeburg	12.098.250	9.598.250	79,3%	2.500.000	20,7%
Landkreise					
Anhalt-Zerbst	990.000	840.000	84,8%	150.000	15,2%
Aschersleben-Staßfurter-LK	8.450.000	3.950.000	46,7%	4.500.000	53,3%
Bernburg	4.200.000	0	0,0%	4.200.000	100,0%
Bitterfeld	3.084.893	1.084.893	35,2%	2.000.000	64,8%
Bördekreis	4.380.000	2.380.000	54,3%	2.000.000	45,7%
Burgenlandkreis	3.167.000	1.467.000	46,3%	1.700.000	53,7%
Halberstadt	4.375.000	1.575.000	36,0%	2.800.000	64,0%
Jerichower Land	7.760.000	3.960.000	51,0%	3.800.000	49,0%
Köthen	5.896.000	2.626.000	44,5%	3.270.000	55,5%
Mansfelder Land	5.030.000	1.530.000	30,4%	3.500.000	69,6%
Merseburg-Querfurt	1.930.000	1.930.000	100,0%	0	0,0%
Ohre-Kreis	11.308.000	2.950.000	26,1%	8.358.000	73,9%
Stendal	11.121.000	8.521.000	76,6%	2.600.000	23,4%
Quedlinburg	2.000.000	2.000.000	100,0%	0	0,0%
Saalkreis	4.230.000	605.000	14,3%	3.625.000	85,7%
Sangerhausen	5.150.000	5.150.000	100,0%	0	0,0%
Schönebeck	461.600	461.600	100,0%	0	0,0%
Weißenfels	0	0		0	
Wernigerode	5.964.007	3.964.007	66,5%	2.000.000	33,5%
Salzwedel	8.152.000	5.152.000	63,2%	3.000.000	36,8%
Wittenberg	12.895.000	6.715.000	52,1%	6.180.000	47,9%

Quelle: Eigene Zusammenstellung nach Angaben des Landesförderinstitutes Sachsen-Anhalt

Tab. A7: Anzahl der bewilligten Anträge, Fördersummen und geförderte Arbeitsplätze der Bürgschaften von der Bürgschaftsbank Sachsen-Anhalt für die Jahre 1997 bis 2000

Wirtschaftsbereich	Anträge	Kreditsumme in DM	Fördersumme in DM	Geförderte Arbeitsplätze
Altmark-Salzwedel				
2 – Handwerk	11	3.982.600,00	1.666.080,00	192
3 – Handel	8	3.442.000,00	2.753.600,00	102
4 – Gartenbau	1	204.000,00	163.200,00	33
5 - Freie Berufe	1	1.875.000,00	1.500.000,00	19
6 – Industrie	2	312.400,00	249.920,00	65
8 – Gastgewerbe	3	274.000,00	219.200,00	13
9 - Sonstiges Gewerbe	4	3.777.477,00	3.021.981,60	16
Alle Wirtschaftsbereiche	30	13.867.477,00	9.573.981,60	440
Anhalt-Zerbst				
2 - Handwerk	6	980.000,00	784.000,00	56
3 - Handel	4	1.050.000,00	840.000,00	77
4 - Gartenbau	1	200.000,00	160.000,00	20
5 - Freie Berufe	1	200.000,00	160.000,00	7
6 - Industrie	12	8.723.000,00	6.858.400,00	399
8 - Gastgewerbe	2	342.000,00	273.600,00	30
9 - Sonstiges Gewerbe	4	1.775.000,00	1.420.000,00	37
Alle Wirtschaftsbereiche	30	13.270.000,00	10.496.000,00	626
Aschersleben-Staßfurt				
2 - Handwerk	5	1.120.000,00	896.000,00	44
3 - Handel	6	1.235.000,00	988.000,00	78
5 - Freie Berufe	1	200.000,00	160.000,00	8
6 - Industrie	14	14.420.000,00	9.136.000,00	802
7 - Verkehr	1	550.000,00	440.000,00	57
9 - Sonstiges Gewerbe	6	1.229.700,00	983.760,00	71
Alle Wirtschaftsbereiche	33	18.754.700,00	12.603.760,00	1060
Bernburg				
2 - Handwerk	9	3.322.000,00	2.657.600,00	218
3 - Handel	10	4.949.400,00	3.859.520,00	138
5 - Freie Berufe	1	100.000,00	80.000,00	20
6 - Industrie	9	8.780.000,00	3.664.000,00	471
9 - Sonstiges Gewerbe	2	438.700,00	350.960,00	41
Alle Wirtschaftsbereiche	31	17.590.100,00	10.612.080,00	888
Bitterfeld				
2 - Handwerk	9	4.350.000,00	3.380.000,00	410
3 - Handel	6	1.389.200,00	1.111.360,00	67
6 - Industrie	7	7.339.000,00	5.871.200,00	187
7 - Verkehr	2	500.000,00	400.000,00	109
8 - Gastgewerbe	1	544.800,00	435.840,00	0
9 - Sonstiges Gewerbe	2	1.388.000,00	1.110.400,00	24
Alle Wirtschaftsbereiche	27	15.511.000,00	12.308.800,00	797

Wirtschaftsbereich	Anträge	Kreditsumme in DM	Fördersumme in DM	Geförderte Arbeitsplätze
Bördekreis				
2 - Handwerk	13	5.561.000,00	4.448.800,00	1736
3 - Handel	9	5.655.000,00	3.784.800,00	111
5 - Freie Berufe	1	700.000,00	560.000,00	22
6 - Industrie	11	10.083.000,00	7.655.200,00	373
7 - Verkehr	1	45.000,00	36.000,00	5
9 - Sonstiges Gewerbe	4	3.736.000,00	1.388.800,00	85
Alle Wirtschaftsbereiche	**39**	**25.780.000,00**	**17.873.600,00**	**2332**
Burgenlandkreis				
2 - Handwerk	6	2.970.000,00	2.316.000,00	280
3 - Handel	6	1.913.000,00	1.530.400,00	69
5 - Freie Berufe	3	550.000,00	440.000,00	12
6 - Industrie	8	6.086.000,00	2.858.800,00	494
8 - Gastgewerbe	1	200.000,00	160.000,00	3
9 - Sonstiges Gewerbe	1	250.000,00	200.000,00	13
Alle Wirtschaftsbereiche	**25**	**11.969.000,00**	**7.505.200,00**	**871**
Dessau				
2 - Handwerk	7	1.798.150,00	1.464.520,00	171
3 - Handel	5	1.999.950,00	1.599.960,00	62
5 - Freie Berufe	1	614.000,00	491.200,00	7
6 - Industrie	11	10.833.000,00	4.146.400,00	953
8 - Gastgewerbe	1	1.041.000,00	832.800,00	10
9 - Sonstiges Gewerbe	6	1.744.000,00	1.395.200,00	30
Alle Wirtschaftsbereiche	**31**	**18.030.100,00**	**9.930.080,00**	**1233**
Halberstadt				
2 - Handwerk	18	4.468.000,00	3.494.400,00	359
3 - Handel	9	3.197.000,00	1.917.600,00	108
5 - Freie Berufe	2	800.000,00	640.000,00	15
6 - Industrie	7	5.025.000,00	4.420.000,00	163
7 - Verkehr	2	330.000,00	264.000,00	37
8 - Gastgewerbe	3	2.392.000,00	1.893.600,00	14
9 - Sonstiges Gewerbe	4	1.812.800,00	1.450.240,00	70
Alle Wirtschaftsbereiche	**45**	**18.024.800,00**	**14.079.840,00**	**766**
Halle				
2 - Handwerk	30	12.294.600,00	9.107.280,00	859
3 - Handel	22	7.882.480,00	6.305.980,00	308
4 - Gartenbau	3	2.400.000,00	1.360.000,00	161
5 - Freie Berufe	3	3.155.000,00	2.524.000,00	44
6 - Industrie	12	5.828.000,00	4.462.400,00	560
7 - Verkehr	3	1.200.000,00	960.000,00	104
8 - Gastgewerbe	2	360.000,00	288.000,00	10
9 - Sonstiges Gewerbe	10	4.407.500,00	3.394.000,00	496
Alle Wirtschaftsbereiche	**85**	**37.527.580,00**	**28.401.660,00**	**2542**

Wirtschaftsbereich	Anträge	Kreditsumme in DM	Fördersumme in DM	Geförderte Arbeitsplätze
Jerichower Land				
2 - Handwerk	10	3.605.000,00	2.324.000,00	177
3 - Handel	7	2.308.800,00	1.847.040,00	57
6 - Industrie	19	15.880.330,00	11.824.264,00	505
9 - Sonstiges Gewerbe	5	4.090.000,00	1.672.000,00	174
Alle Wirtschaftsbereiche	**41**	**25.884.130,00**	**17.667.304,00**	**913**
Köthen				
2 - Handwerk	7	1.167.000,00	933.600,00	68
3 - Handel	4	3.260.000,00	2.368.000,00	53
4 - Gartenbau	1	188.600,00	150.880,00	11
6 - Industrie	8	5.787.000,00	3.381.600,00	206
7 - Verkehr	1	390.000,00	312.000,00	7
9 - Sonstiges Gewerbe	1	1.500.000,00	1.200.000,00	10
Alle Wirtschaftsbereiche	**22**	**12.292.600,00**	**8.346.080,00**	**355**
Magdeburg				
2 - Handwerk	49	16.508.600,00	12.656.880,00	1421
3 - Handel	43	11.856.395,00	9.085.116,00	475
5 - Freie Berufe	8	4.019.000,00	2.795.200,00	241
6 - Industrie	24	18.600.000,00	14.736.000,00	1300
7 - Verkehr	6	2.349.000,00	1.879.200,00	158
8 - Gastgewerbe	4	1.875.700,00	1.500.560,00	141
9 - Sonstiges Gewerbe	19	5.943.700,00	4.834.960,00	245
Alle Wirtschaftsbereiche	**153**	**61.152.395,00**	**47.487.916,00**	**3981**
Mansfelder Land				
2 - Handwerk	13	4.429.534,00	3.023.627,20	428
3 - Handel	13	4.394.000,00	3.515.200,00	212
6 - Industrie	6	2.365.000,00	1.892.000,00	131
7 - Verkehr	1	1.345.000,00	1.076.000,00	36
8 - Gastgewerbe	1	850.000,00	0,00	6
9 - Sonstiges Gewerbe	2	740.500,00	592.400,00	66
Alle Wirtschaftsbereiche	**36**	**14.124.034,00**	**10.099.227,20**	**879**
Merseburg-Querfurt				
2 - Handwerk	12	3.305.000,00	2.584.000,00	317
3 - Handel	9	3.288.500,00	2.630.800,00	90
4 - Gartenbau	1	150.000,00	120.000,00	15
6 - Industrie	8	4.016.000,00	2.972.800,00	72
8 - Gastgewerbe	1	24.500,00	19.600,00	2
9 - Sonstiges Gewerbe	7	2.796.620,00	2.237.296,00	138
Alle Wirtschaftsbereiche	**38**	**13.580.620,00**	**10.564.496,00**	**634**

Wirtschaftsbereich	Anträge	Kreditsumme in DM	Fördersumme in DM	Geförderte Arbeitsplätze
Ohrekreis				
2 - Handwerk	14	5.015.400,00	3.672.320,00	483
3 - Handel	17	4.849.000,00	3.899.200,00	163
4 - Gartenbau	1	350.000,00	280.000,00	15
5 - Freie Berufe	1	200.000,00	160.000,00	5
6 - Industrie	16	12.889.600,00	7.911.680,00	598
7 - Verkehr	2	230.000,00	184.000,00	11
9 - Sonstiges Gewerbe	5	1.625.600,00	1.275.480,00	30
Alle Wirtschaftsbereiche	**56**	**25.159.600,00**	**17.382.680,00**	**1305**
Quedlinburg				
2 - Handwerk	8	4.489.000,00	3.591.200,00	302
3 - Handel	8	2.535.000,00	2.028.000,00	87
4 - Gartenbau	1	2.000.000,00	0,00	54
5 - Freie Berufe	2	718.500,00	574.800,00	12
6 - Industrie	9	4.203.700,00	3.362.960,00	396
8 - Gastgewerbe	1	117.000,00	93.600,00	6
9 - Sonstiges Gewerbe	2	846.000,00	676.800,00	32
Alle Wirtschaftsbereiche	**31**	**14.909.200,00**	**10.327.360,00**	**889**
Saalkreis				
2 - Handwerk	8	4.345.000,00	3.476.000,00	378
3 - Handel	7	2.910.000,00	2.328.000,00	96
6 - Industrie	11	9.807.000,00	5.425.600,00	329
9 - Sonstiges Gewerbe	4	1.281.000,00	1.024.800,00	24
Alle Wirtschaftsbereiche	**30**	**18.343.000,00**	**12.254.400,00**	**827**
Sangerhausen				
2 - Handwerk	7	2.017.700,00	1.614.160,00	171
3 - Handel	4	2.900.000,00	2.320.000,00	45
6 - Industrie	4	2.778.200,00	2.222.560,00	109
7 - Verkehr	1	350.000,00	280.000,00	10
9 - Sonstiges Gewerbe	2	780.000,00	624.000,00	36
Alle Wirtschaftsbereiche	**18**	**8.825.900,00**	**7.060.720,00**	**371**
Schönebeck				
2 - Handwerk	8	2.363.000,00	1.890.400,00	151
3 - Handel	4	1.248.348,00	998.678,40	39
6 - Industrie	5	2.949.500,00	2.359.600,00	301
8 - Gastgewerbe	1	830.000,00	664.000,00	7
9 - Sonstiges Gewerbe	3	310.000,00	248.000,00	27
Alle Wirtschaftsbereiche	**21**	**7.700.848,00**	**6.160.678,40**	**525**
Stendal				
2 - Handwerk	14	5.307.000,00	4.245.600,00	387
3 - Handel	11	5.962.000,00	4.289.600,00	214
6 - Industrie	9	6.559.100,00	5.647.280,00	480
7 - Verkehr	2	700.000,00	560.000,00	56
8 - Gastgewerbe	2	700.000,00	560.000,00	13
9 - Sonstiges Gewerbe	3	960.000,00	768.000,00	62
Alle Wirtschaftsbereiche	**41**	**20.188.100,00**	**16.070.480,00**	**1212**

Wirtschaftsbereich	Anträge	Kreditsumme in DM	Fördersumme in DM	Geförderte Arbeitsplätze
Weißenfels				
2 - Handwerk	3	1.811.000,00	1.448.800,00	77
3 - Handel	1	600.000,00	480.000,00	39
6 - Industrie	4	2.958.000,00	766.400,00	195
9 - Sonstiges Gewerbe	1	400.000,00	320.000,00	7
Alle Wirtschaftsbereiche	**9**	**5.769.000,00**	**3.015.200,00**	**318**
Wernigerode				
2 - Handwerk	8	4.268.000,00	3.414.400,00	294
3 - Handel	7	1.252.500,00	1.002.000,00	78
5 - Freie Berufe	1	30.000,00	24.000,00	1
6 - Industrie	9	6.472.000,00	3.417.600,00	321
7 - Verkehr	1	632.500,00	506.000,00	17
8 - Gastgewerbe	7	3.456.000,00	2.764.800,00	58
9 - Sonstiges Gewerbe	5	2.101.000,00	1.680.800,00	95
Alle Wirtschaftsbereiche	**38**	**18.212.000,00**	**12.809.600,00**	**864**
Wittenberg				
2 - Handwerk	5	2.900.000,00	1.120.000,00	132
3 - Handel	8	2.687.000,00	2.149.600,00	135
6 - Industrie	17	11.650.000,00	8.776.000,00	700
8 - Gastgewerbe	2	37.000,00	29.600,00	9
9 - Sonstiges Gewerbe	3	1.051.000,00	840.800,00	36
Alle Wirtschaftsbereiche	**35**	**18.325.000,00**	**12.916.000,00**	**1012**
Sachsen-Anhalt				
2 - Handwerk	280	102377584	76209667,2	9111
3 - Handel	228	82764573	63632454,4	2903
4 - Gartenbau	9	5492600	2234080	309
5 - Freie Berufe	26	13161500	10109200	413
6 - Industrie	242	184344830	124018664	10110
7 - Verkehr	23	8621500	6897200	607
8 - Gastgewerbe	23	13.044.000,00	9.735.200,00	322
9 - Sonstiges Gewerbe	105	44984597	32710677,6	1865
Alle Wirtschaftsbereiche	**945**	**454.791.184,00**	**325.547.143,20**	**25640**

Quelle: Eigene Zusammenstellung nach Angaben der Bürgschaftsbank Sachsen-Anhalt

Tab. A8: Übersicht über die im Treuhandauftrag des Landes Sachsen-Anhalt von der GSA Grundstücksfonds Sachsen-Anhalt GmbH erworbenen Betriebsstätten (1998 - 2000)

Ort	Firma	Branche	Grundstücksgröße m²	Erhaltene Arbeitsplätze
Aken	Magnesitwerk	Baumaterialherstellung	442.000	-
Blankenburg	Harzer Werke I	Gießerei	158.136	180
Blankenburg	Harzer Werke II	Gießerei	297.330	-
Genthin	TUK Tief- und Kulturbau	Tiefbau	16.213	45
Graefenhainichen	ASTA	Anlagenbau	305.112	113
Haldensleben	Sägewerk Ohrdorf	Sägewerk	27.713	29
Halle	ED'ST'AL	Sägewerk	15.490	40
Merseburg	Folienwerke	Alu-Verarbeitung	-	107
Oschersleben	Ackermann und Frühauf	Fahrzeugbau	57.862	60
Schönebeck	DMS	Maschinenbau	130.497	97
Thale	EHW I	Eisenhütte	110.802	.
Thale	EHW II	Eisenhütte	9.875	.
Weißenfels	Weißenfelser Felsbräu	Brauerei	111.765	26
Schönebeck	DMS	Maschinenbau	129.514	97
Groß Rosenburg	Edelhoff	Sondermaschinenbau	12.846	21
Krumpa	ADDINOL	Mineralöl	1.660.000	320
Magdeburg	Stahlgießerei Rothensee	Stahlgießerei	151.885	95
Roitzsch	LMBV	Automobilzulieferer	208.651	350
Schönebeck	Stadt	Maschinenbau	1.168	-
Cochstedt	FE GmbH	Flughafen	117.000	-
Magdeburg	Magdeburger Stahlbau	Stahlbau	32.952	63
Elster	Betonwerke	Betonbau	258.779	90
Cochstedt	FE GmbH	Flughafen	106.994	
Thalheim	Bitterfeld-Wolfener Liegenshafts GmbH		567.040	
Gesamt			4.801.985	1.536

Quelle: Landesentwicklungsgesellschaft (LEG) Nordrhein-Westfalen GmbH 1998: 45 sowie Angaben der Grundstücksfonds Sachsen-Anhalt GmbH, Magdeburg

Tab. A9: Betriebe und Beschäftigtengrößenklassen nach Verwaltungsbezirken in Brandenburg (September 2000)

	Anzahl der Betriebe	Davon in Betrieben mit ... Beschäftigten				
		Unter 50	50 bis 99	100 bis 199	200 bis 499	mehr als 500
Kreisfreie Städte						
Brandenburg an der Havel	30	18	4	4	1	3
Cottbus	35	19	7	6	2	1
Frankfurt (Oder)	20	17	-	2	-	1
Potsdam	26	19	3	3	-	1
Landkreise						
Barnim	64	43	12	5	3	1
Dahme-Spreewald	89	57	23	4	5	-
Elbe-Elster	91	56	24	6	5	-
Havelland	70	45	12	7	5	1
Märkisch-Oderland	71	48	16	7	2	-
Oberhavel	82	46	23	6	5	2
Oberspree-wald-Lausitz	61	37	16	7	1	2
Oder-Spree	89	58	18	8	3	2
Ostprignitz-Ruppin	69	45	16	6	2	-
Potsdam-Mittelmark	106	74	21	10	1	-
Prignitz	52	35	9	4	3	1
Spree-Neiße	67	46	10	6	2	3
Teltow-Fläming	99	61	21	10	5	2
Uckermark	54	27	20	4	2	1
Brandenburg	**1.175**	**751**	**251**	**105**	**47**	**21**

Quelle: Eigene Zusammenstellung nach Angaben des Statistischen Landesamtes Brandenburg

Tab. A10: Betriebe und Umsätze nach Verwaltungsbezirken in Brandenburg (2000)

	Anzahl der Betriebe	Beschäftigte insgesamt im Monatsdurchschnitt	Gesamtumsatz	
			Insgesamt in 1000 DM	Anteil (in %) am Gesamtumsatz des Landes Brandenburg
Kreisfreie Städte				
Brandenburg an der Havel	30	4.144	945.123	3,0
Cottbus	35	3.616	666.119	2,1
Frankfurt (Oder)	20	1.163	274.864	0,9
Potsdam	26	1.706	383.639	1,2
Landkreise				
Barnim	63	4.130	959.098	3,1
Dahme-Spreewald	87	4.696	1.332.069	4,2
Elbe-Elster	91	5.320	1.514.100	4,9
Havelland	71	5.180	1.654.436	5,3
Märkisch-Oderland	70	3.740	1.110.758	3,5
Oberhavel	80	8.333	2.923.580	9,4
Oberspreewald-Lausitz	60	6.386	1.720.525	5,5
Oder-Spree	88	7.962	3.237.365	10,4
Ostprignitz-Ruppin	68	3.378	1.206.848	3,9
Potsdam-Mittelmark	107	4.678	1.466.860	4,7
Prignitz	53	3.467	946.108	3,1
Spree-Neiße	69	8.999	2.474.336	7,9
Teltow-Fläming	97	8.572	3.256.387	10,5
Uckermark	55	4976	4.932.801	15,9
Brandenburg	**1.169**	**90.445**	**31.005.015**	**100,0**

Quelle: Eigene Zusammenstellung nach Angaben des Statistischen Landesamtes Brandenburg

Tab. A11: Erwerbstätige nach Wirtschaftsbereichen und Verwaltungsbezirken in Brandenburg (Mai 2000)

Verwaltungsbezirk	Insgesamt, in 1000	Anteil an Erwerbstätige insgesamt, in %	Davon			
			Land- und Forstwirtschaft, Fischerei In 1000 (In %)	Produzierendes Gewerbe In 1000 (In %)	Handel, Gastgewerbe und Verkehr In 1000 (In %)	Sonstige Dienstleistungen In 1000 (In %)
Kreisfreie Städte						
Brandenburg an der Havel	29,2 (100%)	2,5	k. A.	10,1 (34,6)	(6,6) (22,6)	12,0 (41,1)
Cottbus	49,3 (100%)	4,3	k. A.	13,2 (26,8)	11,6 (23,5)	23,3 (47,3)
Frankfurt (Oder)	34,4 (100%)	3,0	k. A.	(7,4) (21,5)	(9,0) (26,1)	17,4 (50,6)
Potsdam	59,7 (100%)	5,2	k. A.	11,2 (18,8)	12,2 (20,4)	35,6 (59,6)
Landkreise						
Barnim	72,5 (100%)	6,3	k. A.	21,2 (29,2)	15,5 (21,4)	33,2 (45,8)
Dahme-Spreewald	75,2 (100%)	6,6	k. A.	22,8 (30,3)	20,0 (26,6)	29,4 (39,1)
Elbe-Elster	55,2 (100%)	4,8	k. A.	19,7 (35,7)	13,7 (24,8)	18,3 (33,2)
Havelland	64,2 (100%)	5,6	k. A.	18,5 (28,1)	16,1 (25,1)	27,3 (42,5)
Märkisch-Oderland	89,6 (100%)	7,8	k. A.	22,9 (25,6)	22,7 (25,3)	38,5 (42,9)
Oberhavel	86,9 (100%)	7,6	k. A.	26,4 (30,4)	19,9 (22,9)	37,9 (43,6)
Oberspreewald-Lausitz	53,1 (100%)	4,6	k. A.	19,4 (36,5)	13,2 (24,9)	19,3 (36,3)
Oder-Spree	88,7 (100%)	7,7	k. A.	27,9 (31,5)	23,0 (25,9)	34,9 (39,3)
Ostprignitz-Ruppin	46,1 (100%)	4,0	k. A.	15,3 (33,2)	(9,9) (21,4)	17,7 (38,4)
Potsdam-Mittelmark	99,0 (100%)	8,6	k. A.	28,7 (29,0)	24,2 (24,4)	42,3 (42,7)
Prignitz	40,4 (100%)	3,5	k. A.	12,3 (30,4)	10,6 (26,2)	14,7 (36,4)
Spree-Neiße	65,1 (100%)	5,7	k. A.	23,2 (35,6)	13,6 (20,9)	24,9 (38,2)
Teltow-Fläming	76,1 (100%)	6,6	k. A.	19,1 (25,1)	21,3 (28,0)	30,9 (40,6)
Uckermark	59,2 (100%)	5,2	k. A.	18,6 (31,4)	13,8 (23,3)	22,2 (37,5)
Brandenburg	**1.144,6**	**100%**	**49,4**	**337,5**	**277,3**	**480,4**

Quelle: Eigene Zusammenstellung nach Angaben des Statistischen Landesamtes Brandenburg
(...) = Angaben sind geschätzt, k. A. = es sind darüber keine Informationen verfügbar.

Tab. A12: Unternehmensinsolvenzen nach Verwaltungsregionen in Brandenburg (2000)

	Insgesamt	Nach Wirtschaftsbereichen				
		Verarbeitendes Gewerbe	Baugewerbe	Handel	darunter:	
					Großhandel	Einzelhandel
Brandenburg	**1.511**	**135**	**607**	**291**	**57**	**180**
Kreisfreie Städte	**205**	**22**	**66**	**39**	**9**	**24**
Brandenburg an der Havel	31	6	10	4	1	2
Cottbus	48	3	18	12	4	4
Frankfurt (Oder)	38	3	9	11	1	10
Potsdam	88	10	29	12	3	8
Landkreise	**1.306**	**113**	**541**	**252**	**48**	**156**
Barnim	112	4	40	25	4	15
Dahme-Spreewald	97	9	37	23	1	16
Elbe-Elster	61	6	30	13	2	9
Havelland	109	12	44	20	5	11
Märkisch-Oderland	124	11	52	33	10	19
Oberhavel	114	5	50	20	2	11
Oberspreewald-Lausitz	59	7	24	12	2	9
Oder-Spree	87	9	41	13	1	9
Ostprignitz-Ruppin	69	5	29	12	3	6
Potsdam-Mittelmark	160	17	62	25	4	17
Prignitz	36	4	15	4	1	3
Spree-Neiße	101	11	41	21	6	9
Teltow-Fläming	116	7	54	17	2	13
Uckermark	61	6	22	14	5	9

Quelle: Eigene Zusammenstellung nach Angaben des Statistischen Landesamtes Brandenburg

Tab. A13: Unternehmensinsolvenzen nach Verwaltungsbezirken in Brandenburg (1998 - 2000)

	1998	1999	2000
Kreisfreie Städte			
Brandenburg an der Havel	38	32	31
Cottbus	47	52	48
Frankfurt (Oder)	43	21	38
Potsdam	73	80	88
Landkreise			
Barnim	101	87	112
Dahme-Spreewald	90	104	97
Elbe-Elster	57	49	61
Havelland	91	73	109
Märkisch-Oderland	112	99	124
Oberhavel	126	116	114
Oberspreewald-Lausitz	60	59	59
Oder-Spree	125	84	87
Ostprignitz-Ruppin	91	55	69
Potsdam-Mittelmark	106	116	160
Prignitz	51	31	36
Spree-Neiße	82	85	101
Teltow-Fläming	99	122	116
Uckermark	67	62	61
Brandenburg	**1.459**	**1.317**	**1.511**

Quelle: Eigene Zusammenstellung nach Angaben des Statistischen Landesamtes Brandenburg

Tab. A14: Förderungen im Rahmen des Liquiditätssicherungsprogramms und des Konsolidierungsfonds in Brandenburg (1997 - 2000)

Landkreis/ kreisfreie Stadt	Jahr	Fördersumme Auszahlung in DM	Programm	Branche	Anteil des Wirtschaftszw. am Fördervol. insg. im Lk (1)	Gesicherte Arbeitsplätze	Fördervol. Pro gesicherten Arbeitsplatz in DM
Brandenburg a.d. Havel							
	1997	5.000.000	KONSI	Baugewerbe	72,9	211	
	1998	1.700.000	LISI	H.v. Metallerzeugnissen	24,2	65	
	1999	200.000	LISI	Kraftfahrzeughandel	2,9	8	
	2000	112.000	LISI	Baugewerbe		16	
Insgesamt		7.012.000			100,0	300	23.373,30
Cottbus							
	1999	999.000	KONSI	Ernährungsgewerbe	100,0	161	
Insgesamt		999.000			100,0	161	6.205,00
Frankfurt/Oder							
	1997	300.000	LISI	Nachrichtenübermittlung	16,7	72	
	1999	1.500.000	KONSI	Ernährungsgewerbe	83,3	57	
Insgesamt		1.800.000			100,0	129	13.953,5
Potsdam							
	1997	500.000	LISI	Baugewerbe	48,6	22	
	1998	1.700.000	LISI	Baugewerbe		103	
	1998	500.000	LISI	Kultur, Sport	14,4	53	
	1998	1.500.000	KONSI	Baugewerbe		210	
	1999	275.000	LISI	Baugewerbe		72	
	1999	450.000	LISI	Handelsvermittlung	4,8	17	
	1999	500.000	LISI	Datenverarbeitung	26,5	14	
	1999	550.000	LISI	Erbr.von sonst. Dienstleistungen	5,7	14	
	1999	357.000	LISI	Kultur, Sport		8	
	1999	2.000.000	KONSI	Datenverarbeitung		33	
	1999	500.000	KONSI	Kultur, Sport		12	
	2000	615.000	KONSI	Baugewerbe		70	
Insgesamt		9.447.000			100,0	628	15.043,0

Landkreis/kreisfreie Stadt	Jahr	Fördersumme Auszahlung in DM	Programm	Branche	Anteil des Wirtschaftszw. am Fördervol. insg. im Lk (1)	Gesicherte Arbeitsplätze	Fördervol. Pro gesicherten Arbeitsplatz
Barnim							
	1997	416.000	LISI	Baugewerbe	12,4	25	
	1997	2.000.000	KONSI	Grundstücks-, Wohnungswesen	14,4	102	
	1997	5.000.000	KONSI	Maschinenbau	72,5	238	
	1998	340.000*	LISI	Baugewerbe		50	
	1998	85.000	LISI	Recycling	0,6	9	
	1998	950.000	KONSI	Baugewerbe		116	
	2000	5.000.000	KONSI	Maschinenbau		238	
Insgesamt		**13.791.000**			**100,0**	**778**	**17.726,20**
Dahme-Spreewald							
	1997	150.000	LISI	Maschinenbau	5,5	8	
	1997	1.500.000	LISI	Baugewerbe	62,1	104	
	1997	35.000	LISI	Einzelhandel	5,0	1	
	1998	350.000	LISI	Rundfunk etc.	12,8	22	
	1998	100.000	LISI	Einzelhandel		5	
	1998	400.000	KONSI	Handelsvermittlung	14,6	70	
	1999	200.000	LISI	Baugewerbe		13	
Insgesamt		**2.735.000**			**100,0**	**223**	**12.264,6**
Elbe Elster							
	1997	150.000	LISI	Maschinenbau	12,8	16	
	1997	380.000	LISI	Baugewerbe	28,3	56	
	1997	567.000	LISI	Handelsvermittlung	13,7	14	
	1997	200.000	LISI	Hilfs- und Nebentätigkeiten	2,1	8	
	1997	1.000.000	KONSI	Holzgewerbe	10,7	40	
	1998	1.700.000	LISI	Ernährungsgewerbe	18,4	115	
	1998	640.000*	LISI	Baugewerbe		80	
	1998	1.000.000	KONSI	H.v. Metallerzeugnissen	10,7	35	
	1998	1.100.000	KONSI	Baugewerbe		107	
	1998	700.000	KONSI	Handelsvermittlung		20	
	1999	320.000	LISI	Glasgewerbe	3,4	22	
	1999	500.000	LISI	Baugewerbe		224	
	2000	1.000.000	KONSI	Maschinenbau		149	
Insgesamt		**9.257.000**			**100,0**	**886**	**10.448,1**

Land-kreis/kreis-freie Stadt	Jahr	Fördersumme Auszahlung in DM	Programm	Branche	Anteil des Wirtschaftszw. am Fördervol. insg. im Lk (1)	Gesicherte Arbeitsplätze	Fördervol. pro gesicherten Arbeitsplatz
Havelland							
	1997	945.000	KONSI	Sonst. Dienstl.	7,4	85	
	1998	480.000*	LISI	Baugewerbe	25,7	20	
	1998	250.000	KONSI	Gummi- und Kunststoff	2,0	20	
	1999	50.000	LISI	Holzgewerbe	0,4	0	
	1999	1.076.000	LISI	H.v. Metallerzeugnissen	18,0	73	
	1999	785.000	LISI	Baugewerbe		103	
	1999	4.900.000	KONSI	Chemische Industrie	46,5	240	
	1999	1.200.000	KONSI	H.v. Metallerzeugnissen		36	
	2000	2.000.000	LISI	Baugewerbe		129	
	2000	1.000.000	KONSI	Chemische Industrie		250	
Insgesamt		12.686.000			100,0	956	13.269,9
Märkisch-Oderland							
	1997	400.000	LISI	Metallerzeugung	30,8	28	
	1997	730.000	LISI	Recycling	8,3	51	
	1998	300.000	KONSI	Rundfunk-, Fernsehtechnik	3,4	45	
	1999	275.000	LISI	Landwirtschaft	3,1	14	
	1999	300.000	LISI	H.v. Metallerzeugnissen		27	
	1999	1.700.000	LISI	Sonst. Fahrzeugbau	19,4	27	
	1999	530.000*	LISI	Baugewerbe	20,5	50	
	1999	325.000	LISI	Handelsvermittlung	3,7	9	
	1999	2.000.000	KONSI	H.v. Metallerzeugnissen		42	
	2000	950.000	LISI	Recycling	10,8	22	
	2000	1.270.000*	LISI	Baugewerbe		129	
Insgesamt		8.780.000			100,0	444	19.774,8
Oberhavel							
	1997	131.000	LISI	Metallerzeugung	9,9	16	
	1997	500.000	KONSI	Metallerzeugung		210	
	1998	500.000	LISI	Holzgewerbe	7,8	29	
	1998	200.000	KONSI	Landverkehr, Transport	3,1	38	
	1998	150.000	LISI	Handelsvermittlung	2,4	11	

Land-kreis/kreis-freie Stadt	Jahr	Fördersumme Auszahlung in DM	Programm	Branche	Anteil des Wirtschaftszw. am Fördervol. insg. im Lk(1)	ges. Arbeits-plätze	Fördervol. pro gesicherten Arbeitsplatz
	1999	1.700.000*	LISI	Baugewerbe	26,6	196	
	2000	200.000	LISI	Medizintechnik	3,1	8	
	2000	3.000.000	KONSI	Chemische Industrie	47,0	180	
Insgesamt		6.381.000			100,0	688	9.274,70
Oberspreewald-Lausitz							
	1997	450.000	LISI	Baugewerbe	46,7	41	
	1998	295.000	LISI	Baugewerbe		25	
	1998	600.000	KONSI	Landwirtschaft	37,5	50	
	2000	252.000	LISI	Verlagsgewerbe	15,8	12	
Insgesamt		1.597.000			100,0	128	12.476,60
Oder-Spree							
	1997	126.000	LISI	Baugewerbe	27,9	5	
	1997	400.000	LISI	Handelsvermittlung	6,0	38	
	1998	1.600.000	LISI	Holzgewerbe	24,2	32	
	1998	500.000	LISI	Metallerzeugung	7,6	20	
	1998	80.000	LISI	Landverkehr, Transport	1,2	5	
	1999	150.000	LISI	Baugewerbe		21	
	1999	90.000	LISI	Hilfstätigkeiten	1,4	15	
	1999	820.000	KONSI	Baugewerbe		22	
	2000	1.700.000	LISI	Gummi- und Kunststofferzeugung	25,7	64	
	2000	750.000	LISI	Baugewerbe		149	
	2000	400.000	KONSI	H.v. Kraftwagen	6,0	47	
Insgesamt		6.616.000			100,0	418	15.827,80
Ostprignitz-Ruppin							
	1997	60.000	LISI	Maschinenbau	1,1	17	
	1997	500.000	LISI	Baugewerbe	17,0	61	
	1998	2.000.000	KONSI	Kraftwagenerzeugung	37,2	136	
	1999	250.000	LISI	Baugewerbe		53	
	1999	2.000.000	LISI	Einzelhandel	37,2	187	
	2000	407.000	LISI	H.v. Metallerzeugnissen	7,6	28	
	2000	165.000	LISI	Baugewerbe		15	
Insgesamt		5.382.000			100,0	497	10.829,00

Land-kreis/kreis-freie Stadt	Jahr	Fördersumme Auszahlung in DM	Programm	Branche	Anteil des Wirtschaftszw. am Fördervol. insg. im Lk(1)	ges. Arbeitsplätze	Fördervol. pro gesicherten Arbeitsplatz
Potsdam-Mittelmark							
	1997	400.000	LISI	Ernährungsgewerbe	6,1	57	
	1997	701.000	LISI	Baugewerbe	32,4	54	
	1997	100.000	LISI	Handelsvermittlung	1,5	15	
	1998	200.000	LISI	Baugewerbe		14	
	1998	705.000	KONSI	H.v. Metallerzeugnissen	13,7	45	
	1999	200.000	LISI	H.v. Metallerzeugnissen		17	
	1999	460.000	LISI	Rundfunk, Fernsehen	7,0	50	
	1999	1.230.000	LISI	Baugewerbe		164	
	1999	1.100.000	KONSI	Kraftfahrzeughandel	16,7	58	
	1999	480.000	KONSI	Nachrichtenübermittlung	7,4	8	
	2000	1.000.000	KONSI	H.v. Geräten der Elektriz.-erzeugg	15,2	50	
Insgesamt		6.576.000			100,0	532	12.360,90
Prignitz							
	1997	140.000	LISI	Holzgewerbe	2,6	5	
	1997	80.000	LISI	H.v. Metallerzeugnissen	10,8	7	
	1997	200.000	KONSI	H.v. Metallerzeugnissen		22	
	1998	760.000	KONSI	Holzgewerbe	14,1	21	
	1999	300.000	LISI	H.v. Metallerzeugnissen		29	
	1999	330.000	LISI	Maschinenbau	6,1	18	
	1999	300.000	LISI	Baugewerbe	16,4	15	
	2000	2.000.000	LISI	Ernährungsgewerbe	37,0	38	
	2000	700.000	LISI	Gummi- und Kunststoff	13,0	40	
	2000	590.000	LISI	Baugewerbe		94	
Insgesamt		5.400.000			100,0	289	18.685,10

Landkreis/kreisfreie Stadt	Jahr	Fördersumme Auszahlung in DM	Programm	Branche	Anteil des Wirtschaftszw. am Fördervol. insg. im Lk(1)	ges. Arbeitsplätze	Fördervol. pro gesicherten Arbeitsplatz
Spree-Neiße							
	1997	1.000.000	LISI	Textilgewerbe	40,9	25	
	1997	150.000	LISI	Holzgewerbe	1,5	26	
	1997	3.000.000*	KONSI	Maschinenbau	30,7	159	
	1997	400.000	KONSI	Bekleidungsgewerbe	4,1	49	
	1997	3.000.000	KONSI	Textilgewerbe		108	
	1999	2.000.000	KONSI	Baugewerbe	22,8	245	
	2000	210.000	KONSI	Baugewerbe		15	
Insgesamt		9.760.000			100,0	627	15.566,20
Teltow-Fläming							
	1997	624.000	LISI	Baugewerbe	74,0	72	
	1997	200.000	KONSI	Bekleidungsgewerbe	10,4	33	
	1997	150.000	KONSI	H.v. Möbel, Schmuck	7,8	18	
	1997	400.000	KONSI	Baugewerbe		84	
	1999	400.000	LISI	Baugewerbe		48	
	2000	150.000	LISI	Handelsvermittlung	7,8	8	
Insgesamt		1.924.000			100,0	263	7.315,60
Uckermark							
	1997	900.000	LISI	Baugewerbe	72,8	45	
	1998	995.000	KONSI	Baugewerbe		93	
	1999	70.000	LISI	H.v. Metallerzeugnissen	2,5	8	
	1999	700.000	LISI	Recycling	24,7	54	
	1999	160.000	LISI	Baugewerbe		10	
Insgesamt		2.825.000			100,0	210	13.452,40

Erläuterungen: *=mehrere Zusagen in der entsprechenden Branche ; (1) Anteil in der jeweiligen Branche aufsummiert, falls mehrere Zusagen in einer Branche im Beobachtungszeitraum

Quelle: Eigene Zusammenstellung nach Angaben der Investitionsbank Brandenburg, Datenbank

Tab. A15: (Ausgewählte) Branchenzuordnung zu Dienstleistungsarten und Verarbeitendem Gewerbe entsprechend der Systematik der Klassifikation der Wirtschaftszweige Ausgabe 1993 (WZ 93) vom Statistischen Bundesamt (zur Erläuterung der Tabelle A14 und Abbildungen in den Kapiteln 4.2.3 und 5.2.3)

WZ 93	Abteilung nach Klassifikation der Wirtschaftszweige, Ausgabe 1993 (WZ 93)
Produktionsorientierte Dienstleistungen	
70	Grundstücks- und Wohnungswesen
72	Datenverarbeitung und Datenbanken
93	Erbringung von sonstigen Dienstleistungen
Konsumorientierte Dienstleistungen	
92	Kultur, Sport und Unterhaltung
Distributive Dienstleistungen	
50	Kraftfahrzeughandel, Instandhaltung und Reparatur von Kraftfahrzeugen, Tankstellen
51	Handelsvermittlung und Großhandel
52	Einzelhandel, Reparatur von Gebrauchtgütern
60	Landverkehr, Transport in Rohrfernleitungen, Schifffahrt
63	Hilfs- und Nebentätigkeiten
64	Nachrichtenübermittlung
Verarbeitendes Gewerbe	
15	Ernährungsgewerbe
DB	Textil- und Bekleidungsgewerbe
17	Textilgewerbe
18	Bekleidungsgewerbe
DD	Holzgewerbe
DE	Verlags-, Druckgewerbe, Vervielfältigung
DG	chemische Industrie
DH	H.v. Gummi- und Kunststoffwaren
DI	Glasgewerbe, Keramik, Verarbeitung v. Steinen und Erden
DJ	Metallerzeugung u. -bearbeitung, H.v. Metallerzeugnissen
27	Metallerzeugung u. –bearbeitung
28	H.v. Metallerzeugnissen
DK	Maschinenbau
31	H.v. Geräten der Elektriz.-erzeugung, -verteilung
32	Rundfunk, Fernseh- und Nachrichtentechnik
33	Medizin-, Mess-, Steuer- u. Regelungstechnik, Optik
DM	Fahrzeugbau
34	H.v. Kraftwagen und Kraftwagenteil
35	sonst. Fahrzeugbau
36	H.v. Möbeln, Schmuck, Musikinstrumente, Sportgeräten usw.
37	Recycling

Quelle: Statistisches Bundesamt, Systematik für Wirtschaftszweige WZ 1993, Zuordnung der Dienstleistungsarten auf der Basis der WZ BA (Bundesanstalt für Arbeit) 1993

Tab. A16: Anzahl der Anträge und Fördervolumen des Liquiditätssicherungsprogramms und des Konsolidierungsfonds in Brandenburg (1997 - 2000)

Landkreis/ kreisfreie Stadt	Anzahl der Zusagen	Fördersumme insgesamt in DM	Durchschnittl. Fördersumme in DM
Brandenburg	3	7.012.000	2.337.333
Cottbus	1	999.000	999.000
Frankfurt/Oder	3	1.800.000	600.000
Potsdam	12	9.447.000	787.250
Barnim	9	13.791.000	1.532.333
Dahme-Spreewald	7	2.735.000	390.714
Elbe-Elster	16	9.257.000	578.563
Havelland	16	12.686.000	792.875
Märkisch-Oderland	14	8.780.000	627.143
Oberhavel	10	6.381.000	638.100
Oberspreewald-Lausitz	3	1.597.000	532.333
Oder-Spree	11	6.616.000	601.455
Ostprignitz-Ruppin	10	5.382.000	538.200
Potsdam-Mittelmark	14	6.576.000	469.714
Prignitz	12	5.400.000	450.000
Spree-Neiße	7	9.760.000	1.394.286
Teltow-Fläming	10	1.924.000	192.400
Uckermark	4	2.825.000	706.250
Insgesamt	**162**	**112.968.000**	**697.333**

Quelle: Eigene Zusammenstellung nach Angaben der InvestitionsBank Brandenburg, Datenbank

Tab. A17: Genehmigungen der Bürgschaftsbank Brandenburg in Tausend DM (1997 - 2000)

	Anträge	Kredit in TDM	Bürgschaft in TDM	gesicherte/neue Arbeitsplätze
Brandenburg an der Havel	**49**	**23.687**	**18.803**	**724**
Einzelhandel	6	1.707	1.241	
Freie Berufe	6	1.695	1.356	
Gartenbau	2	1.947	1.558	
Großhandel	4	1.507	1.183	
Handwerk	13	7.618	6.095	
Industrie	7	3.064	2.451	
übrige Gewerbe	10	5.044	4.035	
Verkehr	1	1.106	885	
Cottbus,Stadt	**42**	**25.346**	**20.020**	**712**
Einzelhandel	6	1.246	997	
Freie Berufe	13	3.458	2.766	
Großhandel	4	3.978	3.032	
Handwerk	8	5.262	4.209	
Industrie	5	6.992	5.567	
übrige Gewerbe	6	4.410	3.448	
Frankfurt(Oder),Stadt	**24**	**17.871**	**13.604**	**581**
Einzelhandel	3	2.282	1.825	
Freie Berufe	4	2.851	1.755	
Großhandel	1	120	96	
Handwerk	11	6.275	5.020	
Industrie	1	1.678	1.175	
Übrige Gewerbe	4	4.666	3.733	
Potsdam,Stadt	**124**	**56.574**	**44.026**	**1.161**
Einzelhandel	26	5.362	4.208	
Freie Berufe	16	4.936	3.429	
Gartenbau	2	700	560	
Gastgewerbe	9	5.579	4.464	
Großhandel	5	3.941	3.153	
Handwerk	27	7.158	5.656	
Industrie	3	800	640	
übrige Gewerbe	33	25.498	19.936	
Verkehr	3	2.600	1.980	
Barnim	**31**	**19.816**	**14.983**	**465**
Einzelhandel	6	2.195	1.756	
Freie Berufe	3	1.656	1.145	
Gartenbau	2	670	536	
Gastgewerbe	2	2.100	1.680	
Großhandel	1	1.175	823	
Handwerk	7	1.579	1.263	
Industrie	7	9.932	7.372	
übrige Gewerbe	3	510	408	

	Anträge	Kredit in TDM	Bürgschaft in TDM	gesicherte/neue Arbeitsplätze
Dahme-Spreewald	**64**	**40.919**	**29.852**	**1.259**
Einzelhandel	14	4.510	3.608	
Freie Berufe	6	1.350	1.080	
Gastgewerbe	2	309	225	
Großhandel	1	761	609	
Handwerk	14	8.990	7.000	
Industrie	10	16.878	11.062	
übrige Gewerbe	16	7.720	5.948	
Verkehr	1	400	320	
Elbe-Elster	**69**	**46.056**	**36.023**	**2.124**
Einzelhandel	7	2.533	1.826	
Freie Berufe	1	1.100	880	
Gartenbau	1	180	144	
Gastgewerbe	2	863	611	
Großhandel	8	4.815	3.852	
Handwerk	23	12.115	9.638	
Industrie	19	20.558	15.959	
übrige Gewerbe	6	3.611	2.889	
Verkehr	2	280	224	
Havelland	**55**	**21.857**	**17.047**	**679**
Einzelhandel	9	2.458	1.966	
Freie Berufe	5	771	617	
Gartenbau	1	1.008	806	
Großhandel	2	1.213	971	
Handwerk	17	5.790	4.502	
Industrie	15	9.615	7.405	
übrige Gewerbe	4	683	546	
Verkehr	2	318	233	
Märkisch-Oderland	**56**	**30.067**	**23.397**	**1.274**
Einzelhandel	8	4.833	3.574	
Freie Berufe	6	1.074	859	
Gastgewerbe	1	144	115	
Großhandel	9	7.887	6.164	
Handwerk	15	4.150	3.201	
Industrie	9	9.032	7.126	
übrige Gewerbe	7	2.775	2.220	
Verkehr	1	172	138	

	Anträge	Kredit in TDM	Bürgschaft in TDM	gesicherte/neue Arbeitsplätze
Oberhavel	**76**	**37.581**	**29.411**	**835**
Einzelhandel	15	6.326	5.061	
Freie Berufe	10	2.283	1.826	
Gastgewerbe	3	843	674	
Großhandel	4	1.079	863	
Handwerk	19	9.424	6.889	
Industrie	8	4.361	3.489	
übrige Gewerbe	16	13.095	10.472	
Verkehr	1	170	136	
Oberspreewald-Lausitz	**74**	**41.066**	**32.008**	**1.514**
Einzelhandel	10	5.640	4.350	
Freie Berufe	4	698	558	
Gastgewerbe	10	3.222	2.548	
Großhandel	2	1.500	1.100	
Handwerk	19	6.300	4.869	
Industrie	17	13.644	10.632	
übrige Gewerbe	9	9.017	7.114	
Verkehr	3	1.045	836	
Oder-Spree	**50**	**24.242**	**19.041**	**1.047**
Einzelhandel	8	1.772	1.418	
Freie Berufe	5	1.096	849	
Gartenbau	2	210	168	
Gastgewerbe	2	653	522	
Großhandel	1	125	100	
Handwerk	15	7.389	5.715	
Industrie	7	5.841	4.550	
übrige Gewerbe	8	6.819	5.450	
Verkehr	2	337	270	
Ostprignitz-Ruppin	**42**	**28.895**	**22.632**	**907**
Einzelhandel	8	4.281	3.275	
Freie Berufe	2	509	407	
Gastgewerbe	2	432	324	
Großhandel	2	1.560	1.248	
Handwerk	5	2.086	1.669	
Industrie	13	12.897	10.173	
übrige Gewerbe	8	6.945	5.404	
Verkehr	2	184	132	
Potsdam-Mittelmark	**130**	**62.530**	**48.761**	**1.333**
Einzelhandel	26	9.511	7.532	
Freie Berufe	11	1.792	1.433	
Gartenbau	6	2.775	2.220	
Gastgewerbe	4	3.899	2.956	
Großhandel	7	1.280	1.024	

	Anträge	Kredit in TDM	Bürgschaft in TDM	gesicherte/neue Arbeitsplätze
Handwerk	30	17.072	13.268	
Industrie	10	6.050	4.840	
übrige Gewerbe	32	19.265	14.779	
Verkehr	4	885	708	
Prignitz	**37**	**22.492**	**17.413**	**428**
Einzelhandel	3	820	656	
Freie Berufe	5	1.074	859	
Gartenbau	1	505	404	
Gastgewerbe	1	224	179	
Großhandel	1	515	412	
Handwerk	14	6.686	4.971	
Industrie	8	10.124	7.918	
übrige Gewerbe	3	2.395	1.916	
Verkehr	1	150	98	
Spree-Neiße	**48**	**25.237**	**19.874**	**850**
Einzelhandel	6	2.337	1.869	
Freie Berufe	5	1.434	1.147	
Gartenbau	1	500	400	
Gastgewerbe	1	550	495	
Großhandel	3	746	597	
Handwerk	17	8.745	6.625	
Industrie	12	9.950	7.960	
übrige Gewerbe	3	976	781	
Teltow-Fläming	**98**	**47.078**	**35.312**	**1.313**
Einzelhandel	8	1.463	1.170	
Freie Berufe	8	1.716	1.373	
Gartenbau	3	1.000	760	
Gastgewerbe	1	133	106	
Großhandel	2	440	352	
Handwerk	33	12.899	10.147	
Industrie	22	17.351	12.449	
übrige Gewerbe	19	11.155	8.217	
Verkehr	2	922	738	
Uckermark	**37**	**15.023**	**11.979**	**391**
Einzelhandel	6	1.605	1.284	
Freie Berufe	1	550	440	
Gastgewerbe	5	969	775	
Handwerk	11	3.895	3.116	
Industrie	8	5.526	4.381	
übrige Gewerbe	5	2.436	1.948	
Verkehr	1	44	35	

Quelle: Eigene Zusammenstellung nach Angaben der Bürgschaftsbank Brandenburg

Tab. A18: Einsatzorte von Senior-Experten-Service in Brandenburg (1997 - 1999)

Jahr	Ort	
1997	Bernau	Potsdam
	Eichwalde	Wittenberge
	Altglietzen	Wusterwitz
	Königswusterhausen	Vehlow
	Mildenberg	Wittstock
	Markendorf	Tschnitz
	Forst	Zeesen
	Dahme	Freidorf
	Schönermark	Rathenow
	Frankfurt/Oder	Golzow
1998	Herzberg	Potsdam (2)
	Senftenberg	Rathenow (2)
	Teltow	Zossen
	Jüterborg	Schönermark
	Königswusterhausen	Blossin
	Wiesenburg	Blankenburg
	Vehlow (2)	Wittstock
	Groß Kreutz	Lauchhammer
	Schenkendorf	Passow
	Mildenberg	Fehrbellin
	Prignitz	
1999	Potsdam (3)	Schwedt (2)
	Calau	Dabendorf
	Letschin (2)	Hosena
	Henningsdorf	Strausberg
	Frankfurt (Oder) (2)	Brandenburg
	Rathnow (2)	Blankenburg
	Burg	Wittstock
	Wildau	Nauen
	Luckenwalde	Schmerkendorf
	Klein Gaglow	Belzig
	Werneuchen	Vehlow (2)

Quelle: Senior-Experten-Service, Datenbank

Tab. A19: Einsatzorte, Art der Beratungen und Branchenzugehörigkeit des beratenen Unternehmens der Projekte vom Senior-Experten-Service in Brandenburg (2000)

Jahr	Ort	Art der Beratung	Branchenzugehörigkeit	Ort	Art der Beratung	Branchenzugehörigkeit
2000	Brandenburg	Betriebsorganisation	Umwelt- und Abfallwirtschaft	Perleberg	Finanzwesen/ Marketing	Textilgewerbe
	Teltow	Vertrieb	Dienstleistung	Henningsdorf	Organisation	Dienstleistung
	Neu Fahrland	Betriebsorganisation	Handel	Potsdam	Sanierung	Wirtschafts- u. Berufsorganisation
	Nauen	Betriebsorganisation	Dienstleistung	Frankfurt (Oder)	Vertrieb/Marketing	Holzgewerbe
	Potsdam	Betriebsorganisation	Handel	Velten	Marketing	Kunststoffverarbeitung

Quelle: Senior-Experten-Service, Datenbank

BEISPIELE FÜR GESPRÄCHSLEITFÄDEN

A) *Gesprächsleitfaden für das Bundeswirtschaftsministerium (1996)*

1. **Einschätzung der wirtschaftlichen Lage in Ostdeutschland und in den einzelnen Bundesländern:**
   - Engpässe (differenziert nach Bundesländern)
   - Entwicklungsperspektiven (differenziert nach Bundesländern)

2. **Programme:**
   ⇒ Welche sind aus Ihrer Sicht und angesichts der festgestellten Engpässe die bedeutsamsten/wichtigsten Programme?
   - Konsolidierungsfonds (wichtiges Programm)
   - Beteiligungsfonds-Ost (wichtiges Programm)
   - Sonstige
   - Programme der Kreditanstalt für Wiederaufbau
   - Programme der Deutsche Ausgleichsbank

   Merkposten: Bewertung aus strukturpolitischer Sicht
   ⇒ Bewertung nach finanzieller Ausstattung
   ⇒ Bewertung nach Inanspruchnahme
   ⇒ (Erfolg) Messung?
   ⇒ Warum ist der Konsolidierungsfonds entwickelt worden? Auf welche Initiative hin? Wie funktioniert er? Welche Mittel wurden bereitgestellt?
   ⇒ Warum ist der Beteiligungsfonds Ost entwickelt worden? Auf welche Initiative hin? Wie funktioniert er? Welche Mittel wurden bereitgestellt?
   ⇒ Gibt es Brüche in Adressatengruppen (Branchen, Betriebsgrößen, Funktionsgruppen), Strategieänderungen?
   ⇒ Gibt es konkrete Planungen für neue Programme? Wenn ja, worauf zielen sie ab? Wenn nein: warum nicht?

3. **Zusammenarbeit Bund/ EU und Bund/ Land:**
   ⇒ Wie gestaltet sich die Zusammenarbeit zwischen EU und Bund (Einschränkungen durch Beihilferegelungen)?
   ⇒ Wie gestaltet sich die Zusammenarbeit zwischen Bund und Ländern?
   ⇒ Ist ein Rückzug des Bundes aus diesem Politikfeld zu konstatieren?

4. **Akteursebene:**
   ⇒ Welche Akteure sind an der Politik beteiligt? Mit welcher Funktion?
   ⇒ Welche Rolle spielen die Bundeskreditinstitute?
   ⇒ Welche Rolle spielt die Bundesanstalt für vereinigungsbedingte Sonderaufgaben?

5. Bewertung der Länderpolitiken:

⇒ Gibt es wesentliche Unterschiede in Bezug auf die Länderkonzepte im Rahmen des Konsolidierungsfonds? Wenn ja: Inwiefern?
⇒ Gibt es eine Politik, die sie als besonders innovativ einschätzen?
⇒ Existiert eine Arbeitsteilung zwischen Bund und Ländern? Wenn ja: Inwiefern?
⇒ Werden die Anforderungen an die Länder steigen?
⇒ In einigen Ländern werden Bürgschaften über Kabinettsbeschlüsse vergeben:
⇒ Wie sichern sich Länder gegen Risiken ab?
⇒ Existiert beim Bund ähnliches?

6. Beteiligungsgesellschaften:

⇒ Managementbeteiligungsgesellschaften: Ist ihre Aufgabe allein auf Managementunterstützung oder auch auf Kapitalhilfen ausgerichtet?
⇒ Ist die Existenz dieser Organisationen zeitlich befristet?
⇒ Staatliche Kapitalbeteiligungsgesellschaften - wie funktionieren sie?

7. Auffanggesellschaften:

⇒ Wie funktionieren sie? Welche Rolle spielt die Bundesanstalt für vereinigungsbedingte Sonderaufgaben dabei?

Spezifische Fragen in Bezug auf Deutsche Ausgleichsbank und Kreditanstalt für Wiederaufbau

1. Erklärende Infos zu den einzelnen Programmen: Eigenkapitalergänzungsprogramm, wichtige Programme von der Kreditanstalt für Wiederaufbau)

⇒ Was wird gefördert? (tatsächlich tragfähiges Konzept?)
⇒ Was ist Bemessungsgrundlage?
⇒ Was wird gefördert? Laufende oder geplante Investitionen

2. Inwieweit werden Existenzgründungsprogramme zur Konsolidierung genutzt?

3. Zusammenarbeit zwischen den Bundeskreditinstituten:

⇒ Gibt es eine Arbeitsteilung? Wenn ja: Inwiefern? Wenn nein: warum nicht?
⇒ Wer legt fest, wer welches Programm betreut?
⇒ Woher kommt das Geld für die einzelnen Programme?

4. **Deutsche Ausgleichsbank Projekt: Runde Tische:**
⇒ Wie funktionieren sie? (Erfolge, Probleme, Sind auch Gewerkschaften mitinbegriffen?)

5. **Beratungszentren:**
⇒ Was ist das? Wie funktionieren sie? Welche Aufgabe haben sie?

B) Gesprächsleitfaden für die Länderministerien (1996)

1. **Wirtschaftliche Lage des Bundeslandes:**
⇒ Wie würden Sie die wirtschaftliche Lage ihres Bundeslandes einschätzen?
- Engpässe innerhalb der Wirtschaft
- Dominanz von einzelnen Wirtschaftsbereichen
- Entwicklungsperspektiven
- Betriebsschließungen seit der Wiedervereinigung (Entwicklung, Veränderungen seit der Wiedervereinigung)

2. **Programmebene:**
⇒ **Einstiegsfrage:** *Was macht das Land, wenn ein Unternehmen in Schwierigkeiten gerät?*
⇒ Welche Programme stehen den Krisenunternehmen zur Verfügung?
⇒ Welche sind aus Ihrer Sicht und angesichts der festgestellten Engpässe die bedeutsamsten/wichtigsten Programme?(begründen lassen)
⇒ Welche Rolle spielen landeseigene Programme?
- Bewertung der Programme nach finanzieller Ausstattung
- Bewertung der Programme nach Inspruchnahme
- (Erfolg) Messung?

⇒ Welche Rolle spielen Bundesprogramme?
- Bewertung der Programme aus strukturpolitischer Sicht
- Bewertung der Programme nach finanzieller Ausstattung
- Bewertung der Programme nach Inspruchnahme
- (Erfolg) Messung?

⇒ Bitte schildern sie kurz die Entwicklung und Entstehungsgeschichte der einzelnen Programme?

Merkposten: Die einzelnen für Krisenunternehmen bedeutsamen Programme nach
- Förderart
- Voraussetzungen
- Fördermodalitäten
- Auflagen
- Besonderheiten
- Bewilligungsverfahren
- Ausstattung
- Abrufquote
- Erfolge
- Zukunftsaussichten
- Bewilligungsinstitutionen

durchgehen.

⇒ Bitte geben Sie uns Einschätzung des Programms?
⇒ Ist die Förderung gebunden an ein Coaching-Programm oder ähnliches?
⇒ Hat das Bundesland ein eigenes Beratungsprogramm? Ist es eventuell an die anderen Programme gekoppelt?
⇒ Gibt es ein Programm eines anderen Bundeslandes (West oder Ost), das sie für übernehmenswert hielten, es aber aus welchen Gründen auch immer nicht möglich ist? Oder ist die „Übernahme" konkret geplant?
⇒ Gibt es Brüche in Adressatengruppen (Branchen, Betriebsgrößen, Funktionsgruppen), Strategieänderungen?
⇒ Gibt es konkrete Planungen für neue Programme? Wenn ja, worauf zielen sie ab? Wenn nein: warum nicht?
⇒ Was würden Sie tun, wenn Sie jetzt in die glückliche Lage versetzt würden, auf die Höhe der Subventionierungen nicht schauen zu müssen?

3. Akteursebene:

⇒ Wer ist zuständig in Ihrem Haus für Krisenunternehmen?
⇒ Was für Aufgaben obliegen den Referaten/Abteilungen?
⇒ Wer ist konkret zuständig für Krisenunternehmen?
⇒ Was wird für die Krisenunternehmen getan?
⇒ Wie läuft das Prozedere genau ab?
⇒ Welche Personen/Institutionen/Akteure werden in den gesamten Prozess miteinbezogen?
⇒ Bitte bringen Sie etwas Licht in das Dickicht der verschiedenen Institutionen?
- Landesförderinstitute
- Landesbanken
- Bürgschaftsbanken
- Mittelst. Beteiligungsgesellschaften
- C&L Treuarbeit Deutsche Revision
- Gibt es noch weitere Institutionen die an der Sanierung und Konsolidierung von Krisenunternehmen beteiligt sind?

Seit 1995 in dieser Reihe erschienen:

Bd. 10
Aschauer, Wolfgang: Auswirkungen der wirtschaftlichen und politischen Veränderungen in Osteuropa auf dem ungarisch-österreichischen und den ungarisch-rumänischen Grenzraum, 1995. - 166 S.
Preis: 9,00 € - vergriffen

Bd. 11
Felgentreff, Carsten: Räumliche Bevölkerungsmobilität in Fidschi : eine exemplarische Untersuchung der Dorfgemeinschaft von Naikeleyaga (Kabara Island, Lau-Province), 1995. - X, 257 S.
Preis: 11,00 €

Bd. 12
Becker, Jörg: Geographie in der Postmoderne? : zur Kritik postmodernen Denkens in Stadtforschung und Geographie, 1996. - 158 S.
Preis: 7,50 €

Bd. 13
Blumenstein, Oswald: Geoökologische Aspekte des Evolutionsprozesses hemerober Geosysteme im jungpleistozänen Raum, 1996. - 189 S.
Preis: 11,00 €

Bd. 14
Hofmann, Hans-Jürgen: Aussiedler-Wohngebiete in niedersächsischen Städten : eine Untersuchung zur Segregation von Aussiedlern aus Polen in Wolfsburg, Braunschweig und Hannover, 1998. – 212 S.
Preis: 7,70 €

Bd. 15
Becker, Jörg: Die nichtdeutsche Bevölkerung in Ostdeutschland : eine Studie zur räumlichen Segregation und Wohnsituation,1998. - 160 S.
Preis: 7,70 €

Bd. 16
Saupe, Gabriele et al.: Erholung in der Bergbaufolgelandschaft? : Vorstellungen, Erwartungen und Handeln ; Ergebnisse von Befragungen in der Niederlausitz, 1998. – 144 S.
Preis: 9,00 €

Bd. 17
Saupe, Gabriele et al.: Entwicklung und Gestaltung von Erholungsgebieten in Bergbaufolgelandschaften der Niederlausitz, 1999. – 137 S.
Preis: 10,00 €

Bd. 18
Kaden, Klaus et al.: Räumliche Unterschiede im Wassertransfer (Boden - Pflanze - Atmosphäre) in Niederungen des mitteleuropäischen Binnentieflandes, 1999. – 88 S. + 80 S. Anhang mit farb. Darst.
Preis: 15,00 €

Bd. 19
Knothe, Dieter et al.: Bodenbildung, Bodenverbreitung und Bodenzustand im Uvs-Nuur-Becken, 2001. – 132 S., Kt. + Beil.
Preis: 12,50 €

Bd. 20
Golz, Elke: Regionale Bevölkerungsprozesse im Wirkungsbereich kommunaler Akteure – Beispiele aus ländlich peripheren Räumen des Landes Brandenburg / Landkreis Prignitz, 2001. – 162 S. + Anh.
Preis: 9,00 €

Bd. 21
Hochmuth, Elke: Sanierungs- und Konsolidierungspolitik in Sachsen-Anhalt und Brandenburg : zur Konzeptionierung und Durchführung eines unbeachteten Politikfeldes in Ostdeutschland aus regionalwissenschaftlicher Perspektive, 2002. – 302 S.
Preis: 12,50 €